妈祖文化与明末朝鲜使臣

刘晓东　祁　山　著

中国海洋大学出版社
·青岛·

图书在版编目(CIP)数据

妈祖文化与明末朝鲜使臣 / 刘晓东，祁山著.—青岛:中国海洋大学出版社，2019.7

ISBN 978-7-5670-2298-0

Ⅰ.①妈…　Ⅱ.①刘…②祁…　Ⅲ.①中朝关系—文化交流—文化史—明代②神—文化研究—中国　Ⅳ.①K248.03②B933

中国版本图书馆 CIP 数据核字(2019)第 148694 号

出版发行　中国海洋大学出版社
社　　址　青岛市香港东路 23 号　　**邮政编码**　266071
出 版 人　杨立敏
网　　址　http://pub.ouc.edu.cn
电子信箱　1193406329@qq.com
订购电话　0532—82032573(传真)
责任编辑　孙宇菲　　**电　　话**　0532—85902469
印　　制　日照日报印务中心
版　　次　2019 年 8 月第 1 版
印　　次　2019 年 8 月第 1 次印刷
成品尺寸　170 mm×230 mm
印　　张　15.75
字　　数　330 千
印　　数　1～1000
定　　价　68.00 元

序 言

妈祖文化是中华传统文化的重要瑰宝之一，已被联合国教科文组织列入《人类非物质文化遗产代表作名录》。妈祖文化发源于福建沿海一带，是北宋时期当地非常兴盛的一种民俗文化，其代表人物海神妈祖，能在大海的惊涛骇浪中挽救落难的渔舟、商船，所以，妈祖文化的核心是行善济世，救急扶危。这样一种民俗文化，既成了当地普通百姓，特别是沿海使船人的价值信仰，也为各地官府直至中央朝廷所认同，所以能在较短的时间内，从福建沿海扩展开来，特别是随着元代海运事业的兴盛，妈祖文化不仅在中国沿海，包括内地江河流域传播开来，而且在明清两代通过中央朝廷向海外的出使和海外属国向中央朝廷的朝贡，向南传播到东南亚一带，向北影响了朝鲜半岛，向东传播到了日本和琉球。该书《妈祖文化与明末朝鲜使臣》，讲述的就是明末时期妈祖文化对朝鲜半岛的影响。

妈祖文化属于海洋文化，"海洋文化，就是有关海洋的文化，就是人类缘于海洋而生成的精神的、行为的、社会的和物质的文明化生活内涵。海洋文化的本质，就是人类与海洋的互动关系及其产物。"①妈祖文化至晚在元代晚期就传到了朝鲜半岛，由于朝鲜半岛时为元朝的一个行省，海上文化交流没有隔阂，当时与朝鲜半岛临海的辽东半岛、山东半岛的妈祖文化兴盛，特别是天津天妃（妈祖）庙、庙岛天妃庙有着非常大的影响，所以说，天津和庙岛不仅是往来朝鲜半岛各沿海港口的重要始发港和通道，也是妈祖文化传播的重要基地。由于受当时航船条件和航海知识的限制，航海人难以规避海上风险，海难事故多有发生，人们只好寄希望于海神的护佑，宁信其有而不信其无，形成了一种集体无意识状态下的民俗传统和心理模式，这就无形中为行善济世、救急扶危的妈祖文化的传播提供了条件。而使妈祖文化传于朝鲜半岛，通过海路往来的使臣应是重要的传播主体。该书对从天启元年（1621）至崇祯九年（1636）期间，每一

① 曲金良《海洋文化与社会》，青岛：中国海洋大学出版社，2003 年，第 26 页。

年出使明朝的朝鲜使臣受妈祖文化影响的情况进行了详细介绍，论述了明末朝鲜使臣在辽东半岛、山东半岛、河北、天津等沿海地区接受妈祖文化的情况，以及妈祖文化对明末朝鲜使臣所带来的重大影响，并分析了产生这些影响的原因。

从明末经海路出使明朝的第一批朝鲜使臣，到最后一批朝鲜使臣，短短十几年的时间，他们祭祀妈祖的情况及受到妈祖文化影响的程度，有着很大的差别，从接触妈祖文化到敬畏妈祖，再到信仰妈祖文化，明末朝鲜使臣对祭祀妈祖的重视程度越来越大，祭祀的活动次数也越来越多，该书详叙了明末朝鲜使臣的航行经历和祭祀妈祖方式的变化。该书最后部分是综述，分三个部分对本研究课题进行了归纳和总结：明末朝鲜使臣祭祀妈祖情况历年比较；航程经历对明末朝鲜使臣的影响；妈祖文化与明末中朝文化交流。该书通过这种比较的方法，不仅可以清晰地看出妈祖文化是如何影响明末朝鲜使臣的，而且通过明末朝鲜使臣的航海经历，分析了明末朝鲜使臣对妈祖神灵极度迷信和敬畏的主客观原因，展现了妈祖文化的巨大魅力。受中国文化影响的明代朝鲜使臣，不仅是中朝文化交流的友好使者，他们受到妈祖文化影响的航海经历，他们颂扬妈祖文化的诗文，也为妈祖文化在朝鲜半岛的传播起到了推动作用。该书引录的明末朝鲜使臣与妈祖文化有关的日记、祭文、诗歌等，既是妈祖文化影响朝鲜半岛的珍贵史料，也是明末中朝文化交流和友好往来的历史见证。这既是该书的价值所在，也应是两位作者撰写此书的重要原因。

该书第一作者刘晓东博士，曾留学韩国多年，出版了多部研究古代中朝文化交流方面的很有影响的著作，如《明代朝鲜使臣笔下的庙岛群岛》(人民出版社，2014 年)获山东省第三十次社会科学优秀成果二等奖，《明代朝鲜使臣胶东纪行诗探析》(山东人民出版社，2015 年)获山东省第三十一次社会科学优秀成果二等奖；发表了多篇相关论文，其中《“山东粮”与明代抗倭援朝》一文，获山东省第三十四次社会科学优秀成果三等奖；在《光明日报》上发表的论文《东方海上丝绸之路浅探》也很有影响。这次又推出《妈祖文化与明末朝鲜使臣》一书，相信仍会有好的社会反响。

该书第二作者祁山(刘凤鸣)先生，从事古代中韩关系研究多年，他领衔的鲁东大学东方海上丝绸之路研究所曾获得过国家、教育部的课题资助，并出版了多本重要专著，多次获得省部级奖励。祁山先生参与的这本《妈祖文化与明末朝鲜使臣》完稿后，曾送交中国社科院历史所万明、孙晓两位专家审阅，两位专家均给予了很高的评价。

中国社会科学院历史所研究员、博士生导师、中国中外关系史学会会长万明先生认为："该研究成果通过明末经海路出使中国的朝鲜使臣留下的与妈祖有关的日记、诗歌、祭文等，对明末朝鲜使臣历年祭祀妈祖的情况进行比较，论证了妈祖文化对明末朝鲜使臣带来的重大影响，并分析了产生这些影响的主、客观原因。作者挖掘第一手资料并加以详细地分析论述，不仅展现了妈祖文化影响朝鲜半岛的重要历史见证，阐释了妈祖文化的巨大魅力，也是对明末中朝海上丝绸之路文化交流研究的推进。""这次的研究课题，既是前段研究成果的深化，也为《燕行录》研究提供了一些新的思路，将推动古代中外关系史研究向纵深发展。"这是十分中肯的评价。

中国社会科学院历史所文化史研究室主任、博士生导师孙晓先生认为："《妈祖文化与明末朝鲜使臣》利用《燕行录》等资料，探讨了朝鲜使臣对天妃(妈祖)的信仰和敬畏，可以扩展我们对于妈祖信仰传播和发展认知的广度和深度，是研究中朝(韩)文化交流、中朝海上丝绸之路的重要成果。我们不能仅仅将朝鲜使臣对妈祖的信仰视作对中华文化的认同，而是应当将其纳入'汉文化圈'中，作为'汉文化整体研究'的一个重要组成部分，将古今中外的妈祖信仰文献视作一个整体，探讨其共性。同时，还应当意识到，朝鲜使臣对妈祖信仰的认同与崇拜经历了一个由被动到主动的过程。在这些方面，该研究课题为我们展示了很多具有说服力的史料，提供了明末中朝(韩)海上文化交流，友好往来的重要历史见证。"这是对该书重要创新价值的高度认定。

中国社科院两位知名专家对书稿的评价，我也高度认同，特别是万明先生提到该书"不仅展现了妈祖文化影响朝鲜半岛的重要历史见证，阐释了妈祖文化的巨大魅力，也是对明末中朝海上丝绸之路文化交流研究的推进"，充分肯定了该书所具有和将具有的重要学术作用，相信该书作为妈祖文化研究的一朵新的奇葩，会对研究妈祖文化的学者，对从事古代海洋文化以及中韩、中朝文化交流和研究的学者，对辽东半岛、山东半岛、河北沿海、天津等地区的文史工作者，文化旅游工作者提供参考和帮助，为推进妈祖文化研究和当今时代中韩、中朝学术交流、文化发展做出贡献。

我和祁山先生交往相知多年，我们还一起合作研究过《中国海域史》(黄海卷）等相关课题，这次他嘱我为《妈祖文化与明末朝鲜使臣》作序，惶惶应命，拜读大稿，称叹良多，结合万明先生、孙晓先生的评价，写了以上的话，忝在书前，敬请方家赐正。

曲金良
2019 年仲春
于青岛，中国海洋大学

曲金良，中国海洋大学文学与新闻传播学院教授、博士生导师，海洋文化研究所所长，中韩海洋文化研究中心主任，国家文化产业研究中心、海洋发展研究院（教育部基地、国家“985”基地）学科负责人。

目 录

第一章　天启元年的朝鲜使臣与妈祖

明末，妈祖文化在中国北方沿海一带逐渐普及，在朝鲜半岛也产生了更大的影响。

万历末年，努尔哈赤建立的后金政权在东北地区崛起，天启元年(1621)，东北辽阳地区被后金军队攻占，朝鲜与明朝往来的陆路通道被阻隔，出使明朝的朝鲜使团只好乘船沿辽东沿海经庙岛群岛由登州(今山东蓬莱)入关，或经辽西觉华岛(菊花岛)附近登陆，经山海关进入北京。在可查到的史料中，明末天启、崇祯年间的朝鲜使团在航海途中均有祭祀妈祖的活动，并留下多篇祭文和多首咏妈祖的诗篇。从这些日记、祭文和诗歌中，可以清楚地看出妈祖文化对明末朝鲜使臣的深刻影响。通过对明末朝鲜使臣历年来祭祀妈祖情况的研究，可以清楚地看出妈祖文化在朝鲜半岛的进一步普及和影响力的逐步提高。同时，这些妈祖文化传播朝鲜半岛的珍贵史料，朝鲜使臣对妈祖神灵的敬畏，也是明末中朝(韩)文化交流和友好往来的历史见证。

明初，朱元璋定都应天府(今南京)时，当时元朝的残余势力还控制着中国的东北地区，朝鲜半岛的高丽王朝出使明朝只能走海路往来。起初，高丽使团乘船横渡黄海或经山东半岛南下至长江口，从长江口溯江而上至明朝的京都应天府。但这一航路风险太大，洪武五年(1372)，高丽贡使一行返程途中在长江口海域遭遇风浪，正使洪师范等海上遇险。为此，明太祖朱元璋颁旨高丽："汝往登州过海。"[①]即乘船沿辽东半岛海岸线经庙岛群岛，从登州登陆，走陆路去南京。包括后来取代高丽王朝的李氏朝鲜，与明朝的往来，也大都走的这条航线。永乐十九年(1421)，明朝迁都北京后，这时东北地区的元朝的残余势力已全部肃清，朝鲜使臣出使明朝改由陆路，经辽东半岛过山海关进出北京，不再走海路经山东半岛了。明朝使臣出使朝鲜也走陆路，直至明末的天启元年(1621)。

① 吴晗编《朝鲜李朝实录中的中国史料》(一)，北京：中华书局，1980年，第36页。

一、明末海上航路的开通

明末中朝(韩)官方往来海上航路的开通,起始于天启元年(1621)。《明史·刘鸿训传》记载:

刘鸿训,字默承,长山人……神、光二宗相继崩,颁诏朝鲜。甫入境,辽阳陷。朝鲜为造二洋船,从海道还。

刘鸿训,山东长山县(明代长山县城,在今山东省淄博市周村区境内)人,万历四十八年(1620),也是泰昌元年,明神宗朱翊钧和明光宗朱常洛相继去世,天启元年(1621),明朝新登基的皇帝熹宗朱由校派遣刘鸿训出使明朝。但刘鸿训一行走陆路经辽东进入朝鲜不久,努尔哈赤指挥的后金军队就攻占了辽东,将刘鸿训一行回国返程的陆路通道堵塞,刘鸿训一行被迫"从海道还",经海路返回明朝。为了将留在朝鲜的明朝使臣刘鸿训一行送回国内,朝鲜方面还为刘鸿训一行"造二洋船",赶造了两艘适宜远海航行的船只。

天启元年五月,朝鲜派出了陈慰、谢恩两个使团出使明朝,由于中朝(韩)官方往来的、经辽东的陆路通道被阻隔,朝鲜方面出使明朝的使团也只能走海路了。

由于当时明朝与朝鲜往来的海上官方通道没有正式开通,天启元年,出使明朝的两个使团只好跟随经朝鲜回国的刘鸿训一行去明朝,以便于通关。朝鲜谢恩使书状官安璥在《驾海朝天录》中记载:

五月十七日,晴,在安州与使臣崔应虚行见官礼于二天使……正使刘鸿训出见,从容语曰:"杨大人欲向天津,俺将由济南,势难同行。贵国陪臣之行,从俺同往如何?道路之事及各衙门周旋节目俺当尽力为之。此意已与国王面诺,俺可少忽。"职等叩头称谢而退。……海路之不通,自(高)丽末将三百年于兹海禁,大明之严制也。今此之行出于权道,未闻中原快许也,我国使臣须不离天使,偕往登州,听其指挥而为之。登州,中原初入地名。[①]

以上记载可以说明,刘鸿训一行准备和出使明朝的使团乘船从山东半岛登州登陆,然后走陆路经济南去北京。但当时的登州口岸并未对外开放,所以朝鲜使臣只有"不离天使",跟着明朝官员刘鸿训从登州入关。"二天使",指出使

① 〔韩国〕林基中编《燕行录续集》第104册,韩国首尔:尚书院,2008年,第202~203页。

朝鲜的正使刘鸿训、副使杨道寅。“杨大人”，指副使杨道寅。“陪臣”，指出使明朝的朝鲜使臣。由于当时朝鲜是明朝的附属国，朝鲜国王也向明朝皇帝称臣，朝鲜的使臣就成了“陪臣”。“权道”，临时变通之道。“中原”，这里应是“中国”“中土”的意思。

出使明朝的两个使团与刘鸿训一行从朝鲜新安州清川江口入海，出西朝鲜湾，沿海岸线北上至鸭绿江口海域，进入中国的辽东半岛海域，再沿海岸线向西南至旅顺口海域，南下庙岛群岛，至登州（府治今蓬莱市）登陆。这样一条航线，在安璥的《驾海朝天录》中有具体记载：

五月二十日，晴，刘使（指刘鸿训）发船于清川（江），我国（指朝鲜）诸使臣：谢恩使团正使崔应虚，书状官安璥，陈慰使正使权尽己，书状官柳汝恒两使行，并皆登船。

二十六日……夕宿椴岛。

二十八日，晴，发泊于龙川前洋，岛名车牛也。

二十九日，小雨，朝，诸船皆发……午后望见薪岛。

六月初一日，洒雨，朝发向石城岛。……宿自鹿岛。

初二日，晴……与诸船并将发向长山岛。

初三日，晴……过广鹿岛。

初四日，晴，因顺风早发，终日行船，暮时风势渐急……入一浦口，是乃旅顺也。……夜半狂风大作。

十六日，自晓至朝，大雾中放船，船往如箭。……望黄城者是耶！

十七日，晴……乃移泊庙堂前，则舵矶岛防守之所也。

十九日，晴，天未明，大雾中行船，寻入真珠门……至庙岛……日落后到登州。①

之所以摘录以上航行的路线，因我们下面说到的明末朝鲜使臣多走这一航线，沿途路经的地名都会多次说到。虽说崇祯二年（1629），明朝廷因担心东北的后金军队会随朝鲜贡使船队登陆登州进攻山东半岛，进而威胁中原及京畿地区，曾颁旨朝鲜，让朝鲜使臣的船队经山海关附近的觉华岛（菊花岛），由山海关入关进入北京。但由于辽东海域风险较大，事故频出，故朝鲜使臣仍多从登州登陆，经山东半岛去北京。朝鲜使臣即使走觉华岛航线，从朝鲜出发也必须路经旅顺口，路经的岛名仍会多次说到。

① 〔韩国〕林基中编《燕行录续集》第104册，韩国首尔：尚书院，2008年，第204～233页。

天启元年(1621)的朝鲜谢恩使团正使崔应虚,历官朝鲜司宪府掌令、水原府使、左副承旨、刑曹判书(正二品)等职。刑曹判书类似中国古代的刑部尚书。朝鲜陈慰使正使权尽己,历官朝鲜右副承旨、左承旨、刑曹参判、黄海监司、都承旨、开城府留守(正二品)等。谢恩使书状官安璥,陈慰使书状官柳汝恒。朝鲜使团中的主要官员由正使、副使、书状官组成,书状官类似今天的秘书长,负责使团的日常事务。有的朝鲜使团没有副使,只有正使、书状官。谢恩使书状官安璥有传世的《驾海朝天录》,以日记的形式记载了出使明朝期间沿途每天发生的事情及观感。安璥(1564—?),字伯温,号芹田,籍贯为今韩国庆尚北道荣州市,韩国《国朝人物志》记载,安璥幼时有才智,弱冠之年通达四书五经和诸子百家,善文辞。朝鲜宣祖昭敬大王三十六年(万历三十一年,1603)进士合格,朝鲜光海君四年(万历四十年,1612)文科殿试第三,并任礼文馆奉教。光海君七年(万历四十三年,1615)升礼曹佐郎。光海君十一年(万历四十七年,1619)任司宪府掌令。光海君十三年(天启元年,1621)任谢恩使书状官出使明朝。

安璥在《驾海朝天录》中还载有《路程里数记》,记载了航海途中路经的地点及相距的里程:

自车牛岛至薪岛百里许,自薪岛至鹿岛五百里许,自鹿岛至石城岛五百里许,自石城岛至长山岛三百里许,自长山岛至广鹿岛二百里许,自广鹿岛至西北间旅顺口五百里许,自旅顺至黄城岛五六百里余许,自黄城至舵矶岛二百里许,自舵矶至庙岛三百里许,自庙岛至登州百里许,通共三千三百余里云。①

以上记载说到的地名有:

"椵岛",也称皮岛,又叫东江,在鸭绿江口东南部,陆地面积约19.2平方千米,当时明军总兵毛文龙率领从辽东一带撤退过来的明军驻守于此,并设立军镇,以牵制后金军队。

"车牛岛",按《驾海朝天录》中记叙的位置,在朝鲜椵岛与薪岛之间,与薪岛相距"百里许",应为今朝鲜盘城列岛中的岛屿。

"薪岛",又名獐子岛,位于鸭绿江口,该岛原属于中国,"二战"后被朝鲜强占,中国在1964年确认让给朝鲜,但周围水面属于中方。明末时,薪岛的面积应该很小,后来随着鸭绿江的泥沙淤积而逐步增大。

"鹿岛",今辽宁省东港市大鹿岛,陆地面积约6.6平方千米,岛上有海神娘娘庙。

① 〔韩国〕林基中编《燕行录续集》第104册,韩国首尔:尚书院,2008年,第376~377页。

“石城岛”，今大连市所辖庄河市石城岛，陆地面积约 26 平方千米，系国家级海岛森林公园。

“长山岛”，今大连市长海县大长山岛镇大长山岛、小长山岛。大长山岛陆地面积 25.46 平方千米，岛上有海神娘娘塑像。

“广鹿岛”，今大连市长海县广鹿乡广鹿岛，陆地面积约 31.5 平方千米，系国家级海岛森林公园。

“黄城岛”，即庙岛群岛隍城岛，有南隍城岛、北隍城岛，今属山东省长岛县，南隍城岛陆地面积约 1.83 平方千米，北隍城岛陆地面积约 2.62 平方千米。北隍城岛在明代就有供奉天妃(妈祖)的海神庙，这在下面的章节里会说到。

“舵矶岛”，即庙岛群岛砣矶岛，今属山东省长岛县，陆地面积约 7.05 平方千米。砣矶岛在明代就有天妃娘娘庙。

“庙岛”，即庙岛群岛庙岛，因岛上有妈祖庙而闻名，今属山东省长岛县，陆地面积约 1.43 平方千米。

“登州”，这里指登州府治所在地，今蓬莱市区。

安璥在《路程里数记》记载的相距里程，只是大概的数字，下面我们还会说到其他朝鲜使臣的记载，有些就不尽相同。

天启元年(1621)朝鲜使臣航行的这样一条登州入关的路线，也得到了明朝廷的批准。《明史·朝鲜列传》就记载：“天启元年八月，改朝鲜贡道，自海至登州，直达京师。”也就是说，从天启元年(1621)八月开始，这条古航道再次成为中朝(韩)官方往来的重要通道。因为海路的开通，人们对大海的敬畏，当时对风暴和海浪的不可预知，使船人对海中诸神的迷信，妈祖文化在中国北方的普及，也就有了本书记载的朝鲜使臣航海沿途祭祀妈祖，及妈祖文化对明末朝鲜使臣的影响的内容。

二、首航旅顺口海域遇险

前面说到，朝鲜两个使团的船队随同出使朝鲜回国的刘鸿训一行，于 5 月 20 日登船出海。朝鲜谢恩使书状官安璥在《驾海朝天录》中还记载了出航途中祭祀海神和在旅顺口海域遭遇风浪遇险的情况。

天启元年(1621)五月二十九日，朝鲜的两个使团在朝鲜车牛岛海域起航后，举行了祭祀海神的活动。

二十九日，小雨，朝，诸船皆发。作祭文祷于船上，稻、粱各三斗炊祭饭，凡舟中食物各色每一笼，罗列毕，奠设椅子、床桌为神位，沐浴具冠带，自读祭文。其文曰：

维天启元年月日，朝鲜国谢恩使陪臣书状官安璥昭告于沧海上尊神之位，伏以北奴凭陵，路忽阻于辽东，东方献贡舟始通于登莱。雕翼难攀，蠲首何托？中国出圣主，海波安静之时。小邦遣陪臣，涉水朝宗之日，款及涂山之会。庶免防风之诛？神其扶持。保佑之我，无艰险迟滞也。经万里于瞥目，祥风送帆。许一端之诚心，瑞云迎棹。谨奠尘土之产，仰祝沧溟之灵，尚飨。①

“凭陵”，横行，猖獗。“登莱”，指山东半岛的登州府、莱州府。明代登州府、莱州府的辖地包括今潍坊市市区在内以东的山东半岛地区，含今青岛市、烟台市、威海市的辖区。朝鲜使臣从登州口岸入关后，进北京途中必经莱州府治掖县城，今莱州市。“涂山之会”，来自《左传·哀公七年》：“禹会诸侯于涂山，执玉帛者万国。”说禹召集各地部落首领相聚于涂山，史称涂山之会。“涂山”，为古涂山氏国所在地，位于今安徽省蚌埠市怀远县城东南，淮河东岸。“防风”，夏禹时的部落首领，因涂山之会来迟被诛。“防风之诛”，语出《三国志·魏志·郭淮传》：黄初元年，魏帝曹丕与“群臣欢会”，郭淮来迟，“帝正色责之曰：‘昔禹会诸侯于涂山，防风后至，便行大戮。今普天同庆而卿最留迟，何也？’淮对曰：‘臣闻五帝先教导民以德，夏后政衰，始用刑辟。今臣遭唐虞之世，是以自知免于防风之诛也。’帝悦之”。“尚飨”，祭祀用语，请神灵或死者来享用酒食等祭品。

安璥的上述记载，没有说明祭祀的“沧海上尊神”中有妈祖，那么，天启元年(1621)朝鲜使臣的祭祀对象中有没有妈祖呢？

妈祖文化至晚在元末明初就传进了朝鲜半岛，明初的高丽、朝鲜使臣就多次说到天妃(妈祖)，而且留下了多首歌咏诗作。如明初洪武年间，高丽使臣、高丽末期著名文学家李崇仁作有《天妃庙次韵》，其中有“神光时自发，灏气远相连”诗句②，说祭祀天妃，经常很灵验，所以天妃庙的影响扩展到了很远的地方，表达了作者对天妃的感恩和敬畏。李崇仁的《留沙门岛，奉呈同行评理相君》诗中有“神妃享祀应须报，海若潜形不敢窥”的诗句③，“沙门岛”，指今山东省长岛县庙岛。“海若”，海神名。意思是说，我们已经祭祀沙门岛天妃庙的神妃了，神妃得到我们的祭品，一定会保佑我们的，即使海神海若也只能藏身水下不敢窥视我们。这也告诉我们，作者一行在沙门岛(庙岛)天妃庙很虔诚地举行了祭祀

---

① 〔韩国〕林基中编《燕行录续集》第104册，韩国首尔：尚书院，2008年，第212～213页。

② 〔韩国〕《陶隐集》卷二，《韩国文集丛刊》第六集，韩国首尔：韩国民族文化推进会，1990年，第556页。

③ 〔韩国〕《陶隐集》卷二，《韩国文集丛刊》第六集，韩国首尔：韩国民族文化推进会，1990年，第564页。

天妃(妈祖)的活动,敬献了丰盛的祭品,同时也渴望能得到妈祖的护佑。明初建文年间,朝鲜使臣、官至领议政(首相)的著名文臣李稷出使明朝时,作有《次章寺丞〈沙门岛〉韵》诗,其中有"多少舟人乞此灵,仙妃遗像若平生"[①],说许多远航的人都来妈祖庙祭祀,乞求妈祖神灵保佑平安,天妃庙里的仙妃塑像就如同她还活着一样。建文年间,朝鲜使臣、著名诗人李詹出使明朝时作有《旅顺行》,其中有"行人灌酒天妃宫,手掷环珓祷好风"[②],说路经旅顺口的使船人都到天妃宫(妈祖庙)举行祭祀活动,以求得利于航行的好的风向。

明初高丽、朝鲜使臣对妈祖文化的高度认同,路经辽东、山东沿海的高丽、朝鲜使臣到妈祖庙祭祀妈祖,而且态度十分虔诚。除了说明朝鲜半岛的传统文化与中国的传统文化有着紧密的联系外,也说明妈祖文化在明初的高丽、朝鲜使臣中已经有了较大影响,随着妈祖文化在中国北方沿海地区的影响扩大,也必然不断地加大对毗邻的朝鲜半岛沿海的影响。从下面说到的明末朝鲜使臣航海中的祭祀活动看,不仅把天妃(妈祖)作为祭祀的主要对象,而且至晚从天启四年(1624)开始,还把妈祖列于祭祀的诸海神之首,所以说,笔者认为,天启元年(1621)的朝鲜使臣祭祀的"沧海上尊神",应包括妈祖在内。而且随着朝鲜使臣海中的多次遇险,及祭祀妈祖后带来的好的风向的巧合,朝鲜使臣对妈祖的祭祀活动越来越重视,崇祯九年(1636),出使明朝的最后一批朝鲜使臣也是明末祭祀妈祖活动最为重视和最多的一次,这在下面会具体述说。

朝鲜谢恩使书状官安璥于天启元年五月二十九日在车牛岛海域举行了祭祀活动之后,白天的航程还算顺利,可是到了夜间,却"风雨大作,波涛汹涌,舟人披靡不能起身"。及六月初一,雨仍未停,安璥一行人的船队"朝发,向石城岛,未及一二息许,风回水逆,落帆下碇,波浪甚恶,樯倾楫摧"[③]。后面几天的航程,虽时有逆风,但总体算顺利,特别是初四日"因顺风早发,终日行船",但到了夜间在旅顺口海域停泊时,"夜半狂风大作……船皆相击,尽为沉败,人死者甚多",安璥及出使朝鲜回国的刘鸿训等人,"仅以身免。相携登岸,船随覆"[④]。经过舟人拼尽全力,安璥所乘船只得以保留下来。在之后的航程中,初七日,"是夜,大雨风浪汹涌,舟人丧心,投弃粮石,达夜祷祝"。初八日,"午后,作祭文祷于船上,其略曰:'遭风伯之掀浪,恐入鲸吞,赖海神之拯,人幸免鱼腹百生。余命百拜洪恩,亦类以为愧之。专对之具,其何能淑?忧深胥溺之灾,更加矜怜,

① 〔韩国〕《亨斋诗集》,《韩国文集丛刊》第7集,韩国首尔:韩国民族文化推进会,1990年,第545页。
② 〔韩国〕林基中编《燕行录续集》第101册,韩国首尔:尚书院,2008年,第38页。
③ 〔韩国〕林基中编《燕行录续集》第104册,韩国首尔:尚书院,2008年,第213页。
④ 〔韩国〕林基中编《燕行录续集》第104册,韩国首尔:尚书院,2008年,第216页。

俾保终始'云云"。但祭祀之后，并未带来好的风向，初九日，作者一行再遭风雨骇浪，"发船才出岛口，飘风骤雨，雷霆霹雳，波涛蹴天，诸船奔触，相为撞碎。……诸船相失，咫尺不辨，莫知所向，任其去来，而无可奈何"①。

祭文中"其何能淑"，语出《诗经·大雅·桑柔》："其何能淑？载胥溺及。"意思是说，如何做得好？不过相继沉没罢了。"胥溺之灾"，指相继沉没的灾难。

六月十五日，在旅顺口前洋，朝鲜使臣安璥一行再次举行了祭祀海神的活动。

六月十五日，晴。朝，似有东风之征，故将欲举帆，风不来，遂止。……午后，买猪为牲，作祭文，竭诚祈风。其辞曰：

受命于君，奉表朝天。辽河路阻，长海无边。登莱云外，一叶渺然。樯倾楫摧，瘴雨蛮烟。几死者数，奚惮独贤？日复一日，候风船舷。东□不吹，曷日行船？愿借神力，利涉大川。竭诚告神，庶几矜怜。尚飨！

且以黄绢两幅，手画双龙，高挂长杆，净扫沙上洁地，铺帐幕、设神位，正冠带，自读文哽塞。唐人啧啧来观，皆为之堕泪。祭毕列坐，唐人与舟人均分馈之。又以便服步上峰头，南望黄城(隍城岛)，则一丸杳坐云际。潜心默祷，四拜而下。

十六日，自晓至朝，大雾中放船，船往如箭。日光如漏而还掩，云阴将散而复合。仰不见天而向天默祷者久之。倾之，海鸷三两飞鸣而来，恰似迎樯者，然舟人贺曰："如此大洋，飞鸟亦绝，而鸷子现形，岛必近矣。"俄而，因雾为雨，霏霏沉暗，日尚晚矣，未有所睹。有寿山者，使公之奴也，登舷指示曰：某处岛形在，众皆一时送目，亦未的(得)见。渐渐近之，则云雾间岩崖宛然与船头相接，一船抃舞雀跃。余谓使公曰："等之十余日漂流苦望黄城(隍城岛)者是耶！今日再生，莫非天也。"并立船上，挥泪四拜。②

天启元年(1621)的朝鲜使臣一行在旅顺口海域遭遇风浪之后，接二连三地祭拜海神，书状官安璥于六月初八日，"作祭文祷于船上"；六月十五日，"买猪为牲，作祭文，竭诚祈风"，祭毕仍"潜心默祷，四拜而下"；第二天十六日仍"向天默祷者久之"。而且安璥的态度极为虔诚，"自读文哽塞。唐人啧啧来观，皆为之堕泪"，连中国人都为之感动落泪。

朝鲜两个使团历经千难万险，终于于六月十九日辗转"登州泊船"③。登陆登州后，还多次谈起在大海中遭遇风浪时的惨状，心有余悸。如六月二十七日

---

① 〔韩国〕林基中编《燕行录续集》第104册，韩国首尔：尚书院，2008年，第221～223页。

② 〔韩国〕林基中编《燕行录续集》第104册，韩国首尔：尚书院，2008年，第227～229页。

③ 〔韩国〕林基中编《燕行录续集》第104册，韩国首尔：尚书院，2008年，第233页。

的记载说道："到旅顺口遇大风，文书方物与船俱沉，今月初九日大洋中与天使两爷之船相失，漂流十余日，昨夜始得来到，一行盘缠皆为漂失，许多员役饥饥将毙。"①七月初二日的记载也说道："随天使一时由海路到旅顺口，遭风败船，方物、文书太半沉失。职等受命无状，致此无妄之灾，日夜啼哭，罔知所为。又于今月十九日于大洋中与天使船相失，漂流十余日。皇灵所暨，神明扶持，自脱鱼腹，足蹑平地，而盘缠尽失，一行饥馁。"②

在当时无法科学预测天气和狂风巨浪的情况下，在大海中远航的人们，为了保全生命和财产，只有祈求大海神灵的保佑。在下面我们会说到，出使明朝的朝鲜使臣虽说有的主张听天由命，不赞成频繁地举行祭祀海神等活动，但多数的朝鲜使臣，还是非常重视航行途中的祭祀活动的，而且态度极为虔诚，天启元年(1621)的朝鲜谢恩使书状官安璥就是其中的一位。虽说航行沿途的祭祀活动并没有给他们一行带来什么好运，但把命保住了，则归功于"赖海神之拯，人幸免鱼腹"，"今日再生，莫非天也"，再次遭遇风浪后，仍希望主宰大海的神灵能解救他们。朝鲜使臣多次举行祭祀活动，态度十分虔诚，正是这样一种思想基础，在中国北方沿海地区盛行的妈祖文化的影响之下，也使他们对妈祖神灵愈加敬畏和相信。

三、"烧香祈风"于庙岛"天妃娘娘之庙"

天启元年(1621)的朝鲜使团登陆登州后，登州的地方衙门资助了朝鲜使团银两和给养，使朝鲜使团得以去北京，并完成了出使使命。朝鲜使团返程时，十月初九日经登州乘船回国，十月初十日在庙岛群岛的庙岛停泊时，在庙岛妈祖庙，举行了祭祀天妃的活动。

朝鲜谢恩使书状官安璥在《驾海朝天录》记载：

十月初九日，晴。四更，具冠带于船上告行。船即因顺风挂帆开洋。巳时到庙岛。……可叹！自申时，大风北来，达夜浪打。舟人皇皇结缆于船上石者五处。朝起视之，则五石皆移古(故)处矣。

朝自登州发，夕来庙岛前。
鲎风将覂海，鲸浪已掀天。

① 〔韩国〕林基中编《燕行录续集》第104册，韩国首尔：尚书院，2008年，第245页。
② 〔韩国〕林基中编《燕行录续集》第104册，韩国首尔：尚书院，2008年，第251页。

未见扶持力，谁回造化权。
缆绳更收拾，辛苦缚船舷。

初十日，晴。庙堂作祭文，烧香祈风。堂之额曰："天妃娘娘之庙"云。祭文略曰：

江南奉勅，使事既完于天庭；海东回槎，故国遥在于日域。苟非感应之助，谁得利涉之便？十月阴风，政当墐户之日；万里惊浪，此岂结缆之时？嗟臣职之不遑，念王事之靡盬。餐岛中三尺之雪，依波上一叶之舟。断断无他，白首之所学何事；洋洋如在，丹心之至诚共监。欲免鱼腹之灾，愿借鸿毛之顺。

十一日，晴。晓出真珠门，因顺风发船，疾往如箭。①

明代的朝鲜使臣，包括前面说到的明初高丽使臣，之所以将妈祖称为"天妃"，将出使明朝期间沿途见到的供奉妈祖的庙宇称为"天妃庙"，是因为元朝和明初的皇帝，都给予了妈祖"天妃"的封号。

妈祖，指的是北宋时期福建莆田湄洲女子林默。传说林默生前好行善济世，因能预知天气变化，凭着她一身绝好的水性和一副菩萨心肠，常在湄洲海面，并曾独自驾舟在狂风巨浪之中，多次冒险拯救在海中遇险的渔民和商人，因而被当地人称道，死后人们对她感戴而怀念，继而立祠祭祀，尊奉为妈祖，即在大海中救助遇险人的女神。传说妈祖诞生于北宋建隆元年(960)三月二十三日，北宋雍熙四年(987)九月初九去世，故每年旧历三月二十三日、九月初九，沿海一带都有纪念妈祖的活动，这在下面朝鲜使臣的记载中也会涉及。北宋时期，由于海运事业的发达，这位地方性的民间女神很快受到朝廷的重视。从北宋宣和年间开始，历代的皇帝对妈祖均有褒封，但"天妃"的封号始于元朝，明太祖朱元璋、明成祖朱棣仍以"天妃"相封：

天妃，宋徽宗宣和间……赐祠额名顺济。……光宗朝，以救旱封灵惠妃。宁宗朝……加显卫护国助顺嘉应英烈妃。理宗朝……又封灵惠助顺嘉应慈济妃。

元世祖封护国明著天妃。进显佑，成宗加封辅圣芘民，仁宗加封广济，文宗加封灵感助顺福惠徽烈。

明太祖封昭孝纯正孚济感应圣妃。成祖封护国芘民妙灵昭应弘仁普济天妃。②

---

① 〔韩国〕林基中编《燕行录续集》第104册，韩国首尔：尚书院，2008年，第346～348页。

② [清]《日下旧闻考》· 卷八十八，《文渊阁四库全书》第497册，上海：上海古籍出版社，1987年。

朝鲜谢恩使书状官安璥在《驾海朝天录》记载的庙岛“天妃娘娘之庙”，今称庙岛显应宫，明末朝鲜使臣凡路经庙岛的，均在此举行过瞻仰天妃（妈祖）塑像和祭祀活动。

据地方志记载，庙岛显应宫建于北宋徽宗年间，但庙岛显应宫供奉天妃（妈祖）应是在元代。元世祖至元年间以女神妈祖“护海运有奇应”，颁诏加封妈祖为“天妃”①，并令与漕运有关沿海城镇均建祀，每年春秋还派员自北而南前往各宫庙祭祀。庙岛为元代南北漕运往来通道和重要枢纽，应是在这一时期，显应宫开始供奉天妃神像。明初洪武年间，庙岛显应宫天妃娘娘像两侧还有楹联：“救父海中，浑身是铜墙铁壁；警心梦里，夙世有慧业灵根。”落款“洪武菊月谷旦”②。“菊月”，即农历九月。“谷旦”，吉日。“洪武”后面没有纪年，也可能是洪武元年。“救父海中”“警心梦里”，都是有关天妃娘娘的传说故事。

庙岛“天妃娘娘之庙”应是中国北方最早的妈祖庙之一，几百年来香客不绝，香火缭绕，并因朝鲜使臣多次在这里举行祭祀活动，留下了多篇赞扬庙岛天妃庙（宫）的诗篇而闻名。这些诗篇的作者不乏在朝鲜半岛历史上有名气的政治家、文学家，除前面说到的李崇仁、李稷、李詹外，更有高丽末期著名的外交家、哲学家、文学家，官至高丽门下侍中（宰相），被誉为“东方理学的鼻祖”的郑梦周，他出使明朝路经庙岛时创作有诗歌《沙门岛》，首联“神女祠何处？沙门海上岑”③，说神女（天妃）祠所在的位置，即海上的沙门岛。“沙门岛”，即庙岛。再如高丽末、朝鲜初著名理学家、文学家、诗人，官拜议政府赞成事（从一品）、集贤殿大提学，崇政大夫、世子师，出使明朝期间与明朝开国皇帝朱元璋有诗词往来，开启了明清时期中朝（韩）的词赋外交的权近，其返程途中路经沙门岛（庙岛）时写有《九月初二日发船，泊沙门岛待风》诗，其中有“来泊岛屿中，祠宇肃清閟。利涉赖阴功，默默心有冀”④，表达了希望得到沙门岛天妃庙天妃的保佑，使他们早一点回到家乡的愿望。明末也有多位很有身份、影响的政治人物、文人留下了赞美庙岛天妃庙（宫）的诗篇，这在下面会具体谈到。明初高丽、朝鲜使臣笔下的庙岛天妃庙（宫），包括这里说到的天启元年（1621）安璥在《驾海朝天录》记载的“天妃娘娘之庙”，即庙岛显应宫，可惜我们今天已见不到当年的庙宇了，原庙宇在“文革”期间被拆除，“古建筑群被夷为平地”，“1983 年，就原址建长

---

① ［明］宋濂《元史·卷七十六·志第二十七上》，北京：中华书局，2000 年，第 1266 页。

② 刘福铸、蒋维锬辑纂《妈祖文献史料汇编·匾联卷·对联编》，北京：中华档案出版社，2009 年，第 33 页。

③ 林基中编《燕行录全集》第 1 册，韩国首尔：东国大学校出版部，2001 年，第 89～90 页。

④ 〔韩国〕林基中编《燕行录全集》第 1 册，韩国首尔：东国大学校出版部，2001 年，第 205 页。

岛航海博物馆。山门、前殿、两廊、大殿、后殿均仿照原样修建。原天后铜像和铜镜又收入殿内"[①]。今天能见到当年的天后铜像，对我们来说是莫大的荣幸。

朝鲜谢恩使书状官安璥在《驾海朝天录》十月初九日的记载，主要交代了在庙岛祭祀天妃的背景：在庙岛西岸停泊时，"自申时，大风北来，达夜浪打"。"申时"，指下午3时至下午5时。"达夜"，整整一夜。安璥还记载了海浪的威力："舟人皇皇结缆于船上石者五处。朝起视之，则五石皆移古(故)处矣。""皇皇"，同"遑遑"，指匆忙。古(故)处，指原来的地方。巨浪把五块结缆的大石头冲回了原处。安璥还用诗歌的形式形象地记载了十月初九日夜里的风浪："鲎风将覂海，鲸浪已掀天"，大风即将颠覆大海，巨浪已经把天掀翻。"鲎风"，大风。"鲎"，一种生活于海中的节肢动物，背部有一甲壳可上下翻动。古人认为，它能"扇风而行"，因此用以比喻大风。"覂"，古同"覆"，翻转，倾覆。"鲸浪"，巨浪，或大鲸鱼带来的掀天揭地的巨浪。朝鲜谢恩使一行来时已经经历了海浪带来的灾难，刚离开登州城，当天夜里又遇滔天巨浪，只能寄希望于上天神灵，渴望神的力量能使风浪平息下来，"未见扶持力，谁回造化权"，意思是说，在这里的没有见到神灵施展威力，没有谁能挽回大自然的神奇力量。反映了朝鲜使臣的焦急和无奈。"扶持力"，神灵的扶助护持之力。"造化权"，自然界创造者的神奇力量，亦指自然的力量。

《驾海朝天录》十月初十日的记载，讲述了在庙岛天妃庙(妈祖庙)祭祀天妃及祭文的主要内容。为了能顺利安全地返回朝鲜，朝鲜谢恩使一行把希望寄托在能给行船人带来幸运的天妃(妈祖)上。祭文说，我们奉朝鲜国王的敕令出使上国——大明帝国，现在使命完成了，要乘船东去回到朝鲜了，我们的国家朝鲜在遥远的日出的地方，如果没有神灵的感应帮助，谁能顺顺利利地回到家乡？十月(旧历)刮北风寒气逼人，应当关好门窗，在家休息，更何况大海中有惊涛骇浪，岂是起航开船的时刻？可是我们做臣子的，肩负着王室的使命，没有时间等下去了。我们在海岛风餐露宿，与浪花为伴，回家的航程所依靠的只能是在大海中漂泊的船只。我们头发已经斑白，一生所学除了精忠报国外，绝没有其他的私念。我们忧思所在，一片丹心至诚，请神灵督察。我们希望航程中没有灾难发生，祈求你能帮助我们顺顺利利，一帆风顺地回到祖国。

十月初十日的祭文涉及的几个词语："江南"，指渤海之南。旧时，朝鲜对渤海之南、之北，常以"江南""江北"称之。"天庭"，这里指明朝。当时朝鲜是明朝的附属国，故称明朝廷为"天庭"。"槎"，木筏，这里指朝鲜使团乘坐的船只。

---

① 《长岛县志》，济南：山东人民出版社，1990年，第350～351页。

"日域",日出之处。中国古代用来比喻极东之地,因此朝鲜也自称朝鲜半岛为"日域"。"阴风",这里指寒冷的风。"墐户",涂塞门窗孔隙,这里指关闭门户,足不出户。出自《诗经·豳风·七月》:"穹窒熏鼠,塞向墐户。"孔颖达疏:"墐户,明是用泥涂之,故以墐为涂也。""不遑",没有时间,来不及了。"靡盬(gǔ)",谓无止息,这里指辛勤于王事、公事。语出《诗·小雅·四牡》:"王事靡盬,不遑启处。"忙于王室的公务,没有空闲的时间过安宁的日子。"断断无他",只是忠诚守善,别无其他技能。出自《尚书·秦誓》:"如有一介臣,断断猗,无他伎。""洋洋",忧思。"洋洋如在",表示祭祀要虔诚的意思。出自《礼记·中庸》:"使天下之人齐明盛服,以承祭祀。洋洋乎如在其上,如在其左右。"意思是说,祭祀鬼神要穿着华丽的衣冠,要想象到鬼神就漂浮在上空,就在人们的左右。"鸿毛之顺",比喻航行像鸿毛遇到顺风那样疾速顺利。出自汉代王褒《圣主得贤臣颂》:"翼乎,如鸿毛遇顺风,沛乎,若巨鱼纵大壑。"

《驾海朝天录》十月十一日的记载,主要表达了祭祀天妃(妈祖)的效果:"晓出真珠门,顺风发船,疾往如箭。"祭祀天妃(妈祖)后第二天拂晓,即迎来了顺风,借机发船,船如飞箭,一帆风顺。《驾海朝天录》在下面的记载中说到,虽然在回家的航程中,也遇到了一些风浪,但朝鲜谢恩使一行还是很安全地抵达了朝鲜。"真珠门",即珍珠门,指庙岛群岛北长山岛与挡浪岛之间、从渤海进出庙岛必经的水道。因其东有北长山岛九丈崖,西有挡浪岛岩礁,航船从北而南经过,形成像门一样的关口,加之九丈崖附近的岩石,层层叠叠,如珍珠、白玉一样晶莹耀眼,所以称之为"珍珠门"。

天启元年(1621)的朝鲜使团在离开庙岛群岛返程途中,遭遇了狂风巨浪和冰雪严寒,又多次遭遇不测,但历尽千难万险,终于还是回到了自己的家乡。明末朝鲜使团的首次开航经历,加重了朝鲜官员对远航出使明朝的恐惧,有些胆小私心重的官员,在接到出使任务时,或装病不出,或借故拖延,但还是有不少朝鲜官员为了维护中朝的传统友谊,主动请命出使明朝。但为了航程中的安全,在面对狂风巨浪无能为力的情况下,只有寄希望于神灵,希望得到老天的眷顾,在途经的中国辽东、山东半岛沿海一带妈祖文化的影响之下,出使明朝的朝鲜使臣也就有了与天妃(妈祖)越来越紧密的联系。

小结:

明末天启元年(1621),努尔哈赤建立的后金政权占据了东北辽阳地区,朝鲜与明朝官方往来的陆路通道被阻隔,朝鲜使臣出使明朝只能乘船走海路,但由于当时官方往来海上通道还没有开通,天启元年(1621)出使明朝的两个朝鲜使团，只好跟随出使朝鲜的明朝官员刘鸿训一行的船队从登州入关，经山东进入北京。天启元年(1621)的朝鲜使团和刘鸿训一行的船队开启了明末中朝(韩)海上官方往来的首航。

天启元年(1621)的朝鲜两个使团在返程路经庙岛时，因庙岛有天妃(妈祖)庙，故在“庙堂作祭文，烧香祈风”，举行了祭祀天妃(妈祖)的活动，但这样一种祭祀活动，更多的是入乡随俗，到庙里烧烧香，祭拜一下，算是对当地妈祖文化的一种认可。应该说，当时的朝鲜使臣还谈不上对妈祖神灵的迷信。明末朝鲜使臣对妈祖的迷信和敬畏是逐步建立起来的，这从以后的朝鲜使团的航海经历就可以得到解答。但天启元年(1621)中朝(韩)官方往来海上航道的开通，为明末妈祖文化在朝鲜半岛的进一步传播提供了契机。

第二章　天启三年的朝鲜使臣与妈祖

天启二年(1622),朝鲜出使明朝的是登基使和进贺、冬至使兼圣节使。登基使正使吴允谦,进贺、冬至使兼圣节使正使李显英。

朝鲜登基使吴允谦(1559—1636),别号楸滩,官拜朝鲜领议政(首相),出使明朝期间传世有《楸滩东槎朝天日录》,其中比较详细地记载了出使路经的地点、时间。朝鲜登基使一行返程时,于十月初三日,"到(登州)城上望海楼行东海神祭,自传祭文,乃上船。午后行船"①。从明末朝鲜使臣在山东半岛、辽东半岛一带海岛祭祀海神的情况看,均应包括天妃(妈祖)神灵在内。

朝鲜进贺、冬至使兼圣节使正使李显英,也是朝鲜仁祖时王室重臣,历官大司谏、礼曹判书、大司宪、吏曹判书(正二品)等,去世后,"赠议政府领议政"②。因天启二年(1622)的朝鲜进贺、冬至使兼圣节使团没有传世的《燕行录》史料,故沿途祭祀海神的情况不得而知。从下面说到的情况看,明末乘船出使明朝的朝鲜使团都有举行祭祀海神的活动,这诸海神中必有天妃(妈祖),李显英一行也不会例外。

天启三年(1623),出使明朝的朝鲜奏闻、请封使和进贺、冬至、圣节兼谢恩使两个使团,也均举行过祭祀天妃(妈祖)的活动。

天启三年(1623)朝鲜奏闻、请封使正使李庆全(？—1644),号石楼,朝鲜光海君、仁祖大王时期朝中重臣,历官刑曹判书、判中枢兼同知春秋等职,并以左议政(第一副首相)名义出使明朝。李庆全出使明朝归国后,只有韩平君这一散官职衔,《朝鲜李朝实录》评价这一时期的李庆全:"在散地二十余年,诗酒自娱,俭素自奇,而与勋臣相善,取容于世。"③朝鲜奏闻、请封使副使尹暄,字次野,号白沙,善山府海平(今韩国庆尚北道龟尾市海平面)人。尹暄18岁即中明朝万历庚寅(1590)进士,历官朝鲜兵曹参判、义禁府事副总管、大司谏等职。天启三年(1623)出使明朝期间,尹暄的身份是礼曹判书,著有《白沙公航海路程日记》,

---

① 〔韩国〕林基中编《燕行录续集》第105册,韩国首尔:尚书院,2008年,第247页。

② 〔韩国〕《韩国历代人名事典》第24卷,韩国世宗大王纪念事业会,2010年,第50页。

③ 〔韩国〕《朝鲜李朝实录》,《仁祖实录四十五卷》仁祖大王二十二年五月庚寅。

但传世的只有归程的记载，且内容极为简单。朝鲜奏闻、请封使书状官李民宬(1570—1629)，字宽甫，号敬亭，祖籍今韩国全罗北道义城郡，历官朝鲜司宪府掌令、成均馆司成兼司宪府执义、承政院左承旨、左道义兵大将等职。李民宬还是著名诗人，人称李谪仙，有后人整理的《敬亭集》《敬亭续集》传世。出使明朝期间，李民宬写有《癸亥朝天录》，记载了沿途每天的行程及见闻，还编有《燕槎唱酬集》，登载了出使明朝期间创作的诗歌及他与正使李庆全(石楼)、副使尹暄(白沙公)及明朝官员的诗歌唱和。

天启三年(1623)的朝鲜进贺、冬至、圣节兼谢恩使正使赵濈(1568—1631)，号花川，祖籍丰壤(今韩国京畿道南扬州市)，进士，25岁时在抗击倭军侵占朝鲜的壬辰战争中"累有军功"，任职地方官员时，受"清白吏"之勋①。赵濈历官朝鲜兵、礼曹参判、副承旨、刑曹参议、金海府使、江源道观察使等，出使明朝期间，赵濈著有《燕行录》(一云《朝天录》)，记载了沿途的行程及所见所闻。

一、起航后多次遇疾风，"祷神即遂"

天启三年(1623)的朝鲜奏闻、请封使一行于五月二十日在朝鲜宣沙浦举行起航前的祭祀活动，李民宬在《癸亥朝天录》中记载：

二十日己酉，在宣沙浦，祭大海神，丑时沐浴具服，先诣坛所。雨下如注，正使继至，逮事毕雨止，黎明快晴。祭文曰：

维天启三年岁次癸亥五月庚寅朔二十日己酉，朝鲜国奏闻使议政府左议政李庆全，礼曹判书尹暄，司宪府掌令李民宬等，谨以牲酒之奠，敬告于大海之神。惟我东国，服事大邦。玉帛筐篚，无岁不将。医闾路断，浮于渤海。匪仗神骘，何以获济？职等恭衔纶命，将达天陛。窃祈灵贶，惠我利涉。兹将洁圭，敬荐菲薄。神其降监，佑我慈航。屏翳驱除，飞廉遁藏。阳侯海若，俱受约束。百灵秘怪，莫不率职。乾端洞豁，万里一碧。清飙送帆，如卧斋阁。俾完使事，式遄其归。虔忱昭格，庶歆于兹。②

这里说到的"大海神"，即祭文中的"大海之神"，是大海中最大海神的意思，能使"屏翳驱除，飞廉遁藏。阳侯海若，俱受约束。百灵秘怪，莫不率职"。"屏翳"，古代中国传说中的神名，有雨师、云神、雷师、风师等多种不同的身份。《山

---

① 〔韩国〕赵晃熙编辑《燕行酬唱录》《跋》，韩国首尔：韩国棣友企划社，2002年，第274～275页。
② 〔韩国〕林基中编《燕行录全集》第14册，韩国首尔：东国大学校出版部，2001年，第277～279页。

海经·海外东经》《楚辞·九歌·云中君》《史记·司马相如列传》《文选·曹植〈洛神赋〉》均说到过“屏翳”。“飞廉”，亦蜚廉，中国古代年支十四星之一，为凶星。“阳侯”，古代传说中的波涛之神，常借指波涛。《淮南子》卷六《览冥训》“武王伐纣，渡于孟津，阳侯之波，逆流而击，疾风晦冥，人马不相见”。“海若”，前面说到过，为中国古代传说的海神。“百灵秘怪”，潜藏而不经见之各种神奇怪物。出自唐代韩愈《南海神庙碑》：“海之百灵秘怪，慌惚毕出，蜿蜿虵虵，来享饮食。”“式遄其归”，众人都盼着早一点归来。语出《诗经·大雅·烝民》：“仲山甫徂齐，式遄其归。”“大海神”能够支配“屏翳”“飞廉”“阳侯”“海若”等诸神及海中“百灵秘怪”，下面会说到，在明末朝鲜使臣的笔下，只有天妃（妈祖）能做到这一点，因为在当时人们的心目中，唯有天妃（妈祖）能主管其他海神。所以说，这里说到的“大海神”，也应指的是天妃（妈祖）。

祭文中的其他几个词语：“东国”，这里指朝鲜。“筐篚”，盛物竹器，方曰筐，圆曰篚。“筐篚”也代指礼物或贡品。“医闾”，医巫闾山，《周礼·职方氏》：“东北曰幽州，其山镇曰医无闾。”古称于微闾、无虑山，今称闾山，在今辽宁省锦州市境内，这里指当时后金侵占的辽东地区。“天陛”，指天宫或帝王宫殿之台阶，多借指朝廷，这里指明朝都城北京的皇宫。“圭”，古代祭器，这里代指祭品。“降监”，下视，由高处往下看。《尚书·微子》：“降监殷民，用乂仇敛，召敌仇不怠。”

祭文先是交代了朝鲜奏闻、请封使三位主要官员的身份：“左议政李庆全，礼曹判书尹暄，司宪府掌令李民宬。”左议政，政府第一副首相，正一品官员。礼曹判书，职责类似明朝的礼部尚书，正二品官员。司宪府掌令，负责纠察百官，正四品官员。祭文的内容，一是表达了朝鲜作为附属国对明王朝的忠诚，每年都遣使给明王朝贡奉礼品，“玉帛筐篚，无岁不将”。二是说明现在陆路通道阻隔，但走海路，“匪仗神骘，何以获济?”没有大海神的护佑，就不可能完成贡使的使命。三是希望大海之神“佑我慈航”，航行途中没有狂风恶浪，“清飙送帆，如卧斋阁”，如同躺在家里一样平稳，保佑我们安全归来。

开洋祭之后的情况，《癸亥朝天录》有这样的记载：朝鲜奏闻、请封使一行因候风，二十四日才“解缆于浦口，张帆出洋”。二十七日在车牛岛海域即险遭不测，“风浪涌起，数数扯篷，而行未及（车）牛岛前洋，二船船尾柁木破折，几至倾覆，望之莫不悚然”。六月初一日在石城岛海域停泊时，夜间“俄而风雨大作，咫尺不辨。震荡击裂之声，不绝于耳。船底冲撞不定，破碎沦溺之变立至。且漏入之水四道喷涌，疑船板挠破。梢工等皆以为无可为，但援手祝天而已”。初七日在三山岛海域，“遇刮风蓦越岭腰，搏于洋中。诸船掀舞雪浪中，二船尤甚，人皆失色”[①]。“三山岛”，位于辽东半岛大连湾口，由大山岛、二山岛和小山岛组成，今属大连市中山区管辖。连续几次地遭遇风浪，初八日，“留三山岛。……初昏，使臣饬李膺等备牲酒祭海神”[②]，在三山岛停泊待风时间，正使李庆全命人准备了祭品祭祀海神，祈求保佑。“牲酒”，即牲醴，祭祀用的牺牲和美酒。“李膺”，朝鲜奏闻使团的“译官”[③]。

初八日祭祀海神之后的情况，《癸亥朝天录》中有这样的记载：

初九日戊辰。……旅顺口乃金州卫，东西舟楫往来之信地，而视之如鬼门关。是日风便极顺，波涛不起。五两微饱，其去如飞，二船次之，一船又次之，诸船俱在数息程外。但见帆尖出没于烟涛，不可了了。二船使人传语曰：“顺风难遇，不须入皇城岛，直向鼍（砣）矶岛可矣。”余以为今日稳行一千里海路，非天所佑，何以及此。若犹贪程冒进，恐有后悔。且后头诸船渺无形影，弃之而去，又非印须共济之义。戒舟人指向皇（隍）城岛，一船适近，令梢工叫禀则为可。二船不待报，而纵柁而逝，日已没矣。是夜，天宇澄清，星月晶明，如卧斋阁。少无所虞，与一船联进皇（隍）城岛。帆风忽住，月光又坠，海色阴雾，不知所向。二船必不达鼍（砣）矶矣。[④]

朝鲜奏闻、请封使一行祭祀海神之后，第二天航行时，路经极其危险的旅顺口海域时，也是“风便极顺，波涛不起。五两微饱，其去如飞”。“五两”，指候风器，用鸡毛五两竿顶，观测风力、风向变化。“饱”，这里是饱和、满足的意思，指候风器指示的风向、风力达到了饱和的程度。“一船”，指正使李庆全乘坐的第一船。“二船”，指副使尹暄乘坐的第二船。朝鲜奏闻、请封使一行当日“稳行一千里海路”，作者（书状官李民宬）将此与前一天祭祀海神联系到了一起，“非天所佑，何以及此”。副使尹暄乘坐的第二船借着风势越过隍城岛南下鼍（砣）矶岛，但书状官李民宬认为不应“贪程冒进”，而应到隍城岛停泊，与正使李庆全乘坐的第一船“联进皇（隍）城岛”。结果进入隍城岛后，“帆风忽住，月光又坠，海色阴雾”，顺风停止了，海雾弥漫，天色阴暗了。作者告诫不要“贪程冒进”的目的，是要感恩海神，是海神给朝鲜奏闻（请封）使一行带来“其去如飞”的好海况，行驶了一千里，要到隍城岛祭祀谢恩了。虽然上述记叙，没有明确说明，但正使

---

① 〔韩国〕林基中编《燕行录全集》第14册，韩国首尔：东国大学校出版部，2001年，第284、290、295、307页。

② 〔韩国〕林基中编《燕行录全集》第14册，韩国首尔：东国大学校出版部，2001年，第310页。

③ 〔韩国〕林基中编《燕行录全集》第14册，韩国首尔：东国大学校出版部，2001年，第280页。

④ 〔韩国〕林基中编《燕行录全集》第14册，韩国首尔：东国大学校出版部，2001年，第310～312页。

李庆全在隍城岛祭祀海神，就是明证。

朝鲜奏闻使、请封正使李庆全在隍城岛写有六言诗，诗的题目就是《黄城洋遇疾风，祷神即遂》：

昔苏子之南行，值汴沙之吹面。
劝香火之未收，倏旗脚之已转。
本造物之无心，何厚薄于先后。
虽其人之莫列，抑所荐之何陋。
庶众生之瞢愚，冀一验其灵顾。①

“黄城洋”，即隍城洋，指的是隍城岛海域。“遂”，这里指如意，成功，说明朝鲜使臣一行在隍城岛海域祭祀海神之后，达到了目的，疾风恶浪消退了。按照李民宬在《癸亥朝天录》中的记载，“遇疾风”之处应是在三山岛海域，祭祀海神的地方也是在三山岛停泊待风时。三山岛海域应属旅顺口海域，李庆全把三山岛海域归之“黄城洋”，可能是不了解“黄城洋”的范围。

《黄城洋遇疾风，祷神即遂》，虽然没有注明作者一行是来时，还是来年返程时路经隍城岛所作，但从书状官李民宬的《癸亥朝天录》记载看，应是来时路经隍城岛所作，因为来年(1624)三月二十六日返程隍城岛时，作者一行并未停泊隍城岛，而是“彻夜以行”②，路经隍城岛海域时，也未遭遇“疾风”。朝鲜奏闻、请封使一行六月初九日在隍城岛停泊并祭祀了海神后，六月初十日，“巳时出港，风势渐顺，舟行无滞”③，这样的记载，也与《黄城洋遇疾风，祷神即遂》相符。

“昔苏子之南行，值汴沙之吹面”，说当年苏轼乘船南下，在汴河遇到逆风，沙子都吹到脸上了。

第二句“劝香火之未收，倏旗脚之已转”，说苏轼焚香祈祷，一炷香还未烧尽，船上的旗子突然就转了方向。

前两句说到的史料，出自苏轼的《泗州僧伽塔》：“我昔南行舟系汴，逆风三日沙吹面。舟人共劝祷灵寺，香火未收旗脚转。”作者这里借用苏轼的典故，是想说明朝鲜使臣一行同当年的苏轼一样，因为焚香祈祷了，带来了好的风向。

第三句“本造物之无心，何厚薄于先后”，说风向的转换本来是大自然的无心之举，但转换的先后时机却带来不同的效果，有的人很快就得利了，有的人却

① 〔韩国〕《石楼遗稿文集》卷一《祭文》，《韩国文集丛刊》第73辑，韩国首尔：韩国民族文化推进会，1997年，第420页。

② 〔韩国〕林基中编《燕行录全集》第14册，韩国首尔：东国大学校出版部，2001年，第506页。

③ 〔韩国〕林基中编《燕行录全集》第14册，韩国首尔：东国大学校出版部，2001年，第312页。

迟迟得不到。

第四句“虽其人之莫列，抑所荐之何陋”，说虽然不知道有些人为什么得不到上天的恩赐，但神主不接受这些人敬献的贡品也没什么过错。

第五句“庶众生之瞢愚，冀一验其灵顾”，说我们和众多的百姓一样，都是没有开化的愚昧之众，希望神灵能眷顾我们，使我们的焚香祈祷也能像当年的苏轼一样灵验。

朝鲜奏闻、请封使正使李庆全在隍城岛海域，或三山岛海域祭祀的海神是否是妈祖，或其中是否有妈祖没有明确说明。但我们还是可以肯定地说，明末朝鲜使臣祭祀的海神中不仅有妈祖，而且是以妈祖为主的。这是因为明末在山东和辽东沿海一带，妈祖已是海神中的重要成员，而且不少地方把她排在诸海神之首，这在下面天启四年(1624)等多个朝鲜使团的祭祀活动中都会说到。更重要的根据是本章节下面即将说到的，天启三年(1623)的冬至兼谢恩使团和朝鲜奏闻、请封使团都曾分别记载的祭祀海神，实际上就是祭祀妈祖，这说明在朝鲜使臣心目中，妈祖就是海神，祭妈祖就是“祭海神”，或是“祭海神”就是祭以妈祖为首的诸海神。

二、庙岛天妃庙“洁诚为祭”

天启三年(1623)的朝鲜奏闻、请封使一行抵达庙岛后，书状官李民宬在《癸亥朝天录》中记载：

六月初十日……与诸船联次棹入真珠门，泊于庙岛。

六月十一日，留庙岛。晓，移泊于庙前。汉林蕴之女殁为水神，敕封“天妃”，名以庙岛者以此也。副使买枣、瓜、杏分送船上，闻再昨经夜于洋中，备尝危苦，昨乃抵此云。……岛之形势，最为宽阔。峰峦萦纡，围抱左右。其间沙汀横亘数十里，又有二岛浮出其外，若障空补缺者然。其他海峤之可望者无数。但晴而愈暗，不得了然耳。峰顶通望处逐设烟墩，屯田农幕，处处相望。商船、战舰之抛泊近案者，不知其数。乃近登(州)防汛信地也。天津卫运粮船三十余艘待风于此，九月间，发向皮岛云。①

“真珠门”，前面说到，即珍珠门，指庙岛群岛北长山岛与挡浪岛之间、从渤海进出庙岛必经的水道。

---

① 〔韩国〕林基中编《燕行录全集》第14册，韩国首尔：东国大学校出版部，2001年，第312～315页。

《癸亥朝天录》的记载，一是交代了庙岛名字的由来，因为岛上有供奉“天妃”娘娘的庙宇，故称庙岛。作者还解释了“天妃”系“汉林蕴之女”，死后成为水神。“汉林蕴之女”，意思是汉人林蕴之后。“汉人”，指汉族人，中国人。前面说到，妈祖的原形是莆田女子林默，福建地方志记载，林默系唐代邵州刺史林蕴之后。这说明，天启三年(1623)的朝鲜奏闻(请封)使一行来时在庙岛天妃庙瞻仰了天妃(妈祖)神像。二是交代了庙岛天妃庙所处的位置，系海上往来的交通要道和登州海防的要塞重地。在庙岛的“商船、战舰之抛泊近案着，不知其数”，说明庙岛当时驻军及战舰数量很多，而且还是重要的商埠。文中还说道：“天津卫运粮船三十余艘待风于此，九月间，发向皮岛云”，“皮岛”，即今朝鲜椵岛，说明庙岛也是京津地区与朝鲜半岛海上往来的重要中转站。“屯田农幕”，指的是军屯，说明当时的庙岛有军屯的士兵驻防。按明代制度，军队士兵必须携带家属前往戍地，这也说明，当时的庙岛也有士兵的老婆孩子居住。文中说到的“副使买枣、瓜、杏分送船上”，也说明庙岛的水果交易非常活跃。庙岛是个小岛，只有1平方千米，岛上即使有一点果树，无论数量、品种都很少，不可能满足这许多往来的船只及驻防的士兵所需。朝鲜副使“买枣、瓜、杏分送船上”，说明使团的每个船只都送了水果。李民宬在《癸亥朝天录》中详细记载了朝鲜奏闻(请封)使一行人的数量：六艘船只，“各船员役、格军共通三百四十五人”[①]。庙岛能买到时令的水果，说明当时的庙岛有着非常繁荣的商贸市场，否则，无法满足往来的商客和驻军的需要。庙岛天妃庙处在这样一个环境中，香火必定非常兴盛，也对当地的军民和往来的商客、使船人带来较大影响，事实也确实如此，这在后边朝鲜使臣的记载中就有清楚的说明。

天启三年(1623)的朝鲜进贺、冬至、圣节兼谢恩使一行，航海途中也有祭祀海神的活动。

八月二十四日，朝鲜进贺、冬至、圣节兼谢恩使一行于朝鲜宣沙浦，“沐浴斋戒，晓，行大海诸神祭。巳时乘船，未时行船出浦口”[②]，起航出使明朝。

进贺、冬至、圣节兼谢恩使一行沿途多次遭遇逆风巨浪，九月二十四日行至平岛(今大连市区，是明代中国北方的重要商埠)，泊船时，使团一行“初昏祭大海”，正使赵濈作祭文曰：

东藩恪勤，至诚上贡。辽广路塞，水道乃通。顾余贱价，奉表西至。得达平岛，莫非神赐。仍念前程，海阔且□。倘非风便，难以开洋。神龙之窟，又难轻

① 〔韩国〕林基中编《燕行录全集》第14册，韩国首尔：东国大学校出版部，2001年，第283页。
② 〔韩国〕林基中编《燕行录全集》第12册，韩国首尔：东国大学校出版部，2001年，第251页。

渡。伏惟灵神，特加怜护。东北长风，一吹连日。风利波恬，奄到蓬阁。实惟神惠，感荷难量。一心祈恳，顺风之长。①

“东藩”，指当时的朝鲜。“木道”，木船行驶的航道。“木道乃通”，这里指中朝官方往来海上航路的开通。“蓬阁”，蓬莱阁，这里代指朝鲜使臣登陆的蓬莱阁所在地登州。

九月二十四日傍晚祭祀海神之后，正使赵濈在《燕行录》中有这样的记载：

二更初，张两帆从风发船，船疾如飞。……曙色朦胧，明月高挂，执碇军官望见一发螺鬟微茫呈于水云之间，疑是黄(隍)城岛已在目中，相与忭跃曰：“舟行正当直路，不南不北。吾济之得生，天之怜也，使道之德分也。”云云。

二十五日，壬子，晴。海日初升，北风渐紧。船之疾驰，如跃如湧。船到黑水海，掀天大浪，荡潏澎湃。一浪之来，船疑上天；一浪之去，船疑入地。……天风从北而来，掀天振海，雪浪山堆者乎？操舟之练习莫如水手，而到此不能措手足，丧魂惊呼、颠僵呕逆者过半。况乎日不习舟楫者乎？未及黄城(岛)，船几不保。不得已，计无所出，暂为落帆。过去欲入黄(隍)城岛，而风大浪涌，泊船无策。更令迤南执舵，为走入舵(砣)矶岛之计。而此岛泊船不好，更令迤南走入多镜岛留泊。日已高矣。所谓多镜岛，昔日苏东坡谓仙人所居之地云，而今则一草一木无足可观，只守堡唐官率兵驻扎，牛马羔羊处处放牧矣。今日过海，实是天佑神助。波涛之险、海路之广，果如所云，而自然利涉于大风大浪之中，王灵所仗，鬼神亦为扶护。下碇浦内，整顿舵缭，即解衣安寝，到晚不起。②

进贺、冬至、圣节兼谢恩使一行在平岛“初昏祭大海”之后，不久即迎来利于航行的大好顺风，张帆发船后，“船疾如飞”，虽说第二天在隍城岛海域遭遇了“掀天振海”的滔天巨浪，“丧魂惊呼、颠僵呕逆者过半”，但也有惊无险，而且借助风势，多走了许多航程。原本在隍城岛停泊，但风急浪高，无法靠近岛屿，只好继续南行，并越过砣矶岛，到了多镜岛停泊。朝鲜使臣把这样的航海经历，归之于“天佑神助”，必然也加重了他们对神灵的敬畏和迷信。所以，九月二十六日到达庙岛后，进贺、冬至、圣节兼谢恩使正使赵濈不仅组织所属人员瞻仰了天妃庙的妈祖神像，还极为虔诚地举行了天妃(妈祖)的活动。正使赵濈在《燕行录》中记载：

(九月)二十六日……辰时到黄(此字有误，应为“庙”)岛。一、四两船昨日

---

① 〔韩国〕林基中编《燕行录全集》第12册，韩国首尔：东国大学校出版部，2001年，第273～274页。
② 〔韩国〕林基中编《燕行录全集》第12册，韩国首尔：东国大学校出版部，2001年，第274～277页。

已先到泊。岛上有娘娘庙，故号为庙岛。娘娘乃女号之尊名。昔者，有一女子死为海神，能号令四海之神、河伯、江神，故自前敕封娘娘圣女庙。船行者，必洁诚为祭，多蒙神庇。故后世乃以为庙尊祀之矣。到此，即令船人沐浴，炊饭做饼且兼果实以祭之。军官、译官等争相下船观光于庙中，不之禁也。岛有沈总兵领率舟师千余兵，沙号船七十余只，顷往复州地方斩真獐五十余级，诱引假獐千余名而来云云。①

赵濈在九月二十六日的记载，先是介绍了庙岛的由来：因“岛上有娘娘庙，故号为庙岛”，再是说明庙里为什么要供奉“娘娘”，是因为“一女子死为海神，能号令四海之神、河伯、江神”，而且庙岛娘娘庙是“敕封娘娘圣女庙”。妈祖的身份在“四海之神、河伯、江神”之上，这一点，也可说明前面说到的能够支配“屏翳”“飞廉”“阳侯”“海若”等诸神及海中“百灵秘怪”的“大海神”就是天妃（妈祖），而且在下面的朝鲜使臣的航海经历中还有更多形象的说明。“敕封娘娘圣女庙”，系前面说到的明太祖朱元璋封妈祖为“孝纯正孚济感应圣妃”，也称圣母、圣女。记载中还强调了娘娘庙香火的兴盛及兴盛的原因：“船行者，必洁诚为祭，多蒙神庇。故后世乃以为庙尊祀之矣”，说凡是行船的，都非常虔诚地祭祀妈祖，因为行船的人，经常得到妈祖神灵的庇护。所以，后来的人就建庙宇供奉妈祖。正因为这样，天启三年（1623）的朝鲜进贺、冬至、圣节兼谢恩使一行路经庙岛时，正使赵濈也“令船人沐浴，炊饭做饼且兼果实以祭之”，说明进贺、冬至、圣节兼谢恩使一行也在庙岛天妃庙举行了虔诚而隆重的祭祀活动，这也表达了朝鲜使臣对中国妈祖文化的高度认同及对妈祖神灵的极其敬畏和虔诚。使团的“军官、译官等争相下船观光于庙中，不之禁也”，争先恐后地下船到娘娘圣女庙瞻仰，也说明妈祖神灵在朝鲜使团的人员中有着很大的影响力。

赵濈《燕行录》九月二十六日的记载，还强调了庙岛是明军驻扎的军事要地，明军沈总兵率领“舟师千余兵，沙号船七十余只”，从辽东战场归来驻扎于庙岛。“沙号船”，一种遇沙不易搁浅的大型平底帆船，也称“防沙平底船”，是中国古代近海运输的海船中的一种优秀船型。“复州”，明代复州城在今大连市代管的瓦房店市区。“獐”，同獭，水陆两栖动物，这里指后金军队。“假獐”，应指打着后金军队旗号的反明起义队伍，或沿海一带的海盗。“沈总兵”，指驻登州的明军总兵沈有容，据《明史·沈有容传》记载：万历二十年（1592），日本侵略朝鲜，沈有容“从（兵部左侍郎）宋应昌援朝鲜”，大败日军。泰昌元年（1620），“始

① 〔韩国〕林基中编《燕行录全集》第12册，韩国首尔：东国大学校出版部，2001年，第277～278页。

设山东副总兵，驻登州，以命(沈)有容”。天启元年(1621)，“擢(沈)有容都督佥事(正三品)，充总兵官，登、莱遂为重镇”。路经登州的朝鲜使臣一般都会拜会沈有容，沈有容“出接之礼，亦有款曲之意”，令朝鲜使者很受感动，“谢拜千万”①。这里之所以介绍沈有容，是因为明末驻登州的军政官员都非常相信神灵，还为登州的许多寺庙，包括庙岛天妃庙的扩建、修缮捐献了巨资。天启四年(1624)的朝鲜谢恩、奏请使书状官洪翼汉在路经登州时就记载：“寺僧持一册来示，即舍施名录。所谓大施主居首者，都督沈有容、总兵毛文龙等大小官员无不与焉。……右隅则题钦差镇守山东等地都督府都督沈有容鼎建。”②我们在下面还会说到，沈有容之后的另一位总兵杨国栋重修庙岛天妃庙，说明当时迷信神灵的风气，也影响了明军将士。沈有容率“舟师千余兵”驻扎于庙岛，既说明庙岛是当时的海防要地，在当时官场迷信神灵的大背景下，必定也繁荣了庙岛天妃庙的瞻仰和祭祀活动，其浓郁的氛围对往来的朝鲜使团也带来影响，朝鲜使团的“军官、译官等争相下船观光于庙中”，也应是受到了当时天妃庙香火旺盛这一氛围的感染。

三、返程起航前祭妈祖：“洁牲祀圣母，柔缆发蓬城”

天启四年(1624)三月，朝鲜奏闻、请封使一行返程经登州乘船回国，起航后在庙岛海域举行了祭祀天妃的活动。李民宬在《癸亥朝天录》中记载：

二十五日己卯，发船。子正，与正、副使祭海神。丑时一行各乘船开洋。冬至使一行船亦在后，巳时同副船泊于庙岛，两起船并十只。③

“冬至使一行”，指正使赵濈率领的朝鲜进贺、冬至、圣节兼谢恩使团。“子正”，即子时，相当于现在子夜零点。“丑时”，夜里1时至3时。“巳时”，上午9时至11时。“两起船并十只”，朝鲜奏闻(请封)使一行有“六艘船只”④，这说明冬至使团至少有四艘船。

以上记载说明，这是朝鲜奏闻、请封使一行返航前的一次隆重的集体祭祀活动，使团的三位主要官员，即正使、副使、书状官共同参与。祭祀的对象是“海神”。那么，“海神”具体指的是哪路神灵，包不包括天妃(妈祖)在内呢?

---

① 〔韩国〕林基中编《燕行录续集》第104册，韩国首尔：尚书院，2008年，第241～242页。

② 〔韩国〕林基中编《燕行录全集》第17册，韩国首尔：东国大学校出版部，2001年，第138～139页。

③ 〔韩国〕林基中编《燕行录全集》第14册，韩国首尔：东国大学校出版部，2001年，第505页。

④ 〔韩国〕林基中编《燕行录全集》第14册，韩国东国大学校出版部，2001年，第283页。

明末天启和崇祯年间，朝鲜使臣起航前、返航前及航程中都有祭祀海神的活动，有的祭文只提“祭海神”，但有的记载为“祭三神”，如天启四年(1624)的朝鲜使团祭祀的“三神”依次是天妃、龙王、小圣①，崇祯二年(1629)的朝鲜使团祭祀的“三神”是大海神、龙王、风伯。② 我们在前面谈到，“大海神”，指的就是天妃(妈祖)，下面还会有更多的说明。崇祯九年(1636)朝鲜使团祭祀“五神”：天妃、海若尊神、龙王、风伯、其他的各路神仙。③ 无论是“祭三神”，还是“祭五神”，都包括天妃(妈祖)在内，而且天妃(妈祖)还都排在了诸海神之首，所以天启三年(1623)的朝鲜奏闻使祭祀的海神，不仅应包括天妃(妈祖)在内，而且在诸海神中天妃(妈祖)至少排在了重要位置，这在朝鲜冬至圣节兼谢恩使正使赵濈的诗歌及相关记载中可以得到证实，朝鲜奏闻(请封)使一行返航前的集体祭祀活动，祭祀的主要对象是天妃(妈祖)。

天启三年(1623)的两个朝鲜使团，即朝鲜奏闻、请封使和朝鲜进贺、冬至、圣节兼谢恩使返程时于天启四年(1624)三月在登州会合，并一起起航离开登州府驻地蓬莱县城。进贺、冬至、圣节兼谢恩使正使赵濈在一首诗歌《广六洋中录呈敬亭兼呈石楼、白沙两相公》中也说道：“请封船六艘，贺节四船并。两起同时发，归帆几日程。洁牲祀圣母，柔缆发蓬城。阵阵风头稳，茫茫水面平。……”④“敬亭”，指朝鲜奏闻、请封使书状官李民宬，号敬亭。“石楼”，指朝鲜奏闻(请封)使正使李庆全，号石楼。“白沙”，指朝鲜奏闻(请封)使副使尹暄，号白沙。“请封船”，指朝鲜奏闻(请封)使团的船只，共六艘。“贺节四船”，指进贺、冬至、圣节兼谢恩使团乘坐的四艘船。“圣母”，这里是指天妃(妈祖)，前面说到，明初开国皇帝朱元璋曾封妈祖为“圣妃”，故称“圣母”。“蓬城”，应指登州府驻地蓬莱县城。这就清楚地告诉我们，天启三年(1623)的两个朝鲜使团起航返程前一起在蓬莱县城举行了祭祀天妃(妈祖)的活动，“洁牲祀圣母”，也表明了对天妃(妈祖)的虔诚，与前面说到的隆重仪式相一致。

天启三年(1623)的朝鲜使团在登州府驻地蓬莱县城举行的祭祀天妃(妈祖)的活动，有可能是在天妃(妈祖)庙举行的，因当时蓬莱县城的天妃(妈祖)庙就在闻名天下的游览名胜蓬莱阁的西侧。光绪《增修登州府志》卷四《古迹・蓬莱县・蓬莱阁》就记载：“其西即天后宫。”“天后宫”，即明代的天妃庙(宫)，因清康熙二十三(1684)年加封天妃(妈祖)为“护国庇民妙灵昭应仁慈天后”，妈祖改

---

① 〔韩国〕林基中编《燕行录全集》第17册，韩国首尔：东国大学校出版部，2001年，第128～130页。

② 〔韩国〕林基中编《燕行录全集》第13册，韩国首尔：东国大学校出版部，2001年，第22页。

③ 〔韩国〕林基中编《燕行录全集》第16册，韩国首尔：东国大学校出版部，2001年，第326页。

④ 〔韩国〕赵冕熙编辑《燕行酬唱录》，韩国首尔：韩国棣友企划社，2002年，第234页。

称"天后"，所以各地的天妃庙(宫)改称"天后宫"。来到登州城的朝鲜使团的船只一般都在丹崖山下水城内停泊，蓬莱阁在丹崖山最高处，朝鲜使臣不仅能看到蓬莱阁，而且与蓬莱阁近在咫尺，所以，路经登州的朝鲜使臣，几乎都游览过蓬莱阁，天启三年(1623)的朝鲜使臣也不例外。朝鲜奏闻、请封使书状官李民宬在《癸亥朝天录》中就记载："(六月)二十三日，留登州。……观所谓蓬莱阁，倚栏四望，城如葫芦形，斗门内樯乌簇立如葱笋。阁中诗牌无数。"①朝鲜进贺、冬至、圣节兼谢恩使一行也游览了蓬莱阁，正使赵濈还留下了"衰颜蓬阁下，归梦骆山阳"②的诗句。蓬莱天妃(妈祖)庙由于建在丹崖山上，又紧邻闻名天下的蓬莱阁，又在登州府驻地，在妈祖文化盛行的时期，蓬莱天妃(妈祖)庙也有着很大的影响力，清道光《重修蓬莱县志》卷十二《艺文志上·重修天后宫记》中就记载："(蓬莱)天后圣母庙，乃于(蓬莱)阁西营建焉。殿宇魏然，神灵丕著。居贾行商，有祷辄应；水旱偏灾，有祷辄应。"天启三年(1623)的朝鲜使臣必然知道蓬莱县天妃(妈祖)庙的具体位置，及在当地的影响力，故而会在蓬莱天妃(妈祖)庙举行祭祀天妃(妈祖)的活动。我们在下面还会说到，天启四年(1624)的朝鲜谢恩、奏请使一行"登蓬莱阁，祀圣母庙"③，说明蓬莱县城的天妃圣母庙就在蓬莱阁的附近。

天启四年(1624)三月，朝鲜进贺、冬至、圣节兼谢恩使一行返程起航前举行祭祀活动一事，正使赵濈在《燕行录》中记载：

(三月)二十五日，晓洒雨、海雾。卯时，乘船行大海神祭，各船各自祭之。祭文曰：

东藩贱价，下土冗官。奉使西至，完事东还。

来渡沧溟，已受神护。去涉海渤，冀蒙神佑。

长风助顺，海不扬波。日不费多，稳到宣沙。

惟神之赐，感戴平生。兹将菲薄，俯申微诚。尚飨！

未明时发船，齐向庙岛。吾行四船，奏行四船偕来，或橹或帆。日出后惟北风所逆，或落后或先行。吾船及书状官船午间下碇于庙岛东南长山岛西边。夕时，仅入庙岛前洋船舶之处，奏上船及三船，追泊于竹岛西边。④

二十五日祭文中的"东藩贱价，下土冗官"，系谦辞，说我们祭祀的礼品是从

① 〔韩国〕林基中编《燕行录全集》第14册，韩国首尔：东国大学校出版部，2001年，第330～331页。

② 〔韩国〕赵冕熙编辑《燕行酬唱录》，韩国首尔：韩国棣友企划社，2002年，第180页。

③ 〔韩国〕林基中编《燕行录全集》第17册，韩国首尔：东国大学校出版部，2001年，第294页。

④ 〔韩国〕林基中编《燕行录全集》第12册，韩国首尔：东国大学校出版部，2001年，第430～431页。

东边的朝鲜带来的，价格低廉，档次很低，我们是来自朝鲜国的一些没有本事的官员。“东藩”，东方的藩国，这里指朝鲜。“下土”，指偏远的地方，这里也指朝鲜。“冗官”，多余的无用的官员。“奉使西至，完事东还”，说我们是奉命前往西边的帝城出使归来的，完成使命后，准备东归回国。

“来渡沧溟，已受神护。去涉海渤，冀蒙神佑”，说我们来时远渡沧海，得到了大海神天妃（妈祖）的护佑；现在又要漂洋过海，希望天妃（妈祖）再一次保佑我们。“沧溟”“海渤”，二者在这里表达的意思一样，都是指沧海，茫茫的大海，只是“海渤”，还有具体指渤海的意思。古代的渤海，包括山东半岛至朝鲜半岛之间的海域，即今黄海北部海域。

“长风助顺，海不扬波。日不费多，稳到宣沙”，说希望天妃（妈祖）能送来顺风，而且没有大的风浪，使我们能在较短的时间内，稳稳当当地回到朝鲜的宣沙浦。“长风”，本指远风，大风、暴风，这里应是“长风破浪”的意思。唐代诗人李白作有《行路难》一诗，其中就有“长风破浪会有时，直挂云帆济沧海”之句，二十五日祭文中的“长风”，借用了《行路难》中的用意。“宣沙”，指宣沙浦，在朝鲜清川江入海口以北，今属朝鲜平安北道宣川郡。明末朝鲜使团出使明朝时，多从宣沙浦起航，返程时也从宣沙浦登陆。天启三年（1623）的朝鲜冬至使一行就是从宣沙浦起航出使明朝的，这里说到的宣沙浦，是回到朝鲜的意思。

“惟神之赐，感戴平生。兹将菲薄，俯申微诚”，说上面说到的这些要求，唯有天妃（妈祖）您能赐给我们，我们会用一生来感谢您。我们将这些菲薄的祭品奉献给您，跪拜以表达我们的诚意。

记载中说到的“奏行”，指的就是朝鲜奏闻、请封使一行。“奏上船”，指朝鲜奏闻、请封使正使（也称上使）李庆全乘坐的船只。“南长山岛”，在庙岛以东，距庙岛 3 千米，是庙岛群岛最大的岛屿，今山东省长岛县驻地。

上述二十五日的记载，也只是说到“乘船行大海神祭”，即举行了祭祀海神的活动，并没有说到祭祀天妃（妈祖），也没有说明天妃（妈祖）就是海神。但赵濈在他的《燕行酬唱录》中，将二十五日的祭文冠以《庙岛娘娘庙文》[①]，说明作者祭祀的海神，就是庙岛娘娘庙的天妃（妈祖）。祭祀活动从“卯时”，即早上 5 时至 7 时开始，由“各船各自祭之”，而祭文则是统一的，由正使赵濈亲自拟定。朝鲜进贺、冬至、圣节兼谢恩使正使赵濈亲自拟定祭文，也说明了朝鲜使团对祭祀天妃（妈祖）活动的高度重视。至于赵濈为什么把在登州府驻地蓬莱县城举行的祭祀活动的祭文，冠以“庙岛娘娘庙文”，这里有两个可能：一是作者一行与朝

---

① 〔韩国〕赵冕熙编辑《燕行酬唱录》，韩国首尔：韩国棣友企划社，2002 年，第 230～231 页。

鲜奏闻、请封使的主要官员离开登州后，专程到了庙岛天妃庙举行了祭祀天妃（妈祖）的活动，可能用的也是这个祭文；二是作者一行与朝鲜奏闻（请封）使在登州祭祀的海神是天妃（妈祖），而庙岛天妃庙供奉的天妃神像，又是当地影响最大的，这在下面还会说到。

四、庙岛再祭天妃圣母："焚香捐钱币"

朝鲜进贺、冬至、圣节兼谢恩使赵濈一行与朝鲜奏闻、请封使的官员返程时在庙岛祭祀天妃（妈祖）的情况，主要来自冬至、圣节兼谢恩使正使赵濈和奏闻、请封使副使尹暄、书状官李民宬的诗歌及相关记载。

朝鲜奏闻、请封使一行返程到达平岛时，书状官李民宬在与进贺、冬至、圣节兼谢恩使正使赵濈的唱和诗里还说到了在庙岛祭祀天妃（妈祖）的情况："是日，早祭于庙岛圣母之神，故记之。"①李民宬在另一首长诗《值奔鲸于洋中。海鳌为之掀荡。吾闻大则吞舟，小则覆舟，为可虑也。遂援笔赋以谕之》里，也说到过庙岛祭祀圣母天妃之事："日卯时在丑，停舟庙岛前。稽首祈圣母，焚香捐钱币。熏沐涤尘垢，礼毕阖庙旋。船头频沥酒，兹晨阴秽散。灵飙如运帚，天清舟子喜。"②"日卯"，卯日，应指天启四年（1624）三月二十六日。"时在丑"，夜里1时至3时。"焚香捐钱币"，这说明在庙岛天妃庙举行的祭祀活动，并向天妃庙捐赠了香火钱。"阖庙旋"，即"阖庙旋舻"。出自韩愈《南海神广利王庙碑》："阖庙旋舻，祥飚送帆"，说（祭祀活动结束后）离开庙宇，乘船起程返航，祥瑞的顺风一路伴随着风帆。从以上摘录的诗文内容看，应是感谢夜里在庙岛天妃庙祭祀天妃（妈祖）之后，当天早晨就雾散云开，天朗气清，惠风劲吹，全船的人，特别是"舟子喜"，舟人，使船的人，即船夫、水手，满心欢喜。

从诗歌的题目看，此诗应是创作于天启四年（1624）四月初三日，因为朝鲜奏闻使书状官李民宬在《癸亥朝天录》四月初三日中有这样的记载："平明发船，风顺水驶，过广鹿、长山岛，见奔鲸喷涌于洋中。未时，风烈浪盛。"③李民宬"见奔鲸喷涌于洋中"，因忧虑人、船安危，有感而发。长诗的内容之一就是回顾了在庙岛焚香熏沐，虔诚祭祀天妃（妈祖），而得到天妃（妈祖）赐风之事。这一次在大洋中"见奔鲸喷涌于洋中""风烈浪盛"，也希望能得到上天的眷顾，化险为

---

① 〔韩国〕林基中编《燕行录全集》第14册，韩国首尔：东国大学校出版部，2001年，第250页。

② 〔韩国〕林基中编《燕行录全集》第14册，韩国首尔：东国大学校出版部，2001年，第256～257页。

③ 〔韩国〕林基中编《燕行录全集》第14册，韩国首尔：东国大学校出版部，2001年，第509页。

夷:“鲸乎露尔额,吾今以杖叩。生死听天公,宜心学庄叟。”[①]“庄叟”,中国战国时期著名思想家、哲学家庄子。

在庙岛祭祀天妃(妈祖)之事,朝鲜奏闻、请封使副使尹暄在《白沙公航海路程日记》中也有记载:

(三月)二十五日,朝阴晚晴。五更行祭,橹役到庙岛宿。

二十六日,晓头行祭,发船。朝过皇城岛,张帆近铁山外洋,日已向暮,达夜行船,风势或顺或横,而绝无波浪矣。[②]

《白沙公航海路程日记》的记载说明两点:

一是,朝鲜奏闻、请封使一行在登州港和庙岛均举行了“行祭”活动,二十五日拂晓前离开登州港时,“五更行祭”,指的就是前面说到的返航前在登州举行的隆重的开洋祭祀活动,二十六日拂晓行船离开庙岛前,“晓头行祭”。登州港距庙岛只有10千米,至多有半天航程,朝鲜奏闻(请封)使一行之所以没有急着向前赶路,而是“到庙岛宿”,就是为了第二天在庙岛祭祀天妃(妈祖)的活动。正使李庆全没有参与庙岛的“行祭”活动,是因为李庆全乘坐的船只因水浅“阁岸不得发”,第二天,二十六日为了与其他船只会合,“不入庙岛,直向皇城矣”[③]。

二是,二十六日“晓头行祭”之后,发船后一帆风顺,“风势或顺或横,而绝无波浪矣”,即使有横风,也是风平浪静。“皇城岛”,即隍城岛,距离庙岛约50千米,而朝鲜奏闻(请封)使一行“朝过皇城岛”,说明航速之快。“铁山”,指今大连老铁山角,距离隍城岛40多千米,也于当天越过。为了不错过这好的风向,朝鲜奏闻(请封)使一行,“达夜行船”,整夜也不停航,第二天,即二十七日“晓近平岛”[④]。“平岛”,指的是今大连市甘井子区的小平岛。作者虽然没有在《白沙公航海路程日记》里指出这一切与祭祀天妃(妈祖)有关,但明眼人一看就明白了,因为“晓头行祭”之后,才有了“风势或顺或横,而绝无波浪矣”。虽然这只是巧合,但当时对朝鲜使臣的影响却是对天妃(妈祖)神灵的更加迷信。

朝鲜进贺、冬至、圣节兼谢恩使和朝鲜奏闻、请封使一行为什么要专程到庙岛祭祀“庙岛圣母之神”呢?笔者认为,一是当时的天妃(妈祖)已被人们奉为统领海中诸神的最高海神了,朝鲜奏闻、请封使一行在朝鲜宣沙浦起航前祭祀的

---

① 〔韩国〕林基中编《燕行录全集》第14册,韩国首尔:东国大学校出版部,2001年,第258～259页。
② 〔韩国〕林基中编《燕行录全集》第15册,韩国首尔:东国大学校出版部,2001年,第379页。
③ 〔韩国〕林基中编《燕行录全集》第14册,韩国首尔:东国大学校出版部,2001年,第505～506页。
④ 〔韩国〕林基中编《燕行录全集》第15册,韩国首尔:东国大学校出版部,2001年,第380页。

“大海之神”就是天妃(妈祖),返程同样要隆重地举行祭祀天妃(妈祖)的活动,以求神灵庇护。二是说明庙岛供奉的天妃(妈祖),在当地有着很大的影响力。“庙岛圣母之神”,不仅是庙岛当地及相邻岛屿供奉的神灵,也是登州府驻地及管辖的沿海地区膜拜的海中守护神。清康熙年编纂的《古今图书集成》登州府部第二百七十八卷《汇考六·寺庙考(府志)》也记载:“灵祥庙:祀海神。旧在沙门岛(庙岛),今在(蓬莱)丹崖山。宋崇宁间赐额,元至正间加感应神妃碑额。”这说明庙岛祭祀海神的灵祥庙,即元代改为祭祀“神妃”妈祖的庙岛天妃庙,其历史比登州府所在地蓬莱的灵祥庙(海神庙)还早,影响力还大。从下面我们说到的朝鲜使臣祭祀天妃(妈祖)活动看,也都把庙岛天妃庙作为往返航程途中最重要的祭祀天妃(妈祖)的场所。鉴于以上两点,朝鲜进贺、冬至、圣节兼谢恩使与奏闻、请封使一行返航时专程赶到庙岛祭祀“庙岛圣母之神”也就不足为怪了。

朝鲜进贺、冬至、圣节兼谢恩使正使赵濈与朝鲜奏闻、请封使书状官李民宬的唱和诗:

舟中录似敬亭

赵花川

茫茫溟渤极无涯,鱼鳖蛟龙万仞家。
使臣持节忠能仗,风伯收威水不波。
北接燕都古析木,东连鲽域小中华。
圣母深恩扶护至,一生铭感更谁加。

春水波成锦绣纹,四垂寥廓夐无云。
何处棹讴惊搅梦,晓天残月怳疑君。
阳侯拥盖归帆稳,海若歆诚奠礼熏。
生还故国知谁赖,顶戴娘娘意自勤。①

赵花川,即赵濈。《舟中录似敬亭》原唱诗共五首,李民宬(敬亭)和答了其中三首,各摘录其中的前二首。

次赵侍郎平岛寄韵三首(之一)

李民宬

东北山连渤海崖,天晴孤岛有人家。
心悬乐浪占云物,目极神京望日华。

① 〔韩国〕赵冕熙编辑《燕行酬唱录》,韩国首尔:韩国棣友企划社,2002年,第231页。

只冀圣灵垂默佑，敢言忠信任风波。
隔船并语情弥重，况复投章喜转加。
（是日，早祭于庙岛圣母之神，故记之。）

次赵侍郎平岛寄韵三首（之二）

风恬海面不成纹，万里褰开日漏云。
邂逅正欣披雾睹，分离曾恨阻兰熏。
临危共济谁无意，同病相怜独有君。
自叹溯洄从未得，漫将诗句谢殷勤。①

第一首诗的首联“茫茫溟渤极无涯，鱼鳖蛟龙万仞家”，写的是作者一行乘船在一望无际的大海里，这里深不可测，本是“鱼鳖蛟龙”的家园。“万仞”，古代八尺为仞，这里形容海之大之深。

颔联“使臣持节忠能仗，风伯收威水不波”，写的是我们凭借着自己的忠诚和能力担当了出使的使命，不畏艰险涉海远航，风神也不施展自己的威力，没有掀起海上波涛。“忠能”，忠诚和能力。“仗”，这里是依仗的意思。

颈联“北接燕都古析木，东连鲽域小中华”，说我们朝鲜北边与中国古代的幽燕地区相连，是与中国东西隔海相连的“小中华”。“析木”，中国古代幽燕地域的代称，《晋书·天文志上》：“自尾十度至南斗十一度为析木……燕之分野，属幽州。”“鲽域”，朝鲜俗称之一。“小中华”，当时的朝鲜是中国的附属国，以儒家文化为正宗，自称“小中华”。

尾联“圣母深恩扶护至，一生铭感更谁加”，说圣母（妈祖）对我们有大恩，航程沿途保护我们，我们会感恩一生永远不会忘记的。

第二首诗的首联“春水波成锦绣纹，四垂寥廓敻无云”，说春风吹拂，海面的波纹如同平铺的锦绣绸面一样，赏心悦目，辽阔的天空一直延伸到四面的天际，晴朗无云。“敻”，远，距离遥远。

颔联“何处棹讴惊搅梦，晓天残月怳疑君”，说拂晓之时，天边还挂着残月，不知从哪艘船上传来的歌声，我恍恍惚惚地还认为是来自您（指李民宬）的船上呢。“棹讴”，摇桨行船所唱之歌。唐代杜甫《美陂行》：“凫鹥散乱棹讴发，丝管啁啾空翠来。”“怳”，古同“恍”。

颈联“阳侯拥盖归帆稳，海若歆诚奠礼熏”，说水神坐在车上，在海面保护着

① 〔韩国〕林基中编《燕行录全集》第14册，韩国首尔：东国大学校出版部，2001年，第250～251页。

我们，使我们出使归来乘坐的船只没有遭遇风浪，一帆风顺。海神得到了我们祭祀的礼品也非常高兴地帮助我们。“拥盖”，指乘车。《史记·管晏列传》：“其夫为相御，拥大盖，策驷马。”奠礼，这里指用于祭奠的金钱和礼品。

尾联“生还故国知谁赖，顶戴娘娘意自勤”，说我们能顺利地回到自己的国家，最依赖和最应该感恩的是谁呢？这就是统领着海中诸神的天妃娘娘，她在呵护着我们。“顶戴”，本意是官员戴的帽顶，这里有管理大海、统领海中诸神的意思。

从赵濈《舟中录似敬亭》的前两首唱和诗中的内容可以看出，作者主要表达了朝鲜使臣不畏海路艰险为国出使的忠心和抱负，同时感谢和赞美了航行途中得到圣母（妈祖）等诸海神的暗中保护，得以完成了出使使命，就要顺利地回到自己的国家了。需要强调的是，作者两首诗的尾联，都落脚在对天妃（妈祖）娘娘的感恩戴德上，由此可见妈祖文化对明末朝鲜使臣的影响之大。

朝鲜奏闻、请封使书状官李民宬的《次赵侍郎平岛寄韵三首》，第一首诗后作者自注：“是日，早祭于庙岛圣母之神，故记之”，说明作者一行在早晨出发前于庙岛祭祀了天妃（妈祖）。从作者在《癸亥朝天录》中的记载看，作者“巳时同副船泊于庙岛”，二十六日，“彻夜放船于洋中，平明与副使俱发……午后过隍城岛”①。这说明，作者李民宬与副使尹暄各自乘坐的船只于二十六日早晨离开了庙岛，但作者在《癸亥朝天录》中并没有记载二十六日晨祭祀天妃（妈祖）的情况。但副使尹暄在《白沙公航海路程日记》中记载了在庙岛举行祭祀天妃（妈祖）的活动，佐证了“是日，早祭于庙岛圣母之神”的真实性。“侍郎”，明代侍郎为副部级官员，天启三年（1623）朝鲜进贺、冬至、圣节兼谢恩使正使赵濈出使明朝时的职务是朝鲜兵、礼曹参判，属于朝鲜兵部、礼部的副职，故称“赵侍郎”。

第一首诗的首联“东北山连渤海崖，天晴孤岛有人家”，说作者一行到达平岛的情况及平岛所处的位置。天晴之时来到了渤海边上的平岛，岛上有人居住。当时辽东半岛周边海域均称渤海。平岛面积较小，陆地面积仅 1 平方千米，说“孤岛有人家”，也有意外、惊喜之意。

颔联“心悬乐浪占云物，目极神京望日华”，说作者既惦念着家乡的情况，也希望明朝能兴盛强大。“乐浪”，指朝鲜。汉武帝时，朝鲜半岛北部设乐浪郡，后常以“乐浪”代指朝鲜半岛。“云物”，景物，这里借指家乡的情况。“神京”，指明朝都城北京。“目极神京望日华”，遥望明朝京都北京，渴望中华文化的光芒也能照射到自己的家乡。

---

① 〔韩国〕林基中编《燕行录全集》第 14 册，韩国首尔：东国大学校出版部，2001 年，第 505 页。

颈联“只冀圣灵垂默佑，敢言忠信任风波”，说我们祭祀了“圣母之神”，希望能得到圣母神灵的庇护，我们是正直无私、忠诚于自己国家的，是能经得起大风大浪的，也是能得到“圣母之神”眷顾的。作者在诗后写道：“是日，早祭于庙岛圣母之神，故记之”，这一联主要是对此做出的说明。

尾联“隔船并语情弥重，况复投章喜转加”，说作者与进贺、冬至、圣节兼谢恩使正使赵濈隔船交谈，情深意切，况且还相互赠诗，更增进了彼此的感情，拉近了双方的关系。

第二首诗的首联“风恬海面不成纹，万里褰开日漏云”，说风平浪静的海面没有波纹，万里辽阔的天空，太阳光从云朵的缝隙中射向海面。“褰开”，散开。

颔联“邂逅正欣披雾睹，分离曾恨阻兰熏”，很高兴我们能在弥漫着大雾的海面上行驶时不期而遇，但船在行驶中我们又分离了，我还曾怨恨风浪阻挡了我们相互接触、交流的机会。“兰熏”，兰花的馨香，喻人德行之美。“阻兰熏”，这里的意思是说，阻挡了向朝鲜进贺、冬至、圣节兼谢恩使正使赵濈请教、学习的好机会。

颈联“临危共济谁无意，同病相怜独有君”，说在遭遇危机的时刻，同舟共济，大家都会齐心克难，但相同的经历，遭遇相同的危机，能够同情、理解的唯有您——冬至、圣节兼谢恩使赵濈。

尾联“自叹溯洄从未得，漫将诗句谢殷勤”，感慨自己从来也没有经历过这次的逆风恶浪，但我们还是渡过来了，并在这里喜相逢，所以也要写诗感谢“意自勤”的天妃娘娘保佑着我们。“溯洄”，逆流而上。语出《诗经·秦风·蒹葭》：“溯洄从之，道阻且长。”这里比喻大海中的逆风恶浪。“殷勤”，照应朝鲜冬至、圣节兼谢恩使正使赵濈诗中的“顶戴娘娘意自勤”。

从朝鲜奏闻、请封使书状官李民宬的《次赵侍郎平岛寄韵三首》之一、之二的内容看，除了叙写作者与进贺、冬至、圣节兼谢恩使正使赵濈之间的情谊外，主要还是表达了作者对中华优秀文化的仰慕，包括对天妃（妈祖）等神灵的感谢和敬畏，同样也折射了中华传统文化，特别是妈祖文化对朝鲜使臣的巨大影响力。

五、隍城岛再祭海神天妃

天启四年（1624）三月二十六日，朝鲜进贺、冬至、圣节兼谢恩使一行与李庆全率领的朝鲜奏闻、请封使团一起从庙岛起航返程。进贺、冬至、圣节兼谢恩使正使赵濈乘坐的船只行至隍城岛海域时，再次举行了祭祀天妃的活动，以答谢天妃为首的诸海神对朝鲜使团一行人的护佑。赵濈在《燕行录》（一云《朝天

录》)中记载:

二十六日,庚辰,晴。夕阴,晓有顺风。各船至黄城岛下,日已午矣。风势缓矣。越趄之际,各船齐发于大洋。吾船不可独留,亦追发至大海中。恐有中路逢风之患,而亦没奈何,任所如缓缓前进。日且沉阴,奄(俺)到初昏才入半海矣。奏上船、三船夜从竹岛东洋已发船,白布帆明灭远走,追莫及矣。两行并十艘:奏上、副使、吾书状船最疾;其次,吾四船、奏三船;其次,吾所乘船、奏六船;最迟钝,吾三船也。昏黑之夜,风亦渐歇。中流大洋,所恃者天。仰看明星,俯窥灵龟。明烛危坐、思量万端,未知船行几许。此时,别无悭生惜死之心,恍然如游广漠之野。座下一板之外、左右一板外,都是万丈深渊、蛟龙鱼鳖之窟。汹涌澎湃之上,寄此一身于茫茫之中,若妄用心虑,不能忍耐,则不投水而没,则必发狂疾矣。已到十分危地,还似坦坦平途也。在登(州),略备祭海酒果及猪肉。临夕,熟设,行祭文曰:

海于天壤,曰惟其大。其深莫测,其广无外。
纳污之量,济物之仁。顾余贱价,乘木朝天。
来蒙神庇,去冀利涉。伏惟明神,特垂阴骘。
风伯助顺,波灵戢浪。一瞬千里,归帆无恙。
才经数日,奄到本国。莫费神惠,报德有祀。
微诚自激,感戴何极?一生难忘,神明所赐。①

"奏上船",指朝鲜奏闻、请封使正使(上使)李庆全乘坐的船。"奏上、副使",分别指朝鲜奏闻、请封使正使李庆全和副使尹暄。"吾书状船",指进贺、冬至、圣节兼谢恩使书状官任赍之所乘坐之船。"奏三船""奏六船",指的都是朝鲜奏闻、请封使团的船只。"竹岛",指登州府蓬莱城北海域中的大竹山、小竹山岛。

二十六日的记载,讲述了祭祀天妃(妈祖)之后所带来的"晓有顺风",一帆风顺的好天气,李庆全率领的朝鲜奏闻、请封使团一行和进贺、冬至、圣节兼谢恩使书状官任赍之乘坐的船只都飞快地驶过"黄城岛"(隍城岛)海域,但进贺、冬至、圣节兼谢恩使正使赵濈乘坐的船只比较"迟钝",到达"黄城岛"(隍城岛)海域时,只能望着其他船只"白布帆明灭远走,追莫及矣"。此时虽"风亦渐歇",但在茫茫大洋之中,周边"都是万丈深渊、蛟龙鱼鳖之窟",作者"明烛危坐、思量万端",感激天妃一路护佑,在大洋深处"还似坦坦平途也",为感谢上苍,便在船上设祭,再祈以天妃(妈祖)为首的海神。

① 〔韩国〕林基中编《燕行录全集》第12册,韩国首尔:韩国东国大学校出版部,2001年,第431~432页。

二十六日的祭文，赵濈在他的《燕行酬唱录》中冠以《黄城大海神祭文》[①]，虽然祭文的题目没有说到天妃（妈祖），但祭文的内容是感谢海神的恩德，是承接了前一天在庙岛祭祀天妃（妈祖）的《庙岛娘娘庙文》，所以《黄城大海神祭文》中的大海神，指的就是天妃（妈祖）。《黄城大海神祭文》中，说大海神使"风伯助顺，波灵戢浪"，也是照应了作者在前面说到的天妃（妈祖）"能号令四海之神、河伯、江神"，是天妃（妈祖）命令风伯、水神停止了风浪，给作者一行带了"一瞬千里，归帆无恙"的好运气。作者这样虔诚地反复祭祀天妃（妈祖），再次说明明末朝鲜使臣对天妃（妈祖）神灵的迷信和敬畏。

二十六日记载中涉及的几个词语："趑趄"，指犹豫徘徊。这里的意思是说，作者乘坐的船到了黄城岛（隍城岛）附近后，为是否停泊留宿黄城岛（隍城岛）而犹豫不决。"灵龟"，这里代指鱼鳖虾蟹等海中生灵。"木"，木舟，"乘木"，乘舟。语出《周易·彖辞下传·涣卦》："利涉大川，乘木有功也。""伏惟"，希望。"阴骘"，"阴德""阴功"。语出《尚书·周书·洪范》："惟天阴骘下民"，指上苍默默地保佑下民，后引申为默默行善的德行。"波灵"，传说中江河湖海里兴风作浪的精灵，这里指水神。"戢浪"，使风浪停下来；"戢"，收敛，停止。"奄到"，突然到了。"微诚"，谦辞，微小的诚意。

进贺、冬至、圣节兼谢恩使赵濈一行在隍城岛祭祀海神，是登岛后到隍城岛海神庙举行的祭祀活动，还是在船上进行的，作者没有交代。但无论怎样，赵濈一行在隍城岛祭祀的海神是天妃（妈祖）应是无疑的。明末朝鲜使臣把天妃（妈祖）作为海神，主要还是受了途经的中国北方沿海地区盛行的天妃（妈祖）是海神的妈祖文化的影响。

当时朝鲜使臣途经的许多地方的海神庙祭祀的就是天妃（妈祖），如清康熙年编纂的《古今图书集成》登州府部第二百七十八卷《汇考六·寺庙考（府志）》记载："灵祥庙：祀海神。旧在沙门岛（庙岛），今在（蓬莱）丹崖山。宋崇宁间赐额，元至正间加感应神妃碑额。"也就是说，至少在元代时，海神庙就供奉天妃（妈祖）了。蓬莱县是登州府驻地，丹崖山又是宋元以来的旅游胜地，闻名天下的蓬莱阁就在其中。丹崖山上祀海神的庙宇，供奉的是天妃（妈祖），其对明末登州巡抚所辖的庙岛群岛、辽东沿海一带的影响是不言而喻的。另外，据史料记载，当时隍城岛海神庙祭祀的海神也是天妃（妈祖），这也应是受了蓬莱丹崖山海神庙的影响。隍城岛海神庙供奉天妃（妈祖）的情况，元代刘遵鲁的《漠岛记》中就有记载：

---

① 〔韩国〕赵冕熙编辑《燕行酬唱录》，韩国首尔：韩国棣友企划社，2002年，第230页。

东镇区域最巨，泽润生民最溥，惟海而已。历代秩祭其来尚矣，故民间多立行祠。登州，青（指古代青州）之鱼盐地也，县治蓬莱，民濒海者奉海神尤切。海之半有山曰漠岛，庙曰"灵祥"，神曰"显应神妃"，耆民相传为东海广德王第七女。元得江南凡二十载，粮运所过，无风涛之险，岂非神明有以助之也？今太仓所蓄，累积陈陈；富国裕民，为古今冠，则吾神妃，预有力焉。用勒坚珉，以着厥美，当与天地相为终始。

《漠岛记》载于明嘉靖《山东通志》卷六《山川·登州府》篇中，《道光重修蓬莱县志》卷十二《艺文志上·记》也有原文录载。作者刘遵鲁，据《山东通志》卷十五之一《选举志》记载为"元代制科""蓬莱人"。清代《道光重修蓬莱县志》卷之七《选举志》记载为"元代进士"，且元代进士蓬莱县只有一人，就是刘遵鲁。这都说明，刘遵鲁是元代蓬莱人。《山东通志》卷六《山川·登州府》中在《漠岛记》一文前这样介绍刘遵鲁："元代进士刘遵鲁记略。"但在《道光重修蓬莱县志》卷十二《艺文志上·记》中，却把《漠岛记》归于明代作者一栏中。是失误？还是刘遵鲁生活在元明之交，把《漠岛记》归于明代作者也可以。但从《漠岛记》记载的内容看，是元代时写的元代的事情。所以说，即使刘遵鲁在明初生活过一段时间，本文的作者也应是《山东通志》记载的"元代进士刘遵鲁记略"。庙岛群岛自唐代以来就归登州蓬莱县管辖，一直延续到清末，刘遵鲁在《漠岛记》中介绍的是登州蓬莱县尊崇海神的习俗，其中就包括了庙岛群岛及所属的漠岛。

漠岛，明嘉靖《山东通志》卷六《山川志·登州府》记载："漠岛，在（登州）府城东北海中五百里许，相去与辽东连界。"清代《道光重修蓬莱县志》卷二《地理志·山川》也有相同的记载："漠岛，东北海中五百里许，与辽东连界，海运所经故道。""海之半有山"，这个地理位置就是庙岛群岛中的隍城岛，再具体点就是北隍城岛，因在登州辖区的最北端，曾称"末岛"。《道光重修蓬莱县志》卷四《武备志·海运》中也有明确记载："北隍城岛，即漠岛。"明洪武年间的朝鲜使臣说隍城岛（呜呼岛）"一名半洋山"①，也与"海之半有山"相吻合。《漠岛记》记载，元朝时期，海运之所以兴盛，南方大批粮米能平安地运抵北方，使京师的大粮谷仓（太仓）粮食丰沛，能"富国裕民"，是因为"粮运所过，无风涛之险"，"则吾神妃，预有力焉"。说天妃（妈祖）保护了航运的安全，使得南来北往的大批航船没有"风涛之险"。这说明天妃（妈祖）在元代北方沿海一带有很大的影响力。隍城岛是南北海运的重要枢纽，其供奉"显应神妃"的"灵祥"庙自然也随着元代海运

① 〔韩国〕《陶隐集》卷一，《韩国文集丛刊》第6辑，韩国首尔：韩国民族文化推进会，1990年，第536页。

的兴盛而香火兴旺。

《漠岛记》中还记载:“耆民相传为东海广德王第七龙女。”“耆民”,六十岁以上的年高有德之民,《礼记·曲礼》:“六十曰耆。”“东海广德王”,东海海神,也是四海龙王中知名度最高的海神。山东半岛与中国北方沿海一带一样,长期以来信奉海龙王,认为是海龙王掌控着大海的一切,天妃(妈祖)是东海龙王最宠爱的“第七龙女”,自然也就有了神力。妈祖本来就有是“龙女”的传闻,将这一传闻与东海龙王之女连到一起,在当地有着更大的影响力。而且供奉“东海广德王第七龙女”的妈祖,也就不会触犯东海龙王了。天上七仙女的传说在北方也有广泛的流传,既然天上的玉帝有七仙女,海上的龙王也应该有七龙女。天上七仙女能下凡济困救贫,海里的七龙女自然也应有这样的品德和能力,妈祖是“东海广德王第七龙女”的传说就很容易被认可了。更重要的说明是,登州府驻地蓬莱县“濒海者奉海神尤切”,沿海一带尤其尊崇海神,而供奉的海神“曰‘显应神妃’”,即妈祖,这也使我们清楚了,为什么朝鲜使臣把祭祀天妃(妈祖)视为祭祀“海神”了,这除了入乡随俗、到了哪里敬哪里的神之外,朝鲜使臣的航海经历,也加深了他们对妈祖文化的迷信,这在下面谈到天启四年(1624)的朝鲜使臣时会有清晰的解读。

进贺、冬至、圣节兼谢恩使赵濈一行第二天离开隍城岛后,航程中遭遇逆风,“东风、北风交作不止”,与同行的其他船只失去了联系,“未知船向于何处,身其保全乎?幸而上天默佑,海神扶护。昨日去夜,缓缓克济,感祝何量”①。这说明作者在航程途中时时把自己的安危系于海神,即天妃(妈祖),“克济”,能成就。《后汉书·杜诗传》:“陛下亮成天工,克济大业。”

六、三山岛谢恩祭天妃等“海神”

朝鲜奏闻、请封使书状官李民宬一行过隍城岛海域之后的情况,李民宬在《癸亥朝天录》中记载:三月二十六日,“午后过皇(隍)城岛,风势或顺或斜,乍紧乍歇”。二十七日,在到达平岛之前,“终夕沈雾,咫尺部分,正、副使船在前不得望,余船在后而不得见,只凭定南针向东北间指三山岛”。二十九日“到三山岛”,四月初一“泊于三山岛之前港”②。副使尹暄在《白沙公航海路程日记》中也

① 〔韩国〕林基中编《燕行录全集》第12册,韩国首尔:东国大学校出版部,2001年,第433页。

② 〔韩国〕林基中编《燕行录全集》第14册,韩国首尔:东国大学校出版部,2001年,第505～507页。

有类似记载①,只是时间上略有差异,可能是各船行进的速度不一。但二人在记载中均未说到在三山岛祭祀海神的活动,三山岛的祭神活动仅见于朝鲜奏闻、请封使正使李庆全亲自作的《三山岛祭神》一文,祭文说到的过了隍城岛海域之后的情况,与李民宬在《癸亥朝天录》中记载的情况相符:

仰惟灵山镇此光禄、黄城之间。前乎后乎来者去者,莫不惟灵是仰,矧余不佞。上年之夏,苍黄黑夜,幸得依归,曲蒙灵庇。翌日,黄洋波纹展锦。经年上国,竣事言旋,回帆便风,如履平地。雾里宵征,任其所之,自然知止,不觉已抵灵山之岸。是孰使之然,而伊谁之力耶?稽首百拜,欲谢无言。唯愿终始一视,毕此大惠。恩而益恩,感而益感。传布下界众生,作为千万岁奇谈广闻。不胜颂祝鼓舞之至,敬荐牲酌,聊替苹泉。尚飨。②

《三山岛祭神》一文的主要内容是:

先是赞扬了三山岛所处的位置及在此祭祀海神所带来的神奇效应。说三山岛是一座"灵山","灵山镇此光禄、黄城之间",坐落在广鹿岛和隍城岛之间的海域中。"灵山",这里借指三山岛。"光禄",应是"广鹿",即"广鹿岛",今辽宁省大连市长海县广鹿乡广鹿岛。"黄城",即隍城,指庙岛群岛隍城岛。此处的意思是说三山岛是往来的重要通道,往来者无不仰视这座很有灵气的宝岛,何况我们这些很平凡没有才能的人呢。"不佞",谦称,指自己没有才能。语出《论语·公冶长》:"雍也,仁而不佞。"前面说到,"三山岛",位于辽东半岛大连湾口,由大山岛、二山岛和小山岛组成,今属大连市中山区管辖。三山岛自古以来就是中朝(韩)往来的重要通道及战略要地,唐太宗征高丽时,三山岛就是后勤保障基地之一,《新唐书·东夷列传》中就记载:"莱州刺史李道裕储粮械于三山浦、乌胡岛。"③"三山浦",指的就是三山岛。"乌胡岛",指的是庙岛群岛的隍城岛。

祭文接着回顾了作者一行来时在三山岛"祭海神"所带来的神奇效应:"翌日,黄洋波纹展锦",第二天在隍城岛海域就风平浪静。"黄洋",指隍城岛海域。我们在前面介绍过,朝鲜奏闻使一行来时在到达三山岛之前,连续几日风起浪涌,"诸船掀舞雪浪中……人皆失色",到了三山岛后,正使李庆全"饬李膺等备牲酒祭海神",之后"是日风便极顺,波涛不起。五两微饱,其去如飞"。祭文回

---

① 〔韩国〕林基中编《燕行录全集》第15册,韩国首尔:东国大学校出版部,2001年,第380页。

② 〔韩国〕《石楼遗稿文集》卷一《祭文》,《韩国文集丛刊》第73辑,韩国首尔:韩国民族文化推进会,1997年,第420页。

③ 《新唐书·东夷列传》,北京:中华书局,2000年,第4706页。

顾的就是这样一段经历。

祭文接着讲回国途中，"回帆便风，如履平地。雾里宵征，任其所之"，"不觉已抵灵山之岸"。过了隍城岛海域之后，很顺利平稳地来到了三山岛，我们来时祭祀海神的灵山。作者认为这一切都是因神仙将"大惠""传布下界众生"。所以回程路经三山岛时，要再次祭祀神灵，以表达作者一行"感而益感"的虔诚。同前面说到的一样，这里祭祀的海神，同庙岛祭祀的海神是"圣母之神"天妃一样，仍然是以天妃(妈祖)为首的海神。"经年"，经过一年，这里指上一年。"宵征"，夜行，出自《诗诗・召南・小星》："肃肃宵征，夙夜在公。"

从《三山岛祭神》的内容可以看出，朝鲜奏闻、请封使正使李庆全对以天妃(妈祖)为首的海神的敬畏和虔诚。朝鲜使团航程中的祭祀活动，多是各船单独进行，副使尹暄、书状官李民宬在各自的记载中均未说到返程路经三山岛有祭祀活动，说明这是正使李庆全在自己乘坐的1号船上单独进行的，这也说明正使李庆全比副使尹暄、书状官李民宬更加迷信以天妃(妈祖)为首的海神。

小结：

天启三年(1623)的朝鲜奏闻、请封使一行，在朝鲜宣沙浦举行的起航开洋祭，并没有给他们带来好运，刚离开港湾即遭遇狂风恶浪，有的船只"几至倾覆，望之莫不悚然"，但在停泊待风期间祭祀海神之后，却巧合地迎来了利于航行的大顺风，"风便极顺，波涛不起。五两微饱，其去如飞"。顺利地抵达隍城岛之后，正使李庆全还赋诗《黄城洋遇疾风，祷神即遂》，表达了祭祀海神之后的满足及喜悦心情。这也为朝鲜奏闻(请封)使一行到达庙岛后瞻仰庙岛天妃(妈祖)庙，返程时举行隆重地祭祀活动奠定了思想基础。

天启三年(1623)的朝鲜进贺、冬至、圣节兼谢恩使一行对天妃(妈祖)的重视程度较前有了提高，不仅往返路经庙岛时均举行了祭祀天妃(妈祖)的活动，而且祭祀的仪式也严肃隆重，"令船人沐浴，炊饭做饼且兼果实以祭之"。返程行至隍城岛海域时，再次举行了祭祀天妃的活动，这几次祭祀天妃的祭文也均由正使赵濈亲自拟定，这说明天启三年(1623)的朝鲜进贺、冬至、圣节兼谢恩使一行对天妃(妈祖)的认知已不同于前面的朝鲜使臣了，开始突出天妃(妈祖)在海神中的地位了。这是因为他们受到了当地妈祖文化的影响，也接受了妈祖作为"海神""能号令四海之神、河伯、江神"这样的一种认知，并且也相信了当地流传的对天妃(妈祖)"必洁诚为祭，多蒙神庇"的传言，所以才有了朝鲜进贺、冬至、圣节兼谢恩使一行严肃隆重地祭祀天妃(妈祖)的仪式。

第三章　天启四年的朝鲜使臣与妈祖

天启四年(1624)，朝鲜出使明朝的是谢恩、奏请使和进贺、冬至使。

朝鲜谢恩、奏请使正使李德泂(1566—1645)，字远伯，号竹泉，韩山(今韩国忠清南道舒川郡)人，家族系当地显族，高丽末期门下侍中(宰相)李穑，及朝鲜李朝时期的左议政(第一副首相)李惟清、李长男等皆系其家族成员。李德泂亦系朝鲜仁祖朝重臣，官至右议政(副首相，正一品)。李德泂去世后，朝鲜国王仁祖大王“赙祭如礼，赠领议政(首相)”[①]。天启四年(1624)出使明朝时，李德泂已年近花甲，出发前，朝鲜仁祖国王非常担心他的身体：“上使(正使)年已迟暮，万里沧溟，将何以往还?”李德泂回答：“人臣随事尽分，安敢有其身乎？昔马援七十而征，誓死国事，今臣等轻舟万里，王灵是仗，岂敢以跋涉间关为辞哉。”仁祖国王闻之，“嘉叹不已曰：‘卿之忠言，可传于后世矣！’”[②]“马援”，东汉时期的开国名将，年迈仍请缨东征西讨，李德泂以马援为榜样，是为了表达为国出使不惧风浪的决心。李德泂出使明朝的情况，有李德泂的后人整理成《朝天录》(一云《航海日记》)传世。副使吴䎘(1592—1635)，字肃羽，号天坡，祖籍海州(今朝鲜黄海南道海州市)人，诗人。史料记载，吴䎘出使明朝时，“及泛海，遇飓风，舟及覆者数，舟中人呼泣无人色。公怡然危坐赋诗不辍，舟中持为安。过齐赵之墟，历数百千里，公容止闲雅，又善华语，华士见者无不敬而慕之，争投诗以求”[③]。副使吴䎘还创作有祭祀天妃(妈祖)的诗歌传世。吴䎘任朝鲜黄海监司时，受命接待明朝使者，带病赴任而猝死身亡。书状官洪翼汉(1586—1637)，字伯升，号花浦，祖籍南阳(今韩国京畿道华城市)，出使明朝时写有《花浦朝天航海录》，详细记载了出发前及沿途的一些见闻，其中包括朝鲜谢恩、奏请使一行沿途祭祀天妃(妈祖)的情况。朝鲜被迫归顺大清后，在国家危难之际，洪翼汉等三人主动承担责任，为国赴难，为捍卫明朝与朝鲜之间的传统友谊而献身，是朝鲜仁祖时期著名的“三义士”。

---

① 〔韩国〕《韩国历代人名事典》第19卷，韩国首尔：韩国世宗大王纪念事业会，2010年，第29～31页。
② 〔韩国〕林基中编《燕行录续集》第105册，韩国首尔：尚书院，2008年，第406页。
③ 〔韩国〕《韩国历代人名事典》第14卷，韩国首尔：韩国世宗大王纪念事业会，2010年，第97页。

朝鲜进贺、冬至使正使权启出使明朝前曾任典籍加通政大夫、平海郡守等职。书状官金德承(1595—1658),字可久,祖籍金海(今韩国庆尚南道金海市),精通汉学,为官清正廉洁。出使明朝时,写有《天槎大观》[1],详细记载了途经府、州、县的历史沿革、自然风貌、著名历史人物和文化典故及民风民俗等。

一、椴岛海域遭"猛风喧豗,怒涛如山"

天启四年(1624)的朝鲜谢恩、奏请使一行的船队,于八月初四日驶离朝鲜宣沙浦,刚进入大海,即遭遇风浪,且一连多日风浪不止,只好多次停靠岛屿避风。

书状官洪翼汉在《花浦朝天航海录》中记载:

(八月)初四日……诸船才脱浦口,风雨大作,遂下碇留宿港中。

初五日,风尚恶,不得发。……至夜二更,顺潮而向椴岛。

初六日,晓色阴翳,海风喧豗,狞雷猝发,猛雨如注,瘴云四集,黑浪倒立。一叶出没荡漾,几至覆溺者数矣。舡中人呕泄僵卧,篙师以为,前古所未有之风涛云。……日将午,风暂歇。舟人以为,依泊椴岛东港深岸,万全计也。即举碇回棹……忽有冲风击薄,副舡樯倾,惊波蹴送,瞥眼间漂走苍洋。一行人环观,怖悸而已。于是,与上使舡及诸译舡,共泊内港。

是夕具牲酒,备礼祭海神。其辞曰:

肃承命以航海,载畏天之大义。咸棹夫之奏功,指登莱之万里。冀诸神之明灵,早鉴余之精衷。责屏翳以虔职,噫利涉之帆风。惟我朝之列圣,允世笃其忠贞。逮新服之正位,益拱北之殚诚。皇曰俞而用亶,霈隆恩于鲽域。收朝野之舞蹈,答乾坤之弘德。疾羯奴之梗辽,遭木道而奉使。顾陪臣之忝叨,敢辱命以自惰。执玉帛而冯虚,勤日夜之忧惧。爰清净而斋素,具酒食之既洁。躬祇事以荐诚,庶来歆而阴骘。

祭罢,夜将半矣。[2]

朝鲜谢恩、奏请使一行起航第三天,就在椴岛海域遭遇多年未见的狂风巨浪,"海风喧豗""黑浪倒立",连多年使船的船夫都未曾经历过的"前古所未有之风涛",翻江倒海式的狂风巨浪,眼见着其他船只被巨浪掀翻,"几至覆溺者数矣",有多人随即葬身大海。"风暂歇",准备回港避风时,又突来狂风,副使吴翻

① 〔韩国〕林基中编《燕行录续集》第106册,韩国首尔:尚书院,2008年,第48页。

② 〔韩国〕林基中编《燕行录全集》第17册,韩国首尔:东国大学校出版部,2001年,第111~115页。

乘坐的船只“瞥眼间漂走苍洋”，转眼间就被冲进了大洋。其他船上的人只能“怖悸而已”，只能惊恐、惧怕，毫无施救的办法。

“喧豗”，发出轰响声。李白《蜀道难》：“飞湍瀑流争喧豗，砯崖转石万壑雷。”“狞雷”，来势迅猛，震耳欲聋的炸雷。杜牧《李甘诗》：“烈风驾地震，狞雷驱猛雨。”“一叶”，这里指一艘船。“篙师”，熟悉操舟技巧的船夫，这里指熟悉海况，多年使船的船夫。“副舡”，这里指谢恩、奏请使副使吴䎘乘坐的船。“上使舡”，这里指谢恩、奏请使正使李德泂乘坐的船。

祭文中的几个词语：“肃”，这里是恭敬、揖拜的意思。“棹夫”，亦作“櫂夫”“船夫”。唐代韩愈《南海神庙碑》：“公遂升舟，风雨少弛，櫂夫奏功。”“登莱”，山东半岛的登州府、莱州府，这里指在山东半岛登陆。“明灵”，圣明神灵，这里指包括天妃（妈祖）在内的海中诸神。“屏翳”，前面说到，中国古代汉族传说中的神名，一说雨师。《山海经・海外东经》：“雨师妾在其北晋。”郭璞注：“雨师，谓屏翳也。”一说云神。《楚辞・九歌・云中君》，汉王逸注：“云神，丰隆也，一曰屏翳。”一说雷师。《史记・司马相如列传》：“时若薆薆将混浊兮，召屏翳诛风伯而刑雨师。”张守节《史记正义》引韦昭曰“雷师也”。一说风师。《文选・曹植・洛神赋》：“屏翳收风，川后静波。”吕向注：“屏翳，风师也。”这里应是几个意思都有，让各路神仙履行好自己的职责。“逮新服之正位”，朝鲜谢恩、奏请使一行出使北京的使命之一，就是奏请明朝对朝鲜新上任国王的认可，并赐予朝鲜国王王服。当时朝鲜是明朝的附属国，新国王上任必须得到明朝皇帝承认。“拱北”，向着北方作揖叩拜，这里是说朝鲜对明朝的忠诚。“俞而用亶”，意思是说，明朝皇帝答应朝鲜的请求，说朝鲜很有诚信。“俞”，这里应是“俞允”，即帝王允许臣下的请求。“亶”，这里是实在，诚信的意思。“鲽域”，朝鲜的代称之一。“舞蹈”，这里指当时臣民朝拜帝王时做出特定的舞蹈姿势。唐代柳宗元《骂尸虫文》：“下民舞蹈，荷帝之力。”“羯奴”，北方反叛的少数民族的代称，这里指明末活跃在辽东地区的后金政权及其军队。“羯族”，又称“羯胡”，4世纪时居住在中国北方的少数民族。“木道”，前面说到，木船行驶的航道，这里指乘船航海。“冯虚”，凌空，腾空。意思是说，凭借（玉帛等贡品）而飞跃（大海）。“冯”，古通“凭”，依托。苏轼《前赤壁赋》：“浩浩乎如冯虚御风，而不知其所止。”

八月初六日朝鲜谢恩、奏请使一行遭遇海浪的情况，正使李德泂后人整理的《朝天录》（一云《航海日记》）中也有相似的记载：

（八月）六日，晓，大雨如注，猛风喧豗，怒涛如山，海水皆立，翩然一叶出没浪头。胥溺之患，在于顷刻。长年之老于水者皆曰：“如此风浪之险，平生所未观也。”舟中之人莫不转倒眩乱，呕泄僵卧。……而公(指李德泂)年最老，泛海之时，已觉不佳，自是夜，疾益甚。离陆未久，病势如此，万里风程，益觉愁绝矣。①

“怒涛如山，海水皆立”，更形象地描述了当时的海浪情况。“胥溺”，相继沉没。由此可见当时遭遇风浪之险状。即使仍在船上的人，也经历了生死考验，“莫不转倒眩乱，呕泄僵卧”。正使李德泂由于年近花甲，加上出海前身体“已觉不佳”，经过这一番折腾，“疾益甚”，想到前面还有那么长的航程，甚至担心自己能不能挺过这些关口。

朝鲜谢恩、奏请使一行在椵岛海域遭遇风浪的情况，副使吴䎘在自己的诗歌中也有描述：

夜泊椵岛，风雨甚恶，舟楫几危，人皆怖惧。戏吟示李学官

吴　䎘

椵岛前洋半夜风，云涛四立拍天空。
扁舟出没轻于叶，中有三韩砥柱翁。②

夜深风雨甚恶，骇浪翻舟，几至颠沈

吴　䎘

崩腾巨鳄与长鲸，海立天翻地亦倾。
造物小儿何太戏，此翁曾不愧神明。③

“三韩”，这里指当时的朝鲜。韩国历史上曾有过一段马韩、弁韩、辰韩三国并立的时期，时间相当于中国的秦汉至西晋时期。“颠沈”，倾倒沉没。唐代韩愈《岳阳楼别窦司直》：“严程迫风帆，劈箭入高浪。颠沈在须臾，忠鲠谁复谅。”

从副使吴䎘的诗歌也可以看出，作者一行在椵岛海域遭遇了惊涛骇浪，作者乘坐的船甚至被巨浪掀翻，差点沉入海底。上面引的第一首诗，作者还可以在“云涛四立拍天空”的巨浪面前表现得从容自信，甚至认为“中有三韩砥柱翁”，凭借着自己的力量能够战胜风浪。但在上面引的第二首诗里，作者遭遇了“骇浪翻舟，几至颠沈”的危机之后，在“海立天翻地亦倾”的惊涛骇浪面前，只能听天由命了，而且祈祷上天，自己“曾不愧神明”，希望神灵能保佑自己。这也为作者一行信奉以天妃(妈祖)为首的海神奠定了思想基础。

---

① 〔韩国〕林基中编《燕行录续集》第105册，韩国首尔：尚书院，2008年，第415～416页。

② 〔韩国〕《天坡集》卷二，《韩国文集丛刊》第95辑，韩国首尔：韩国民族文化推进会，1990年，第43页。

③ 〔韩国〕《天坡集》卷二，《韩国文集丛刊》第95辑，韩国首尔：韩国民族文化推进会，1990年，第44页。

八月初六日“祭海神”之后，朝鲜谢恩、奏请使一行曾有过一段顺风顺水的航程，书状官洪翼汉在《花浦朝天航海录》中记载：

(八月)初七日，日亭午。副使自外洋挐舟而来曰：“昨日风漂。几濒于危。”①

(八月)十一日，到晓，长风驾浪，棹夫奏功，直指大洋。波铺远锦，舡让襞箭，一瞬千里。四顾无边，而点点孤屿，时复可数，车牛岛，竹岛，大小獐子岛，薪岛以后，非我国地。我舡最捷疾，诸舡皆落后。未申时，独过鹿岛。风力渐缓，抵黄鹘岛前洋下碇。是日行六百余里。②

八月十三日，朝鲜谢恩、奏请使一行再遭风浪：

(八月)十三日，向长山岛。行才半。逆风大起，急趣黄帽，落帆下碇。海色深黑，瞿然不可窥。舟人言：系锚之绳，几数百丈云。风涛雪浪，汹涌澎湃。蛟螭鲸鳄，露角振鬣。喷波作雾，嘘气为云。时露全体，穹窿然状若丘陵。古人云，鱼能吞舟，其是之云乎。上、副舡以下诸舡，俱不知去处。通宵耿想，不能释虑。到夜，凶飙怒水不至大作。是日行五百余里。③

(八月)十五日……阴云西起，天色惨惨。骤雨撒菽，凶飓簸溟。轩然大波，雪矗雾涌。鱼龙掀舞，鲸鳄喧豗。诸舡相荡，不得暂定。其中最滨危者，副使舡，点在浦唇洋头，受风甚多。凡三次冒波，舡中水至没胫，方物尽湿。裨将柳敬友抱樯掐膺，罔知所为，几欲断维而去。俄然风定，遂得免覆。当其荡潏之际，唐舡一只，不知其自何方漂来。为风涛所覆，傍观者损神夺魄。④

“黄帽”，这里指船夫。《史记・佞幸列传》：“以濯船为黄头郎。”“黄头郎”，带着黄帽的使船人。“鲸鳄”，鲸和鳄，海中大鱼或水怪，这里指大鲸鱼。“上、副舡”，指朝鲜谢恩、奏请使正使(上使)李德泂、副使吴䎘分别乘坐的船。“方物”，土特产，这里指向明朝进贡的贡品。因遭遇风浪，使团一行只能在岛旁留泊。

八月十三日的“风涛雪浪，汹涌澎湃”，将正使李德泂、副使吴䎘分别乘坐的船只，及其他的船只均冲得“俱不知去处”。虽然第二天(八月十四日)，谢恩、奏请使一行的船队都取得联系，但刚出海几日就遭遇如此风险，作者深感愁闷，故在《花浦朝天航海录》中记载：“航海有日，十生九死。屈指前程。尚未半。未知

---

① 〔韩国〕林基中编《燕行录全集》第17册，韩国首尔：东国大学校出版部，2001年，第115页。

② 〔韩国〕林基中编《燕行录全集》第17册，韩国首尔：东国大学校出版部，2001年，第118～119页。

③ 〔韩国〕林基中编《燕行录全集》第17册，韩国首尔：东国大学校出版部，2001年，第121～122页。

④ 〔韩国〕林基中编《燕行录全集》第17册，韩国首尔：东国大学校出版部，2001年，第124～125页。

那时，得达登州。良深忧恼。”[1]但作者一行的灾难仍未结束，八月十五日再遭惊涛骇浪：“骤雨撒菽，凶飓簸溟。轩然大波，雪矗雾涌”，副使吴䎘乘坐的船只甚至“三次冒波，舡中水至没胫”，几近到了要沉覆大海的危险境地，好在“俄然风定，遂得免覆”。多次遭遇这样的危险，人们却无能为力，只好听天由命，或寄托于神灵。故八月十六日，只好再次祭祀海神。

《朝天录》(一云《航海日记》)在八月十六日还有这样的记载：“公(正使李德泂)备物虔诚亲祷海神，风犹不顺，又留泊。两日风浪，舟人无(不)呕泄，公与副使尤甚。”[2]正使“虔诚亲祷海神”，也没有效果，为下面的祭祀活动突出天妃(妈祖)做了铺垫。

二、广鹿岛祭海神，天妃列首位显神奇效应

虽说八月十六日朝鲜谢恩、奏请使正使李德泂“虔诚亲祷海神”，但海神并没领情，逆风巨浪仍未停息，八月十六日，“薄晚，风浪且起……各舡急移深港口。波涛颇险恶”。十七日，“薄晚，风且大起，曳缆深入岸头，系舟。两日风浪，各舡人无不呕泄成疾，而上、副使尤甚，专废啾食”。十八日，“逆风犹壮……是夜长风驾浪，撼岸簸丘，魂梦亦不得安矣”[3]。

到了八月十九日，逆风仍劲吹，仍无法航行，书状官洪翼汉在《花浦朝天航海录》中记载：

(八月)十九日，辛丑。晴，逆风犹壮……午有缁髡(指和尚)，手持一卷来示，乃毛督府募令陀那，而即吾东浮屠者，所谓劝善文也，新创神宇于岛中云，而固请舍施。因令祈海甚恳，不获已各出斗米遗之。兹岂求福田利益哉。上使仍问祭海事何如，僧曰：“祭海，莫重于天妃娘娘之神，次龙王之神，又次小圣之神。”上使曰：“所谓三神何神?”对曰：“天妃者，玉皇之女，主兹四渎，而龙王佐之。小圣者，即龙王半子。三神喜则诸事吉，怒则凶。故凡行于海者，欲其喜而不欲怒。致敬尽礼。”上、副使即依其言，具红段小轴，以泥金书神号，定其位次，藏于椟，置诸座隅。备酒牲香币，祭三神。上使制文告之曰：

泊舟孤岛，已经累日。惊浪拍天，片帆出没。性命如线，莫保朝夕。海路已半，虽荷神骘。前途尚远，溟渤中截。风靳顺便，木道斯阻。百口濒危，王事迟

---

① 〔韩国〕林基中编《燕行录全集》第17册，韩国首尔：东国大学校出版部，2001年，第123页。

② 〔韩国〕林基中编《燕行录续集》第105册，韩国首尔：尚书院，2008年，第425页。

③ 〔韩国〕林基中编《燕行录全集》第17册，韩国首尔：东国大学校出版部，2001年，第126～128页。

暮。肆切闷迫，仰扣神明。神庶下鉴，谅此微诚。舟行绝岛，凡具未备。酒沽于帘，牲易于肆。物虽菲薄，诚则备至。勿嫌累渎，亟彰盛德。千里皇城（指隍城岛），一苇瞬息。

五更头，吾三人共祗事于岸上净处。①

朝鲜谢恩、奏请使一行连日来遭遇风浪无法航行之时，在广鹿岛遇到了一个强行要求施舍的僧人，不得已向僧人施舍了粮米之后，僧人告诉朝鲜使臣，天妃（妈祖）是玉皇大帝的女儿，“主兹四渎”，是派下来管理天下四海的。“龙王佐之”，海里的龙王不过是起辅助作用而已。在大海里，天妃（妈祖）的地位高于龙王和海里的其他神仙，“祭海，莫重于天妃娘娘之神”，祭海必须把天妃娘娘（妈祖）放到首位。朝鲜谢恩、奏请使一行入乡随俗，“即依其言”“定其位次”，把天妃（妈祖）排在了各神之首，“备酒牲香币，祭三神”。为了表示对妈祖的敬畏，“上使制文”，正使李德泂亲自撰写祭文，使团的三位高官“共祗事于岸上净处”，一起到广鹿岛上选择一洁净之处举行了祭祀以天妃娘娘为首的活动。“祗”，意指恭敬。

以上记载说明，朝鲜谢恩、奏请使一行之前的祭祀海神活动，只是把天妃（妈祖）作为一般海神祭祀，而没有把天妃（妈祖）放到一个突出的领先的位置。虽然祭了海神，但逆风巨浪照旧，并多次进入险境，差点葬身海底。这次虽说按照僧人的话做了，非常虔诚地举行了祭祀活动，但只能说是急病乱投医，抱着试试看的心态而已。

八月十九日记载中的几个词语：“毛督府”，指明军驻朝鲜椵岛（皮岛）的总兵毛文龙的都督府。“陀那”“浮屠”，这里都指佛教徒。“不获已”，不得已的意思。“福田”，佛教用语，意思是说，凡敬侍佛、僧、父母、悲苦者，即可得福德、功德，犹如农人耕田，能有收获，即为福田。“四渎”，本指长江、黄河、淮河、济水。《尔雅·释水》：“江、河、淮、济为四渎。四渎者，发源注海者也。”《史记·殷本纪》：“东为江，北为济，西为河，南为淮，四渎已修，万民乃有居。”这里的“四渎”，应指江河湖海，或四海。“半子”，多指女婿，这里应泛指亲戚中的小辈。“椟”，木制的柜子或匣子。“香币”，这里指用于祭祀的香和币帛。祭文中的：“风靳顺便，木道斯阻”，意思是说风伯（风神）非常吝啬，不肯给予我们顺风，风浪阻挡了这里行船的航道。“百口”，指全家人或近亲一族，这里指朝鲜谢恩、奏请使一行人。“累渎”，多次的不恭敬，这里指朝鲜谢恩、奏请使一行在前面祭祀海神时，

---

① 〔韩国〕林基中编《燕行录全集》第17册，韩国首尔：东国大学校出版部，2001年，第128～130页。

没有把天妃娘娘(妈祖)放到首位。“一苇”一根芦苇，古人常借指小船，这里指朝鲜谢恩、奏请使一行乘坐的船只。

令朝鲜谢恩、奏请使一行没有想到的是，祭祀了以天妃娘娘为首位的诸神之后，天气发生了逆转，洪翼汉在《花浦朝天航海录》八月二十日这样记载：

> 二十日，壬寅。晴，晓头，祭罢，各归寓处。白雾漫空，灵籁送响。徘徊檐庑，不复就枕。有顷，东风卷送，海气清朗。舡人咸曰：“使臣之诚，格神矣。”……诸舡举帆，迅疾如飞。一瞥之间，已踔数百里。……乍脱浦口，风力远蹴。三山忽后，平岛却前。日已高舂，沙禽就栖，遂与诸舡对泊。是日行六百余里。①

“东风卷送，海气清朗”，过了鸭绿江口之后，朝鲜使团一路西行，东风是最好的风势，所以“诸舡举帆，迅疾如飞。一瞥之间，已踔数百里”。船上的人都把这一切归功于朝鲜使臣虔诚地祭祀天妃娘娘的结果：“使臣之诚，格神矣。”“格神”，与神灵沟通了，感动了神灵。“浦口”，这里指广鹿岛岸边海。“三山”，三山岛，在今大连湾口，由大山岛、二山岛和小山岛组成。“平岛”，今大连市甘井子区的小平岛。当天“日行六百余里”，是朝鲜谢恩、奏请使一行出使明朝起航以来从未有过的，当然，这只是一种巧合，但在当时人们还不具备对天气海况科学认识的情况下，这样的巧合，无疑使朝鲜使臣对天妃(妈祖)的迷信和敬畏带来更大的影响。所以，朝鲜使臣更加神化了广鹿岛上的祭祀活动。

《朝天录》(一云《航海日记》)中还有这样的记载：

> 八月二十日，公与两使祗事于三神祭，罢，藏小轴于椟，置诸座隅。凡有祈祷，前期斋肃以为式。因各归小寝，果有灵飚自东而来，卷送白雾，天晴朗。时尚未明矣，即登船举帆，直向三山岛而行。行中诸人皆曰：“使(指朝鲜使臣)身之诚格神，而老僧之事亦异灵应如导矣。”访问其僧踪于岛人，则皆不知也。诸船乘风冲涛，破浪疾如飞箭。舟中之人神眩气昏，无不颓卧。及到三山(岛)，日未过午，仍不驻帆，直到平岛，犹未晚矣，遂与诸船对泊。是日行五百里。②

《朝天录》(一云《航海日记》)的记载，炫耀了祭祀天妃(妈祖)的灵验，因为祭祀了以天妃(妈祖)为首的诸神，才为他们带来了风顺浪平的好天气，才使得他们“破浪疾如飞箭”，到了平岛，还不到夜晚，就“是日行五百里”。为了神化天妃(妈祖)，作者还把在广鹿岛遇到的僧人也神化了：“老僧之事亦异灵应如导矣”，“访问其僧踪于岛人，则皆不知也”。言外之意，是来无影去无踪的神秘老

---

① 〔韩国〕林基中编《燕行录全集》第17册，韩国首尔：东国大学校出版部，2001年，第130～131页。

② 〔韩国〕林基中编《燕行录续集》第105册，韩国首尔：尚书院，2008年，第428页。

僧在点化朝鲜使臣一行：你们之前之所以遭遇风浪，是因为祭祀海神的时候没有把天妃娘娘放在首位，或没有说到天妃娘娘，故有此报应。朝鲜使臣听了老僧的话，并照做，才有了一帆风顺的结果。

为了进一步说明祭祀妈祖带来的神奇效果，《朝天录》（一云《航海日记》）在八月二十二日的记载中还说到从平岛向庙岛群岛行进途中的一帆风顺：

四更风气甚适，一时举帆，舟行甚迅。旅顺口、皇城岛、铁山嘴、鼍矶岛皆瞥眼过之，恍然若御灵飚而翀天门。盖自遇神僧之后，风便甚利，一帆万里，无有艰险。①

在八月二十二日的记载中，作者更是把在广鹿岛见到的僧人称为“神僧”，把朝鲜谢恩、奏请使一行“舟行甚迅”，沿途路经的“旅顺口、皇城岛（隍城岛）、铁山嘴、鼍矶岛（砣矶岛）”等地，“皆瞥眼过之”，而且“一帆万里，无有艰险”，归功于“遇神僧之后”，祭祀海神把天妃（妈祖）放到了首位之后所带来的神奇效应，也加重了朝鲜使臣对妈祖的迷信和敬畏。

这里顺便提一下，通过天启四年（1624）的朝鲜使臣的描述，应该说当时的广鹿岛对天妃（妈祖）非常迷信，当地居民供奉的神灵也必然把天妃（妈祖）放在首位。但今天的广鹿岛却没有妈祖庙，也没有纪念天妃（妈祖）的活动，但却有一马祖庙，供奉的是一位马姓的男神，每逢六月十六，辽东半岛沿海的渔民都前来祭奠马祖，祈求祥和。马姓男神的传说，也是每日巡游海上，救助过往船只和打渔人，这与天妃（妈祖）的传说十分相似。据当地人介绍，马姓男神的传说始于明末清初，显然晚于天妃（妈祖）的传说和祭祀活动。当年广鹿岛盛行的天妃（妈祖）信仰，为什么被今天的马姓男神取代，二者有着怎样的联系，也值得民俗专家们探究。

三、庙岛天妃庙“焚香沈币，为文而谢海神”

天启四年（1624）的朝鲜谢恩、奏请使一行，于八月二十二日到达庙岛，因庙岛有天妃（妈祖）庙，即举行了隆重的祭祀天妃（妈祖）的活动：

书状官洪翼汉在《花浦朝天航海录》记载：

二十二日，甲辰，晴。四更头，金风吹梦，病骨惊寒。揽衣起视，洪波清晏，纤月微升，东船西舫，悄无声息，冲空灏气，爽透胸襟。招黄帽吹角放炮则俱无

① 〔韩国〕林基中编《燕行录续集》第105册，韩国首尔：尚书院，2008年，第431页。

应声。呼而问之,上二船去已久矣。同舟齐愤,急手劈碇,一声欸乃,大帆穷杆,兔脱港口,龙跃洋中。转头旅顺,瞥眼皇城,白月才沉,红旭欲腾。洎明环视,诸船尽后矣。飞波蹴送,疾风驾来。点点诸岛,乍前忽后,凡所经过,殊不暇目撩耳。谋而广鹿(岛)以后,海色或紫或黄、或黝黑或深青,使舟人约绳以百余尺终不可测。岛屿或尖如剑,或削如铁柱,或环如屏障,或呀如门巷。而龙吟蛟舞、鼍作鲸戏,幽怪殊状,有万不同。

午正,蓦入珍珠门,移泊庙岛前港。篙师咸贺曰:"小的等老惯海事,未有如今日之快也。"申初,诸船相继,而惟第四船去处矣。薄暮,移舟神女庙前,为文祭谢海神曰:"伏以下国鲰生,窾启浅识。叨承使命,远仗舟楫。鲸涛喧豗,中作霹雳。苟无顺风,何以利涉?累濒颠危,五日广鹿;一踔庙岛,实神阴骘。荷德罔极,敢阙诚悫?小谢大恩,荐此菲薄。于情不物,庶几歆格。"

是夕,风定波恬,乘舟之后,始得安寝。是日,行千余里。①

"金风",秋风。"黄帽",指船夫。《史记·佞幸列传》"以濯船为黄头郎","黄头郎",带黄帽子的船夫。"上二船",指正使李德泂、副使吴䎘等人乘坐的船只。"神女庙",指庙岛天妃(妈祖)庙。

《花浦先生朝天航海录》八月二十二日的记载,先是记叙了当天行船一帆风顺的情景及作者一行的欣喜之情。书状官洪翼汉因连续多日的风浪折腾,病倒在船上,四更天的时候,被凉风吹醒,得知其他船只已行船远去后,立即也拔锚起航,"飞波蹴送,疾风驾来",船借风势,航行神速,"转头旅顺,瞥眼皇城(指隍城岛)","点点诸岛,乍前忽后,凡所经过,殊不暇目撩耳"。从皇城岛(隍城岛)到庙岛,沿途要经过多个岛屿,当时多有人居住,可以停靠船只补充给养的岛屿就有南隍城岛、小钦岛、大钦岛、砣矶岛、北长山岛、小黑山岛等,这些岛屿都一闪而过,可见航速之快。对于这样的航速,连多年使船的高水平的船夫(篙师)都兴奋异常:"小的等老惯海事,未有如今日之快也。"作者在后面说到"是日,行千余里",一是说明当天的航速快,行程多,实则也是在说明祭祀天妃娘娘所带来的神奇效应。

记载中祭文的内容,主要表达了天启四年(1624)的朝鲜谢恩、奏请使一行在经历了惊涛骇浪的极度危险之后,平安地到达庙岛,对以天妃娘娘为首的海神的感恩之情。

祭文的前四句:以谦卑的态度介绍了航海的缘由。意思是说:我们是边鄙

---

① 〔韩国〕林基中编《燕行录全集》第17册,韩国首尔:东国大学校出版部,2001年,第132~134页。

小国朝鲜的几个小臣，本来见识短浅，孤陋寡闻，只是因为有幸承担了出使中国的重大使命，所以才能凭借舟楫，远涉大海。"下国"，小国，这里指朝鲜。"鲰生"，浅薄愚陋的人，这里是作者自谦。"窾"，古通"窾"，"窾启"，空洞无知，也是作者自谦。"叨承"，承受，承担。

祭文的中间八句，陈述了航海中的危险经历及后来的一帆风顺。先诉说起航后经历的惊涛骇浪、累濒颠危以及广鹿岛阻风的凶险和艰难，后讲幸遇顺风，日行千里、"一踔庙岛"的顺畅。既表达了作者一行对大海威力的敬惧，也反映了他们对获得神助和战胜自然灾难的向往与期盼。"喧豗"，浪涛撞击发出的轰响。"广鹿"，指广鹿岛，今归大连长海县管辖。"踔"，跳跃。"累濒颠危，五日广鹿；一踔庙岛，实神阴骘"，意思是说，作者一行在广鹿岛一连遭遇了五天的逆风巨浪，且险遭不测，但祭祀了天妃娘娘（妈祖）之后，顺风送帆，很快就到了庙岛，这实在是神灵带来的结果。"阴骘"，阴德，这里有护佑的意思。

祭文的最后六句，表达了对天妃娘娘（妈祖）等海神的感激之情和献祭之意。意思是说，我们的祭品档次不高，但却是一片忠心，希望神灵前来享用我们的供品。"荷德罔极"，承载了无尽的大德。"诚悫"，诚朴，真诚。"阕"，停止，终了。"菲薄"，微薄，指数量少、档次低的祭品。"不物"，不分物我，意思是祭品代表了我们的心意。"庶几歆格"，祭祀神灵或祖先时的套语，意思是请神灵或祖先享用供品。

《朝天录》（一云《航海日记》）也有着基本相同的记载：

（八月二十二日）午后入珍珠门，此乃海口之如门者也。移泊神女庙前，与两使焚香沉币，为文而谢海神曰："伏以下国鲰生，窾启浅识，叨承使命，远仗舟楫，鲸涛喧豗，中作霹雳，苟无顺风，何以利涉？累濒颠危，五日广鹿，一踔庙岛，实神阴骘，荷德罔极。敢阕诚悫，小谢大恩，荐此菲薄，于情不物，庶几歆格。"此书状所制也，祭罢大飨舟师，以慰行役之劳苦。是日行千余里。[①]

"珍珠门，此乃海口之如门者也"，前面说到，有的朝鲜使臣写为"真珠门"。珍珠门位于庙岛群岛北长山岛与挡浪岛之间、从渤海进出庙岛必经的水道。因其东有北长山岛九丈崖，西有挡浪岛岩礁，航船从北而南经过，可见二者形成像门一样的关口，加之九丈崖附近的岩石，层层叠叠，如珍珠、白玉一样晶莹耀眼，所以称之为"珍珠门"。

《朝天录》（一云《航海日记》）的记载，一是交代了八月二十二日在庙岛天妃

---

① 〔韩国〕林基中编《燕行录续集》第105册，韩国首尔：尚书院，2008年，第431～432页。

（妈祖）庙举行的祭祀活动，系朝鲜谢恩、奏请使一行组织的集体参与的隆重的祭海神活动。“与两使焚香沉币，为文而谢海神”，说正使李德洞与副使吴䎘、书状官洪翼汉一起焚香祭拜，答谢海神。前面说到，《朝天录》（一云《航海日记》）是李德洞后人整理的日记式航海实录，除了说到李德洞本人时，以“公”字取代表示尊敬外，其余的都是以李德洞为第一人称记载的。“沉币”，这里指向海里撒钱，贡献给海神。另外也交代了祭祀海神的祭文“书状所制也”，系书状官洪翼汉所撰。

我们在这里引用与《花浦先生朝天航海录》的内容基本相同的《朝天录》（一云《航海日记》）的记载，要强调的是，两份不同人写的航海日记，均把在庙岛天妃（妈祖）庙举行的祭祀活动写成祭祀“海神”。《花浦先生朝天航海录》写作“移舟神女庙前，为文祭谢海神”，《朝天录》（一云《航海日记》）写作“移泊神女庙前，为文而谢海神”。虽说有个别字的差异，但表达的意思是完全一样的，都是把船移到了“神女庙前”，就是天妃（妈祖）庙前。因天妃（妈祖）庙就在庙岛东部的海岸边，这里虽然没有说明是下船在庙里举行的祭祀活动，还是在船上向着天妃（妈祖）的神像方向进行祭拜，但可以肯定的是，天启四年（1624）的朝鲜谢恩、奏请使一行祭祀的海神是天妃（妈祖）。他们不可能集体“移舟神女庙前”，到天妃（妈祖）庙去祭祀别的神灵。而且前面说到的，谢恩、奏请使一行在广鹿岛遇到僧人，按僧人的告诫祭海神要突出天妃（妈祖），突出天妃（妈祖）之后便迎来“风便甚利，一帆万里”，他们要谢的海神就是天妃（妈祖）。这也再次说明，在明末朝鲜使臣的心目中，天妃（妈祖）就是海神，祭海神就是祭天妃（妈祖），或是祭以天妃（妈祖）为首的众海神。

四、返程起航前“登蓬莱阁祀圣母庙”

天启四年（1624）的朝鲜谢恩、奏请使一行在北京完成出使使命后，于来年（天启五年，1625）二月下旬离开北京返程，三月十四日到达登州，三月十九日登船准备起航回国。起航之前，朝鲜谢恩、奏请使一行在登州城举行了祭祀妈祖的活动，书状官洪翼汉在《花浦航海朝天录》中记载：

（三月）十七日乙丑，晴。……夕，登蓬莱阁祀圣母庙。

十八日丙寅，晴。……职等以行李之忙，请免宴。军门以为是皇上恩眷朝家，大礼不可擅废云。

十九日，丁卯，晴。鸡初鸣，与上、副使往船所，祭天妃、风神、龙王、小圣。……

二十日，戊辰，晴。子夜往船所，行开洋祭于船神。文曰："昔余之东来兮，惟神是赖。利我之攸涉兮，厥绩最大。今余之东皈兮，神亦在于兹。候我之行兮，告余以吉期。神乎神乎！余且于焉是依。帆樯兮如云，鷁头兮欲飞。神之临兮洋洋，溯流光兮戒饬。前鱼龙使先驱，后冯夷使分属。令我一蹿兮复命吾王，是神之阴骘；令我一蹿兮反面老母，是神之冥德。神乎神乎！保我兮护我。驱厉气兮海之左，望于神者深矣。盍终始乎其佑，齐黄帽而击汰，更告余之衷情。牲牷非腯，黍稷非馨。神其吐之，荐余明诚。"祭罢，时尚早，待明日入城谢宴席于军门。

巳时乘船，午初发行，泊庙岛前洋，无风波也。岛有堡，堡有千总，常舣战舰数十余只把截港口矣。①

三月十七日的记载说明，在登州城(蓬莱县城)蓬莱阁不远处有"圣母庙"，"圣母庙"，即天妃圣母(妈祖)庙。天启四年(1624)的朝鲜谢恩、奏请使一行在返程起航前"祀圣母庙"，在登州城天妃圣母庙举行祭祀天妃圣母(妈祖)的活动，可见他们对妈祖的迷信和敬畏。

"登蓬莱阁祀圣母庙"，并不是说，朝鲜谢恩、奏请使一行登临游览了蓬莱阁之后，又到天妃圣母(妈祖)庙去搞祭祀活动，而是说登上了丹崖山顶，在蓬莱阁旁的天妃圣母(妈祖)庙举行了祭祀活动。之所以做这样的推断，一是，天下闻名的蓬莱阁在丹崖山最高处，我们在前面说到，登州城的天妃(妈祖)庙就在蓬莱阁地西侧，光绪《增修登州府志》卷四《古迹·蓬莱县》中记载：蓬莱阁"其西即天后宫"。二是，朝鲜谢恩、奏请使一行在来时已经游览了蓬莱阁，书状官洪翼汉在《花浦航海朝天录》也有记载："(天启四年九月初四)午后，与上、副使登蓬莱阁，东望本国于苍茫云海外。苏轼所谓'渺渺兮余怀，望美人兮天一方'者，此也。凭栏揩眼，境界清真，丹崖万丈，飞出海头，果是仙区。……阁在城东角丹崖上，崖下潴为大池，内吞疏渠，外引远潮，划城一面，出纳战舰，黄龙青雀，首尾相接，万橹千帆，簇簇其中。"②这说明，朝鲜谢恩、奏请使一行不仅游览得非常尽兴，观赏得也非常细致。三是，也说最重要的推断，朝鲜使臣不可能一边游玩一边去搞祭祀活动，这样做既是对神灵的大不敬，也不符合我们在本书多次说到的，朝鲜使臣在祭祀天妃(妈祖)之前多沐浴斋戒，以示庄重心诚。

三月十八日主要记载的是临行前的一些准备工作和告别活动。"军门"，指都督，巡抚。当时的登莱巡抚是武之望。洪翼汉在《花浦航海朝天录》记载："军

---

① 〔韩国〕林基中编《燕行录全集》第 17 册，韩国首尔：东国大学校出版部，2001 年，第 294～298 页。

② 〔韩国〕林基中编《燕行录全集》第 17 册，韩国首尔：东国大学校出版部，2001 年，第 147～148 页。

门为人仁厚，颇有长者风。”①武之望给予了路经登州的朝鲜使臣多方面的支持，包括他们在登州城“登蓬莱阁祀圣母庙”活动等。

三月十九日的记载说，朝鲜谢恩、奏请使一行三位主要官员，正使（上使）、副使、书状官（作者）在登州口岸的船所“祭天妃、风神、龙王、小圣”。作者在这里再次明确地告诉我们，在祭祀的诸位海神中，“天妃（妈祖）”排在了首位，这既与前面相照应，延续了前面把天妃放在首位的祭祀海神活动，也是在告诉我们，下面沿途的祭祀海神活动，均要按照这一排序进行。

三月二十日记载的祭文内容，一是感谢来时天妃（妈祖）等神灵所给予的护佑：“惟神是赖。利我之攸涉兮，厥绩最大。”二是祈求天妃（妈祖）等神灵保护谢恩、奏请使一行能平安地返回朝鲜：“今余之东皈兮，神亦在于兹。候我之行兮。”“鹢头”，这里指船。鹢，古书记载的一种似鹭的水鸟，常画于船头。“冯夷”，传说中的水神。“反面”，返回相见，古书多指返家时拜见父母（或其牌位）。汉代班固《白虎通·论祭天告祖祢载迁主义》：“孝子出辞反面，事死如事生。”“击汰”，拍击水波，这里指划船。“腯”，肥，肥胖。三月二十日的记载还交代了祭祀之后的海况：“泊庙岛前洋，无风波也。”三月二十日的记载，包括后边还有几次祭祀海神的活动，甚至下面说到的在庙岛天妃（妈祖）庙举行的祭祀海神的活动，均没有单独说到天妃（妈祖），或把天妃（妈祖）摆在诸海神的首位，这是因为作者一行来时的航海经历已经交代得非常清楚了，在来时遭遇一连串风浪之后，天启四年（1624）八月十九日之后的祭祀海神仪式，均把天妃（妈祖）放到了首位。

天启四年（1624）的朝鲜谢恩、奏请使一行在登州返程起航前，不仅专程到天妃圣母庙举行了祭祀妈祖的活动，而且还在船所“祭天妃、风神、龙王、小圣”等诸位海神，把“天妃（妈祖）”排在了首位。这说明，在天启四年（1624）的朝鲜使臣的心目中，“天妃（妈祖）”已成为他们心目中最大的海神，是保护他们航海安全最大的依赖。

五、庙岛再祭妈祖：“天妃庙焚香”

朝鲜谢恩、奏请使一行返程路经庙岛时，在庙岛再次举行了祭祀天妃（妈祖）的活动，书状官洪翼汉在《花浦航海朝天录》中也有记载：

① 〔韩国〕林基中编《燕行录全集》第17册，韩国首尔：东国大学校出版部，2001年，第136页。

二十一日，己巳。自半夜大雾蔽海，咫尺不见。日方午始收。督舟人穿橹出珍珠门。将向鼍矶岛，猝为逆风所蹴，旋舻走入珍珠门，与上、副船留泊。

二十二日，庚午。大雾障港口。日晚，风起雾消，海碧如铜，逆风犹壮，不得发船。留泊珍珠门。是夜，祭大海诸神，其文曰：

粤在前年，我来自东。片帆如鸿，杳茫之中。苟无阴骘，焉能利涉？百口安全，其盛矣德！由登(州)抵京，克竣王事。深思前后，罔非神赐。复路回棹，旧日庙下。洋洋僾僾，如在上者。盍恒厥德，以永终始？重念贱价，海隅孤蒙。离家去国，万里中原。光阴几何，叶脱花繁。高堂鹤发，朝暮倚门。膝下稚儿，唤爷多时。彼此相悬，消息俱疑。求诸神道，岂远人情？怜我怀亲，鉴我微诚。护我舟行，便我帆风。一踔沧溟，旋泊箕封。祇荐香火，菲薄不丰。神乎顾享，恕我躬躬。

二十三日，辛未。早朝进天妃庙焚香。岛人云：是日即圣母诞辰，故上使特举祀事祭风。祭罢，微风自南，张帆向鼍矶岛。[①]

三月二十一日的记载说，作者一行在庙岛停泊时，"半夜大雾蔽海，咫尺不见"，中午大雾散去，作者船队一行"穿橹出珍珠门。将向鼍矶岛，猝为逆风所蹴，旋舻走入珍珠门"，出了珍珠门，在向鼍矶岛(砣矶岛)行驶中又遭遇"逆风"，被吹回到庙岛附近的珍珠门。

三月二十二日的记载说，这一天"逆风犹壮"，仍"不得发船"，作者一行只能再寄托于天妃(妈祖)等神灵的护佑，再祭海神。

三月二十二日祭文的内容，先回顾了朝鲜谢恩、奏请使一行出使明朝以来的经历，赞美了天妃(妈祖)等神灵护佑的功德。说作者一行自从上一年从东方故国而来，乘坐着轻如鸿毛的孤舟漂泊于渺茫的大海之中，假如没有天妃(妈祖)等神灵默默地护佑，"焉能利涉？百口安全"，哪能顺利渡过大海？保全了上百人的平安，这是多大的功德呀！作者一行由登州抵达北京，圆满完成使命，深思前后经历，无不都是天妃(妈祖)等神灵所赐。"粤"，发语词，用于句首以引起下文，表示审慎。"前年"，指前一年。

祭文接着叙说作者一行归国途中，再次乘船来到来时祭祀过的天妃(妈祖)庙，天妃的神灵广大无边，仿佛笼罩在整个上空。祈求天妃(妈祖)神灵念及人情，恒久地发扬功德。想想我们这些身份低下、出身偏远海角的孤陋寡闻之人，远离祖国、跋涉万里，来到中华大地。从去年秋末的落叶季节，直到如今春天鲜

---

① 〔韩国〕林基中编《燕行录全集》第17册，韩国首尔：东国大学校出版部，2001年，第297～300页。

花纷繁，家中老父白发苍苍，朝暮倚门盼望；膝下的幼子，也呼唤父亲多时。我们彼此之间相互想念，都不清楚对方的音信消息。天妃（妈祖）神灵赐福降灾，哪能让亲人骨肉分离？请怜悯我们怀念亲人的感情，审查我们这些小人物尊敬神灵的诚意；请提供便利的疾风，护佑我们的使船航行，一跃而渡过沧海，旋即回到朝鲜这一“箕封之地”。

祭文中的几个词语：“洋洋僾僾（ài）”，是依稀、仿佛的意思。“盍恒厥德”，意思是说何不永久地发扬您的美德？“盍”，何不。“恒”，长久，永恒。“厥”，代词，其。“贱价”，自称谦辞，意为身份低贱、可供使役的仆人。“孤蒙”，指孤陋愚昧之人，自谦之词。“高堂”，古人对父母的一种代称。古代父母居正屋，因此用高堂指父母居处，并代称父母。“鹤发”，白发。“爷”，指父亲。“神道”，谓神灵赐福降灾神妙莫测之道。“帆风”，疾风。“箕封”，指朝鲜半岛。《史记·宋微子世家》记载：“武王既克殷，访问箕子……于是武王乃封箕子朝鲜。”说商代最后一个国王纣的兄弟箕子在周武王伐纣后，带着商代的礼仪和制度到了朝鲜半岛，被那里的人民推举为国君，建立了“箕子朝鲜”国，并被周武王封为侯。古人因此称朝鲜为“箕封之地”。

祭文最后说，我们向神灵敬献香火，祭品微薄，不够丰盛。请神灵光顾歆享，宽谅自己的谨敬。“祇荐”，向地祇祭献。古代传说，海神是地祇的一种。“躬躬”，恭敬谨慎的样子。

三月二十三日的记载说，朝鲜谢恩、奏请使一行“早朝进天妃庙焚香”，一早就到在庙岛的天妃庙上香，因为这一天是“圣母诞辰”，即天妃（妈祖）娘娘的生日（天妃的原型林默，诞生于北宋建隆元年（960）三月二十三日），所以“上使特举祀事祭风”，朝鲜谢恩、奏请使正使李德洞率领一班人举行祭祀天妃（妈祖）的活动，祈求能赐予回程的好风。果然，“祭罢，微风自南，张帆向鼍矶岛”，祭祀活动刚完，就有微风自南而来，正利于朝鲜谢恩、奏请使一行向北航行，所以立即起航再次向鼍矶岛（砣矶岛）进发。

三月二十一日至三月二十三日的记载，作者似乎是在告诉我们，朝鲜谢恩、奏请使一行从登州口岸起航后，船队路经庙岛时因没有到庙岛天妃庙上香祭祀，“将向鼍矶岛，猝为逆风所蹴”，船队都快到了鼍矶岛（砣矶岛），又被突然而来的“逆风”所阻挡，被迫退了回来。在庙岛天妃庙“焚香”，“祀事祭风”之后，谢恩、奏请使一行才能继续开始回家的航程。朝鲜谢恩、奏请使一行所经历的这几次巧合，更加重了朝鲜使臣对天妃（妈祖）的迷信和敬畏，所以在下面回家的航程中，只要一遇上大的风浪，朝鲜谢恩、奏请使一行就熏沐祈风，祭祀以天妃（妈祖）为首位的诸海神。

朝鲜谢恩、奏请使一行这期间在庙岛的活动，正使李德泂、副使吴䎘还有诗歌传世。正使李德泂的诗歌作于三月二十一日，《朝天录》（一云《航海日记》）记载：

二十一日，己巳。大雾塞海，午始穿橹向鼍矶岛，过逆风，回入珍珠门。公（指李德泂）有诗曰：

辽路多艰水道通，行装万里倚孤蓬。
默掷杯珓占利涉，每看星斗待长风。
篙师罢赛船收碇，海若驱潮浪拍空。
只荷王灵能往返，敢言忠信格天公。

公次副使韵曰：

关路漫漫日抵年，独来空馆坐翛然。
浓云拨墨山将雨，宿鸟投林野抹烟。
天接沧溟迷客恨，地经齐鲁富诗篇。
吾□王享天应感，白首乘槎肯自怜。①

正使李德泂的两首诗歌，显然是因在鼍矶岛遇逆风有感而发。前文说到，朝鲜谢恩、奏请使一行从登州口岸起航后，三月二十一日船队路经庙岛时并没有到庙岛天妃庙上香祭祀，而是北上直奔鼍矶岛，但却在鼍矶岛遇逆风只好又返回了庙岛，第二天（三月二十二日）在庙岛珍珠门海域举行了祭祀海神的活动，第三天（三月二十三日）则登庙岛"进天妃庙焚香"，"祭罢，微风自南，张帆向鼍矶岛"。李德泂的两首诗作应是在鼍矶岛遇逆风退到庙岛珍珠门海域而作，诗歌内容除了描绘当时的情景外，主要还是表达了对神灵和国家的忠诚，以求得天妃（妈祖）等神灵的理解，帮助他们安全地回到自己的家乡。

第一首诗的首联"辽路多艰水道通，行装万里倚孤蓬"，说通往辽东一带航路充满了艰险，我们打点好行装准备返航了却遇到了逆风，只能在此停泊，倚在船屋蓬窗旁凝思。作者或是在思考何时能有好的风向以拔锚起航，或是在思虑我们在登州起航前祭祀了海神，为什么又遇逆风把我们吹了回来，是不是路经庙岛时没祭祀天妃（妈祖），被天妃（妈祖）怪罪了。作者"倚孤蓬"想的是什么，我们不得而知，但第二天祭祀以天妃（妈祖）为首的海神，第三天又专程登岛"进天妃庙焚香"，应是作者"倚孤蓬"想的内容之一。

颔联"默掷杯珓占利涉，每看星斗待长风"，写作者又是占卜，又是看天，希

---

① 〔韩国〕林基中编《燕行录续集》第105册，韩国首尔：尚书院，2008年，第486～487页。

望能有“利涉”的“长风”，送他们早一点返航。诗句表达了作者的急切和无奈，在逆风面前，当时作者能够做到的也只有这些。“杯珓”，占卜的用具，多用两个蚌壳或像蚌壳的竹、木片做成，掷在地上，看它的俯仰，以此占卜吉凶。“长风”，大风、远风，这里指利于远航的顺风。杜甫《龙门阁》诗：“长风驾高浪，浩浩自太古。”

颈联“篙师罢赛船收碇，海若驱潮浪拍空”，说船夫们停下了海中赛舟一般的航行，下碇收泊于庙岛海域的珍珠门，这是因为海神海若驱使着海潮掀起了拍空的巨浪。作者把遭遇逆风归罪于海神海若，也为作者一行第二天祭祀海神，第三天“进天妃庙焚香”做了铺垫。因为天妃（妈祖）是海神之首，“主兹四渎”，只有天妃（妈祖）能管得了海神海若。

尾联“只荷王灵能往返，敢言忠信格天公”，说自己承蒙着朝鲜王朝的威德，自信能够顺利往返于海路之上，而且也敢于断言，自己对神灵的忠诚能够感动天公。表达了作者企盼依靠自己对神灵和国家的忠诚能感动上天，保佑朝鲜谢恩、奏请使一行早日回到故乡见到亲人。“荷”，承蒙。“王灵”，指王朝的威德。“格”，感通。

第二首诗的首联“关路漫漫日抵年，独来空馆坐翛然”，说在庙岛珍珠门海域候风时，望着前方茫茫的航程度日如年，但在空旷的馆舍独坐时还是要表现出在风浪面前不慌张的样子。表达了作者因不能开船而焦灼不安，但为了平定自己焦虑的心情，也为了做样子给下属看，还是要表现出一副平静超脱、不急不躁的样子。

颔联“浓云拨墨山将雨，宿鸟投林野抹烟”，写作者在风雨面前睹物思情，鸟儿都能在风雨来临之前回归山林，而海外的使者却无可奈何，只有看着风雨望洋兴叹，进一步表达了作者焦灼和无奈的心情。

颈联“天接沧溟迷客恨，地经齐鲁富诗篇”，说不要为滞留在渺茫的大海上而遗恨，虽说因候风耽搁了行程，但我们在经过齐鲁大地时，写下了多篇诗文，可以借此时间好好欣赏一番。此诗是与副使吴䎘的和答诗，也有劝慰副使吴䎘的意思，称赞吴䎘在出使路上写了许多好诗。

尾联“吾□王享天应感，白首乘槎肯自怜”，说朝鲜国王对明朝的诚信能感动上天，希望神灵也能可怜一下他这个白发老人，这么大年纪了还为国家乘船过海，远渡重洋。

第二首诗歌，仍然表达了作者希望得到天妃（妈祖）为首的海神的眷顾，保佑他们早一点回到自己的国家，见到故乡的亲人。李德泂的两首诗歌都是在为第二天、第三天的祭祀活动做铺垫。故三月二十三日的《朝天录》（一云《航海日记》)中记载:“祭天妃。庙岛人云:是日即圣母诞辰,故公(指李德洞)特祀之。”①

第二首诗歌是正使李德洞依照副使吴䎘的诗韵而写的和答诗,故诗名为《次副使韵》,吴䎘原唱诗的内容应与李德洞的和答诗内容基本相同,但笔者在专门登载吴䎘诗歌的《天坡集》里没有查到吴䎘的原唱诗。但吴䎘的另一首诗歌《泊庙岛》,也描绘了在庙岛天妃庙举行祭祀活动的情况:

泊庙岛

吴 䎘

(有天妃娘娘庙,过海船必祈风于此)

春波如练好风迟,处处移帆近古祠。

向夜悄然人语静,船头香火礼天妃。②

《泊庙岛》在吴䎘的《天坡集》里排在了山东境内的返程诗歌的最后一首,说明是返程在庙岛停泊时所作。从上面说到的《花浦先生航海朝天录》和《朝天录》(一云《航海日记》)的记载看,朝鲜谢恩、奏请使一行在庙岛珍珠门海域停泊的时间为天启五年(1625)三月二十二日,三月二十三日“早朝进天妃庙焚香”,祭祀活动结束后即离开庙岛,“祭罢,微风自南,张帆向鼍矶岛”。从《泊庙岛》的诗歌内容看,是写夜里在船头祭祀天妃(妈祖),而不是在“天妃庙焚香”,所以,《泊庙岛》诗应是创作于天启五年(1625)三月二十二日夜里。

作者在诗前加注:“有天妃娘娘庙,过海船必祈风于此”,重在说明庙岛天妃庙在当时的影响,凡路经此地的船只都要在这里祭祀天妃,祈求好的风向。我们在前面已经说到,至晚在元末明初,庙岛天妃庙就有很大影响了,凡是过往船只都要到这里举行祭祀活动。明初多位很有影响的高丽、朝鲜使臣,如郑梦周、李稷等都到过庙岛天妃庙,并赋诗赞扬。明初另一位很有影响的朝鲜使臣权近,是受到明初开国皇帝朱元璋大加赞赏的著名文学家、诗人,朱元璋还把自己创作的三首诗赐给权近,在当时中朝两国都引起了轰动。权近在出使明朝返程时创作的一首诗歌的序言里就说道:“初三日,晓有南风,欲发船。因一总旗船未至,留泊而待。既晚乃至。其夜南风甚快,又因总旗船未致祭,迁延至初四日既午乃祭。风转而西,不得发船,留宿舟中。”③这告诉我们,路经庙岛时,行船必须祭祀天妃(妈祖)才能起航,即使来了顺风,没有祭祀也不得发船。诗歌里还有这样的诗句:“舟中高枕卧,去住任神妃”,说只能在船里静卧等候,听从神妃

---

① 〔韩国〕林基中编《燕行录续集》第105册,韩国首尔:尚书院,2008年,第487页。

② 〔韩国〕《天坡集》卷二,《韩国文集丛刊》第95辑,韩国首尔:韩国民族文化推进会,1990年,第53页。

③ 〔韩国〕林基中编《燕行录全集》第1册,韩国首尔:东国大学校出版部,2001年,第208页。

的安排了。这也说明庙岛天妃庙及天妃（妈祖）在明初的朝鲜使臣心目中有着很高的影响和地位。

《泊庙岛》诗的内容也是紧紧围绕着天妃庙的重要影响这个主题展开的。

“春波如练好风迟，处处移帆近古祠”，说春季时节大海的波浪如同白色的丝绸平铺在海面上，因为适宜远航的风向迟迟没有来到，许多船只都停泊在了古老的天妃庙旁。“练”，洁白的绸绢，这里形容大海的白色波浪。“古祠”，说庙岛天妃庙有着悠久的历史。前面说到，庙岛天妃庙原为海神庙，建于北宋时期，妈祖文化随元代漕运的兴盛传于北方后，开始供奉天妃（妈祖）神像，称天妃庙。

“向夜悄然人语静，船头香火礼天妃”，说夜深人静了，已经没有各种各样嘈杂的声音了，但停泊的船头上却在举行着祭祀天妃（妈祖）的活动。这既说明在庙岛停泊的船只很多，也说明航海人对天妃娘娘（妈祖）的极度虔诚。

六、铁山嘴前洋“熏沐斋肃祭海神”，再现神奇效应

三月二十三日，朝鲜谢恩、奏请使一行离开庙岛驶向砣矶岛，在砣矶岛海域又遇大雾逆风，书状官洪翼汉在《花浦先生航海朝天录》中记载：

（三月）二十四日，壬申。毒雾，自夜彻朝四塞，蓬囱（窗）透湿，衣被蒸泄，肢体萎备（惫），终日伏枕，柁头逆风且不止，故留泊。夕，熏沐祈风，其辞曰：

海行须舟，舟必以风。随向各便，或西或东。来者之得，去人所逆。众皆可挽，日亦不足。故神阴骘，盖因天时。此留彼迓，互相护持。庸凡自惛，君子克明。顾念陪臣，竣事帝京。旋舻理楫，故国归津。五日鼍矶，仅脱珠门。树羽飞候，惟兑若坤。帆樯如织，神岂偏哉。我思归处，人亦求来。青君恪职，震巽方开。曰某曰某，利涉孔皆。理宜回泬，其次吾侪。神庶鉴于，谋及白帝。亟赐祥飙，协成顺势。则张云帆，载叩轻枻。御气凭虚，任意为计。千里沧溟，一棹可济。苟获于此，何德如之。敬共牲币，敢请行期。[1]

三月二十四日，朝鲜谢恩、奏请使一行在砣矶岛海域遭遇大雾，“逆风且不止”，船只无法航行，只好“熏沐祈风”，祈求以天妃（妈祖）为首的诸海神能够“顾念陪臣”，眷顾这些为国尽忠的朝鲜使臣，“亟赐祥飚，协成顺势”，希望能赐给祥风，使作者一行“千里沧溟，一棹可济”[2]。

---

① 〔韩国〕林基中编《燕行录全集》第 17 册，韩国首尔：东国大学校出版部，2001 年，第 300～301 页。

② 〔韩国〕林基中编《燕行录全集》第 17 册，韩国首尔：东国大学校出版部，2001 年，第 301 页。

"五日鼍矶，仅脱珠门"，意思是说，三月二十日从登州返程起航，走了五天才离开庙岛珍珠门来到鼍（砣）矶岛。"树羽"，插置五彩羽毛作为装饰。《诗·周颂·有瞽》："有设业设虡，崇牙树羽"。"孔皆"，普遍，或普遍降幅。语出《诗经·周颂·丰年》："以洽百礼，降福孔皆。""回泬"，交错不齐。

朝鲜谢恩、奏请使一行的航海经历，加重了朝鲜使臣对以天妃（妈祖）为首的海神的迷信，所以在回程的路上，只要一遇到逆风恶浪，即祭告海神，祈求能化险为夷。三月二十四日傍晚，在鼍（砣）矶岛"熏沐祈风"的结果，换来了第二天（三月二十五日）的顺风，一行人发船进入皇（隍）城岛海域后，"南风渐起，船往颇疾，欲止不得，因透入铁山嘴前洋"①。因顺风风力之大，将朝鲜谢恩、奏请使一行快速地送入大连的铁山嘴一带海域。可到了铁山嘴前洋后，又遇到了逆风大浪。《花浦先生航海朝天录》记载：

二十五日……南风忽止，进退无据。于是督舟人引橹，则骇汗如流，劳火生吻困，莫能运动。不得已，欲下猫（锚）。约绳以数百余把，系石垂之，终不可测。收猫（锚）弛，听其所之。穷溟环混，莫晓攸向，四顾无一点岛屿。而蛟螭鲸鳄，振鬣扬鬐，吹气作势，或壮如山岳，或声如怒豕。穹窿赑屃，有万不同，奔波骇浪，撼地掀天。舟中人环顾丧魂，自分必死，饮泣相对而已。余怡然自遣，宽譬于众曰："汝等勿怖。死，命也。"众欷歔不能语。日才高舂，海气蒸欝，一板之外，不复识别。惟闻水怪相戏之声喧豗不止矣。所可幸者，犹无恶风。到子夜，不能就寐。熏沐斋肃祭海神，其文曰：

伏以贱价行李，浮寄海中。险而不怼，事君之忠。笑履波涛，一心于公。萍踪荡漾，焉往无天。白头恒戴，性命所悬。本月戊辰，始自登旋。三日珠门，二夜鼍矶。□重飙微，穿橹引归。穷溟窅茫，黄帽何力。进寸退尺，奋飞无翼。同行尽后，奚独劳役。薄暮傍挠，上下涵碧。蛟螭振鬣，鲸鳄鼓唇。境非人世，谁念孤臣。鱼虾为侣，鸥鸟为邻。另施阴德，惟望于神。矧兹颛蒙，堂有老亲。膝下离久，天属情何。暮倚门边，鹤发婆娑。言思及此，雪涕涟洏。箧里斑衣，归舞何时。神乎鉴衷，亟赐便风。使舟如马，送帆如鸿。复命觐母，则莫大恩。至诚所发，宁惮礼烦。敢荐菲薄，毋曰不钦。更恕舟悃，庶几来歆。……

祭罢，俱以祭物投诸海中。香火才收，旗角忽转。将晓，风力渐紧。急促舟人放船，则篙师等以为：昏瞑如漆，不知所向何方。若此大风所驾误为暗礁所碍，则必破碎沦没。将若之何？余以为：我国在东，灯前按定南针，顺风也。即

① 〔韩国〕林基中编《燕行录全集》第17册，韩国首尔：东国大学校出版部，2001年，第302页。

为举帆，船往如箭，黎明抵平岛。以上、副船落后，下碇待之。[①]

作者一行在铁山嘴前洋，“南风忽止，进退无据”，很快又遭遇“奔波骇浪，撼地掀天。舟中人环顾丧魂，自分必死，饮泣相对而已”。在万分危急之时，作者又“熏沐斋肃祭海神”，神奇效应又来了，“香火才收，旗角忽转”，“顺风也。即为举帆，船往如箭，黎明抵平岛”。这样的巧合，只能进一步加深朝鲜使臣对以天妃（妈祖）为首位的诸海神的迷信和敬畏。

“熏沐斋肃”，主要是表达对神灵的诚意和敬重。“熏沐”，沐浴并用香料涂身。“斋肃”，斋戒。祭祀海神之前“始自登旋。三日珠门，二夜鼍矶”，意思是说，从登州起锚返航，因风浪在庙岛珍珠门海域停泊了三天，在鼍（砣）矶岛海域停泊了两夜。“矧兹颛蒙”，况且我们还很愚昧。“颛蒙”，愚昧。

朝鲜谢恩、奏请使一行之所以在铁山嘴前洋举行祭祀以妈祖为首的海神活动，还有一个原因应是当时的铁山岛旅顺口也有天妃（妈祖）庙，盛行妈祖信仰。今抚顺博物馆藏有明永乐六年（1408）的《重修天妃庙记》碑，碑文中说到铁山岛天妃庙重修“兴工于永乐丙戌（永乐四年，1406）之二月二十六日，毕工于永乐丁亥（永乐五年，1407）八月十五日”。倡导和组织这次天妃庙重修工程的是“特进荣禄大夫柱国保定侯孟善”。侯孟善是当时朝廷镇守辽东地区的最高长官。碑文中还说到，侯孟善为筹资重修天妃庙，曾召集郡中德高望重的老年人说：“天妃圣母，海道勒封之灵神也，克庇于人，食民之祭，往昔然也。今之渡鲸波而历海道者，莫敢不致祭于祠下，咸蒙其佑。兹欲重修创造，汝辈其效勤焉！”众曰：“诺。”《重修天妃庙记》说明了几点：一是，铁山岛旅顺口天妃（妈祖）庙在明初永乐丙戌年（1406）之前就存在了，同北方大多早期的天妃（妈祖）庙一样，应是建于元代漕运兴盛时期；二是，明代的地方行政长官非常重视天妃（妈祖）庙的作用和影响，镇守辽东地区的最高长官侯孟善亲自出面筹资重修天妃庙就说明了这一点，包括前面说到的登莱总兵主持重修庙岛天妃庙；三是，说明中国北方沿海地区在明代时妈祖文化仍非常盛行，这也必然对往来的朝鲜使臣产生重要影响。

旅顺口天妃庙在明嘉靖年间又重修一次，有“大明嘉靖二十四年，乙巳仲秋月重修”的碑文可证。明末朝鲜使臣路经铁山嘴看到的天妃庙，或在旅顺口天妃庙举行祭祀活动的，应是嘉靖年间重修后的天妃庙。但明末朝鲜使臣见到的旅顺天妃庙，在清末光绪二十四年（1898）被强占旅顺口的沙俄军队拆除，在原

① 〔韩国〕林基中编《燕行录全集》第17册，韩国首尔：东国大学校出版部，2001年，第301～306页。

址改建了“海军军官俱乐部”。光绪二十五年(1899),旅顺天妃庙住持心一等人筹资在旅顺教场沟西山(今旅顺市场街道办事处附近)重建了天后宫。据立于光绪三十二年(1906)七月十五日的石碑“修天后宫序”碑文记载:新建的天后宫,计有如来佛殿3间,僧人住室3间,东西客室3间。中间是高大楼殿,奉祀妈祖天后。其下左右看台各3间;另有戏楼、钟楼、鼓楼。新庙规模宏大,金碧辉煌。碑记中还说到,与原有天后宫相比“有过之而无不及”。从光绪三十二年的“修天后宫序”的记载,我们也可以大概了解明代旅顺口天妃庙的规模及其影响。记载“修天后宫序”碑文的石碑,现存旅顺日俄监狱旧址。

三月二十六日,仍是极好的风势,《花浦先生航海朝天录》记载:

二十六日,朝雾昏瞀,海气湿蛰。腥臊相熏,洲岛不可分。日将午,上、副使二舡相继而来。解缆放舡,齐艕击汰。潮蹴风烈,迅疾如飞。日晡时,到长山岛留泊。[①]

“上、副使二舡”,指正使(上使)、副使乘坐的两艘船。“齐艕击汰”,几艘船只紧靠着一起破浪前行。“艕”,船互相挨靠。“汰”,波涛。“潮蹴风烈,迅疾如飞”,作者在这里既是记叙顺风之大,航速之快,也是在告诉我们,祭祀了以天妃(妈祖)为首的海神后,不仅当天就迎来好的风向,第二天更是大好的顺风,中午还在平岛,太阳还没落山时,就到了长山岛。“日晡时”,下午3时至5时。前面介绍过,“平岛”,指的是今大连市甘井子区的小平岛。“长山岛”,指今辽宁省大连市长海县大长山岛镇大长山岛。平岛与长山岛之间,还有朝鲜使臣船队必经的三山岛、广鹿岛。按天启四年(1624)的朝鲜冬至使书状官金德承在《天槎大观》中的《前后航海路程》记载,长山岛离“广鹿岛二百里”,广鹿岛离“三山岛二百八十里”,三山岛离“平岛二百里”[②]。也就是说。长山岛离平岛有六百八十里之遥,这么远的距离,在没有任何机械动力,只能靠风帆航行的年代,不到半天就到了,不能不说是神速。而作者在多次祭文中都表达的“苟无阴骘,焉能利涉?”就是以天妃(妈祖)为首位的诸海神“赐便风,使舟如马,送帆如鸿”。虽说祭祀海神与有没有好的风势没有任何关联,但多次这样的巧合,更加坚定了朝鲜使臣对以天妃(妈祖)为首位的诸海神的迷信和敬畏。所以,即使在完成出使任务回到朝鲜以后,仍要组织祭祀活动,以答谢以天妃(妈祖)为首位的诸海神。

---

① 〔韩国〕林基中编《燕行录全集》第17册,韩国首尔:东国大学校出版部,2001年,第306页。
② 〔韩国〕林基中编《燕行录续集》第106册,韩国首尔:尚书院,2008年,第117页。

七、归航朝鲜，“祭(天妃为首的)大海诸神而谢之”

三月二十七日，朝鲜谢恩、奏请使一行返航途中在向石城岛进发时，又遇雷电逆风，书状官洪翼汉在《花浦航海朝天录》中记载：

二十七日，乙亥，晴。朝，三舡共向石城岛。行才十里许，海气忽蒸，瘴雾四塞。数步之内，仅分人颜色。仍与上舡相，独与副舡到石城岛后洋。逆风送潮，进不得寸，遂留锚。夜半，雨下如注，雷电相随。鱼龙助势，气像可愕。舟人恐恶风且作，移棹近岛依泊。吹角悬灯，令副舡相识而来。于是，二舡举火相应，极力引橹，质明入内港同泊。

二十八日，丙子，晴。逆风犹吹，留石城岛。……

二十九日，丁丑，晴。海雾尽消，北风大起。舟人放舡，行才十余里，逆风忽作，回棹还入石城内港。岛上有龙王堂，致祭祈风。其辞曰：

伏以一介行李，受神之赐，多矣。繇登抵石，其几百里。珠港鼍矶，解我久叙。皇城铁嘴，济我濒死。半夜祥飙，饱帆而至。跂予故国，前洋渐迩。较诸来路，杭可一苇。感佩无涯，情意何似。伏乞神明，再斯顾视。德毋二三，惠克终始。更借顺便，于我舟子。得陇望蜀，神无乃鄙。非不知足，固当然理。地本区别，宁久于此。苟能着力，不过移晷。神庶几改，余望不已。倘乘长风，吾行也咫。①

三月二十七日至二十八日在石城岛海域，一连两天都是逆风，只能留泊石城岛。二十九日“北风大起”，可以行船了，但“行才十余里，逆风忽作”，只能再退回到石城岛“石城内港”避风。无奈之下，朝鲜谢恩、奏请使一行只好再次寄希望于海神，在石城岛龙王堂“致祭祈风”。石城岛龙王堂，显然是供奉海龙王的。前面我们说到，妈祖文化传入中国北方沿海一带后，许多原供奉海龙王的海神庙改为供奉妈祖，管辖石城岛一带海域的登州巡抚驻地蓬莱城蓬莱阁旁的海神庙就供奉妈祖。明末石城岛的龙王堂是否供奉妈祖不得而知，但从朝鲜谢恩、奏请使一行在石城岛龙王堂的祭文内容看，祭祀的对象仍然和前面祭祀的以妈祖为首的诸海神一样，据此推测，石城岛龙王堂供奉的神灵至少也应有天妃(妈祖)，或是以天妃(妈祖)为诸海神之首。

祭文中的几个词语：“一介行李”，一个使者，语出《左传·襄公八年》：“知武

① 〔韩国〕林基中编《燕行录全集》第17册，韩国首尔：东国大学校出版部，2001年，第306～308页。

子使行人子员对之曰:'君有楚命,亦不使一介行李告于寡君。'"杜预注:"一介,独使也。行李,行人也。"这里指朝鲜谢恩、奏请使一行。"繇登抵石",由登州抵达石城岛。"繇",通"由"。《汉书·魏相传》:"政繇冢宰。"颜师古云:"繇,与由同。""珠港鼍矶,解我久舣",说在庙岛珍珠门和鼍(砣)矶岛均因逆风停泊了较长时间,后得到神灵帮助有了好的风向才能拔锚起航。"舣",使船靠岸。"皇城铁嘴,济我滨死",说在皇(隍)城岛和铁山嘴都因遭遇逆风恶浪而困于险境,是神灵把我们从死亡线上拯救过来。"杭可一苇",意思是说(距离回到我们的国家朝鲜)航程已经很短了。"杭",通"航"。"一苇",一根芦苇,也常借指小船。"苟能奢力,不过移晷",海神如果能用强力(制止住这些逆风恶浪),不过是占用了您的一点时间而已。"奢力",强壮的力量。"移晷",日影移动。

据地方志记载,石城岛有供奉妈祖的天后宫,"天后宫庙后有明时石碑一座,碑文字句模糊不清,土人相传为毛文龙镇守皮岛所建。文尾列有钦命官衔六行,下载文字不可辨认。碑阴上首刊有'同感灭夷'四大字,末为'天启七年七月',以下亦难辨认"①。明军总兵毛文龙于天启二年(1622)开始镇守皮岛(椵岛),"灭夷",指的是抵抗后金的入侵。崇祯二年(1629),毛文龙被明朝兵部尚书,督师蓟、辽兼督登、莱、天津军务的袁崇焕杀害。毛文龙在这期间为石城岛天后宫立石碑是完全可能的。但石城岛天后宫是毛文龙所建,还是毛文龙修建还需要进一步考证。2006年石城岛复建海丰寺,包括其中的天后宫。《海丰寺重修碑记》有这样的记载:"明天启年间为避航海凶险,岛民集力建庙,以求天后庇护。后经历代重修,惜毁二十世纪六十年代。"②这也说明,石城岛天后宫应是建于明朝天启年间。石城岛天后宫无论是明军总兵毛文龙所建,还是"岛民集力"所建,都可以说明,当时的石城岛及直接管辖石城岛的大庄河(今大连市所辖庄河市)沿海一带有着浓郁的妈祖文化的氛围。据民国《庄河县志》卷二《古迹·庙宇》记载,庄河有祭祀妈祖的庙宇二十多座,有的庙宇还明确记载建自明代,如有"道士十人"的朝阳宫,是"明嘉靖年(1522—1566)建,光绪三十年(1904)重修,庙内系天仙圣母";庄河县"城东沈加屯西,距县四十里"的"夕阳宫","明万历四年(1576)建,祭天后圣母"。"沈加屯",即今大连庄河市黑岛镇政府所辖沈家村,至今仍有村民从事水产养殖、捕捞加工等临海产业。民国《庄河县志》卷十《礼俗叙》还记载,"三月二十三日天后诞辰祈无航海风波"。"邑东百四十里大孤山镇下旧有天后宫娘娘,香火极盛。每届会期演戏五日。先是贩

① 郑丽航辑纂《妈祖文献史料汇编》(第三辑)(方志卷·下编),福州:海风出版社,2011年,第297页。
② 孙晓天《辽宁地区妈祖文化调查研究》,北京:中央民族大学出版社,2011年,第66页。

卖物类者云集于(此),凡日用应需之物无不备具,行行罗列供人采购。四方来游观者毂击肩摩,夜以继日,亦盛会也。”当时石城岛及庄河沿海一带盛行的妈祖文化信仰必定会对过往的朝鲜谢恩、奏请使一行产生影响,他们在石城岛龙王堂祭祀的对象是天妃(妈祖)是完全可能的。

在往返航程中遭遇多次风浪危急之后,朝鲜谢恩、奏请使一行还是安全地回到朝鲜。回到朝鲜后,仍不忘祭祀以天妃(妈祖)为首位的诸海神。书状官洪翼汉在《花浦航海朝天录》中记载:

> 四月初一日,戊寅,晴。晓头,长风借便,海波清晏。自石城岛放舡,直向椴岛。帆影如鸿,透入洋中,一碧万顷。如平湍绿绣。问篙师,则风自海底来者,波荡不平,风自地首来者,波伏不兴云。日未午,到恭岛。望见车牛岛故国接界,舟人举手指点,可知为某州某县之地。列立群山,缭绕句连,不可一一尽记。而郭山、凌汉山,宣川木美岛,铁山、龙骨山,最着于前。苍翠高耸,齐呈喜色。薄暮,过椴岛,转入宣川堂后港口留泊。待上使舡来,是具香币,祭大海诸神而谢之。其辞曰:
>
> 惟登之东,我鲜之西耳,其间相距,不知其几千万里。巨浸茫洋,粘天无壁兮。蛟螭鲸鳄赑屃,作势于波涛里。舟行于此者,往往而破碎沦没兮。十常八九,听之者凋朱颜,莅之者堪白首。苟非神明之所扶,焉得利涉于揭来。自去秋迄今春兮,百口免于罹灾。矧职之生还故国,复见老母兮。益感佩于衷曲,神之功德,大海酌而难名兮。奚有于菲薄,顾于诚不于物兮,神庶几来歆假。
>
> 祭罢,彻馂飨舟人。仍以祭器及一行所余粮馔,没数分给。①

《花浦航海朝天录》四月初一的记载,先是表达了作者回到祖国的欣喜之情,在作者的眼中,连岸边的山峰也“齐呈喜色”,高兴之余,作者首先想到的是“大海诸神”对谢恩、奏请使一行的沿途护佑,故到达朝鲜港口停泊后,首先要做的就是“具香币,祭大海诸神而谢之”。作者在祭文中谈到了航程中遭遇的风浪:“蛟螭鲸鳄赑屃,作势于波涛里。舟行于此者,往往而破碎沦没兮”,水中的生灵,在大海中乘势掀起巨浪,不少行船人因风浪而葬身大海,而作者一行却能化险为夷,“自去秋迄今春兮,百口免于罹灾。矧职之生还故国,复见老母兮”。没有海中神灵的扶助,就不可能平安地远涉重洋,回到家乡。“苟非神明之所扶,焉得利涉于揭来”,为了感谢“神之功德”,所以“益感佩于衷曲”,用祭祀来表达谢恩、奏请使一行人的真诚谢意。

---

① 〔韩国〕林基中编《燕行录全集》第17册,韩国首尔:东国大学校出版部,2001年,第309~311页。

这里还要重复强调的是，朝鲜谢恩、奏请使一行回到朝鲜登陆之前，祭祀答谢的对象仍是沿途多次祭祀的“大海诸神”，而朝鲜谢恩、奏请使一行心中的“大海诸神”，就是以天妃（妈祖）为首位的诸海神：“祭海，莫重于天妃娘娘之神，次龙王之神，又次小圣之神。”天妃（妈祖）“主兹四渎”“龙王佐之”，其他海神只是辅助天妃（妈祖）。所以，朝鲜谢恩、奏请使一行“祭大海诸神而谢之”，答谢的主要神灵还是“主兹四渎”的天妃娘娘（妈祖）。

四月初一祭文中的几个词语：“登”，指登州。“鲜”，指朝鲜。“粘天无壁”，这里形容大海苍茫，海天相连。语出宋代词人叶梦得《念奴娇·云峰横起》：“倒卷回潮，目尽处、秋水粘天无壁。”金代词人赵秉文在《大江东去·用东坡先生韵》中也有“一叶扁舟波万顷，四顾粘天无壁”的诗句。“来歆”，前来接受祭祀。“彻馂飨舟人”，意思是说，把祭祀剩余的食物招待船夫、水手等人。“馂”，吃剩下的食物。

朝鲜谢恩、奏请使一行归航宣沙浦的欣喜之情，《朝天录》（一云《航海日记》）中也有记载：

> （四月）二日……晚到宣沙浦，故国山河，宛然如昨，其喜可知。于是改宣沙（浦）曰“旋槎（浦）”，志喜也。舟人无不鼓舞，乃扣舷而歌曰：“皇恩一新，故国生辉。东海千万里，瞬息间归来。置之哉太平，烟月同辉。醉矣，更何为哉！”六船皆和之。①

从上述记载可以看出，朝鲜谢恩、奏请使一行庆祝的内容，一是“故国山河，宛然如昨”，自己的国家还没有被后金的势力侵占；二是历尽千险，平安归来，“东海千万里，瞬息间归来”。“扣舷”，以桨击船舷。苏轼《前赤壁赋》：“于是饮酒乐甚，扣舷而歌之。”“烟月”，这里指烟花和月光。“六船皆和之”，说明全体人员都参与了欢庆的活动。但朝鲜谢恩、奏请使一行庆祝更多的还是历尽千险，平安归来，并将起航中国的朝鲜宣沙浦改名为旋槎浦，即庆祝乘船凯旋的地方。活动的内容当然少不了答谢以天妃（妈祖）为首位的诸海神，因为在他们心目中，只有“大海诸神”，才能使他们平安地凯旋。

天启四年（1624）的朝鲜谢恩、奏请使团的航海经历，使得朝鲜使臣对天妃（妈祖）愈加迷信和敬畏，他们的航海经历也必将影响之后的朝鲜使团的航海祭祀活动，提升了天妃（妈祖）在朝鲜使臣心目中的重要地位。

天启四年（1624）的朝鲜进贺、冬至使正使权启、书状官金德承一行，只有金

---

① 〔韩国〕林基中编《燕行录续集》第105册，韩国首尔：尚书院，2008年，第488～489页。

德承的《天槎大观》传世。但《天槎大观》对途经海岛的介绍极为简单，且主要介绍了海岛明军驻守的情况，没有涉及海岛的民俗及庙宇的内容，所以对天启四年(1624)的朝鲜进贺、冬至使一行沿途祭祀海神及天妃(妈祖)的情况不得而知，但可以肯定的是，朝鲜进贺、冬至使一行必定有祭祀海神及天妃(妈祖)的活动，这是当时海上远航的必需内容，况且在这之前出使明朝的朝鲜使团都有这样的活动。

我们在前面介绍朝鲜使臣沿途路经的海岛的相互距离时，引用过金德承在《天槎大观》中《前后航海路程》的相关记载，因在后面的朝鲜使团介绍中，还要多次涉及，故将有关内容摘录如下：

辛酉(天启元年，1621)以后，自宣川宣沙浦发舡，至铁山椵岛六十里，车牛岛一百四十里，鹿岛五百里，自此属辽界。石城岛六百里，长山岛三百里，广鹿岛二百里，三山岛二百八十里，平岛二百里，皇城岛(隍城岛)，一千里。鼍(砣)矶岛二百里，庙岛二百里，登州八十里，以上海路三千七百六十里。①

己巳(崇祯二年，1629)以后，改海路，自平岛分路，至旅顺口四十里，铁山嘴四十里，羊岛八十里，双岛四十里，南汛口五百里，北汛口一百七十里，觉华岛一千里。自平岛至觉华岛，海路一千八百七十里。宁远卫十里，自此登陆。②

小结：

天启四年(1624)的朝鲜谢恩、奏请使一行出使明朝期间举行了多次祭祀天妃(妈祖)的活动，不仅路经庙岛时有祭祀天妃(妈祖)的活动，在来庙岛之前的航海途中也祭祀了天妃(妈祖)。

朝鲜谢恩、奏请使一行刚开洋起航，即遭遇大风浪，且一连多日，风浪不止，只好多次停靠附近岛屿避风。在路经今大连广鹿岛留泊避风时，得到当地一僧人指点：祭海要祭祀“三神”，即“天妃者，玉皇之女，主兹四渎，而龙王佐之。小圣者，即龙王半子。三神喜则诸事吉，怒则凶。故凡行于海者，欲其喜而不欲怒。致敬尽礼”。“祭海，莫重于天妃娘娘之神，次龙王之神，又次小圣之神”。谢恩、奏请使一行听信了僧人的话，“依其言”，祭祀了以天妃(妈祖)娘娘为首的“三神”。第二天即迎来了利于西行的好海况，“东风卷送，海气清朗……诸舡举帆，迅疾如飞。一瞥之间，已踔数百里”，且一连几日，皆“风便甚利，一帆万里，无有艰险”。这样一种天气、海况的巧合，深深影响了谢恩、奏请使一行，朝鲜使

---

① 〔韩国〕林基中编《燕行录续集》第106册，韩国首尔：尚书院，2008年，第117～118页。

② 〔韩国〕林基中编《燕行录续集》第106册，韩国首尔：尚书院，2008年，第119页。

臣把这一切都归功于虔诚地祭祀天妃(妈祖)娘娘的结果,所以到了庙岛后,即在庙岛天妃(妈祖)庙举行了隆重的祭祀天妃(妈祖)的活动,“焚香沈币,为文而谢海神”。

不仅如此,返程时在登州和庙岛均举行了祭祀以天妃(妈祖)娘娘为首的诸海神活动,而且还专程到庙岛“进天妃(妈祖)庙焚香”,以表达朝鲜谢恩、奏请使一行对天妃(妈祖)的敬仰和虔诚。这也反映了明末朝鲜使臣对天妃(妈祖)的迷信和敬畏,说明了谢恩、奏请使一行接受了广鹿岛僧人和庙岛当地妈祖文化的影响。

天启四年(1624)的朝鲜谢恩、奏请使一行返程路经极易出现海难事故的铁山嘴海域时,因“熏沐斋肃祭海神”,虔诚地举行了祭祀以天妃(妈祖)娘娘为首的诸海神活动之后,再次出现神奇效应,“香火才收,旗角忽转”,“顺风也。即为举帆,船往如箭,黎明抵平岛”。再次的巧合,进一步加深了朝鲜使臣对天妃(妈祖)的迷信,所以回到朝鲜后,谢恩、奏请使一行即“具香币,祭大海诸神而谢之”。综合天启四年(1624)的朝鲜谢恩、奏请使一行祭祀海神的情况,本文强调指出,谢恩、奏请使一行答谢的“大海诸神”,主要还是“主兹四渎”的天妃(妈祖)。

天启四年(1624)的朝鲜谢恩、奏请使之后,明末出使明朝的朝鲜使臣航海途中多开始祭祀“三神”。这个“三神”,就是以天妃(妈祖)娘娘为首的“三神”,其中说到的“大海神”,就是天妃(妈祖)。这一点,在祭文中说明得很清楚。应该说,天启四年(1624)是明末朝鲜使臣祭祀海神活动的一个重要节点,从这之后,祭祀海神不仅必祭祀天妃(妈祖),而且天妃(妈祖)排在了众海神的首位,其他海神,包括龙王都在其后。这也使得之后的明末朝鲜使臣对天妃(妈祖)愈加迷信和敬畏。

第四章　天启五年的朝鲜使臣与妈祖

天启五年(1625),出使明朝的朝鲜使团是谢恩使和进贺、冬至使。

谢恩使正使朴鼎贤,副使郑云湖,书状官南儆。因谢恩使一行没有《燕行录(朝天录)》传世,祭祀海神及天妃(妈祖)的具体活动不得而知。

进贺、冬至使正使全湜(1563—1642),字静远,号沙西,祖籍今韩国忠清北道沃川郡,后定居尚州(今韩国庆尚北道)。全湜进士出身,癸卯(1603)朝鲜科举考试第一,历官朝鲜通政大夫、兵曹参议、左承旨、中枢府知事(正二品)兼同知经延春秋馆事。韩国史料记载:"全辽陷虏,朝周之路变而航海,受命冠盖前后葬鱼腹者相衔。公于是时年过耳顺矣,无几微以老为解,取先少壮而行。履鲸涛如康庄,视生死如往还。""朝京师,华人见咸称公德器。登州军门武之望,尤致敬礼焉"。[①] 说当时辽东已经被后金侵占,朝鲜出使中国只能走海路,在前面几次多次发生海难的情况下,全湜是已年过六旬的老人,仍不畏艰难,冒着风险为国出使。全湜在明朝的京城得到中国人的齐声称赞,在登州时,登莱巡抚武之望也特别敬重全湜,对全湜以礼相待。"朝周",指到中国朝拜,出自成语"箕子朝周"。箕子本为殷商移民,在朝鲜大同江流域建立了"箕子朝鲜"。周朝建立后,箕子回到中原朝周,并瞻拜列祖列宗。这里朝鲜使臣自认是当年箕子建立的朝鲜的后裔,出使中国就像当年的"箕子朝周"。"解",古同"懈",懈怠。这里是说全湜不以年老为由而降低对自己的要求。"德器",有道德修养与才识度量的人。"军门",明代称呼总督或巡抚为军门。全湜出使明朝时,写有《沙西航海朝天日录》,记载了每日的行程。进贺、冬至使团其他官员情况不详。

一、宣沙浦起航"设祭于大海之神"

天启五年(1625)八月二十五日,朝鲜进贺、冬至使一行在朝鲜宣沙浦举行祭祀海神的活动,准备乘船出海出使明朝京都北京。进贺、冬至使正使全湜在

---

① 〔韩国〕《沙西先生文集》附录,《韩国文集丛刊》第67辑,韩国首尔:韩国民族文化推进会,1996年,第128页。

《沙西航海朝天日录》中记载：

(八月)二十四日庚子，到宣沙(浦)。

二十五日辛丑，阴风。丑时设祭于大海之神，祭后风势即止。

二十六日壬寅，待格军价布不至，移书差员催促。以此不得发船。

九月一日丙午，朝，早发船。格军布则以管饷银换给。风势颇顺。午前过身尾岛。……夕时风止。留泊熊回岛北洋。自昏大雨。终夜不止。有舟行诗一绝。①

天启五年(1625)的朝鲜进贺、冬至使一行，本计划八月二十五日祭祀海神活动结束后，即乘船出海远涉重洋，但因配给船员、水手等人的布匹没到，等候了几天，九月一日解决了船员、水手等人的待遇问题后才拔锚起航。起航后"风势颇顺"，正使全湜还作有《舟行》诗，描述了当天一帆风顺的情景，诗中有"扁舟一过万重山"的诗句。② 作者记载的"祭后风势即止"，和起航后的"风势颇顺"，显然是在赞颂祭祀"大海之神"所带来的效果。

"格军"，朝鲜语，即在水边或船上的服务人员，这里指船夫、水手等人。"价布"，等同一定价值的布匹。当时朝鲜给出使明朝的各类人员，包括船夫、水手等，按不同级别发给数量不等的布匹或人参等，作为奖励或酬劳，用作他们在中国出售或交换物品之用。

进贺、冬至使正使全湜关于在朝鲜起航前祭祀海神的记载，只说到了"设祭于大海之神"，因没有祭文传世，无法了解祭祀海神的具体内容，包括海神指的是哪些神灵，是不是包括天妃在内。全湜在《沙西航海朝天日录》中说到的在隍城岛的祭祀活动，同样没有说到天妃(妈祖)，天启五年(1625)的朝鲜使臣祭祀海神的活动，祭祀对象会不会有天妃(妈祖)呢？答案是肯定的。

从我们前面介绍的朝鲜使臣祭祀海神的情况看，在朝鲜使臣心目中，天妃(妈祖)就是海神，而且其地位高于其他海神。天启三年(1623)的朝鲜进贺、冬至使正使赵濈在《燕行录》(一云《朝天录》)中就说道："(妈祖)死为海神，能号令四海之神、河伯、江神。"③特别是天启五年(1625)四月刚刚回到朝鲜的天启四年(1624)的谢恩、奏请使团一行的航海经历，必定给天启五年(1625)的朝鲜使团以很大影响，这就是祭祀海神，必须把天妃(妈祖)放在诸海神的首位，因为天妃

① 〔韩国〕林基中编《燕行录全集》第10册，韩国首尔：东国大学校出版部，2001年，第350～351页。

② 〔韩国〕《沙西先生文集》卷一，《韩国文集丛刊》第67辑，韩国首尔：韩国民族文化推进会，1996年，第37页。

③ 〔韩国〕林基中编《燕行录全集》第12册，韩国首尔：东国大学校出版部，2001年，第277页。

（妈祖）是"主兹四渎"的海神，其他的海神，包括海龙王在内，都是辅助天妃（妈祖）的。天启五年（1625）之后出使明朝的朝鲜使团，也都把天妃（妈祖）作为海神祭祀，所以可以肯定地说，天启五年（1625）的朝鲜进贺、冬至使一行在出航前祭祀的海神就是天妃（妈祖），或以天妃（妈祖）为首位的大海诸神。包括在隍城岛举行的祭祀海神活动，祭祀的主要神灵也是大妃（妈祖）。

朝鲜进贺、冬至使全湜一行出发前，时任朝鲜吏曹判书（相当于明朝的吏部尚书）的金尚宪还赠诗全湜《奉赠全侍郎浮海朝京之行》，其中也说到了全湜一行祭祀海神之事："分襟遽散含香席，执玉还登泛海船。齐鲁弦歌思莞尔，蓬莱宫阙想欣然。"[①]意思是说，欢送的酒席这么快就结束了，分别后你就手捧玉器带领一班人举行了祭祀海神的活动。登陆齐鲁大地后，你们一定会因受到孔孟之乡的礼乐熏陶而喜悦，也会因渡海路经蓬莱仙山而浮想联翩心情好起来。"分襟"，离别的意思。唐代王勃《春夜桑泉别王少府序》："他乡握手，自伤关塞之春；异县分襟，竟切凄怆之路。""执玉"，手捧玉器，这里说全湜举行了隆重的祭祀海神仪式。"弦歌思莞尔"，指接受礼乐教化。出自《论语・阳货》："子之武城，闻弦歌之声，夫子莞尔而笑曰：'割鸡焉用牛刀。'子游对曰：'昔者偃也闻。'诸夫子曰：'君子学道则爱人，小人学道则易使也。'子曰：'二三子，偃之言是也，前言戏之耳。'""莞尔"，微笑的样子。金尚宪这里有安慰鼓励全湜的意思，说只要我们诚心祭祀了海神，海神一定会保佑我们顺利地渡过大洋，登上陆地后，一切都会更好。同前面全湜一行祭祀海神一样，金尚宪虽然没有说明祭祀的海神是哪路神仙，但前面几年出使明朝的朝鲜使臣祭祀海神的情况，作为朝鲜王室的重要官员，又是负责官员考核、提拔的吏曹判书，必定了解这方面的事情。还有下面会说到的，金尚宪第二年即率团出使明朝，在朝鲜起航前的开洋祭中祭祀的就是天妃（妈祖）为首的诸海神，在金尚宪亲自撰的《祭海神文》中，希望"天妃降灵"，使出使明朝的船队"载全载安"。[②] 所以，金尚宪给全湜的赠诗中说到的"执玉"祭祀的海神，必定是以天妃（妈祖）为首的海神。

二、遇恶风隍城岛再祭海神

天启五年（1625）的朝鲜进贺、冬至使一行于九月十五日进行至长山岛，即

---

① 〔韩国〕《沙西先生文集》附录，《韩国文集丛刊》第67辑，韩国首尔：韩国民族文化推进会，1996年，第385页。

② 〔韩国〕林基中编《燕行录全集》第13册，韩国首尔：东国大学校出版部，2001年，第268页。

今大连市长海县大长山岛海域，因风向不顺，只好在长山岛停泊候风。可到了九月十七日，迎来的仍是大风大浪。进贺、冬至使正使全湜在《沙西航海朝天日录》中记载：

(九月)十七日壬戌，朝阴午晴，风涛大起，海水如翻。登山俯临，不可正视。留泊港里终日。

十八日癸亥，朝阴午晴，大风翻海。遂留泊港中终日。

二十一日丙寅，因风放船，波浪接天。到广鹿岛，得信地停泊。……日势已暮，殊极可虑。

二十二日丁卯，风乱不得发，仍留泊处。①

"翻"，这里有翻转，翻覆的意思，说明海浪之大，犹翻江倒海。冬至使一行从九月十五日就在长山岛停泊候风，八九天过去了"仍留泊处"，不得前行。九月二十三日有了好的风向可以发船了，可过了平岛，即今大连市甘井子区的小平岛海域之后，又遇恶风，险遭不测。《沙西航海朝天日录》记载：

(九月)二十三日戊辰，月初上，发向三山岛，未明过去，欲泊平岛。船人多以有风不行为恨，独老工师安良，以为今日午晚，当有大风波，不若入信地停泊。一船人皆以安言为远，强出大洋。未过一二刻，风浪果起，舟不能安行，将有危急之势。即解后帆，又令差下前帆，而犹不支吾，欲覆者无虑数十巡。俄而，帆樟底析，船人皆泣，且有水疾而不省人事者矣。幸免颠沛，至皇城岛。则第四船已至，而二船则为风所逼，不能入岛过去云，想已泊于鼍矶、庙岛等地矣。夕入海潮寺，借僧坑入宿，殊极安稳。有皇城遇风诗一律。

二十四日己巳，留海潮寺。不但风浪犹险，一船之人，皆若夺魄，饥者不食，病者未起。虽欲发船，末由也已。

二十五日庚午。使军官李大运祭龙王堂。②

"信地"，军队驻扎和管辖的地区，这里指明军船舶停靠的港口。"支吾"，支撑。"无虑"，不计虑，有大约、大概的意思。"僧坑"，应是"僧炕"，指僧人睡觉的火炕。

朝鲜进贺、冬至使一行借顺风行至平岛海域时，因为没有听信老船工安良的建议，进平岛港口避风，而是"强出大洋"，结果遭遇恶风巨浪，"舟不能安行"，即使将前后船帆都收起，仍无法将船只稳定下来，有十多次差点被风浪掀翻。

---

① 〔韩国〕林基中编《燕行录全集》第10册，韩国首尔：东国大学校出版部，2001年，第360～362页。

② 〔韩国〕林基中编《燕行录全集》第10册，韩国首尔：东国大学校出版部，2001年，第362～363页。

甚至帆杆都被大风折断，吓得“船人皆泣”。有的人甚至被风浪颠簸得“不省人事”。冬至使一行船队也被大风吹散，正使全湜乘坐的第一船和第四船驶进了皇(隍)城岛，而其他船只已不知去向，作者(指正使全湜)只能猜测“想已泊于鼍矶、庙岛等地矣”。作者在皇(隍)城岛停泊期间，不仅“风浪犹险”，不能行进，就是没有风浪，全船人也让风浪折腾得“皆若夺魄，饥者不食，病者未起”，即使有好的风向，也发不了船了。在这样的背景之下，作为使团的正使全湜也无能为力，只好再寄希望于神灵，所以就委派了随船的军官李大运登岛到“龙王堂”祭祀海神。

我们在前面说到过，当时中国北方沿海一带的海神庙多祭祀天妃(妈祖)，有的甚至更名为天妃(妈祖)庙，如登州蓬莱的海神庙、庙岛的海神庙都改为供奉天妃(妈祖)，庙岛的海神庙被称为天妃(妈祖)庙。在本书第二部分《天启三年的朝鲜使臣与妈祖》的《隍城岛再祭天妃》一节里，我们特别说到，隍城岛海神庙供奉的就是“显应神妃”，即天妃(妈祖)。所以说，天启五年(1625)的朝鲜进贺、冬至使正使全湜委派随船军官登隍城岛“龙王堂”祭祀的海神也应是天妃(妈祖)，或以天妃(妈祖)为首的诸位海神。沿海一带的龙王堂多为龙王庙或海神庙，皇(隍)城岛龙王堂，地方志不见记载，是否就是隍城岛海神庙不得而知。但朝鲜进贺、冬至使正使全湜委派军官登岛祭祀的海神，不可能只是海龙王，而忽略了比海龙王等级更高的海神——天妃(妈祖)，更何况隍城岛海神庙祭祀的主神就是天妃(妈祖)。

《沙西航海朝天日录》记载中说到的“有皇城遇风诗一律”，内容如下：

皇城大洋遇风

全　湜

水道二千里，风餐三八蓂。
曾闻达去舍，今觉没吾宁。
肯以颠危动，须从造化听。
开蓬发一笑，万事寄冥冥。①

《皇城大洋遇风》系作者一行在平岛向皇(隍)城岛海域进发的途中遭遇风浪后所作，主要叙述了连续多日来遭遇风向及险境时的感受，表达了作者不惧生死、听天由命的人生态度。

① 〔韩国〕全湜《沙西集》卷一，《韩国文集丛刊》第67辑，韩国首尔：韩国民族文化推进会，1996年，第38页。

诗的首联“水道二千里，风餐三八蓂”，说在大海里航行了约有二千多里了，在海里风餐露宿也有一个月了。“二千里”，指从朝鲜宣沙浦到皇(隍)城岛的距离，前面介绍天启四年(1624)的朝鲜冬至使书状官金德承所撰《天槎大观》中的《前后航海路程》说道：“自宣川宣沙浦发舡，至铁山椵岛六十里，车牛岛一百四十里，鹿岛五百里，自此属辽界。石城岛六百里，长山岛三百里，广鹿岛二百里，三山岛二百八十里，平岛二百里，皇城岛(黄城岛)，一千里。”按此计算，宣沙浦至皇(隍)城岛应是3280里，但这个里程数只是个约数，金德承的记载与天启元年(1621)的朝鲜谢恩使书状官安璥在《驾海朝天录》中《路程里数记》的记载就不尽相同。作者在这里之所以写“二千里”，可能基于两点，一是强调遭遇风浪的航程，二是为了避免与下句的“三八”中的“三”重复。“三八”，指每月初八、十八、二十八日。这里指一个月左右，或近一个月。“蓂”，蓂荚，传说上古尧帝时的一种瑞草。《竹书纪年》卷上：“帝在位七十年……有草夹阶而生。月朔始生一荚，月半而生十五荚；十六日以后，日落一荚，及晦而尽；月小则一荚焦而不落。名曰蓂荚，一曰历荚。”

颔联“曾闻达去舍，今觉没吾宁”，意思是说，听闻人死了就把所有的苦难都带走了，现在我也体会到了，人死了，就彻底安宁了。这是作者在经历了多次海难之后对人生的感悟：死亡并不可怕，死了人生就不用经历苦难了。“吾宁”，出自北宋哲学家张载《西铭》篇：“存，吾幸事；没，吾宁也。”意思是说，活着是值得庆幸的事，死了，就彻底得到了安宁。

颈联“肯以颠危动，须从造化听”，意思是说，船只在大海中陷于困境后，虽说我们想尽力摆脱险境，但也只能听天由命。“颠危”，指船只倾侧翻转，这里也有人生陷于颠困艰危困境的意思。“造化”，命运。这里是说，人的命运是上天的安排，在大海中遭遇险境只有海神能帮你脱险。

尾联“开蓬发一笑，万事寄冥冥”，意思是说，既然我们主宰不了自己命运，那就要笑对人生，把所有烦恼的事情都抛到脑后。“开蓬”，打开船上的蓬窗，这里有勇敢面对风浪，而不要被风浪所困的意思。“冥冥”，这里也是命中注定的意思，说在大海中遭遇险境后，有什么样的结果都是神灵在主宰着，我们不用去管它了，也管不了它。

天启五年(1625)的朝鲜进贺、冬至使一行在皇(隍)城岛遭遇大风浪的情况，进贺、冬至使正使全湜去世后，与全湜同朝为官的朝鲜通政大夫(从二品)、成均馆大司成黄㦿撰写的全湜《行状》还有这样的记载：

至皇城岛之大洋，风作舟危，人皆丧精失措。公独不为变，乃赋诗曰：“水道二千里，风餐三八蓂。曾闻达去舍，今觉没吾宁。肯以颠危动，须从造化听。开蓬发一笑，万事寄冥冥。”俄有两大鳅挟舟而行，近陆乃逝，咸以为神助云。中朝人见者，皆称有德宰相。而登州军门武之望，尤加敬礼焉。①

《行状》把全湜一行从风浪中脱险说成是“两大鳅挟舟而行，近陆乃逝，咸以为神助”，是海神派了两条大鱼把全湜一行人乘坐的船只护送到了安全的地带。因为有“神助”，所以明朝的官员对全湜刮目相看，认为是全湜“有德”，所以才能得到神灵的眷顾。为全湜写《行状》的黄㦿并没有和全湜一行出使明朝，他的信息应是来自全湜生前或与全湜同行的其他人的记述。黄㦿的上述记载，不仅神化了朝鲜使臣全湜，也抬高了神灵在朝鲜使臣出使途中的作用，使朝鲜使臣更加迷信以天妃（妈祖）为首的诸海神在航行安全中的作用和影响。

三、庙岛赋诗谢天妃圣母

天启五年（1625）的朝鲜进贺、冬至使一行在皇（隍）城岛祭祀海神之后，九月二十八日迎来了利于南下航行的北风，正使全湜在《沙西航海朝天日录》中记载：

二十八日癸酉，下碇于港口，留宿船中。夜半有北风发船。有皇城夜泊诗一绝。

二十九日甲戌，晓到鼍矶下碇，良久，天始明。遂下腰樯，举前帆发船。出洋视之，浪势尤急于曩日。到庙岛，得见书状船，慰不可言。有庙岛诗一律。②

上述记载，说明在皇（隍）城岛祭祀海神之后，迎来了适宜南行登州的北风，而且北风越刮越猛，“急于曩日”，超过往日。“曩日”，往日。

“皇城”，指皇（隍）城岛。“鼍矶”，指鼍（砣）矶岛，在皇（隍）城岛西南方向，天启四年（1624）的朝鲜冬至使书状官金德承在《天槎大观》中记载，皇（隍）城岛距“鼍（砣）矶岛二百里”③。皇（隍）城岛与鼍（砣）矶岛之间的直线距离实际只有五十华里左右，这其中的原因一是岛屿之间的航程有一定的航道，走的不是直线；二是当时测量手段多依靠船的航行时间、速度来确定，因风向、气象等多种原因，不可能得出准确的数字。

记载中说到的“皇城夜泊诗一绝”：

① 〔韩国〕《沙西先生文集》附录卷一《行状》，《韩国文集丛刊》第67辑，韩国首尔：韩国民族文化推进会，1996年，第123页。

② 〔韩国〕林基中编《燕行录全集》第10册，韩国首尔：东国大学校出版部，2001年，第365页。

③ 〔韩国〕林基中编《燕行录续集》第106册，韩国首尔：尚书院，2008年，第118页。

皇城夜泊

全 湜

北风撼海海波扬，秋夜如年几席凉。
魂梦不知身已病，晓天霜露入明光。①

“北风撼海海波扬，秋夜如年几席凉”，意思是说，北风撼动着大海，掀起的巨浪在海面上飞扬，秋天的夜晚凉意阵阵，倚卧在炕席上度日如年。“几席”，炕几和炕席，古人凭依、坐卧的器具。《史记·礼书》：“疏房床笫几席，所以养体也。”有利于航行的北风来了，本来应该兴奋才是，可作者却度日如年，感觉到阵阵寒意，为什么呢？原来是因为有好风也开不了船了，作者在九月二十四日的记载中点出了原因：“一船之人，皆若夺魄，饥者不食，病者未起，虽欲发船，末由也已。”包括作者自己也病倒了，作者当时已63岁，更经不起风浪颠簸。

“魂梦不知身已病，晓天霜露入明光”，意思是说，魂梦中感觉不到自己已经得病了，早晨醒来见到的只是闪着光亮的霜露。言外之意是，早晨寒意阵阵，全身发冷，仍在病中。全诗用度日如年的心情和病中的身体，来表达作者急于行船的企盼。

记载中说到的“庙岛诗一律”：

庙岛偶吟

全 湜

一粟沧溟渺，三旬老病侵。
鲸波常汹涌，萍迹动崎嵚。
已断思家梦，惟殚报国心。
危途有生道，益觉圣恩深。②

诗的首联“一粟沧溟渺，三旬老病侵”，意思是说，朝鲜冬至使一行航行在沧海之上，乘坐的大船就像一粒小米一样渺小，一个月来，身体遭受了年老多病的侵扰。“一粟沧溟渺”，出自苏轼的《前赤壁赋》：“寄蜉蝣于天地，渺沧海之一粟。”说人犹如大海里的一粒米一样渺小。“三旬”，一个月。古人以十天为一旬，三旬，指一个月。朝鲜冬至使一行于天启五年(1625)九月初一从朝鲜宣沙浦发船，至二十九日才到达庙岛，历时二十九天，故言三旬。“老病侵”，冬至使

① 〔韩国〕全湜《沙西集》卷一，《韩国文集丛刊》第67辑，韩国首尔：韩国民族文化推进会，1996年，第38页。

② 〔韩国〕全湜《沙西集》卷一，《韩国文集丛刊》第67辑，韩国首尔：韩国民族文化推进会，1996年，第38页。

全湜以年过63岁的高龄远涉重洋出使中国，一个月的海上颠沛，航程中还多次遭遇风浪，特别是在隍城岛大洋病倒在船上，所以自言“老病侵”。

颔联“鲸波常汹涌，萍迹动崎嵚”，意思是说，航行在大海上时常会遇到海涛汹涌；乘船就像浮萍一样，在海面上随风飘荡，踪迹不定。“萍迹”，这里应是双关语，一是用浮萍比喻乘船随风飘动，行踪无定。二是比喻人生也像浮萍一样，自己把握不了自己的去向，只能听候上天的安排。“崎嵚”，山路险阻不平，这里引申为航海的行程中时时有逆风恶浪，人生的旅途也充满了艰难险阻。

颈联“已断思家梦，惟殚报国心”，意思是说，来到庙岛后，思念家中妻儿老小的睡梦已经因醒而终止了，只剩下竭尽全力报效国家的一片赤胆忠心。因为到了庙岛，下一站就是登州港了，而且庙岛离登州港很近，不足半天的航程。登陆登州后，就开始北京的陆路行程了，作者一心想着早点到达北京，完成朝鲜国王交办的出使使命。这里主要表达了作者一心为了国家的报国情怀。

尾联“危途有生道，益觉圣恩深”，意思是说，经历了万分危机的航海旅途，能够平安地来到庙岛，马上就要登陆了，心中更加感觉到大明皇帝和海神圣母恩德的深厚。“圣恩”，指帝王的恩宠，也指神佛之类的护佑，但这里更多的还是指圣母天妃(妈祖)。因明初开国皇帝朱元璋曾敕封妈祖为“圣妃”，所以(妈祖)也称“圣母”，妈祖庙也称圣母庙。天启四年(1624)，朝鲜谢恩、奏请使一行在登州城“登蓬莱阁祀圣母庙”，在“圣母庙”举行了祭祀天妃(妈祖)的活动。我们前面说到的明末朝鲜使臣也称天妃(妈祖)为“圣母”。如天启三年(1623)的冬至使正使赵濈在诗歌《广六洋中录呈敬亭兼呈石楼、白沙两相公》中有：“洁牲祀圣母，柔缆发蓬城”诗句。天启三年(1623)的朝鲜奏闻(请封)使书状官李民宬也记载：“是日，早祭于庙岛圣母之神。”李民宬在长诗《值奔鲸于洋中。海壑为之掀荡。吾闻大则吞舟，小则覆舟，为可虑也。遂援笔赋以谕之》里，也说到过庙岛祭祀圣母天妃之事：“日卯时在丑，停舟庙岛前。稽首祈圣母，焚香捐钱币。”庙岛天妃(妈祖)庙，供奉的是“圣母之神”，作者是在庙岛写的诗，诗的内容写到了在庙岛的感受，“益觉圣恩深”，是因为“危途有生道”，作者要感恩的是在航海途中得到救助，帮助他们脱离了险境的神灵，所以，这里的“圣恩”，更多的还是指天妃圣母(妈祖)的恩德。

全湜在《沙西航海朝天日录》中多次说到“鼍矶岛”，即砣矶岛，除前面说到的两次外，朝鲜冬至使一行于天启六年(1626)春返程路经庙岛群岛时，也有记载：“四月一日，日晡时，三船四船皆来会，书状船先举帆发行，及鼍矶岛而有逆风，不得发行，皆下帆止洋中，时夜未央矣。”“二日，东北风连，仍止不行。日曛时，移向鼍(砣)矶近处，云暗不知所向，到三更，洋中止宿。"[①]虽说朝鲜冬至使全湜一行往返皆路经过"鼍矶岛"，而且还靠近"鼍矶岛"停泊过，但由于没有登陆"鼍矶岛"，就没有留下在"鼍矶岛"祭祀天妃(妈祖)的记载。据史料记载，当时的"鼍矶岛"也有天妃(妈祖)庙。明末王汝淳所撰《毛大将军海上情形》中有这样的记载："登州府，六十里至庙岛，庙岛二百里至陀(砣)矶岛(天妃娘娘在套里，如遇大顺风，不可泊船，许望岛于船上遥祭)。"[②]这说明，不仅庙岛有天妃娘娘庙，砣矶岛也有天妃娘娘庙，而且庙岛、砣矶岛供奉的天妃和福建供奉的天妃是一母同胞的"姊妹三人"。当然，"天妃娘娘姊妹三人"之说，不过是当地的百姓为提升当地天妃(妈祖)庙的身价而臆造的。"皆显应，必要虔诚祭献"，说明了庙岛群岛一带高度重视天妃(妈祖)神灵，有着浓郁的妈祖文化的氛围，这也必定给过往的朝鲜使臣以较大影响。朝鲜冬至使全湜一行是否在船上"遥祭"过天妃娘娘，不得而知。由于《沙西航海朝天日录》记载的内容极为简单，特别是返程途中的记载更是如此，也有可能全湜没有将"遥祭"的情况记载在内。

天启五年(1625)的朝鲜进贺、冬至使全湜一行于天启六年(1626)四月初九日，"夕到宣沙浦"[③]，安全回到从朝鲜出发时的宣沙浦。

小结：

天启五年(1625)的朝鲜进贺、冬至使一行起航前举行祭祀"大海之神"的活动，这里说到的"大海之神"，指的就是天妃(妈祖)，或以天妃(妈祖)为首位的大海诸神。进贺、冬至使一行在路经今大连大长山岛海域时遭遇恶风，"大风翻海""波浪接天"，"强出大洋"后，结果再次遭遇恶风巨浪，到了皇(隍)城岛海域，进贺、冬至使一行再祭海神，这里说到的海神，仍然是天妃(妈祖)。之所以这样肯定，本节做了有力的论述。

皇(隍)城岛祭祀海神之后，航海途中再没有逆风恶浪，而且迎来了利于向南航行的北风，所以到了庙岛之后，进贺、冬至使正使全湜赋诗谢圣母："危途有生道，益觉圣恩深。"本节对诗中的"圣恩"做了分析，指出"圣恩"乃圣母天妃(妈祖)的恩德，感恩天妃(妈祖)帮助他们脱离了险境，并送来利于航行的顺风。

---

① 〔韩国〕林基中编《燕行录全集》第10册，韩国首尔：东国大学校出版部，2001年，第382～383页。

② 蒋维锬、郑丽航辑纂《妈祖文献史料汇编》第一辑，散文卷，北京：中国档案出版社，2007年，第68～69页。

③ 〔韩国〕林基中编《燕行录全集》第10册，韩国首尔：东国大学校出版部，2001年，第385页。

第五章　天启六年的朝鲜使臣与妈祖

天启六年(1626),朝鲜也派出了两个使团出使明朝,一个是进贺、圣节使,正使金尚宪、书状官金地粹;另一个是进贺、冬至使,正使南以雄。后来两个使团合并在一起,也称进贺、冬至、圣节使或进贺使。

金尚宪(1570—1652),字叔度,号清阴,安东府(今韩国庆尚北道安东市)人,朝鲜李朝仁祖时期有影响的朝中重臣,官至朝鲜左议政(第一副首相)。金尚宪进士出身,历任朝鲜广州牧使、延安府使、司谏院大司谏、都承旨、兵曹参判、司宪府大司宪、议政府右参赞、弘文馆提学、工书两馆大提学、吏曹判书、左议政。金尚宪"为人正直刚方,贞介特立。家居笃于孝友,正色立朝者,殆五十年,遇事必尽言,无少回挠,言不用,辄辞而退。见恶人,若将浼己,人莫不敬惮。……其为文简严,诗亦典雅"[①]。清代《四库全书》收录的《御选明诗》《明诗综》均收有金尚宪诗作,清初著名诗人王士祯(王渔洋)在《池北偶谈》中还称赞金尚宪"《朝天录》一卷,诗多佳句"[②]。《朝天录》,系金尚宪出使明朝期间沿途创作的诗歌结集,共收录诗歌一百多首。

南以雄(1575—1648),字敌万,号市北,进士第一,祖籍宜宁(今韩国庆尚南道中部宜宁)人。南以雄官至左议政(第一副首相),封春城君。南以雄历官朝鲜安岳郡守、义州府尹、左参赞、司宪府大司宪、吏曹判书、右议政、左议政。天启六年(1626)出使明朝时,写有《路程记》,记载了沿途经过府、县的人文、自然景观及古迹等。南以雄的《碑铭》还说到,出使明朝时,"时海路初开,前使数辈溺不返,送行者无不咨嗟涕洟,公怡然无几微难色。舟过□山湫,飓风簸海,秘怪山没,虽黄头楫师之目迷乱,公啸咏自若"。"黄头楫师",这里指船工。说在飓风大浪面前,连船工、水手都惊慌失措,南以雄却在朗读诗文,镇定自若。路经登州时,南以雄创作有赠给寓居登州的文人吴大斌的诗作:"水国寒花晚,樽前别恨新。悲歌将落日,俱是望乡人",得到当地华人"极口称诵,刻悬蓬莱

---

① 〔韩国〕《韩国历代人名事典》第4卷,韩国首尔:韩国世宗大王纪念事业会,2010年,第38～44页。

② [清]王士祯撰,勒斯仁点校《池北偶谈》卷十五,北京:中华书局,1982年,第360页。

阁”[①]。

金地粹(1585—1639),字去非,号苔川,祖籍义城,今属韩国庆尚北道。金地粹为官“清慎律己”,诗文“有盛唐风”,有《苔川集》传世。据韩国史料记载,金地粹以书状官身份随金尚宪出使明朝时,撰写给明朝礼部的呈文,得到礼部尚书李思诚的高度赞誉:“辞严义正,足以感天。”明朝“皇帝爱其忠义文章,特赐蕨砚及孝悌忠信笔帖,与夫二程全书、性理大全、大明一统志、晋唐等书。可见天朝之优恩也。”出使途中“所经历、所闻见处,辄皆汇记,别为一篇,名曰《仙槎录》。翰林院侍读学士李康先为之序,济南黄山居士张延登济美父,亦为之记”。李康先,浙江宁波鄞县人,万历丁未(1607)进士,官至礼部尚书。张延登,山东邹平人,万历壬辰科(1592)进士,南京都察院右都御史,卒赠太子太保。金地粹回国后,任钟城府使,升通政大夫衔(正三品),后因坚决反对朝鲜与清朝议和、归顺清朝,“不赴科宦,遂痛哭呕血而卒。享年五十五”[②]。

因书状官金地粹撰写的《仙槎录》因故遗失[③],天启六年(1626)冬至、圣节使一行没有日记式的《燕行录》传世,无法知晓使团每一天所经历的重要事件,也就无法了解他们祭祀天妃(妈祖)等诸海神的具体情况。但金尚宪的《朝天录》中有作者撰写和创作的有关沿途祭祀天妃(妈祖)的祭文和诗歌,如《祭海神文》《长山岛天妃祭文》《祭天妃迎送曲》《祭海神文》(此系返程时所撰)等,而且《朝天录》中祭文和诗歌的顺序是按时间先后排列的,有的题目还可以看出祭祀的地点和时间,这就为我们了解天启六年(1626)的朝鲜使团祭祀天妃(妈祖)情况提供了重要依据。

一、起航前开洋祭,祈求“天妃降灵”

天启六年(1626)的朝鲜进贺、冬至、圣节使一行起航前举行了祭祀海神的活动,正使金尚宪还亲自作有《祭海神文》。《祭海神文》在《朝天录》中排在了诗歌《宣沙浦次壁上韵,录奉同行金学士去非》之后。“宣沙浦”,前面已说到,是朝鲜使臣出使明朝的起航地。“金学士去非”,即与金尚宪同行的书状官金地粹。诗作《宣沙浦次壁上韵,录奉同行金学士去非》的第一句是“八月西风玉宇晴,澄

---

① 〔韩国〕《韩国历代人名事典》第 7 卷,韩国首尔:韩国世宗大王纪念事业会,2010 年,第 33～36 页。
② 〔韩国〕《苔川集》卷三,《韩国文集丛刊》第 21 辑,韩国首尔:韩国民族文化推进会,1990 年,第 542 页。
③ 〔韩国〕《苔川集》卷三,《韩国文集丛刊》第 21 辑,韩国首尔:韩国民族文化推进会,1990 年,第 542 页。

清一气使臣诚"[1],说明诗歌创作于天启六年(1626)八月。《祭海神文》后面的诗是《八月三日,发宣沙浦。夕次须弥岛,舟中书怀,录奉南参判敌万,金学士去非》。[2] "南参判敌万",即与金尚宪同行的冬至使正使南以雄,字敌万。"参判",朝鲜从二品官员。从中可以看出,《祭海神文》是朝鲜进贺、冬至、圣节使一行起航前所撰,时间应是天启六年(1626)八月初三日,或前一天。

祭海神文

伏以大浸稽天,百川朝宗,皇王御极,万国会同。明有礼乐,幽有鬼神,神人殊涂,理则惟均。洪惟大明,君主四海,慕德向谊,畴敢或怠?顾我东藩,服事最专,列君虔诚,余二百年。蠢兹丑虏,干犯皇纲,贡道作梗,城郭豺狼。输琛奉篚,刳木以达。风波不期,死生毫发。靡神之德,谁赖谁依?岂敢自爱,王事惧违。斋心一志,恭献菲诚。往来淹速,惟神之听。鲸鲵屏息,蛟鳄遁形。风伯叶顺,天妃降灵。蒙神之休,载全载安。永矢不谖,没世归恩。尚飨。[3]

《祭海神文》是写给海神,说给海神听的。我们在前面交代过,明末朝鲜使臣祭祀海神的活动,不仅包括天妃(妈祖)在内,而且把天妃(妈祖)摆在诸海神之首,或者说,祭海神,就是祭天妃(妈祖),这在此篇《祭海神文》中就有体现。

此篇《祭海神文》说的是,天际间浩瀚的大水,终归都要流向大海。皇帝即位,周边的国家都来祝贺。大明王朝传承着中华优秀文化,在看不见的地方也有神灵。虽然神和人是不同的,但判断是非的标准是一致的。大明王朝统治着中华大地,向慕德化,尊崇仁义道德,谁敢怠慢、不尊敬呢?环顾我们朝鲜,做事最为专一,作为大明的附属国,二百多年来,对大明王朝也最为虔诚。可愚昧无知的后金政权,冒犯大明王朝,阻挡了我们朝鲜朝贡的道路,还派军队侵略、骚扰他国的城镇。我们朝鲜使臣一行带着珍宝等礼品,用精致的礼盒盛着,只能乘坐木舟出使明朝。可大海中的风浪会不期而至,我们的生死只在瞬间,没有神的恩德,我们还能依靠谁呢?我们不能为了自己的生死,而不去完成朝鲜国王的使命。我们一心一意、专心致志地供献上我们微薄的礼品和真诚的敬意。我们往来航程时间的长短,都要听从您的安排。希望您能让大鲸鱼屏住呼吸,让凶猛的水怪不要现形。让风伯能辅佐我们一帆风顺,天妃(妈祖)显灵保佑我们吧。承蒙您的美德和善心,使我们的航船安全地往返。我们发誓,永远牢记着您的恩德,用一生来报答您的恩情。请您享用我们的祭品吧。

---

① 〔韩国〕林基中编《燕行录全集》第13册,韩国首尔:东国大学校出版部,2001年,第265页。
② 〔韩国〕林基中编《燕行录全集》第13册,韩国首尔:东国大学校出版部,2001年,第268页。
③ 〔韩国〕林基中编《燕行录全集》第13册,韩国首尔:东国大学校出版部,2001年,第267~268页。

《祭海神文》中把"天妃降灵"，放到了能支配"鲸鲵屏息，蛟鳄遁形。风伯叶顺"的地位，这也与天启四年(1624)的朝鲜谢恩、奏请使一行说到的天妃(妈祖)是"主兹四渎"的最大的海神，大海的龙王和诸"小圣之神"都要听从于天妃(妈祖)的说法相吻合。从天启六年(1626)的朝鲜冬至、圣节使一行起航前的祭祀海神活动，我们也可以这样认为，下面说到的沿途祭祀海神的活动，祭祀的海神也都应该包括天妃(妈祖)在内，并把天妃(妈祖)放到了最突出的地位，或者祭祀的海神，就是专指天妃(妈祖)。

《祭海神文》中的几个词语："大浸稽天"，出自《庄子·逍遥游》："大浸稽天而不溺"，说大水至于天际，形容势大。"大浸"，大水。"御极"，登极，即位。"礼乐"，礼乐文化。"礼仪文化"，这里代指中华传统文化。"洪惟"，语助词，用于句首，无义。出自《尚书·周书·多方》："洪惟图天之命。""四海"，这里指全国各地，指天下。慕德，向慕德化、德教。"向谊"，向往，推崇仁义道德。"谊"，合宜的道德、行为。"畴敢"，谁敢。《尚书·商书·说命上》："畴敢不祗若王之休命。""蠢兹丑虏"，愚昧无知的敌人，这里指侵占辽东地区的后金军队。"琛"，珍宝。"篚"，竹制的带盖的容器，这里应指精致的礼盒。"刳木"，剖凿木头(用以做舟)，这里指木舟。语出《周易·系辞下》："刳木为舟。"孔颖达疏："舟必用大木刳凿其中，故云刳木也。""斋心一志"，一心一意，专心致志。"菲诚"，微薄的诚意，这里应指微薄的礼品，真诚的敬意。"淹速"，迟速，指时间的长短。汉代贾谊《鵩鸟赋》："吉乎告我，凶言其灾，淹速之度兮，语予其期。""鲸鲵"即大鲸鱼，雄曰鲸，雌曰鲵。"蛟鳄"，蛟龙与鳄鱼，这里比喻大海中凶猛的水怪。"叶顺"，辅佐、顺利。"叶"，叶佐，辅佐、配合的意思。"休"，这里是美、善的意思。语出《诗经·豳风·破斧》："亦孔之休。""永矢不谖"，即永矢弗谖，发誓永远牢记着。语出《诗经·卫风·考盘》："独寐寤言，永矢弗谖。""没世"，指到死，终身。

二、辽东长山岛"祭天妃"

天启六年(1626)的朝鲜进贺、冬至、圣节使一行出航途中经过长山岛(今大连市长海县大长山岛镇大长山岛)时，举行了一次专门祭祀天妃(妈祖)的活动，正使金尚宪亲自撰写了《长山岛天妃祭文》。作者一行八月初三日从宣沙浦起航，八月十五日在庙岛[①]，长山岛在宣沙浦至庙岛航程中间的位置，由此可以判

① 〔韩国〕林基中编《燕行录全集》第13册，韩国首尔：东国大学校出版部，2001年，第277页。

断，作者一行在长山岛祭祀天妃（妈祖）的活动时间应在八月初十左右。《长山岛天妃祭文》的前一首诗歌是《长山岛阻风三日》，从中也可以了解作者一行在长山岛举行祭祀天妃活动的背景。

长山岛阻风三日（两首）

金尚宪

孤舟三日系沙头，倒海西风吹未休。
秋色夕阳无限好，不妨仙岛重淹留。

明沙锦石海棠洲，水动云流势欲浮。
梦里似曾身到此，不知今日是真游。[①]

从《长山岛阻风三日》题目看，说明作者一行因遇逆风在长山岛停留了三天。诗歌的内容则是记叙了作者在这三天的心情和活动情况，表达了作者面对逆境的乐观精神，以及相信冥冥之中有神灵的思想认识。

第一首诗歌的意思是说，作者乘坐的船孤独地在长山岛岸边停留了三天，从西边吹来的飓风掀起了滔天巨浪，至今也没有停歇。但在长山岛看秋天的夕阳还是无限的美好，在完成出使任务后重返仙岛时，不妨长期逗留在这里。“孤舟”，一是可以解释为朝鲜冬至、圣节使一行的船队，只有作者乘坐的船被飓风滞留在长山岛，也可以解释为朝鲜冬至、圣节使一行的船队在长山岛被飓风吹散，彼此间失去联系。“西风”，作者一行应是从长山岛向西航行至广鹿岛，西风是逆风。“淹留”，长期逗留。《楚辞·离骚》：“时缤纷其变易兮，又何可以淹留？”

第二首诗歌的意思是说，长山岛在夕阳的照射下，海边的砂石闪烁着彩色的光亮犹如仙岛，四周有不停进退的海潮，空中有流动的云朵，给人的感觉是，长山岛欲要漂浮起来。我之前在梦中好像来过这个地方，不知是不是我梦见的仙岛海棠洲呢？“海棠洲”，这里比喻仙岛。宋代教育家刘子翚在《宋史》有传，曾教授过朱熹，有《海棠洲》诗：“煌煌海棠洲，锦树临清湾。”北宋进士王钦臣与著名文学家、诗人秦少游（秦观）有诗歌唱和，秦少游有“天明又出桃源去，仙境何时再问津？”的诗句，王钦臣作“穷庐三月已淹留，白草黄云见即愁。满袖尘埃何处洗，李家池上海棠洲”。

天启六年（1626）的朝鲜进贺、冬至、圣节使一行被逆风阻挡在长山岛已经

① 〔韩国〕林基中编《燕行录全集》第13册，韩国首尔：东国大学校出版部，2001年，第272页。

三天了，但“倒海西风”仍“吹未休”，只好寄希望于“主兹四渎”的最大的海神天妃（妈祖）了，于是冬至、圣节使一行在长山岛举行了专门祭祀天妃（妈祖）的活动，正使金尚宪亲自撰写了祭文：

长山岛天妃祭文

年月日，敬祭于天妃之神。夫以小事大，天地之常经。由阴济阳，鬼神之盛德。是以涂山执玉，实严后至之诛。睢水扬沙，允藉冥佑之力；惟彼周郎赤壁，与使一日之中。王勃南昌，借势半帆之上。叔世以降，斯迹愈彰。况我大明，德侔夏后，威增汉家。四海六合，尽入提封。九夷八蛮，罔不通道，岂但臣妾亿兆。尤极敬礼神祇，恭惟尊神。以太阴之元精，主纯阳之大界。显圣久称于历代，膺宠遂隆于昌辰。用坤承干，理不爽于一致。与天作配，尊无对于百灵。昭兹崇奉之仪，实无远迩之间。伏念某三韩老臣，一介行李，乘风破浪。素乏奇伟之志，望日就云，秖切朝宗之心，驾扁舟而遂来。阨孤岛而难进，目骇波涛。信逾弱水千里，身无羽翼，真觉蓬山万重。敢具薄礼，冀荐菲诚。倘蒙渊鉴回明，亟霈慈恩。庶几令节祝圣，无废君命。某敢不斋心颂祷，稽首归依。修黄陵之妙辞，窃愧文章之笔。牟青丘之群听，永传灵应之符。尚飨。[①]

天启六年(1626)的朝鲜使臣一行在大长山岛举行祭祀天妃（妈祖）的活动，也可见明末朝鲜使臣对天妃（妈祖）的迷信和敬畏。虽然使团正使金尚宪一行在起航前举行了祭祀海神的活动，在祭文中特别祈求天妃（妈祖）能显灵保佑一行人的安全，但在下面的航程中，天启六年(1626)的朝鲜使团还是专门多次举行了祭祀天妃（妈祖）的活动。金尚宪一行在大长山岛举行祭祀天妃（妈祖）的活动，其中一个原因就是在大长山岛遇到了风浪，不仅风浪大，而且是逆风，“倒海西风”阻挡了前行的航路。在当时无助的情况下，只能祈求于神灵了，作者首先想到的就是天妃（妈祖），于是《长山岛天妃祭文》就诞生了。

《长山岛天妃祭文》内容说，某年某月某日，我们恭敬地祭祀天妃（妈祖）神灵。小国依靠大国，是天地间的常理。阴阳相补，也是鬼神间的盛德。当年大禹“合诸侯于涂山，执玉帛者万国”，与各诸侯合作修好，礼尚往来。如果有的诸侯不相应，就要严加惩处。当年楚汉相争睢水之战汉军大败，是因为大风扬沙，楚军有神灵的暗中保佑；三国时，周瑜在赤壁火烧曹军战船也是借助了一天的大风。初唐时期的王勃能作出传诵至今的《滕王阁序》，也是借助于江边“渔舟唱晚”之美景。如果国家衰落，征兆应该是很明显的，可我们朝奉的大明王朝，

---

① 〔韩国〕林基中编《燕行录全集》第13册，韩国首尔：东国大学校出版部，2001年，第272～274页。

传承的是夏代以来的中华优秀文化，其威望在中华大地与日俱增，中国的疆域也都在明朝的掌控之下。周边的国家和部族，没有不与明朝有合作往来的，更何况我们作为明朝附属国的朝鲜百姓呢！大明王朝尤其礼敬神灵，尊崇有影响的神主。天妃（妈祖）娘娘您用天地之精气，来主持人间的一些事情。您自多个朝代以来显圣于人间，因被皇帝恩宠受命而兴隆于盛世。您秉承天地正气，伸张正义使之符合天理。您与天相伴，在大海诸神中没有能与您相比的。我们在这里崇拜奉祀天妃（妈祖）神灵，无论远近，您都能感受到我们的诚意。希望天妃（妈祖）能看到朝鲜老臣，作为一个使者，带领一班人乘风破浪出使明朝。我素来没有宏伟的志向，只是作为朝鲜国王的近臣，因为有着一颗朝见大明帝王的赤子之心，所以，乘船远涉重洋来到这里。但现在却困守孤岛，只能看着惊涛骇浪。我们知道要越过险恶难渡的大海出使明朝，身上没有像大鹏一样的羽翼，感觉就像要去难以企及的蓬莱仙山一样。我们斗胆供奉了一些薄礼，以表达我们的诚意。倘若您能明察我们的遭遇和期盼，以及急切渴望能得到您的恩泽的心情。但愿我们能在圣节之时向大明皇帝贺寿，不辜负我们朝鲜国王的使命，我们怎敢不诚心实意地为您赞美祝福，跪拜归顺呢？我本想撰写一篇歌颂中华优秀文化和您的诗篇，但很羞愧自己的文笔和学识。希望朝鲜的百姓也都能知道您的恩德，并永远传颂您给人间带来的吉祥。请您享用我们的祭品吧。

《长山岛天妃祭文》中的几个词语："涂山执玉"，这里是合作修好，礼尚往来的意思。出自《淮南子·原道训》："禹知天下之叛，坏城平池，散财物，焚甲兵，施之以德，海外宾服，四夷纳职，合诸侯于涂山，执玉帛者万国。""实"，确实，实在。"后至之诛"，意思是说迟疑不响应，一定要加以惩治。见骆宾王《代李敬业传檄天下文》："必贻后至之诛。""睢水扬沙"，指睢水之战，是楚、汉相争的第一次大战，汉军几乎全军覆没，刘邦的父亲及妻子都被楚军俘获。南宋文天祥有《徐州道中》诗："一时混战四十万，天昏地黑睢水湄。乃知大风扬沙失白昼，自是地利非天时。"把刘邦此次失败归咎于"大风扬沙失白昼"。"周郎赤壁"，指三国时期周瑜借助风力在赤壁火烧曹军战船，大败曹军。"王勃"，初唐时期著名诗人，其所作《滕王阁序》乃千古绝唱，其中的名句"落霞与孤鹜齐飞，秋水共长天一色。渔舟唱晚，响穷彭蠡之滨；雁阵惊寒，声断衡阳之浦"。"叔世"，末世，也指衰乱的时代。《左传·昭公六年》："三辟之兴，皆叔世也。""侔"，等同。"提封"，这里指疆域。"臣妾亿兆"，指男女大众，这里指朝鲜百姓。"太阴"，常指月亮。"太阴元君"亦称"太阴皇君"，道教月神。这里比喻天妃（妈祖）娘娘。"元精"，指天地的精气。出自汉代王充《论衡·超奇》："天禀元气，人受元精。""纯阳"，这里指人间。"用坤承干"，即承坤，秉承天地的正气。"坤"，代表地。

“干”,代表天。乾坤,一般代表天地,阴阳。“不爽”,不差,没有差错。语出《诗经·小雅·蓼萧》:“其德不爽,寿考不忘。”“无对”,无双,无敌。“尊无对”,尊尚无可比拟的天理。朱熹《论语集注》:“天即理也,其尊无对。”“百灵”,各种神灵。汉代班固《东都赋》:“礼神祇,怀百灵。”李善注:“《毛诗》曰:‘怀柔百神。’”“三韩”,指朝鲜。朝鲜古代有马韩、辰韩、弁韩,故后人以“三韩”代指朝鲜。“一介行李”,一个使者。语出《左传·襄公八年》:“君有楚命,不使一介行李告于寡君。”杜预注:“一介,独使也。行李,行人也。”“望日就云”,即就日望云,多比喻得近天子。《史记·五帝本纪》:“就之如日,望之如云。”“逖来”,远来。“弱水”,这里指险恶难渡的河海。《海内十洲记·凤麟洲》:“洲四面有弱水绕之,鸿毛不浮,不可越也。”苏轼《金山妙高台》诗:“蓬莱不可到,弱水三万里。”“霈”,常比喻帝王的恩泽,这里应指天妃(妈祖)的恩泽。“庶几”,这里有但愿,有幸的意思。“颂祷”,赞美祝福。语出《礼记·檀弓下》:“善颂善祷。”孔颖达疏:“颂者,美盛德之形容;祷者,求福以自辅也。”“黄陵”,中华民族始祖轩辕黄帝的陵墓,在陕西省黄陵县城北的桥山上。这里应是代指中华优秀文化。“青丘”,这里指当时的朝鲜。《史记正义》引东汉服虔曰:“青邱国在海东三百里。”《通志·天文略》记:“青邱,七黑星在轸东南,主东方三韩之国。”“青邱”,即青丘。朝鲜半岛古代的“三韩”,在今韩国疆域内。

今大连市长海县大长山岛的祈祥园最高处耸立着一尊高 6 米的白色大理石海神娘娘雕像,海神娘娘高举宝莲灯,凝视着前方的大海。每年正月十三,传说是海神娘娘的生日,大长山岛的男女老幼倾城而出,焚香叩首,并把千万只海灯放到海里,随波逐流,祈求海神娘娘保佑万民平安,百舸和顺。海神娘娘的生日是正月十三,妈祖的生日是三月二十三日,显然今天大长山岛祭祀的海神娘娘和妈祖不是一个人。天启六年(1626)的朝鲜使臣一行在长山岛祭祀的是天妃(妈祖),说明明末的大长山岛盛行祭祀天妃(妈祖),至于大长山岛今天祭祀的海神娘娘为什么不是天妃(妈祖),笔者没有做深入考察。但无论天妃(妈祖),还是海神娘娘,在人们心目中都是济世救难的女神,海神娘娘可能是当地人信奉的女神,天妃(妈祖)娘娘则是由皇帝敕封、从外地传来的女神,既然都是女神,当地人后来把二人合二为一,也不是没有可能。

天启六年(1626)的朝鲜使臣一行在大长山岛祭祀天妃(妈祖)之后的天气及海况的情况,从正使金尚宪创作的《祭天妃迎送曲》内容看,应是迎来了利于航行的天气及海况,所以金尚宪在《长山岛天妃祭文》之后,紧接着就创作了歌颂天妃(妈祖)的《祭天妃迎送曲》,其中就有对天妃(妈祖)感恩戴德的赞颂。

祭天妃迎送曲

金尚宪

肃金气之澄清兮，瞻玉宇之峥嵘。
扫阴翳以戒程兮，爰载余之青旌。
指渤澥而飞艎兮，余将朝乎帝之乡。
酌琼液以泛觞兮，怀椒糈以为粻。
琉璃之界铺碧玉，白云幞兮明月烛。
内怵惕以屏息兮，惧明神不鉴余寸臆。
出不见兮入无听，夜将半兮风泠泠。
忽降临兮娉娉婷婷，翼百神兮从万灵。
纷紫氛之叆叇兮，璆锵鸣兮环佩。
欲进而踢兮不敢退，俨若亡而若在。
倏云旗之载卷兮，闪神光之超电。
巨鳅舞兮神鳌抃，河伯前驱，阳侯后殿。
收烟雾兮伏波涛，飒凄凄兮回清飙。
悄耳目之寥寥，天河斜兮织女高。
神之反兮曷留，极云海兮思悠悠。
神之德兮何酬，咏万祀兮歌千秋。①

《祭天妃迎送曲》的下一首诗歌为《三山岛》，说明此诗应是从长山岛向三山岛进发的航程途中所作。

《祭天妃迎送曲》前两句："肃金气之澄清兮，瞻玉宇之峥嵘。扫阴翳以戒程兮，爰载余之青旌。"意思是说，肃立在金秋越来越清澈的天空下，瞻望九霄云外，那里有高大雄伟、富丽堂皇的天帝住所。是神力扫清了大海中的阴霾，于是载着我们的航船才能够拔锚起航，踏上新的航程。前面说到，朝鲜使臣听说天妃（妈祖）是天帝的女儿，"瞻玉宇"，瞻望天帝住所，实则为说明是天帝指派他的女儿天妃"扫阴翳以戒程兮"。"金气"，这里指秋天之气，或指秋天的天空。"玉宇"，用玉建成的殿宇，传说中天帝或神仙的住所。"戒程"，登程，出发上路。"青旌"，画有水鸟的旌旗。出自《礼记·曲礼上》："前有水，则载青旌。"青，青雀，水鸟，这里指航船。

第三句"指渤澥而飞艎兮，余将朝乎帝之乡"，意思是说，我们乘坐的大型航

① 〔韩国〕林基中编《燕行录全集》第13册，韩国首尔：东国大学校出版部，2001年，第274～275页。

船向着渤海飞速驶去，要去天朝皇帝住的地方进行朝拜。“渤澥”，古代称东海的一部分，即渤海。“飞艎”，飞驰的大型航船。“帝之乡”，这里指明朝皇帝住的地方北京。

第四句“酌琼液以泛觞兮，怀椒糈以为粻”，意思是说，我们斟满美酒，同时用椒香拌精米制成的食物作为祭品敬献给天妃（妈祖）。“琼液”，这里指美酒。“泛觞”，饮酒。“觞”，古代酒器。“椒糈”，以椒香拌精米制成的祭神的食物。《楚辞・离骚》：“巫咸将夕降兮，怀椒糈而要之。”“糈”，精米。“粻”，粮食。

第五句“琉璃之界铺碧玉，白云幙兮明月烛”，意思是说，天妃（妈祖）的住处是用美轮美奂的琉璃作装饰的，地下铺的是青绿色的玉石。屋内挂的是白色的帷幕，烛光像明月一样明亮。“琉璃”，含有各种颜色的天然人造水晶，晶莹剔透、光彩夺目，是中国古代建筑中重要的装饰构件，一般用于宫殿、庙宇、陵寝等重要建筑。“琉璃之界”，这里指天妃（妈祖）的住处。“幙”，古同“幕”，这里指帷幕床帐。

第六句“内怵惕以屏息兮，惧明神不鉴余寸臆”，意思是说，怀着惊恐不安的心情，屏住呼吸，怕打扰了神灵不能领会到我们的一片赤心。“怵惕”，惊恐害怕。《孟子・公孙丑上》：“今人乍见孺子将入于井，皆有怵惕恻隐之心。”“明神”，这里指的是天妃（妈祖）。我们在下面还会谈到，崇祯元年（1628）的朝鲜冬至兼圣节使书状官申悦道在记载中曾两次说到“明神”，均指的是天妃（妈祖）。

第七句“出不见兮入无听，夜将半兮风泠泠”，意思是说，祭祀天妃（妈祖）的活动结束后，走出屋外，除了一望无际的大海，什么也见不到。进到屋内，除了海浪声什么也听不到。到了夜半时分，感觉到的也只是凄凉的冷风。“泠泠”，清凉，凄凉。《楚辞・九歌・初放》：“上葳蕤而防露兮，下泠泠而来风。”

第八句“忽降临兮娉娉婷婷，翼百神兮从万灵”，意思是说，忽然间美貌的天妃（妈祖）从天而降，辅佐她的各路神灵也都跟从在她的身后。“娉娉婷婷”，形容女子姿态美，容貌佳，这里指天妃（妈祖）的样子。“翼”，这里是辅助，辅佐的意思。《尚书・益稷》：“予欲左右民，汝翼。”

第九句“纷紫氛之叆叇兮，璆锵鸣兮环佩”，意思是说，天妃（妈祖）和众神在紫气的笼罩之下，腾云驾雾而来，天妃（妈祖）和众神身上佩戴的玉饰不时传来了悦耳的声响。“紫氛”，紫气，古人以为出现紫气预示祥瑞，会有帝王、圣贤等出现，这里指天妃（妈祖）的来临。“叆叇”，指浓云遮日，云彩很厚的样子。晋代潘尼《逸民吟》：“朝云叆叇，行露未晞。”这里指天妃（妈祖）及各路神仙腾云驾雾而来。“璆锵”，玉器传出的声音。《楚辞・九歌・东皇太一》：“抚长剑兮玉珥，璆锵鸣兮琳琅。”朱熹集注：“璆、锵，皆玉声。”“环佩”，多指女子所佩的玉饰。

《礼记·经解》:“行步则有环佩之声。”郑玄注:“环佩,佩环、佩玉也。”

第十句“欲进而跼兮不敢退,俨若亡而若在”,意思是说,想小心翼翼地向前迎接天妃(妈祖)和众位神仙,又怕乘坐的船后退离去,担心掉到大海里,实际没什么可怕的,和天妃(妈祖)及众位神仙在一起,就像我们死去了还活着一样。“跼”,拘束,小心翼翼。“俨若”,宛若,好像。

第十一句“倏云旗之载卷兮,闪神光之超电”,意思是说,天妃(妈祖)以云为旌旗在天空中快速地挥舞,神光闪闪光亮超过闪电。“倏”,极快的。“云旗”,以云为旗。《楚辞·九歌·东君》:“驾龙輈兮乘雷,载云旗兮委蛇。”王逸注:“以云为旌旗。”

第十二句“巨鳅舞兮神鳌抃,河伯前驱,阳侯后殿”,意思是说,巨鳅和神鳌在海中跳着欢乐的舞蹈,水神河伯在前面开路,海神阳侯在后边护卫。“巨鳅”,这里指海中巨鱼,能携舟而行。在第四部分《天启五年的朝鲜使臣与妈祖》中,就有“两大鳅挟舟而行,近陆乃逝,咸以为神助”的记载,说海神派了两条大鱼把天启五年的朝鲜使臣全湜一行护送到了安全的地带。“神鳌”,中国古代神话传说中海上有神力的大鳌。“抃”,拍手,鼓掌。“抃舞”,因欢欣而鼓掌舞蹈。“河伯”“阳侯”,都是中国古代传说中的水神。

第十三句“收烟雾兮伏波涛,飒凄凄兮回清飙”,意思是说,天妃(妈祖)指挥众神将海面上的迷雾驱散,将大海中的巨浪平息。空中凄冷的逆风雨也没有了,取而代之的是清爽的大顺风。

第十四句“悄耳目之寥寥,天河斜兮织女高”,意思是说,风浪平息之后,天妃(妈祖)和众神都不见了,静静的夜空只有孤单寂寞的星星在闪烁,天河旁的织女星也高高挂在天上。“寥寥”,数量稀少,形容孤单、寂寞。

第十五句“神之反兮曷留,极云海兮思悠悠”,意思是说,天妃(妈祖)和众神都走了,何不留下呢?他们住在很远的云海边上,留下的只是我们对他们长久的思念。

尾句“神之德兮何酬?咏万祀兮歌千秋”,意思是说,天妃(妈祖)娘娘给我们带来这样大的恩德,我们用什么来酬谢天妃(妈祖)娘娘,报答天妃(妈祖)娘娘呢?我们只能世世代代地供奉她,歌颂她的千秋功德。

从《祭天妃迎送曲》的内容看,天启六年(1626)的朝鲜使团一行在大长山岛遇逆风被阻而祭祀天妃(妈祖)之后,迎来了“收烟雾兮伏波涛,飒凄凄兮回清飙”的极好海况,海上的大雾没有了,大浪平息了,利于航行的大顺风来了,作者把这一切的天气变化都归之于祭祀天妃(妈祖)的结果,这也是朝鲜冬至、圣节使正使金尚宪亲自撰写《祭天妃迎送曲》的主要背景和原因,作者除借此表达了对天妃(妈祖)的感恩之情外,也再次说明了因祭祀天妃(妈祖)活动之后天气上的巧合对朝鲜使臣所带来的重要影响,这也使得明末朝鲜使臣对天妃(妈祖)愈加迷信和敬畏。

三、庙岛咏天妃庙:“贝宫珠阁倚天开”

天启六年(1626)的朝鲜进贺、冬至、圣节使一行在到达庙岛之前,正使金尚宪还先后作有《三山岛》《舟次平岛有感》《晓发平岛》等诗作。三篇诗作主要抒发了作者沿途的观感,从三篇诗作的内容看,因在辽东大长山岛祭祀了天妃(妈祖)之后来了顺风,作者的心情是愉悦的,如在《晓发平岛》①一诗中,首句就是“东风万里送行旌,十日孤帆十岛经”。“行旌”,官员出行时的旗帜,这里指出行的朝鲜使臣。说我们朝鲜使臣向西的航程一路东风,十天经过了十个岛屿。作者还在题目下加注,列出经过的十个岛屿具体名称:“身弥岛,椵岛,车牛岛,鹿岛,长山岛,广鹿岛,三山岛,平岛,铁山嘴,龙王堂凡十岛。”作者把从朝鲜宣沙浦起航到辽东半岛铁山嘴这一段航程所遇到的顺风写作“东风万里送行旌”,实则有感恩天妃(妈祖)的意思,因为在作者心目中,是祭祀了天妃(妈祖),才有了顺水顺风的“清飙”。

朝鲜进贺、冬至、圣节使一行应是八月十五日到达的庙岛,正使金尚宪在庙岛作有《八月十五日。登庙岛城楼玩月,次春城韵》《咏天妃观道士》《次〈庙岛停舟〉》等诗作,可以说明朝鲜进贺、冬至、圣节使一行在庙岛天妃(妈祖)庙举行了祭祀及瞻仰天妃(妈祖)神像的活动。因天启六年(1626)的朝鲜使团没有日记式的《燕行录》传世,所以无法得知他们在庙岛天妃(妈祖)庙的具体活动情况,只能依据正使金尚宪在庙岛留下的诗作,作些分析判断。

八月十五日,登庙岛城楼玩月,次春城韵

金尚宪

危楼缥渺瞰城头,影落沧溟日夜浮。
明月满天凉露湿,悄然孤客不堪留。②

“春城”,与金尚宪一起出使明朝的副使南以雄,因南以雄封春城君,故以春城称之。这首诗的题目说明,天启六年(1626)八月十五日,朝鲜进贺、冬至、圣

① 〔韩国〕林基中编《燕行录全集》第13册,韩国首尔:东国大学校出版部,2001年,第276~277页。
② 〔韩国〕林基中编《燕行录全集》第13册,韩国首尔:东国大学校出版部,2001年,第277页。

节使一行已到了庙岛，正使金尚宪与副使南以雄结伴登上庙岛城楼赏月，南以雄作有赏月诗，金尚宪作和答诗。“玩月”，赏月。

第一句“危楼缥渺瞰城头，影落沧溟日夜浮”，意思是说，一座高高的城楼被云雾缠绕着耸立在城头，城楼的影子落在了茫茫的大海之上，随海浪日夜漂浮。“危楼”，高楼。李白《夜宿山寺》：“危楼高百尺，手可摘星辰。不敢高声语，恐惊天上人。”作者用“危楼”来表述庙岛的城楼，不仅是说城楼高耸，更表达的是历经沧桑。“缥渺”，除了描绘城楼被海雾缠绕得若隐若现的视觉外，也是在告诉我们庙岛的神秘，犹如海上仙山。这也为作者一行第二天瞻仰天妃（妈祖）庙做了铺垫。“瞰城头”，俯视城头。这里也有远望大海、保卫海疆的含义，因庙岛的城楼主要是为了防御倭寇而建，可以瞭望入侵的船只。

第二句“明月满天凉露湿，悄然孤客不堪留”，意思是说，八月十五日的月光映亮了满天繁星，因在城楼待的时间久了，凉爽的秋露都湿透了衣衫，我们这些身在海外的孤客，因有使命在身不可以再游览下去了。言外之意，应该回去休息，准备第二天的行程了。

朝鲜使臣出使途中路经庙岛一般不做长时间停留，因为庙岛离登陆登州至多有半天航程，朝鲜使臣需要在登州办理入关手续及进京途中的通关文牒，还要置办沿途所需车马、给养等等。从有记载的明末朝鲜使臣来时在庙岛停留的时间，至多留宿一夜。所以，天启六年（1626）的朝鲜进贺、冬至、圣节使一行，至多也是在庙岛留宿一夜。从正使金尚宪在庙岛留下的几首诗歌内容看，朝鲜冬至、圣节使一行应是在八月十五日下午或傍晚驶进了庙岛。在庙岛创作的第二首诗歌《咏天妃观道士》，应是第二天瞻仰或在庙岛举行祭祀活动后所作。第三首诗歌《次〈庙岛停舟〉》是与寓居登州文人吴大斌的诗歌唱和，除了这首诗歌外，还有在登州的唱和诗，所以第三首诗歌也可能是登陆登州后所作。

朝鲜进贺、冬至、圣节使正使金尚宪在庙岛创作的第二首诗歌：

咏天妃观道士

金尚宪

千仞孤山百尺台，贝宫珠阁倚天开。
丹经一案无余事，只向三山待鹤来。①

《咏天妃观道士》第一句“千仞孤山百尺台，贝宫珠阁倚天开”，意思是说，天妃观（妈祖庙）坐落在孤岛高坡之上，就像紫贝明珠装饰的龙宫水府一样倚托在

① 〔韩国〕林基中编《燕行录全集》第13册，韩国首尔：东国大学校出版部，2001年，第277页。

天上。作者在这里强调了天妃观(妈祖庙)就是“主兹四渎”,管理大海的天妃(妈祖)娘娘的住所,它在孤岛高坡之上俯视着大海,又倚托在天上掌控着大海的众位神灵,保护着航行的船只。

第二句“丹经一案无余事,只向三山待鹤来”,意思是说,天妃观(妈祖庙)的道士在专心致志的阅读经书,等待着海上神山的仙鹤飞来。“三山”,指海上的三座神山。典出《史记·秦始皇本纪》:“海上有三神山,名曰蓬莱、方丈、瀛洲,仙人居之。”由于山东半岛北部沿海一带,特别是庙岛周边海域经常出现海市,古人无法对其做出科学解释,误认为海市是海上神山。秦始皇、汉武帝都曾到庙岛周边海域来寻找过神山、仙人。作者在这里借写天妃观(妈祖庙)道士,讲述庙岛悠久的历史文化及天妃观(妈祖庙)所处的神秘的自然环境。

通过《咏天妃观道士》,我们可以断定,天启六年(1626)的朝鲜冬至、圣节使一行在庙岛瞻仰了天妃观(妈祖庙),但是否在天妃观(妈祖庙)举行祭祀活动不得而知。朝鲜进贺、冬至、圣节使一行在长山岛阻风,及祭祀天妃(妈祖)后所带来的神奇效应,必定促使来到庙岛天妃观(妈祖庙)的朝鲜使臣对天妃(妈祖)表示感恩,当然感恩的形式是多样的,但进贺、朝鲜冬至、圣节使一行既然来到了天妃观(妈祖庙),在天妃(妈祖)的神像前,烧香祭拜是不可免的,更何况明末的朝鲜使臣对天妃(妈祖)极度地迷信和敬畏。所以,也有可能在天妃观(妈祖庙)举行了隆重的祭祀活动,如前面说到的,天启三年(1623)的朝鲜使臣来时经过庙岛天妃观(妈祖庙)时,瞻仰天妃(妈祖)的神像并“洁诚为祭”;天启四年(1624)的朝鲜谢恩、奏请使一行来时经过庙岛天妃庙(妈祖庙)时,“焚香沈币,为文而谢海神”。天启六年(1626)的朝鲜进贺、冬至、圣节使一行与天启四年(1624)的朝鲜谢恩、奏请使一行有着差不多的海上经历,所以,到了天妃观(妈祖庙)“洁诚为祭”“焚香沈币,为文而谢海神”,举行隆重的祭祀活动是极有可能的。笔者查不到相关史料,也只能做一大概的判断。

天启六年(1626)的朝鲜进贺、冬至、圣节使一行路经庙岛时,与寓居登州的文人吴大斌相遇,吴大斌将自己创作的叙写路经庙岛前往辽东的三首诗赠送给了正使金尚宪,金尚宪随即作和答诗。金尚宪和诗的总题为《次吴晴川大斌韵三首》。这里摘录其中的一首唱和诗:

庙岛停舟

吴大斌

千里孤舟傍岛祠,潮平沙畔月明时。
使衔王命芝为检,旅梦乡园菊满枝。

天外节旄清海怪，云边楼阁望鳞差。
临流欲洒河山泪，感慨非关怆索离。

次《庙岛停舟》

金尚宪

澹云轻雨小姑祠，佳菊衰兰八月时。
机石近依牛女渚，桂花低映广寒枝。
梦回孤枕鲸涛撼，风散遥空雁列差。
无限旅愁消不得，喜君诗句慰羁离。①

吴大斌的有关史料，主要见于明末朝鲜使臣的记载。天启三年(1623)朝鲜奏闻(请封)使书状官李民宬在《癸亥朝天录》中记载："吴公号晴川，越州山阴人，故游击宗道之族父也。宗道东征时，以都司来驻我国。宣庙见其揭帖，亟加称赏，命承文院汇集前后之揭缮写以进。后终于镇江尤吉。晴川来从镇江，今寓登州之开元寺。……重厚温雅，且有诗声，见重于士大夫。"②记载说，吴大斌，号晴川，浙江山阴人。其族侄吴宗道曾在援助朝鲜反击日军侵略战争时驻防朝鲜。其在朝鲜发布的文告，受到朝鲜国王李昖(庙号宣祖)的赞赏。回国后吴宗道在镇江去世，吴大斌在镇江处理完后事后，来到登州，寓居开元寺。吴大斌持重敦厚，温润典雅，因善于写诗在当地很有影响。因吴大斌有随其族侄吴宗道驻防朝鲜的经历，故与朝鲜使臣多有交往，朝鲜使臣的笔下也多有记载，如天启四年(1624)，朝鲜谢恩、奏请使书状官洪翼汉在《花浦朝天航海录》中记载："大斌，会稽山阴人……年七十余，皓发丹辅，烨如神人，清谈雅论，爽人耳目，貌如其心。"③说吴大斌白发红面，双目有光如同神仙，为人善谈且有高论，声音清爽悦耳，貌如其人。天启六年(1626)的朝鲜进贺、冬至、圣节使正使金尚宪在《朝天录》中对吴大斌也有介绍，说像吴大斌这样忧国忧民又有才华的爱国文人，"可以为大夫"，应该被举荐入朝为官辅佐帝王。金尚宪还对吴大斌的《辽海遗踪》给予了高度评价："献平辽之雅，配诗人之美。丹青竹帛，永图不朽。"④说《辽海遗踪》是反击后金入侵、平定辽东的很好的计策，又配上了诗一样的语言，如同丹青竹帛一样，流芳后世。但明王朝当时已是病入膏肓，是听不进一个下层

① 〔韩国〕林基中编《燕行录全集》第13册，韩国首尔：东国大学校出版部，2001年，第284～286页。
② 〔韩国〕林基中编《燕行录全集》第14册，韩国首尔：东国大学校出版部，2001年，第328～329页。
③ 〔韩国〕林基中编《燕行录全集》第17册，韩国首尔：东国大学校出版部，2001年，第295页。
④ 〔韩国〕林基中编《燕行录全集》第13册，韩国首尔：东国大学校出版部，2001年，第283页。

文人的好建议的。但这里可见吴大斌在朝鲜使臣中的地位和影响,吴大斌与多位朝鲜使臣有诗歌唱和,在下面介绍其他朝鲜使臣时还会说到。

吴大斌与金尚宪的诗歌唱和之一《庙岛停舟》,首联"千里孤舟傍岛祠,潮平沙畔月明时",意思是说,来自千里之外的朝鲜使臣的船只停靠在庙岛的天妃(妈祖)庙旁,此时正是风平浪静的月明之夜。

颔联"使衔王命芝为检,旅梦乡园菊满枝",意思是说,朝鲜使臣肩负着国王的使命,携带着与明朝友好往来的重要信函,在秋菊挂满枝头的季节来到了旅途中的重要航站庙岛。"芝",《说文》:"神草也。"古书也指香草,比喻德行的高尚或友情等。"检",《说文》:"书署也",这里指使节携带的公文。

颈联"天外节旄清海怪,云边楼阁望鳞差",意思是说,海外的朝鲜反击了后金的入侵,朝鲜使臣才能来到云海环绕着的庙岛瞻望这排列有序的天妃(妈祖)庙建筑群。"节旄",原指符节上装饰的牦牛尾,这里借指朝鲜。"海怪",借指入侵朝鲜的后金军队。"鳞差",即鳞次,像鳞片一样有序地排列着。

尾联"临流欲洒河山泪,感慨非关怆索离",意思是说,面对着海流,想到辽东被后金侵占真想放声大哭,我如此感慨并非是因为离开辽东回不去了。

从上述吴大斌的《庙岛停舟》内容看,除了对朝鲜使臣的到来表示欢迎和赞许外,也抒发了自己对山河破碎的痛心,同时也拉近了与同样遭受后金入侵的朝鲜使臣的距离。作者之所以选择《庙岛停舟》这样一个题目和内容,一是因为朝鲜使臣路经庙岛时,多在天妃(妈祖)庙旁停舟并祭拜天妃(妈祖);二也有歌颂天妃(妈祖),认可、赞许朝鲜使臣对天妃(妈祖)祭拜的意思。

金尚宪的和答诗《次〈庙岛停舟〉》首联"澹云轻雨小姑祠,佳菊衰兰八月时",意思是说,庙岛天妃庙(妈祖庙)笼罩在漂浮着薄薄的云雾之中,淅淅沥沥的小雨,滋润着八月时节正在盛开的菊花,可兰花已开始凋谢了。"澹云",淡薄的云雾。"小姑祠",仙姑祠,这里指天妃(妈祖)庙。首联主要交代了作者一行来到庙岛的时间及当时的天气情况。

颔联"机石近依牛女渚,桂花低映广寒枝",意思是说,庙岛天妃庙(妈祖庙)临近天上的牛郎织女星,月球广寒宫的桂花影子也折射到了天妃庙。"机石",指织女支织机之石,这里借指天妃、天妃庙。"牛女",指天上的牵牛、织女两星,即牛郎织女星。"渚",水中小洲,这里指牛郎织女星所在的仙洲。"广寒",指"广寒宫",月宫。颔联主要交代庙岛天妃庙所处的位置,与天上神仙住处毗邻。

颈联"梦回孤枕鲸涛撼,风散遥空雁列差",意思是说,作者在梦中依然能感受到海中所经历的惊涛骇浪冲击着海岸的轰鸣声所带来的震撼,那海风,甚至吹得在遥远的高空上飞翔的雁阵也参差不齐。"鲸涛",惊涛,巨浪。作者由庙岛天妃庙(妈祖庙)转到梦境，实则在回顾遭遇风浪后祭祀天妃(妈祖)所带来神奇效应。

尾联“无限旅愁消不得，喜君诗句慰羁离”，意思是说，虽然我们旅途中的疲惫还没有消除，但得到了您这么好的诗句，对我们这些漂泊海外的人是极大的宽慰了。“羁离”，漂泊他乡。杜甫《重赠郑炼》诗：“江山路远羁离日，裘马谁为感激人。”尾联主要表达了朝鲜使臣对吴大斌的谢意，也反映了当时中朝两国人民之间的深厚情谊。

金尚宪这首《次〈庙岛停舟〉韵》诗，在艺术上有很高造诣，在中国也有较大影响。清代康熙年间，还得到了一代文坛泰斗王士祯(王渔洋)的高度评价。王士祯在他著名的论诗《戏仿元遗山论诗绝句三十二首》之二十九中说：“‘澹云微雨小姑祠，菊秀兰衰八月时。’记得朝鲜使臣语，果然东国解声诗。”[①]称赞金尚宪这首诗，是一个真正懂诗的人创作的。王士祯在引用时对原诗的词句做了进一步的推敲和润色，将金尚宪诗中的“轻雨”改为“微雨”，将“佳菊衰兰”改为“菊秀兰衰”。由此可见，金尚宪的这首诗作给王士祯留下了多么深刻的印象。

金尚宪出使明朝期间留下的诗作，结集于《朝天录》，其中包括前面说到的《祭海神文》《长山岛天妃祭文》《祭天妃迎送曲》及歌颂庙岛天妃(妈祖)庙及天妃(妈祖)的几首诗歌。金尚宪的《朝天录》，也为明清时期的中朝文化交流做出了贡献。天启七年(1627)年春，进士出身的明朝礼部左侍郎兼翰林院侍读学士李康先为《朝天录》作序，称赞金尚宪“其所著朝天录，阅之，识趣高迈，襟怀寥廓。有工部之深思而不湮于排郁，有谪仙之潇洒而不流于狂肆，有五柳之澹荡而不沦于寂寞。至其音律之铿锵，对偶之金石，大有声振林木，响遏行云之致”[②]。“工部”，杜工部，唐代诗圣杜甫。“谪仙”，李谪仙，唐代诗仙李白。“五柳”，五柳先生，东晋时期著名诗人陶渊明。李康先把金尚宪的《朝天录》与杜甫、李白、陶渊明相媲美，可见金尚宪《朝天录》的魅力和影响。天启七年(1627)初夏，进士出身的太仆寺卿，御史张延登也为《朝天录》作序，并评论说：“读叔度诗，见其事有所感，情有所会。神与景合，气从意畅。亢不伤调，抑不病格。有优柔之韵，无衰飒之音。使世有精识如札其人者采而歌之，必将曰美哉。”[③]这都可见，金尚宪的《朝天录》在明朝文人官员中有着较大的影响，这无疑也传播了朝鲜使臣对天妃(妈祖)的迷信和敬畏。

① 李毓芙选注《王海洋诗文选注》，济南：齐鲁书社，1982年，第107页。
② 〔韩国〕《朝天录》序，《韩国文集丛刊》第77辑，韩国首尔：韩国民族文化推进会，1996年，第3页。
③ 〔韩国〕《朝天录》序，《韩国文集丛刊》第77辑，韩国首尔：韩国民族文化推进会，1996年，第6页。

王士祯(王渔洋)是清初文坛公认的盟主、著名诗人、学者、文学家,系为金尚宪《朝天录》写序的张延登的孙女婿,王士祯也因此十分珍惜与朝鲜文坛的这段缘分,格外关注金尚宪的诗作,并曾在多篇文稿中予以大加赞赏。王士祯在《池北偶谈·朝鲜诗》中就评论说:"邹平张尚书华东公延登,刻朝鲜使臣金尚宪叔度《朝天录》一卷,诗多佳句,略载于此。《晓发平岛》云:'三秋海岸初宾雁,五夜天文一客星'。《初至登州》云:'南商北客簇沙头,画鹢青帘几处舟。齐唱竹枝联袂过,满城明月似扬州。'《蓬莱阁》云:'桥石已从秦帝断,星槎惟许汉臣通'。《登州次吴秀才韵》云:'澹云轻雨小姑祠,菊秀兰衰八月时'。……"[①]张延登,邹平人,金尚宪出使明朝途中路经邹平时,曾游览过张延登家的花园。王士祯点评中说到的《登州次吴秀才韵》,就是前面解读的《次吴晴川大斌韵三首》中的《次〈庙岛停舟〉》。有研究妈祖文化的学者指出:"王士祯作为康熙朝'一言足以轻重天下士'的文坛泰斗,从朝鲜文人金尚宪的身上,不仅了解了朝鲜的'声诗',而且在论诗绝句中大加赞赏。……当读到金尚宪'清婉可诵'的一篇篇诗歌时,一种又见故人的感动和喜悦油然而生。因此,在自己的文集中,他才对金尚宪的诗特别地加以摘引。……王士祯感受到了两国文化的同源异地以及两国文人亲密无间的友谊。因显应宫而写的一首小诗,引发两国文坛一桩盛事,不能说不是一件可喜的文坛轶事。"[②]"显应宫",这里指的是庙岛天妃(妈祖)庙。这里说的"文坛轶事",主要指的是朝鲜使臣金尚宪与寓居登州文人吴大斌关于赞颂天妃(妈祖)庙的诗歌唱和,加入这组诗歌唱和的还有其他朝鲜使臣,如崇祯二年(1629)的朝鲜使臣崔有海等,因在下面还会说到,这里不再赘述。

四、登州起航返程再祭天妃

天启六年(1626)的朝鲜进贺、冬至、圣节使金尚宪一行出使明朝,其中一项重要任务就是消除明朝对朝鲜的不信任。当时朝鲜面临后金入侵的巨大压力,朝鲜内部出现了放弃与明朝的传统友好关系而投靠后金的动向,这引起了明朝极大的警觉。金尚宪一行在北京的活动,消除了明朝的误会,得到了明朝皇帝的信任,天启六年(1626)十二月十九日下达的明朝皇帝朱由校的圣旨中就说道:"该国君臣,毋自猜阻。尚其益坚乃心,戮力同仇,以明无他。朕亦永鉴尔忠

---

① [清]王士祯撰,勒斯仁点校《池北偶谈》卷十五,北京:中华书局,1982年,第360页。

② 田明宝《烟台区域文化通览·长岛卷》,北京:人民出版社,2016年,第185~186页。

贞无替,柔怀于尔国。陪臣金尚宪等具见输诚可嘉。”[①]这说明金尚宪一行取得了明朝皇帝的信任,也圆满地完成了出使使命。金尚宪一行在北京期间,听闻后金军队入侵朝鲜,金尚宪还上书明朝廷,请求明朝派出军队支援朝鲜反击后金军队入侵,明朝皇帝也答应了金尚宪的请求,并于天启七年(1627)三月十二日下旨:“奴兵东犯,朝鲜必不能支。若鲜折入奴,则势益张矣。着马上差人,说与宁远抚臣,乘奴远掠巢虚之时,挑选开宁精锐,择智勇之将,轻兵直捣。大兵陈河。相机续济江,牵奴后而纾属国之急。其糗粮犒赏,师行必需。户、兵二部亦宜速议处置,毋得迟缓,坐失事机。”[②]“奴”,这里指后金。“鲜”,这里指朝鲜。金尚宪一行在北京接到这样的圣旨,其欣喜、满足的心情是可想而知的。也就是在这样的背景之下,金尚宪一行开启了返程之旅。

《明实录》中也记载了金尚宪一行返程的情况:天启七年三月甲戌,“朝鲜国王李倧咨请,贺冬陪臣贡回乞照先年备倭例买硝黄以御奴,礼部代奏,得旨:‘硝黄中国长技,祖制严禁不许阑出外夷。朕念朝鲜累世忠顺,且奴患方棘,准照常收买。仍谕该国使臣加以意谨防,勿得疏虞反以资敌。并移文登抚一体遵行’”[③]。这也说明,金尚宪一行的出访消除了明朝的猜疑,否则明朝皇帝朱由校不会下旨批准金尚宪一行购买当时严禁出关的火药,而且这批火药让登莱巡抚协助购买。当时登莱巡抚协衙门驻登州,金尚宪一行从登州乘船返航,在圆满完成出使使命,还得到了明朝皇帝出兵援助朝鲜的保证,又从登州带回一批明朝禁止出关的火药。所以,金尚宪一行在登州起程返航前应该说是踌躇满志的,也希望能够顺利地完成返航之旅,安全地回到朝鲜,所以作者在举行起程返航的祭祀海神活动中,再一次亲自撰写《祭海神文》。

祭海神文

维天启七年四月己酉朔,十三日辛亥,朝鲜国嘉善大夫同知中枢府事金尚宪,敬祭于大海之神。伏以神之德荡荡乎难名,神之灵昭昭乎孔彰。昔之来也,神既惠之。今之归也,神其卒之。慰宗国阽危而播越兮,君臣露露泥泥。舟之行不可由故道兮,指江华而为期。里逾千而望万兮,目渺渺而愁如何。吾闻古之人蒙神佑者,历万里兮一瞬息。惟小臣自顾无状兮,同舟五十六人之命为可惜。冀神听之孔迩兮,念我王事,哀我人子。肴羞薄兮诚则馨,庶歆格于盼蠁。

---

① 〔韩国〕林基中编《燕行录全集》第13册,韩国首尔:东国大学校出版部,2001年,第348～349页。

② 〔韩国〕林基中编《燕行录全集》第13册,韩国首尔:东国大学校出版部,2001年,第355～356页。

③ 李国祥等《明实录类纂·涉外史料卷》,武汉:武汉出版社,1991年,第412页。

尚飨。①

此篇《祭海神文》注明，祭祀海神活动是在天启七年(1627)四月十三日，从祭文的内容看，应是返航前在登州(蓬莱县)口岸举行的。

返程时的《祭海神文》内容说，天启七年(1627)四月十三日，朝鲜国嘉善大夫、中枢府同知事金尚宪在这里举行敬祭大海之神的活动。海神的恩德大的难以用语言表达出来。神灵给予我们的恩惠，处处都能显现出来。我们出使明朝的时候，一路的航程都在保护我们，现在我们要乘船回国了，希望神灵能继续给予我们关照。请怜悯我们祖国处在危险的境地，(后金入侵)朝鲜面临流亡，君臣们就像在湿滑的路面行走，时时小心翼翼，提心吊胆。(由于后金占领了明朝的辽东地区)我们只能乘船回国，不可能再走原来的陆路通道了，只能走海路直达朝鲜江华湾(顺汉江口回到都城汉城)。回国的航程有千里之遥如同万里，望不到头的大海茫茫无际。我听古人说，得到神灵扶助的人，万里的航程一瞬间就到了。我作为一个小臣没什么功绩死不足惜，但随行的56人却不能因我而遇险。希望神灵能听到我这样一个微不足道的人的祈求，念在我们为朝鲜王室效命的份上，可怜一下我们这些臣子。虽然我们很难为情，上贡的不是价值高档的祭品，但我们的心却是真诚的，请您享用我们的祭品吧！

返程时的《祭海神文》中的几个词语："荡荡乎难名"，意思是说，海神的恩德大的难以用语言表达出来。原意出自《论语·泰伯》"子曰：大哉，尧之为君也。巍巍乎，唯天为大，唯尧则之。荡荡乎，民无能名焉。""卒之"，这里是始终、继续的意思。"宗国"，指国家，祖国，这里指朝鲜。"阽危"，临近危险。"播越"，流亡。《后汉书·袁术传》："天子播越，宫庙焚毁。"李贤注："播，迁也；越，逸也；言失所居。""露露泥泥"，露水使路面湿滑。语出《诗经·小雅·蓼萧》："零露泥泥。""江华"，指朝鲜江华湾或江华岛，在朝鲜汉江出海口。这里代指朝鲜或汉江出海口。江华湾，又名"京畿湾"，当时朝鲜都城汉城(今韩国首尔)西部的海湾。江华湾(京畿湾)岛屿棋布，江华岛是其中最大的岛屿，其他较大的岛屿还有大阜岛、灵兴岛、龙游岛、德积岛等。"无状"，没有功绩。《史记·夏本纪》："(舜)行视鲧之治水无状，乃殛鲧于羽山以死。""庶"，这里是希望的意思。"歆格"，为祭祀神灵或祖先时的敬神套语，意思是请神灵或祖先享用供品。"盻"，勤苦不休。《孟子·滕文公上》："为民父母，使民盻盻然。""虋"，疾速。西汉扬雄《羽猎赋》："虋曶如神。"

---

① 〔韩国〕林基中编《燕行录全集》第13册，韩国首尔：东国大学校出版部，2001年，第323页。

返程起航时的《祭海神文》,应同来时起航的《祭海神文》中祭祀的神灵是一致的,都是天妃(妈祖),作者用了相同的题目,也是为了表明这一点。返程时的《祭海神文》,虽然没有说到祭祀的对象是天妃(妈祖),但从祭文的内容中还是可以看出,祭祀的仍然是天妃(妈祖)。此篇《祭海神文》特别说到"昔之来也,神既惠之",说作者一行来时得到神灵的护佑,前面已经交代过,作者一行来时起航时的《祭海神文》祭祀的海神是天妃(妈祖),希望"天妃降灵",保护他们"载全载安"。航行途中,作者一行祭祀的海神主要也是天妃(妈祖),特别是在"长山岛阻风三日",作者还亲自撰写了《长山岛天妃祭文》,专门举行了祭祀天妃(妈祖)的活动,结果迎来了顺风的好海况,为此作者还创作了《祭天妃迎送曲》,歌颂天妃(妈祖)的恩德。所以说,这里说到的"神既惠之",指的就是天妃(妈祖)给予的恩惠。作者一行返程时希望"今之归也,神其卒之",说到的神灵,同样指的是天妃(妈祖)。所以说,返程时的《祭海神文》,和起航时的《祭海神文》一样,祭祀的神灵是一致的,即都是以天妃(妈祖)为首的海神。

小结:

天启六年(1626)的朝鲜进贺、冬至、圣节使一行,从朝鲜出发前,就在祭祀海神的仪式上,把天妃(妈祖)放到了一个统领其他海神的重要位置上。正使金尚宪在《祭海神文》中说到,只有"天妃降灵",才能使"鲸鲵屏息,蛟鳄遁形。风伯叶顺"。金尚宪对天妃(妈祖)的这样一种认识,应该说主要是受了前面的朝鲜使臣,特别是天启四年(1624)朝鲜谢恩、奏请使一行的影响,即天妃(妈祖)是玉皇大帝派下来"主兹四渎"的大海神,其他海神,包括海龙王在内都是辅助天妃(妈祖)的,祭祀海神必须把天妃娘娘(妈祖)放到首位。所以,天启六年(1626)的朝鲜进贺、冬至、圣节使一行从出发起航的祭海神仪式上就突出了天妃娘娘(妈祖)。

天启六年(1626)的朝鲜进贺、冬至、圣节使一行正是有了天妃(妈祖)是主宰大海之神这样一种认识,所以在出发途中被逆风阻挡在长山岛三天之后,举行了一次专门祭祀天妃(妈祖)的活动,希望天妃(妈祖)显灵,制止住逆风恶浪,送来顺风,帮助进贺、朝鲜冬至、圣节使一行"乘风破浪"出使明朝。祭祀天妃(妈祖)之后,果然顺风大作,"收烟雾兮伏波涛,飒凄凄兮回清飙",海面上迷雾没有了,逆风恶浪平息了,清爽的大顺风也来了。这样一种巧合,更加重了天启六年(1626)的朝鲜进贺、冬至、圣节使一行对天妃(妈祖)的迷信和敬畏。正使金尚宪创作的《祭天妃迎送曲》,表达了对天妃(妈祖)恩赐的感恩戴德,不仅留下了妈祖文化对天启六年(1626)的朝鲜进贺、冬至、圣节使一行产生重大影响的证据，也为明末妈祖文化在朝鲜半岛的传播带来更大的推动作用。

天启六年(1626)的朝鲜进贺、冬至、圣节使一行路经庙岛时，正使金尚宪等主要官员瞻仰天妃观（妈祖庙）并赋诗称颂，正是基于对天妃（妈祖）的迷信和敬畏。金尚宪等人创作的称颂天妃观（妈祖庙）及天妃（妈祖）诗文，不仅为传播妈祖文化产生了重要影响，也为明清时期的中朝文化交流做出了贡献。清初文坛泰斗王士祯（王渔洋）对金尚宪的诗文高度评价，无疑也为妈祖文化的传播起了推波助澜的作用。

天启六年(1626)的朝鲜进贺、冬至、圣节使正使金尚宪返程起航时再作《祭海神文》，既表达了进贺、冬至、圣节使一行对天妃（妈祖）的感恩之情，也希望继续得到天妃（妈祖）的眷顾，保佑他们安全返航："昔之来也，神既惠之。今之归也，神其卒之。"正使金尚宪亲自再作《祭海神文》，反映了天启六年(1626)的朝鲜一行对祭祀天妃（妈祖）活动的高度重视，这也是明末朝鲜使臣对天妃（妈祖）的迷信和敬畏的一个重要说明。

第六章　崇祯元年的朝鲜使臣与妈祖

天启七年(1627),朝鲜向明朝派出了奏闻使和进贺、圣节兼冬至使两个使团,奏闻使正使权怗、书状官郑世矩,进贺、圣节兼冬至使正使边应璧、书状官尹昌立。

朝鲜奏闻使一行在航程中遭遇了风浪,正使权怗在当年给朝鲜国王的报告中就说道:"臣一行七月初三日于石城岛逢杨总兵国栋","是夕初昏,狂风大作,臣等之船,几危复安。国栋之船及军兵船两艘败没,国栋脱身游水而出。"[①]"杨总兵国栋",指登莱总兵杨国栋,我们在下面还会说到,杨国栋也极度迷信天妃(妈祖)神灵,还主持重修过庙岛天妃(妈祖)庙。当时的登莱总兵也负责辽东沿海一带的防务,杨国栋正在辽东石城岛巡防,故与路经的朝鲜使臣奏闻使一行相遇。登莱总兵杨国栋乘坐的船只在石城岛"败没",杨国栋"脱身游水而出",才保住性命,可见当时朝鲜奏闻使一行在今大连市所辖庄河市石城岛海域遭遇的风浪之大,"几危复安",并非虚报之语。

朝鲜进贺、圣节兼冬至使一行在航程中也遭遇了风浪,书状官尹昌立因所乘船只沉没而遇难。《朝鲜李朝实录》记载,仁祖五年(天启七年)十二月,"圣节兼冬至使边应璧驰启曰:'九月二十三日到登州,书状官(尹昌立)所乘第二船及第三船十四日到广鹿岛遇大风漂流,不知去处。'"[②]崇祯元年(1628)五月,正使边应璧回到朝鲜后,朝鲜国王"引见回还冬至使边应璧。上曰:'书状官所乘船,至于覆没,事极惊惨。其船何故独败耶?'应璧曰:'连三日狂风大作,诸船皆将漂没,而书状之船终致败矣。'"[③]这说明朝鲜进贺、圣节兼冬至使一行在广鹿岛海域遭遇到了一连三天的逆风恶浪。

天启七年(1627)的朝鲜两个使团均没有《朝天录》或《燕行录》传世,笔者也没有查到这两个朝鲜使团与妈祖文化联系的其他资料,所以无法得知这两个使团祭祀天妃(妈祖)的相关史料。但可以肯定的是,既然这两个朝鲜使团走的是

① 吴晗编《朝鲜李朝实录中的中国史料》(八),北京:中华书局,1980年,第3360页。

② 吴晗编《朝鲜李朝实录中的中国史料》(八),北京:中华书局,1980年,第3373页。

③ 吴晗编《朝鲜李朝实录中的中国史料》(九),北京:中华书局,1980年,第3390页。

海路，又都在海中遭遇到了致命的风浪，起航前，或沿途中祭祀海神，特别是祭祀主宰大海的天妃（妈祖）神灵是必不可缺的。

崇祯元年（1628），朝鲜向明朝派出了进香兼陈慰使，祝贺登基使，进贺、冬至兼圣节使三个使团，即进香兼陈慰使正使洪霶、书状官姜善余，祝贺登基使正使韩汝溭、副使闵圣征、书状官金尚宾，进贺、冬至兼圣节使正使宋克讱、书状官申悦道。三个使团也均走海路，经庙岛群岛从登州出入关，这在韩国史料中均有记载，如崇祯元年（1628）朝鲜冬至、圣节使团十月初五日，“发登州。夕，抵黄县，遇登极使臣韩汝溭、副使臣闵圣征、书状官金尚宾等，细闻北京事情，因其行，修付状启”①。黄县，今龙口市，当时归登州府管辖，与登州府驻地蓬莱县毗邻。

崇祯元年（1628）的朝鲜使团，除进贺、冬至兼圣节使外，其他使团均没有日记式的《燕行录（朝天录）》传世，所以祭祀天妃（妈祖）及其他海神的情况不得而知。崇祯元年（1628）的进贺、冬至兼圣节使团因书状官申悦道有《朝天时闻见事件・启》传世，同时在他结集的《懒斋集》中还有《祭天妃神文》，所以，可以肯定地说，崇祯元年（1628）的进贺、冬至兼圣节使团在出使明朝期间，不仅有祭祀海神的活动，而且祭祀的主要对象仍然是天妃（妈祖）。

崇祯元年（1628）的朝鲜进贺、冬至兼圣节使团，正使宋克讱（1573—1635），字慎伯，历官龙骧卫司直、善山府使、掌隶院判决事、富平府使等。韩国史料记载，宋克讱“忠厚长德人也，事亲孝敬备至，居官必以清谨”②。书状官申悦道（1589—1659），字晋甫，号懒斋，鹅洲（今韩国庆尚南道巨济市）人，“十八中进士，才名藉甚”。“藉甚”，指影响很大。申悦道因秉公执法，曾在司宪府“四为掌令也”，司宪府负责纠察朝廷官员，类似中国明朝的都察院。在地方任职，“所历州邑，皆有治绩，土民追思立碑以颂德”③。申悦道不仅才学出众，而且为官执政为民，正直无私，在百姓中留下了很好的口碑。申悦道出使明朝的情况，韩国史料记载：“崇祯戊辰拜刑曹佐郎，俄充圣节使书状官。时朝京由海路，风涛险恶，人咸危之，先生晏然无惧色。”④说申悦道不惧航程险阻，主动为国担当出使使命。

---

① 〔韩国〕林基中编《燕行录续集》第106册，韩国首尔：尚书院，2008年，第159页。

② 〔韩国〕《韩国历代人名事典》第11卷，韩国首尔：韩国世宗大王纪念事业会，2010年，第48～49页。

③ 〔韩国〕《韩国文集丛刊・续》第24辑，《懒斋集・卷九・墓志》，韩国首尔：韩国民族文化推进会，2006年，第146页。

④ 〔韩国〕《韩国文集丛刊・续》第24辑，《懒斋集・卷九・行状》，韩国首尔：韩国民族文化推进会，2006年，第143页。

一、开洋祭大海神天妃:“诞告开洋,愿垂阴骘”

明末朝鲜使臣乘船出使中国,多在起航前举行隆重的祭祀海神的仪式,如天启五年的朝鲜使臣,在朝鲜宣沙浦起航时,“设祭于大海之神”;天启六年的朝鲜使臣起航前在宣沙浦“祭祀天妃等诸海神”等。崇祯元年(1628)的朝鲜使臣必定仿照前例在开洋起航前举行祭祀海神活动,但崇祯元年(1628)的进贺、冬至兼圣节使团书状官申悦道在《朝天时闻见事件·启》中,并没有起航前举行祭祀海神活动的记载,但作者在自己的《懒斋集》卷六《祝文》中,却有《祭大海神文》一文,从内容看,正是开洋起航前的祭文。所以说,崇祯元年(1628)的朝鲜进贺、冬至兼圣节使一行,也举行了举行祭祀海神活动。

书状官申悦道在《朝天时闻见事件·启》记载:

(七月)二十八日丁亥,阴,病,留平壤。

二十九日戊子,晴,臣等乘船于浿江,查点一行员役及梢工水手,分属各船。船凡四只,而贸贩船则据平安监司臣金起宗移文,称以第五船。……辰时乘船。因留待风。

八月初一日己丑,阴雨,午后乘汐水发船,才行十余里,过祖旺滩。滩浅舟阁。宿舟中。

初二日庚寅,阴雨,风势甚顺。午后发船,夕泊于龟岸,龙冈地。是日行九十里。宿舟中。

初三日辛卯,阴雨,阻风停泊。未时开棹,行十五里泊于仇吾地,东黄州西龙冈。宿舟中。

初四日壬辰,午时发船过急水门,东黄州西龙冈。两崖相对如门,众流所汇,湍势悍急。行八十里泊于秃山,三和地。宿舟中。

初五日癸巳,晴,天未明发船。行六十里,泊于松串,长连地。第五船自安岳追到。

初六日甲午,晴,午后发船。行三十里,泊于朱罗岛。宿舟中。

初七日乙未,阴,辰时大风雨,无所依泊,还棹入松串。

初八日丙申,阴,阻风仍留松串。宿舟中。

初九日丁酉,晴,逆风不止。仍留宿舟中。

初十日戊戌,晴,发船至朱罗岛,逆风又作。仍为停泊。

十一日己亥,晴,辰时东风乍起,挂席而行。过德岛凛如砥柱,申时泊于石多山前洋，平壤地。是日历三和、龙冈、咸从等邑，行二百里。宿舟中。

盖此水路。自浿江至急水门二百里，自急水门至石多山三百里。通共为五百里。……

十二日庚子，晴，黎明乘顺风，挂席而行。过云从岛夕抵皮岛。①

“浿江”，今朝鲜大同江。“皮岛”，今朝鲜椵岛。以上说明，崇祯元年(1628)的朝鲜进贺、冬至、圣节使一行，七月底乘船从平壤出发，沿浿江(大同江)至出海口，八月十一日抵达石多山一带海域，十二日北上至皮岛(椵岛)。这期间并没有开洋起航祭祀海神的记载，但书状官申悦道作有开洋起航祭祀海神的《祭大海神文》，说明这期间举行了祭祀海神的活动。从申悦道在《朝天时闻见事件·启》记载中推测，崇祯元年(1628)的朝鲜进贺、冬至、圣节使一行的祭祀海神活动，应是八月十一日申时(下午3时至5时)到了浿江(大同江)出海口之后在石多山海域举行的，时间应是八月十一日夜里或八月十二日黎明起航之前。从前面朝鲜使臣的祭祀情况看，八月十二日黎明起航之前的可能性大一些。朝鲜进贺、冬至、圣节使一行共五艘船，应是一次集体的祭祀海神活动，祭文则是由书状官申悦道撰写的《祭大海神文》：

祭大海神文

逦迤天根，淼漫地轴。包括无垠，厥施斯博。大哉神功，与天同德。圣人尊祀，礼视王爵。有隆无替，历代沿袭。繄我朝鲜，逖在东域。世笃忠贞，恪修侯职。八年于今，关路阻绝。木道乃通，诚意弥笃。朝聘以时，冠盖络绎。小子承纶，今又贺至。涓吉卜行，鹢首西指。诞告开洋，愿垂阴骘。百神娱嬉，众祥萃集。箕伯函风，阳侯闪戢。扬帆一日，万里瞬息。执壤王廷，利涉溟渤。惟国之光，实灵之锡。罄衷芜辞，致虔菲薄。寝威盛容，仿佛来格。②

“大海神”，可以做两个解读，一是大海中的诸位海神，二是海中最大的海神，即“主兹四渎”的天妃(妈祖)。从祭文内容看，虽说这二点都能讲得通，但重点还是海中最大的海神的意思，祭祀的对象是天妃(妈祖)。

《祭大海神文》内容说，茫茫的天空，数不清的星星一片连着一片，辽阔的大海一望无际，伸向远方。您在无边无际的大海中展示您博大的威力，向人类施舍恩德。您用强大的神功给人类带来的恩惠，与上天(或玉帝)带给人类的恩德

---

① 〔韩国〕林基中编《燕行录续集》第106册，韩国首尔：尚书院，2008年，第127～132页。

② 〔韩国〕申悦道《懒斋集·卷六·祝文》，《韩国文集丛刊·续》第24辑，韩国首尔：韩国民族文化推进会，2006年，第104页。

一样伟大。我们朝鲜国尊崇、祭祀有德有才的圣人，遵守中国的礼法并按此教化臣民。无论政权怎么更迭，国家如何兴衰，历代历朝都是这样。这样做的国家，只有远在中国东域的我们朝鲜。我们朝鲜世世代代都忠于中国，学习、恪守中国的典章制度，并定期到中国朝拜。但由于后金侵扰，陆路通道已经被阻隔八年了，我们朝京的使臣只能从海上走水路了，这愈加显示了我们朝鲜国对天朝的忠贞和诚意。我们朝鲜按时到中国朝贡，朝贡的使臣队伍每年都络绎不绝。我们这些小人物，沿着以往的航路又要到天朝京都去朝贡送贺礼了。我们选择了今天这样吉祥的日子，占卜了起航出行的时间，就要乘船西行去中国了。我们在这里举行祭祀活动，宣告开洋出航了，希望您能默默地保佑我们。希望您能下令让大海中的其他神仙都高兴起来，把众神的吉祥汇集起来。让风神把逆风恶浪收入匣中，让水神收敛一下，不要掀起巨浪。使我们能一帆风顺，瞬间万里，顺顺利利地渡过大洋，将所携带的贡品送达宫廷。这是我们朝鲜国家的荣光，也是您给我们的赏赐。我们用尽了心才写出这样杂乱无章的祭文，奉献给您的祭品数量少、档次低，但我们是虔诚的。我们沐浴斋戒，盛装举行庄重的祭祀活动，就像您来到我们面前一样。

《祭大海神文》中的几个词语："天根"，星名，即氐宿，东方七宿的第三宿，凡四星。这里代指天空的众多的星星。"淼漫"，水流广远。北魏郦道元《水经注·济水二》："泽水淼漫，俱钟淮泗。"这里形容大海之辽阔。"王爵"，这里代指封建礼法，等级制度。"有隆无替"，这里指政权更迭，国家兴衰。"繄"文言助词，"惟"。"逖"，这里是远，不近的意思。"木道"，木船航行的道路，这里指水路。"冠盖"，古代官吏的帽子和车盖。这里借指携带贡品的朝鲜使臣。"涓吉"，择取吉祥的日子。"鹢首"，指船。古代画鹢鸟于船头，故称鹢首。"诞告"，宣告，广泛告知。"阴骘"，这里指默默地护佑。"箕伯"，古代中国传说中的风神。"阳侯"，传说中的水神。"闪戢"，躲闪，收敛。"执壤"，拿着本土所产的贡物。"实"，同"是"。"锡"，赏赐。"罄衷"，这里指用尽了心。"芜"，这里指杂乱。"寝威盛容"，即"祲威盛容"，庄重的声威和盛大的仪容。语出《文选·班固〈东都赋〉》："天官景从，祲威盛容。""来格"，来临，到来。

从《祭大海神文》的内容可以说明二点，一是，崇祯元年(1628)的朝鲜进贺、冬至兼圣节使一行是在起航开洋前举行的祭祀海神活动。不仅祭文开始的一大段内容交代了这次出使明朝、远涉重洋的原因，祭文中"诞告开洋，愿垂阴骘"，更是明确无误地告诉我们，是因为起航开洋，所以求大海神在航程中默默地保佑他们。二是，祭祀的神灵是能够号令海中众神，包括能令"箕伯函风，阳侯闪戢"，指挥风神、水神在内的大海神，而这个大海神，就是前面多次说到的能

“主兹四渎”的天妃(妈祖)。

二、遭逆风三山岛祭天妃:“伏愿明神,诞垂阴骘”

明末朝鲜使臣的祭祀海神活动,一般都安排在出海起航之前,或途中遭遇风浪之时。崇祯元年(1628)的朝鲜进贺、冬至、圣节使一行在航程途中,因沿途多次遭遇风浪,曾在三山岛举行了两次祭祀海神的活动。书状官申悦道在《朝天时闻见事件·启》记载,八月十二日,朝鲜冬至、圣节使一行“夕抵皮岛(椵岛)”。在皮岛(椵岛)停泊期间,十四日“昏大风”,黄昏时来了大风,且是逆风,十五日,仍“逆风不止”。十五日“夜半始因顺风,挂篷而行”,半夜来了顺风,冬至、圣节使一行立即拔锚起航,十六日“巳时到鹿岛,日候阴曀,飓风忽作。不得已停泊洋中。波涛掀荡,达宵不定。夜半因微风发船,未及石城岛一息许,而天已曙矣”。十八日“大风掀荡,雪浪滔天,仍泊石城(岛)。初昏因顺风发船,月色如昼,竟夜而行。比及长山岛,日已出矣”。十九日“巳时大风。仍泊长山岛”①。前面说到,“鹿岛”,今辽宁省东港市大鹿岛。“石城岛”,今大连市所辖庄河市石城岛。“长山岛”,今大连市长海县大长山岛镇大长山岛。

进贺、冬至、圣节使一行自朝鲜石多山一带海域起航之后,一路逆风不断,只有夜间风停了,或有点顺风才能行船。到了广鹿岛海域后,冬至、圣节使一行遭遇了更大的风浪,在此背景之下,只好把希望寄托于海神。书状官申悦道在《朝天时闻见事件·启》记载:

> (八月)二十日戊申,晴,因顺风发船。未及广鹿岛一息许,西风暴作,舟楫掀荡,人皆失色,遂斜帆而行。日没仅泊广鹿岛港口。
>
> 二十一日己酉,晴,夜大风。……巳时发船,夜三更泊三山岛前洋,距广鹿三百里。
>
> 二十二日庚戌,晴,鸡鸣时到三山岛,祭海神。日候清明,而西风又起,不得开棹,因泊岛东五里许。②

前面说到,“广鹿岛”,今辽宁省大连市长海县广鹿乡广鹿岛。“三山岛”,今大连市中山区管辖的三山岛,位于辽东半岛大连湾口,由大山岛、二山岛和小山岛组成。大山岛最大,陆地面积约2.6平方千米,三岛总陆地面积3.32平方千米。

---

① 〔韩国〕林基中编《燕行录续集》第106册,韩国首尔:尚书院,2008年,第132～135页。

② 〔韩国〕林基中编《燕行录续集》第106册,韩国首尔:尚书院,2008年,第136～137页。

崇祯元年(1628)的朝鲜进贺、冬至、圣节使一行于八月二十日在广鹿岛遭遇“西风暴作，舟楫掀荡”，船只无法西行，八月二十一日在广鹿岛停泊期间，仍“夜大风”，到了“巳时(上午9时至11时)”才能发船起航。所以，八月二十二日到了三山岛后，即举行“祭海神”。

朝鲜进贺、冬至、圣节使一行在三山岛停泊期间，因所载货物文牒问题与驻岛明军差官发生争执，进贺、冬至、圣节使一行只好又返回广鹿岛办理相关文牒。《朝天时闻见事件·启》记载：

(八月)二十三日辛亥，晴……遂即回棹，因顺风申时达广鹿岛。

二十四日壬子，晴，留泊广鹿岛。……是夜西风大作，波涛震荡。

二十五日癸丑，晴，逆风不止，仍留广鹿岛。

二十六日甲寅，晴，逆风，留广鹿岛。

二十七日乙卯，晴，逆风，留广鹿岛。

二十八日丙辰，晴，巳时北风乍起，斜帆而行，夜半回泊于三山岛。

二十九日丁巳，晴，晓发三山岛，行祭于龙王堂。初昏泊平岛，相距百里许。①

朝鲜进贺、冬至、圣节使一行在广鹿岛遭遇了“西风大作”，而且从二十四日到二十七日，一连四天都是“逆风不止”，二十八日才来点北风，也只能“斜帆而行”，所以到了三山岛后，二十九日“晓发三山岛”时，即“行祭于龙王堂”，在三山岛龙王堂又一次举行了祭祀海神的活动。“龙王堂”，前面说到，多为祭祀海龙王或海神之所，但自元末明初以来，中国北方沿海一带的海神庙，多改为天妃(妈祖)庙，或庙内供奉天妃(妈祖)神像。

朝鲜进贺、冬至、圣节使一行在三山岛举行了两次祭祀活动，虽均未提及天妃(妈祖)，但我们在前面多次说到，自天启四年(1624)之后，出使明朝的朝鲜使臣在祭祀海神时，均把天妃(妈祖)摆在了首位。崇祯元年(1628)的朝鲜进贺、冬至、圣节使一行也不会例外，无论从书状官申悦道起航时作的《祭大海神文》，还是后边还要说到的申悦道作的《祭天妃神文》，文中有来时祭祀神灵，受到保佑，“归来报祀兮益虔”的记载②，说明朝鲜进贺、冬至、圣节使一行来时和归去祭祀的神灵都是一致的，都是天妃(妈祖)。而且从书状官申悦道的《祭三山岛神文》中也可以看出，朝鲜进贺、冬至、圣节使一行在三山岛祭祀的海神也应是天妃(妈祖)。

---

① 〔韩国〕林基中编《燕行录续集》第106册，韩国首尔：尚书院，2008年，第138～140页。

② 〔韩国〕申悦道《懒斋集·卷六·祝文》，《韩国文集丛刊·续》第24辑，韩国首尔：韩国民族文化推进会，2006年，第104页。

祭三山岛神文

惟灵巍然鼎峙，俯压溟渤。夙着灵异，远近钦服。曰台东使，聘至上国。敬将玉帛，为献明廷。沧波万里，一叶行装。节日有期，虑滞王程。伏愿明神，诞垂阴骘。屏息秘怪，遁藏蛟鳄。借我风便，不日利涉。曷胜至愿，丹衷皦日。菲薄无取，庶鉴诚洁。①

《祭三山岛神文》内容说，有灵气的三山岛高大雄伟，成鼎足之势耸立在大海上，俯瞰着北方的茫茫大海。三山岛素有神灵奇异之名，盛名远播，过往的人都很恭敬、佩服。我们是从东边来的朝鲜使臣，受国王派遣来到天朝之国。我们携带的玉器和丝绸，是要敬献给大明皇帝的。我们的船航行在万里波涛中，犹如一片树叶在海面飘荡。我们要到明朝的京都去庆祝冬至节和皇帝的生日，不能错过了这个时间，所以非常忧虑因逆风耽搁了到天朝京都去的行程。祈求大海的明神，能够来到此地默默地护佑我们。能够屏蔽那些看不见的神秘海怪，赶跑那些能在大海兴风作浪的蛟龙、鳄鱼等凶猛的海霸。希望能给我们带来利于航行的风势，每天都能一帆风顺。怎样才能实现我们这些良好的愿望呢？我们的赤诚之心，犹如天上明亮的太阳。我们的祭品虽然微薄不值得您来享用，但希望您能看到我们的真诚。

《祭三山岛神文》中几个词语："溟渤"，溟海和渤海。"溟海"，语出《列子·汤问》："终北之北有溟海者，天池也。"这里代指北方的大海。"上国"，因当时朝鲜是中国的附属国，故称中国为"上国"。"一叶"，这里指船，说航船犹如一片树叶在万里波涛中飘荡。"王程"，奉国王差遣的行程。"秘怪"，这里指潜藏在海中看不见的神秘海怪。"蛟鳄"，蛟龙与鳄鱼，这里指大海中凶猛的动物。"曷胜"，反问句，不胜。"皦日"，明亮的太阳，多用于誓词。《诗经·王风·大车》："谓予不信，有如皦日。"

《祭三山岛神文》从开头的内容看，是在赞颂三山岛的雄伟和灵气，但作者接下来写的却是：祈求"明神"能够"屏息秘怪，遁藏蛟鳄。借我风便，不日利涉"。这里虽然没有说明这位能够制服住大海中海怪和海霸的"明神"是哪路神灵，但从后面要说到的作者的《祭天妃神文》中，"明神"就是天妃（妈祖），而且唯一能做到这一点的只有天妃（妈祖）。这一点，我们前面说到的天启六年（1626）的朝鲜冬至圣节使正使金尚宪所作《祭天妃迎送曲》中，就把天妃（妈祖）称作了"明神"。所以，我们可以确信，作者这里说到的"明神"，指的就是天妃（妈祖）。

---

① 〔韩国〕申悦道《懒斋集·卷六·祝文》，《韩国文集丛刊·续》第24辑，韩国首尔：韩国民族文化推进会，2006年，第104页。

崇祯元年(1628)的朝鲜进贺、冬至、圣节使书状官申悦道一行在广鹿岛遭遇风浪时，还有诗歌《夜泊广鹿岛偶吟》传世：

夜泊广鹿岛偶吟

申悦道

清淮潋滟一湖水，可笑当年比汨罗。
自媿平生仗忠信，那堪今日任风波。
莫言舟楫颠危甚，未见鱼龙出没多。
海上无由办酒债，斜阳何处听渔歌。①

从诗歌的内容看，此诗应是八月二十日作者一行在广鹿岛海域遭遇到“西风暴作，舟楫掀荡，人皆失色”，“日没仅泊广鹿岛港口”后所作，因作者一行第二天就离开了广鹿岛，“泊三山岛前洋”。虽说作者一行八月二十三日又返回了广鹿岛，也遭遇了逆风，但并未有诗歌中描绘的“舟楫颠危甚”的场景，所以可以确信，此诗作于八月二十日晚间。诗歌的内容借用了中国北宋时期著名文学家、政治家范仲淹《赴桐庐郡淮上遇风三首》之一中的内容和诗句。《赴桐庐郡淮上遇风三首》之一：“圣宋非强楚，清淮异汨罗。平生仗忠信，尽室任风波。舟楫颠危甚，蛟鼋出没多。斜阳幸无事，沽酒听渔歌。”

《夜泊广鹿岛偶吟》首联“清淮潋滟一湖水，可笑当年比汨罗”，意思是说，北宋时期的范仲淹因贬官途经淮水时遭遇大风，险些翻船丧命，他把在水波荡漾的淮水翻船遇险，与战国时期楚国屈原投汨罗江自杀相比较，有点可笑。

颔联“自媿平生仗忠信，那堪今日任风波”，意思是说，今天我们在大海中遭遇了风浪，在风浪面前当年范仲淹是“平生仗忠信，尽室任风波”。“尽室”，全家。虽说我们也是“平生仗忠信”，但哪里经得起这么大的风浪啊。“媿”，同“愧”，惭愧。

颈联“莫言舟楫颠危甚，未见鱼龙出没多”，意思是说，不要说船翻了出现危机这样的话了，我们这里没有范仲淹当年描绘的“蛟鼋出没多”，并没有见到蛟龙和大鱼的出现。

尾联“海上无由办酒债，斜阳何处听渔歌”，意思是说，在大海里是赊不到酒的，自然也没有范仲淹诗歌里那种“斜阳”“沽酒听渔歌”的意境。

全诗主要表达了作者在“舟楫颠危甚”面前，不惧个人安危，冷静沉着的大

---

① 〔韩国〕申悦道《懒斋集·卷一·诗》，《韩国文集丛刊·续》第24辑，韩国首尔：韩国民族文化推进会，2006年，第10页。

无畏精神。也印证了前面介绍申悦道时说到的“时朝京由海路，风涛险恶，人咸危之，先生晏然无惧色”。当然，作者这种不惧个人安危的无畏精神，也是建立在“平生仗忠信”的信念之上的，相信神灵能够保佑他们这些“平生仗忠信”之人，故有了在三山岛两次祭祀海神之举。

三、庙岛天妃庙祭天妃：“云明神兮灵且异”

崇祯元年(1628)的朝鲜进贺、冬至、圣节使一行于八月二十九日离开了三山岛，“初昏泊平岛”，即今大连市甘井子区的小平岛。九月初二日“到泊皇城岛”，即庙岛群岛北端的隍城岛。因遭遇一连几日“风势甚恶”的南风，初五日仍“留皇城岛”。初六日“夜二更到泊鼍矶岛前洋”后，又遭逆风。“鼍矶岛”，庙岛群岛中部的砣矶岛。初八日“阻风仍留鼍矶岛，终夜大风”[①]。就是说，朝鲜进贺、冬至、圣节使一行在三山岛二祭海神之后，航程并不顺利，虽未遇到在广鹿岛那样“人皆失色”的巨大风浪，但也是“风势甚恶”的逆风，使顺风一天就可从隍城岛到庙岛的航程，结果用了八天时间，九月初九日下午才到达庙岛。

因庙岛有天妃(妈祖)庙，朝鲜进贺、冬至、圣节使一行九月初九日到达庙岛后，不仅瞻仰了天妃(妈祖)庙，还举行了祭祀天妃(妈祖)的活动。

书状官申悦道在《朝天时闻见事件·启》中记载：

> 九月初九日丙寅，大风微雨，午后乘顺风发船，过真(珍)珠门，申时泊于庙岛。岛有天妃庙。天妃，即东海广德王第七龙女也。凡舟行过是庙者，有祷颇着灵异。前代立祠封号，本朝增修敕封。杨总兵国栋重修庙宇，立石记事，并为毛帅所打破云。是日，行二百里。岛之周回不过二十里，前有长山岛，环拥相对，峰顶逐设烟墩。佛宇之焕耀，过于皇城。又有军兵屯守，把总赵奇齐领之。[②]

上述记载，一是介绍了天妃(妈祖)的来历：“东海广德王第七龙女也”。“广德王”，就是古代传说中的东海龙王。这样介绍的依据应是来自庙岛及周边的岛屿当地的一些传说。前面说到过的元代刘遵鲁的《漠岛记》，就记载说登州一带沿海“耆民相传为东海广德王第七龙女”。这样的记载虽然与前面说到的天启四年(1624)朝鲜谢恩、奏请使记载的天妃(妈祖)是“玉皇之女，主兹四渎，而龙王佐之”不一致，但在普通渔民心目中，无论是“玉皇”，还是“东海广德王”，都

---

① 〔韩国〕林基中编《燕行录续集》第106册，韩国首尔：尚书院，2008年，第140～143页。

② 〔韩国〕林基中编《燕行录续集》第106册，韩国首尔：尚书院，2008年，第143～144页。

是神仙，都能帮助百姓免除灾祸，天妃（妈祖）无论是他们当中谁的女儿并不重要，重要的是和神仙是一家人就行。

二是介绍了在庙岛天妃（妈祖）庙祭祀天妃（妈祖）的效果："凡舟行过是庙者，有祷颇着灵异。"说航海路经庙岛者，到天妃庙祭祀后，颇有灵验。这样的记载，与前面天启三年（1623）朝鲜冬至使记载的"船行者，必洁诚为祭，多蒙神庇"一致。这既说明庙岛天妃（妈祖）庙香火旺盛，也反映了天妃（妈祖）神灵在当时当地的影响。"前代立祠封号，本朝增修敕封"，意思是说，庙岛天妃庙是明代之前建立的，并有了朝廷的封号，明代增修后又得到皇帝的"敕封"。也是说明庙岛修建的历史及地位、影响。前面介绍过，虽说宋代的许多帝王都赐给了天妃（妈祖）封号，但正式敕封为"天妃"，则是在元朝。元世祖、元成宗、元文宗、元惠宗都曾敕封为"天妃"。明朝建立后，明太祖朱元璋进一步加封为"昭孝纯正孚济感应圣妃"；明成祖朱棣封之为"护国庇民妙灵昭应弘仁普济天妃"。作者这里说的"本朝增修敕封"，指的即为此。作者在这里强调"封号""敕封"，也是为了说明天妃（妈祖）在人民心目中的地位，历经多个朝代而不衰，而且地位愈加提高。

关于"杨总兵国栋重修庙宇，立石记事，并为毛帅所打破云"一句，杨国栋系登莱总兵，负责山东半岛及辽东沿海一带防务。杨国栋对庙岛天妃（妈祖）庙进行了重修，并立石碑记载了庙岛天妃（妈祖）庙的历史和重修的情况。据《光绪登州府志》卷三十六《武秩上》记载，杨国栋是天启五年（1625）上任的，在登莱总兵的位子上也只有两年多的时间，这样短的时间内，重修了天妃（妈祖）庙，也说明山东地方官员对庙岛天妃（妈祖）庙的高度重视。登莱总兵当时还负责辽东半岛及朝鲜半岛北部沿海的防务，与许多朝鲜官员都有来往，登莱总兵重视天妃（妈祖）庙，也必定对过往的朝鲜使臣产生重要影响。明朝驻朝鲜椵岛总兵毛文龙派人把石碑砸碎了，是因为驻登莱总兵杨国栋与驻辽东半岛的总兵毛文龙素来不和，毛文龙派人把石碑砸了针对的是杨国栋，而非天妃（妈祖）庙，否则，不会只砸石碑，而天妃（妈祖）庙完好无损。这也从另一方面说明天妃（妈祖）庙在当时的神圣不可侵犯的地位。登莱总兵杨国栋"重修庙宇，立石记事"的石碑内容，可惜没有流传下来，否则会为我们提供庙岛天妃（妈祖）庙的更为珍贵的历史资料。

三是说重修后的天妃（妈祖）庙，气势辉煌，"佛宇之焕耀过于皇城"，其光彩闪耀的程度胜过了皇（隍）城岛的庙宇。皇（隍）城岛的庙宇，书状官申悦道在《朝天时闻见事件・启》中曾说到，说隍城岛的海潮寺"俯压一岛，金碧焕耀"①，

① 〔韩国〕林基中编《燕行录续集》第106册，韩国首尔：尚书院，2008年，第142页。

而庙岛天妃(妈祖)庙“焕耀过于皇城”,可见天妃(妈祖)庙在作者心目中不仅气势非凡,而且富丽堂皇。当然,这里主要还是强调庙岛天妃(妈祖)庙在当地人心目中的地位。“佛宇”,本来指佛寺,庙岛天妃(妈祖)庙属于道观,但从文中的表述看,作者在这里显然指的是天妃(妈祖)庙。

朝鲜进贺、冬至、圣节使一行在庙岛天妃庙举行祭祀天妃(妈祖)活动的情况,可从书状官申悦道撰写的《祭天妃神文》中得到明确的答案:

祭天妃神文

松为舟兮布为帆,受王命兮朝上国。邈海中兮有仙山,瞻灵庙兮熏沐。馨余酒兮洁余羞,荐玉盘兮侑以文。生东国兮倥倥,考往牒兮有闻,云明神兮灵且异,驾驭风云兮驱除恶物;使我行兮不迷,涉重溟兮如平陆,登蓬莱兮早维舟。执壤奠兮侧玉帛,归来报祀兮益虔,留与东人兮颂神德。[①]

祭文的意思是说,朝鲜进贺、冬至、圣节使一行乘坐着用松木做成并悬挂着布制船帆的航船,奉朝鲜国王之命前来中国朝拜。苍茫辽阔的大海中有仙山,我们一行熏香沐浴,瞻仰仙山上灵验的天妃庙。我们敬献给天妃的美酒散发着香气,祭祀的祭品干净圣洁,用玉盘盛着并配上虔诚的祭文。我们一行生于藩国朝鲜,对大海中的神灵蒙昧无知,考查以往典籍才知道:您是英明的神灵,有着奇异的神通,能够驾驭风云、驱除大海中作恶的妖怪;您让我们在大海中航行不迷失方向,远涉重洋就如同走在平坦的陆地上,登陆登州蓬莱早日系船停泊。等我们朝贡归来时,一定手捧祭品,并在两侧摆上圭章和丝帛,举行更加虔诚和隆重的报祀仪式,来报答您的恩德,并把这段经历留给朝鲜国的人们,让他们颂扬您的神圣功德。

祭文中的几个词语:“松为舟”,即用松木做成舟船。《诗经·卫风·竹竿》有“淇水滺滺,桧楫松舟”的诗句。古人认为松为寿木,质材又好,所以自古将“松舟”看成优质航船。“熏沐”,熏香和沐浴。古人为了表示对神灵的虔敬,祭祀之前须斋戒和熏香沐浴。“羞”,同“馐”,古代祭祀时向神灵进献的美味祭品。“玉盘”,玉盘珍馐的简称,指用精美的器皿盛装的美味佳肴。“侑以文”,配上祭文。“侑”的本义是“手捧肉食奉劝主人进食的侍者”,引申为助、陪等。“倥倥”,蒙昧无知的样子。“往牒”,古代的典籍。“恶物”,这里指在大海中作恶的妖魔。“执壤奠”,奉上本土所产的贡物。出自《尚书·康王之诰》:“皆布乘黄朱,宾称

① 〔韩国〕申悦道《懒斋集·卷六·祝文》,《韩国文集丛刊·续》第24辑,韩国首尔:韩国民族文化推进会,2006年,第104页。

奉圭兼币，曰：'一二臣卫，敢执壤奠。'""侧"，在两侧置摆。"玉帛"，圭璋（玉器）和束帛（丝绸），指古代祭祀时使用的礼器。《周礼·春官·肆师》："立大祭用玉帛牲牷。""报祀"，一种以报答和感谢神灵给予保佑为内容的祭祀。通常在祈求神灵保佑之后，因感觉灵验而举行。"东人"，本指东方诸侯国之人。此处特指朝鲜人。

从《祭天妃神文》的内容上看，这是朝鲜进贺、冬至、圣节使一行在庙岛天妃庙祭祀天妃（妈祖）时撰写的。文中"登蓬莱兮早维舟"，说明作者一行还没有登陆登州蓬莱口岸。作者一行九月初九日下午到达的庙岛，初十日"午后发船，日没到泊登州水城"[①]。"登州水城"，也是蓬莱口岸之一，而且是登州水军驻扎之地。从作者九月初九日记载的庙岛天妃庙的情况看，祭祀天妃（妈祖）的活动应是在九月初九日。"使我行兮不迷，涉重溟兮如平陆"，这可以说明作者一行在登陆庙岛前祭祀的海神，包括前面说到的《祭大海神文》《祭三山岛神文》中说到的海神，也都是天妃（妈祖），至少是天妃（妈祖）为首的海神，否则《祭天妃神文》中不会把朝鲜进贺、冬至、圣节使一行在航海中"行兮不迷，涉重溟兮如平陆"的功劳归功于天妃（妈祖）。

《祭天妃神文》中把天妃（妈祖）称为"明神"，也印证了前面《祭三山岛神文》中说到的"明神"，就是天妃（妈祖）。

朝鲜进贺、冬至、圣节使书状官申悦道九月初九日在庙岛还留有怀念已故父母和故乡的诗作：

九日泊沙门岛有感

申悦道

忆昔九月初九日，高堂献酌祝南山。
手折黄花插满头，舞蹈永夕怡亲颜。
自谓百年内，欢乐长如斯。
那知事大谬，永缠风树悲。
每岁值此日，凄然伤我情。
今年充国价，越海朝神京。
忽逢佳辰绝屿中，秋光烂漫霜叶红。
山河虽异节物同，感念往事心忡忡。
欢娱已矣难再得，东望家山恨不穷。[②]

---

① 〔韩国〕林基中编《燕行录续集》第106册，韩国首尔：尚书院，2008年，第144页。
② 〔韩国〕申悦道《懒斋集·卷一》，《韩国文集丛刊·续》第24辑，韩国首尔：韩国民族文化推进会，1990年，第11页。

"沙门岛"，即庙岛。《九日泊沙门岛有感》是一首重阳节感怀诗，作者在诗中描写了重阳节之日在异国他乡的感触，回忆了曾经与父母共度佳节的幸福情景，表达了作者对已故父母和故乡的深切思念。诗歌的内容看似与天妃（妈祖）无关，实则表现了作者一行在祭祀天妃（妈祖）活动之后，作者内心的平静和先国后家的责任担当。祭祀天妃（妈祖），是为了"执壤王廷，利涉溟渤"，顺利完成国家交办的出使使命，这在作者几次的祭文中都说得很明白了。所以到了庙岛天妃（妈祖）庙之后，作者首先想到的就是瞻仰天妃（妈祖）庙，并举行祭祀天妃（妈祖）的活动，这也是进贺、冬至、圣节使一行公务活动的一个重要组成部分。公务活动完成了，心静了，难免会思念家乡和亲人。九月初九是重阳佳节，思念已故父母和故乡亲人是必然的，这也使得以国事为重，在逆风恶浪面前毫不畏惧，可又对天妃（妈祖）神灵极度迷信和敬畏的朝鲜使臣申悦道更具人情味。这也是笔者选登此诗的一个原因。

《九日泊沙门岛有感》先是回忆了以往的九月九日，在家中给父母敬酒，祝父母健康长寿。采摘了黄色的菊花插满头上，整晚跳舞让父母高兴。自以为一生都会如此欢乐，哪知事实不是这样，父母去世了，自己长久沉浸在悲痛之中。每年到了九月九日这一天，都非常凄苦悲伤。诗歌接着说，今年重阳节出使中国停泊在沙门岛，作为朝鲜国的使臣，跨越大海到北京朝贡。在这个与大陆隔绝的岛屿上过重阳节，秋天的景色绚丽多彩，漫山都是霜后的枫叶。这里虽说远离朝鲜，但节日的气氛和风物景色却相同。佳节倍思亲，因而勾起往事而思念父母和故乡，顿觉忧心忡忡。和父母在一起的幸福时光已经过去了，那样的欢乐也很难再有了。遥望着东方的故乡，心里生出无穷的伤感。

四、登州返航祭海神天妃

崇祯元年（1628）的朝鲜进贺、冬至、圣节使一行于九月初十日"到泊登州水城"，在登州办理完各种入京的文牒后，于十月初五日"巳时发登州"，十一月初八日，"抵（北京）阜城门外"。在北京完成使命后，于来年（崇祯二年，1629）四月十五日"巳时发行"离开北京。闰四月初四日"午后到登州船所"①。

朝鲜进贺、冬至、圣节使一行从登州蓬莱县口岸乘船返程出海前，也举行过祭祀海神的活动，书状官申悦道在《朝天时闻见事件·启》中记载：

① 〔韩国〕林基中编《燕行录续集》第106册，韩国首尔：尚书院，2008年，第144、179、225、233页。

（崇祯二年闰四月）初六日辛酉，晴。留登州。

初七日壬戌，晴。晓祭海神，未时乘顺风发船，过庙岛、鼍矶岛，夜半过皇城岛。①

上述祭祀活动，是否在登州海神庙进行的不得而知，但我们在前面说到，登州府驻地蓬莱丹崖山上的海神庙祭祀的就是天妃（妈祖），所以，依据《祭天妃神文》中的内容，朝鲜冬至、圣节使一行返程中祭祀的海神必定是天妃（妈祖）无疑。作者还特别说明，“晓祭海神”，“未时乘顺风发船”，一路顺风，“过庙岛、鼍矶岛，夜半过皇城岛”。登州蓬莱口岸距皇城岛（隍城岛）50多千米。未时，即13时至15时这段时间在登州口岸发船，夜半即过50多千米之外的皇城岛（隍城岛）。在只能依靠人力，借助风帆的年代，作者这样说明，显然是把航速之快又归功于“晓祭海神”，祭祀天妃（妈祖）的结果。

朝鲜进贺、冬至、圣节使一行返航途中，期间航程虽偶有逆风，但多为“顺风发船”，如闰四月十二日在旅顺口，“巳时乘顺风发船。过平岛、三山岛。酉时过广鹿岛。彻夜而行”。十三日在鹿岛港口，“黎明过石城岛。……初昏因顺风发船。晓过薪岛”。十七日，“午移泊于蔚岛。初昏发船。竟夜而行”。闰四月十八日“午到泊于平壤石多山”②。也就是说，返程从登州蓬莱口岸至平壤石多山只用了不足12天时间，期间还在旅顺口因会见明军驻朝鲜椵岛总兵毛文龙耽搁了4天。可来时崇祯元年（1628）八月初一日从平壤石多山起航，九月初十日“到泊登州水城”，却用了40天的时间，而且途中多次遭遇风浪，还险些遭难。对比之下，返航途中安全又顺利，虽说《朝天时闻见事件·启》的记载没有点明这与祭祀天妃（妈祖）的活动有关，但在当时极为迷信天妃（妈祖）的背景之下，无疑为他人留下了想象的空间。

小结：

崇祯元年（1628）的朝鲜进贺、冬至、圣节使一行，在从朝鲜起航前就举行了祭祀“大海神”的仪式。这里说到的“大海神”，能让大海诸神都听其指挥，能使“百神娱嬉，众祥萃集”，能让“箕伯函风，阳侯闪戢”。而在前面几次的朝鲜使臣的记载中，具备这样威力的，只有“主兹四渎”天妃（妈祖），所以说，崇祯元年（1628）的朝鲜进贺、冬至、圣节使同前面说到的天启六年（1626）的朝鲜进贺、冬至、圣节使一样，在从朝鲜起航前就举行了祭祀以天妃（妈祖）为首的诸海神的

① 〔韩国〕林基中编《燕行录续集》第106册，韩国首尔：尚书院，2008年，第233～234页。

② 〔韩国〕林基中编《燕行录续集》第106册，韩国首尔：尚书院，2008年，第236～238页。

活动。

崇祯元年(1628)的朝鲜进贺、冬至、圣节使一行因航程中遭遇风浪,在三山岛举行了两次祭祀海神的活动,祈求"明神"能够"屏息秘怪,遁藏蛟鳄。借我风便,不日利涉"。而进贺、冬至、圣节使书状官申悦道在庙岛撰写的《祭天妃神文》中,就明确说到,"明神"就是天妃(妈祖)。《祭天妃神文》还说到,崇祯元年(1628)的朝鲜进贺、冬至、圣节使一行来时和归去祭祀的神灵都是一致的,这说明在三山岛祭祀的海神也应该是天妃(妈祖)。

崇祯元年(1628)的朝鲜进贺、冬至、圣节使一行路经庙岛时,不仅瞻仰了庙岛天妃庙,而且还在庙岛举行了祭祀天妃(妈祖)的活动,书状官申悦道还撰写了《祭天妃神文》。这一次之所以明确为祭祀天妃(妈祖),应与庙岛天妃庙有关。

崇祯元年(1628)的朝鲜进贺、冬至、圣节使一行从登州蓬莱口岸返航时,也举行了祭祀海神的活动,登州蓬莱口岸附近的海神庙祭祀的主神就是天妃(妈祖),返航途经的第一站庙岛就有远近驰名的天妃(妈祖)庙,所以,崇祯元年(1628)的朝鲜进贺、冬至、圣节使一行返航祭祀的海神仍是天妃(妈祖),或以天妃(妈祖)为首的众海神。

第七章　崇祯二年的朝鲜使臣与妈祖

崇祯二年(1629),朝鲜向明朝派出了三个使团,一个是进贺、陈奏使,正使李忔,书状官郑之羽。另外两个使团,一个是进贺、冬至使,正使尹安国;一个是赍敕使,正使崔有海。崇祯二年(1629)的进贺、冬至使团和进贺、陈奏使团出使途中,经旅顺口海域时遭遇风浪,进贺、冬至使正使尹安国落水淹死,进贺、冬至使团一行沿途祭祀海神的情况不得而知。

崇祯二年(1629)的赍敕使崔有海携带的是朝鲜国王给明朝兵部尚书兼督登莱等军务袁崇焕的文书,但当崔有海一行登陆登州后,"既至,袁公已谗死矣。日与登州人士吴大斌等唱和"[①]。崔有海得知袁崇焕被明朝崇祯皇帝处死的消息后,只好在登州等候朝鲜国王新的指令,期间创作有咏天妃(妈祖)的诗篇。崔有海(1857—1641),字大容,号默守、绀坡,朝鲜海州(今朝鲜海州)人,有《默守堂集》传世。据崔有海《墓碣铭》[②]记载,崔有海"少负高才,将无所不通,医药、卜筮、堪舆(风水),义和、家说,备尝涉猎","气豪才优,承藉先猷。将无所不知,亦无不为"。崔有海历官朝鲜开城经历、定州牧使、公州牧使、司宪府掌令、吉州牧使等官员,后来入朝为"同副承旨(正三品)"。

由于当时登莱地方官员担心东北后金军队随朝鲜贡使船队进攻登莱地区,登莱巡抚孙国祯上书朝廷,要求"改朝鲜贡道",崇祯皇帝采纳了登莱巡抚的建议,指令朝鲜使团经觉华岛,由山海关入关。觉华岛,今属辽宁省兴城市管辖,亦称菊花岛。崇祯二年(1629)的朝鲜进贺、陈奏使一行,就是从辽西觉华岛(菊花岛)附近登陆的。朝鲜进贺、陈奏使团出使明朝期间沿途举行了多次祭祀天妃(妈祖)的活动。

朝鲜进贺、陈奏使正使李忔(1568—1630),字尚中,号雪汀。韩国史料记载,崇祯二年(1629)出使明朝前,李忔任朝鲜淮阳府使,因"拮据财力。以除贫民之役,邑民爱之,立石以颂之"。崇祯二年(1629)七月,"拜同知中枢府事",以

---

① 〔韩国〕《韩国历代人名事典》第 29 卷,韩国首尔:韩国世宗大王纪念事业会,2010 年,第 74 页。

② 〔韩国〕《韩国历代人名事典》第 29 卷,韩国首尔:韩国世宗大王纪念事业会,2010 年,第 73～75 页。

“进贺上使”出使明朝。[①] 朝鲜进贺、陈奏使一行到达山海关后，因清军“陷蓟州遵化等地，不得前进，留关上五个月。乘船望海亭，由天津陆行二日入皇京”。出使明朝前，李忔就患病在身，一路又经风浪颠簸，于崇祯三年(1630)六月九日“以暴下之症，卒于玉河馆”，病逝于北京。[②] 李忔后人将李忔的诗文结集为《雪汀集》，《雪汀集》跋称颂李忔：“先生我东之名贤也，大明之忠臣也。”[③]《雪汀集》中有出使明朝期间李忔亲自撰写的一些祭文，包括多篇天妃(妈祖)的祭文。但出使明朝期间，李忔的《雪汀先生朝天日记》不知为何没有收录《雪汀集》中，可能是《雪汀先生朝天日记》的部分内容，系他人所撰。《雪汀先生朝天日记》卷之三，记载的是李忔逝世后朝鲜进贺、陈奏使一行的活动情况，系进贺、陈奏使团的其他官员所记。《雪汀先生朝天日记》留下了进贺、陈奏使团一行沿途祭祀天妃(妈祖)等海神的一些活动情况。

一、开洋祭天妃为首的“三神”

崇祯二年(1629)的朝鲜进贺、陈奏使一行八月一日“行大同江神及风伯祭”，祭罢顺江而下，途中多遇逆风，八月八日才至大同江入海口，“午后，船役告毕，行大海(神)、龙王、风伯三神祭于山上，祭毕，即登船。而因无风退泊海中宿”。八月九日，“晴，朝东午，东南风甚顺，寅时发船开洋。……是日终夕得顺风行船，可八百余里云”[④]。“寅时”，指凌晨三点钟到五点钟。

崇祯二年(1629)朝鲜进贺、陈奏使一行开洋前的祭祀活动为“三神祭”，祭祀的对象是“大海神”“龙王”“风伯”。

“龙王”，与前面说到的朝鲜使臣祭祀的“龙王”是一致的，应指的是朝鲜半岛与中国相连的东海的龙王。“龙王”，中国古代神话传说中掌管水族的大王，能行云布雨、消灾降福，自唐代以来就是官祭的神灵。莱州海神庙至晚在宋代时期就是朝廷官祭东海龙王的庙宇。明朝嘉靖年间朝廷礼科给事中任万里在《海庙祀典考》记载：“东莱郡城西北十八里，海神庙在焉。规制宏阔，不知创于

---

① 〔韩国〕宋时烈《宋子大全・卷二百十・雪汀李公行状》，《韩国文集丛刊》第115辑，韩国首尔：韩国民族文化推进会，2006年，第95页。

② 〔韩国〕李忔《雪汀集・卷六・附录・朝天行迹》，《韩国文集丛刊・续》第15辑，韩国首尔：韩国民族文化推进会，2006年，第550页。

③ 〔韩国〕李忔《雪汀集・卷五》，《韩国文集丛刊》续第15辑，韩国首尔：韩国民族文化推进会，2006年，第571页。

④ 〔韩国〕林基中编《燕行录全集》第13册，韩国首尔：东国大学校出版部，2001年，第22～23页。

何时，然祀典攸存，其所从来远矣。……宋臣尝曰：‘本朝沿唐制，莱州立祠’。即此推之，则庙建于唐，不亦为可信哉！”说莱州海神至晚应建于唐代，宋代朝廷延续唐代，继续在“莱州立祠”。唐代以来，朝鲜半岛的高丽，及后来统一朝鲜半岛的新罗，都深受中华文化的影响，明代朝鲜更是以中华文化为正宗。莱州海神庙至晚自明初就在朝鲜半岛有了影响，明初洪武年间著名的高丽使臣郑梦周出使明朝路经莱州时就写有《莱州海神庙》诗，其中还有“海神遗庙压沧茫，天子时修为降香”的诗句。① 从朝鲜进贺、陈奏使正使李忔《祭龙王神文》的内容看，说“惟东大海，乃王之宅”②，指的也是朝鲜半岛与中国相连的东海的龙王。所以，这里说到的“三神祭”中祭祀的“龙王”应指的是东海龙王。

“风伯”，即风神、风师，至晚在秦汉时期就是官祭的神灵，《周礼・春官・大宗伯》记载：“以燎祀司中、司命、风师、雨师。”东汉时期蔡邕在《独断》一文中也说道：“风伯神，箕星也。其象在天，能兴风。”深受中华传统文化影响的朝鲜使臣，在大海航行途中祭祀的“风伯”，也应是。

那么，“三神祭”中祭祀的“大海神”指的是哪路神仙呢？“大海神”排位在“龙王”之前，是地位高于龙王的一位神仙。前面说到，天启三年(1623)朝鲜进贺、奏闻(请封)使一行在隍城岛祭祀的海神就是天妃(妈祖)。天启三年(1623)的朝鲜冬至使正使赵濈还明确说道：“(妈祖)死为海神，能号令四海之神、河伯、江神。”③天启四年(1624)，朝鲜谢恩、奏请使一行祭祀大海“三神”时，指的是“天妃(妈祖)”“龙王”“小圣”，而且强调指出，祭祀时要把“天妃(妈祖)”排在第一位，放到包括龙王在内的其他大海诸神之首。天启六年(1626)的朝鲜冬至、圣节使一行在《祭海神文》中，也把天妃(妈祖)放到了领先于其他海神的重要位置，所以以此推断，这里说的“大海神”，指的就是“天妃”，即妈祖。这从下面朝鲜进贺、陈奏使正使李忔撰写的《祭大海神文》中的内容，也可以得出这样的答案。

李忔后人结集的《雪汀集》中，保存有李忔撰写的《祭大海神文》《祭龙王神文》《祭风伯文》：

祭大海神文

伏以穹壤之间，惟海最巨。放玄包黄，呼来吸去。涧溪沟渎，细大毕容。鼋鼍蛟龙，鱼鳖之宫。万宝攸同，百川所宗。惟其受之，是以功崇。某箕封老臣，

---

① 〔韩国〕林基中编《燕行录全集》第1册，韩国首尔：东国大学校出版部，2001年，第66页。

② 〔韩国〕李忔《雪汀集・卷五》，《韩国文集丛刊・续》第15辑，韩国首尔：韩国民族文化推进会，2006年，第548页。

③ 〔韩国〕林基中编《燕行录全集》第12册，韩国首尔：东国大学校出版部，2001年，第277页。

鲽域贱生，中国有庆，奉表朝京。由江达海，一叶泛彼。死生安危，惟神是倚。监我虔诚，歆我明禋。天吴护帆，风伯清尘。登岸入阙，赖神弘济。奉勑东还，敢忘大惠。①

祭龙王神文

惟王首出三百，王以水德。文成五彩，具宫珠阙。或潜或跃，变化不测。能云能雨，下土是泽。轩则负图，易称乘六。文明天下，孰曰幽伏。惟东大海，乃王之宅。颔下有珠，惟王意欲。约束鲸鲵，指挥蛟鳄。凡在水府，曷敢越厥。某奉表朝京，来自东国。将百口命，寄一片木。指顾燕齐，经度贵窟。惟凭忠信，以冀阴骘。神其保佑，有顺无逆。聊荐菲薄，庶几来格。②

祭风伯文

自我登船，神其助顺。急水惊湍，经过一瞬。风兮自南，今我欲北。祇陈鄙悃，敢殚烦黩。③

《祭大海神文》内容说，在天、帝、地之间，唯有海最大。大海仰望上天，覆盖大地，在天地之间推波逐浪。无论是山涧溪流还是田间沟渠流来的洪水和细流，大海都能够容纳。大海是鼋鼍、蛟龙、鱼鳖、虾蟹居住和生活之所。大海中有着和陆地上相同的宝物，是陆地上百川流向的最终目的地。能够接受陆地上的细流、百川，这是一项伟大的功业。我是来自朝鲜的一个老臣，乃一介书生，因为中国有值得庆贺的事情，所以奉朝鲜国王之命去朝见中国的皇帝。我们一行由大同江进入大海，乘坐着一叶扁舟来到您管辖的地方。我们一行人在大海中的“死生安危”，全都得依赖您了。请您检验一下我们的虔诚之意吧，接受和享用我们明洁诚挚的祭品吧。请您下令让海神天吴保护我们的航船吧，让风神风伯清除沿途的逆风吧。我们能否顺利登上陆地到达京城，只有依赖您的帮助了。我们完成使命东返的时候，是不敢忘记您这么大的恩惠的（还会虔诚地举行仪式祭祀您的）。

《祭大海神文》中的几个词语：“穹壤”，指天地。“玄”为天色，“黄”为地色，

---

① 〔韩国〕李忔《雪汀集·卷五》，《韩国文集丛刊·续》第15辑，韩国首尔：韩国民族文化推进会，2006年，第548页。

② 〔韩国〕李忔《雪汀集·卷五》，《韩国文集丛刊·续》第15辑，韩国首尔：韩国民族文化推进会，2006年，第548页。

③ 〔韩国〕李忔《雪汀集·卷五》，《韩国文集丛刊·续》第15辑，韩国首尔：韩国民族文化推进会，2006年，第548页。

这里代指天地。“箕封”，指朝鲜。箕子，商纣王的叔父，官太师，封于箕（今山西太谷，榆社一带）。周武王灭商后，箕子带领遗老故旧东渡朝鲜，创立了箕子王朝。“鲽域”，朝鲜代称。“歆”，歆享，享受祭品。“明禋”，明洁诚敬。“禋”，诚心祭祀。“天吴”，中国古代传说中的水神、海神。出自《山海经》：“朝阳之谷，有神曰天吴，是为水伯。其为兽也，人面八首八足八尾，皆青黄，吐云雾，司水。”

《祭龙王神文》《祭风伯文》这里不做解读了，仅从《祭大海神文》的内容就可以看出，在崇祯二年（1629）的朝鲜使臣心目中，大海神可以指挥海神天吴和风神风伯，能让“天吴护帆，风伯清尘”，这与前面的朝鲜使臣说到的天妃（妈祖）的威力是一致的。天启三年（1623）的朝鲜使臣记载天妃（妈祖）“能号令四海之神、河伯、江神”①；天启四年（1624）的朝鲜使臣记载天妃（妈祖）“主兹四渎，而龙王佐之”②；天启六年（1626）的朝鲜记载天妃（妈祖）“天妃降灵”，能使“鲸鲵屏息，蛟鳄遁形，风伯叶顺”③；崇祯元年（1628）的朝鲜使臣记载天妃（妈祖）“灵且异”，能“驾驭风云兮驱除恶物”④。还有前面多次说到的“大海神”，实际指的就是天妃（妈祖），所以说，崇祯二年（1629）朝鲜进贺、陈奏使一行在开洋前行祭的“三神”中的大海神，在当时指的就是天妃（妈祖）。

朝鲜进贺、陈奏使一行在开洋前行祭“三神”之后，虽说当日“无风退泊海中宿”，但第二天八月九日，则“东南风甚顺”，凌晨即“发船开洋”，且一整天都是顺风，“终夕得顺风行船”，一天行驶了“八百余里”。作者这样记载，显然是在告诉我们，之所以能够“终夕得顺风行船”，是行祭“三神”的结果。

二、航程途中多次“行三神祭”

崇祯二年（1629）的朝鲜进贺、陈奏使一行在航海途中也举行了多次“行三神祭”的祭祀活动，从朝鲜境内的鸭绿江口附近的大界岛至大连铁山嘴这一段海域，就举行了五次行祭“三神”的活动。如八月十七日在大界岛海域，“晓，行三神祭于船上，辰时乘潮移泊于车牛岛”⑤。“辰时”，指早上 7 时至 9 时这段时间。八月二十六日，在辽东广鹿岛一带海域，“晓，行三神祭于各船，辰时移船出

---

① 〔韩国〕林基中编《燕行录全集》第 12 册，韩国首尔：东国大学校出版部，2001 年，第 277 页。
② 〔韩国〕林基中编《燕行录全集》第 17 册，韩国首尔：东国大学校出版部，2001 年，第 129 页。
③ 〔韩国〕林基中编《燕行录全集》第 13 册，韩国首尔：东国大学校出版部，2001 年，第 268 页。
④ 〔韩国〕申悦道《懒斋集・卷六 祝文》，《韩国文集丛刊・续》第 24 辑，韩国首尔：韩国民族文化推进会，2006 年，第 104 页。
⑤ 〔韩国〕林基中编《燕行录全集》第 13 册，韩国首尔：东国大学校出版部，2001 年，第 25 页。

泊深处，以待风发”①。九月三日，在今大连市甘井子区的小平岛一带海域，“晓，行三神祭于船上”②。九月十日，在今大连市铁山嘴一带海域，“四更头起，行三神祭”③。九月十四日，过了大连铁山岛之后，在向铁山嘴北边的北汛口行驶中，“晓，行三神祭于船上，天明打橹人北汛口留泊”④。

崇祯二年(1629)的朝鲜进贺、陈奏使一行之所以在航海沿途中频繁地“行三神祭”，主要还是因为开洋前行祭“三神”之后带来的“终夕得顺风行船”，加重了他们对以天妃(妈祖)为首的“三神”的迷信和敬畏。所以每当遭遇逆风之时，朝鲜进贺、陈奏使一行就“行三神祭”。“行三神祭”之后，巧遇顺风，使得朝鲜进贺、陈奏使一行对以天妃(妈祖)为首的“三神”愈加迷信。

八月十七日朝鲜进贺、陈奏使一行在大界岛海域“行三神祭”，是因为开洋前行祭“三神”带来了一整天的顺风，而八月十六日在大界岛海域“晓值风逆雨下”，八月十七日“北风夜来猛吹”，影响了一行人的行船，故八月十七日“晓，行三神祭于船上”。第二天八月十八日，“初更发船，暂住洋中待风之际，东风大起，即发鹿岛，达夜行船”⑤。朝鲜进贺、陈奏使一行向西行驶，“东风大起”，是大好顺风。

八月二十六日朝鲜进贺、陈奏使一行在广鹿岛一带海域“行三神祭”，是因为一连几日遭遇了风浪而祈求顺风。八月二十三日，在广鹿岛海域遭“大风忽起”，朝鲜进贺、陈奏使一行有“两船漂泊岸边，几危仅免。午后风势尤紧，达夜不止，各船違遑不得接目。唐船六七只夜中致败，移载卜船者二十余人，淹死者百余人云”。“唐船”，指中国人的船只。“卜船”，其他的船只。由此可见当时风浪之大。八月二十四日，仍“北风终日甚紧”。八月二十五日，“待风。风征不得发，仍留宿”⑥。连续几天不得发船，朝鲜进贺、陈奏使一行只能再求救于神灵，所以才有了八月二十六日的“行三神祭于各船”，祈求“大海神”等“三神”，像前几次那样行祭之后带来顺风。

八月二十三日在广鹿岛海域遭遇风浪的情况，朝鲜进贺、陈奏使正使李忔还写有两首诗歌，形象地描绘了当时的场景及作者的感受。

---

① 〔韩国〕林基中编《燕行录全集》第13册，韩国首尔：东国大学校出版部，2001年，第28页。
② 〔韩国〕林基中编《燕行录全集》第13册，韩国首尔：东国大学校出版部，2001年，第30页。
③ 〔韩国〕林基中编《燕行录全集》第13册，韩国首尔：东国大学校出版部，2001年，第33页。
④ 〔韩国〕林基中编《燕行录全集》第13册，韩国首尔：东国大学校出版部，2001年，第34页。
⑤ 〔韩国〕林基中编《燕行录全集》第13册，韩国首尔：东国大学校出版部，2001年，第25页。
⑥ 〔韩国〕林基中编《燕行录全集》第13册，韩国首尔：东国大学校出版部，2001年，第27～28页。

八月二十三日，泊广鹿值风雨，望见两使船脱危就安，诗以贺之

李 忔

云起天俱黑，风驱雨共颠。
波惊难下碇，湍激岂安船。
当局心如醉，傍观肠欲煎。
吾侪知免矣，忠信奉周旋。①

广鹿岛，惨见辽船遭风失利，为诗吊之

李 忔

五日藏舟浦溆间，颠风急浪□如山。
辽民自是怀乡土，死骨何知挂鹿湾。
天道无私谁厚薄，人功未至奈愚顽。
由来神助惟忠信，尚慎吾行好往还。②

朝鲜进贺、陈奏使正使李忔创作的这两首诗歌的最后一句均谈到了“忠信”，从诗歌的内容看，这里说到的“忠信”，主要还是讲给以天妃（妈祖）为首的“三神”听的。第一首诗“吾侪知免矣，忠信奉周旋”，表达了作者在遭遇逆风恶浪而脱险后的感触，认为自己一行之所以能死里逃生，是凭借着对神灵的忠诚信实。第二首诗“由来神助惟忠信，尚慎吾行好往还”，意思是说，以天妃（妈祖）为首的“三神”只救助那些对他们忠诚而又讲信用的人，因为我们是按照这样的标准做的，所以一定能顺利地往返。

九月三日朝鲜进贺、陈奏使一行在平岛一带海域“行三神祭”，也是因为一连几日遭遇了风浪而祈求顺风。八月二十八日，“阴雨不得发船，仍留宿此岛（指三山岛与平岛之间的一个小岛）”。八月二十九日，“波涛山起，不得发船。仍留宿”。九月一日，“风势猛烈，不得发船”。九月二日，“因风势稍缓，三船一时俱发，朝食时到平岛”。九月三日，“风征不定，日气和暖。晓行三神祭于船上”③。

九月十日，朝鲜进贺、陈奏使一行在铁山嘴一带海域“行三神祭”，也是因为

① 〔韩国〕李忔《雪汀集·卷五》，《韩国文集丛刊·续》第15辑，韩国首尔：韩国民族文化推进会，2006年，第468页。

② 〔韩国〕李忔《雪汀集·卷五》，《韩国文集丛刊·续》第15辑，韩国首尔：韩国民族文化推进会，2006年，第507页。

③ 〔韩国〕林基中编《燕行录全集》第13册，韩国首尔：东国大学校出版部，2001年，第29～30页。

一连几日遭遇了风浪而祈求顺风。九月初七日，“因逆风下陆，留宿于铺店”。九月初八日晨，“乘船发行，行到铁山嘴，大风遽作，诸船仅入海边依山处，而风乱不得安船。三行俱下陆作依幕留宿。北风达夜，其势极烈”。九月初九日，“北风如前，无一刻暂息，人不能行步，乃数年间所无之风也”。九月初十日，“风势如前，夕稍缓，入夜始定。四更头起，行三神祭。设帐于海边，三人会于一处。行之苦，竢风便，而神不助顺，奈何奈何！”[①]作者道出了祭祀的原因，及祭祀后仍无顺风的无奈。

九月初九日，有关在铁山嘴一带海域遭遇风浪的情况，正使李忔还写有诗歌三首：

到泊铁山嘴，阻风下陆。结幕经夜者三日，适值重九节

李　忔

无间山势北来长，截破奔流镇海洋。
双岛黄城分彼此，商船贾舶慎祈禳。
从知融结相生旺，定有神明是主张。
为报篙工候风便，浅深须戒壑舟藏。

又

缀篷为幕夜无眠，极目惊涛浩接天。
初讶雪山崩万仞，却疑银阙涌重渊。
饕风扇酷逢秦鞅，素月流辉见楚莲。
相对悄然佳节暮，白衣谁送一壶传。

又

铁嘴双尖十丈高，大风号怒卷惊涛。
未张炎帝吹嘘力，还助玄冥气势豪。
帽落敢言追胜事，钱空无处觅香醪。
须知此日天庸玉，动忍殊非厄我曹。[②]

诗歌中“缀篷为幕夜无眠，极目惊涛浩接天”“铁嘴双尖十丈高，大风号怒卷惊涛”等诗句，都形象地描绘了作者一行在铁山嘴一带海域所遭遇的惊涛骇浪。

---

① 〔韩国〕林基中编《燕行录全集》第 13 册，韩国首尔：东国大学校出版部，2001 年，第 31～33 页。

② 〔韩国〕李忔《雪汀集·卷五》，《韩国文集丛刊·续》第 15 辑，韩国首尔：韩国民族文化推进会，2006 年，第 508 页。

"双岛",指今大连市金州区西南海中的双岛。"黄城",指庙岛群岛最北端的隍城岛。"铁嘴",指今大连市铁山嘴。

九月十四日,朝鲜进贺、陈奏使一行在北汛口"行三神祭",是因为前一日遇到顺风而感激"三神"。九月十三日,"南风终日,四更头南风大吹。……午后风猛,船如飞"。"此日行四百余里,得此正风行船,惟是日也,多幸多幸。"九月十四日,"自此至觉华大海也。晓,行三神祭于船上,天明打橹入北汛口留泊"[①]。"北汛口",即北信口,在辽东半岛西海岸,属当时复州卫管辖的盘查来往船只的关口。北汛口在铁山嘴以北。从铁山嘴向北汛口方向行驶,南风是顺风。

从以上可以看出,朝鲜进贺、陈奏使一行之所以在航海途中频繁地"行三神祭",主要是因为对风浪的恐惧和无奈,及对以"大海神"天妃(妈祖)为首的"三神"的迷信。在逆风恶浪的危机面前,祈求"三神"能保佑他们脱离危险,并送来利于航向的顺风;当顺风来临之时,首先想到的是感恩"三神"。正是这样一些航海经历,也加重了明末朝鲜使臣对以天妃(妈祖)为首的诸海神的迷信和敬畏。

航海途中,朝鲜进贺、陈奏使正使李忔也撰写了《祭三神文》《祭大海神文》《祭龙王神文》《祭风伯文》《祭风神文》《祭铁山文》(祭船神文)等,均保存在李忔后人结集的《雪汀集》中,这里只摘录两篇《祭三神文》和一篇《祭大海神文》:

祭三神文

伏以某等,恭承王命,会觐帝阙。逆虏为梗,路此溟渤。万折朝宗,无愧神明。天佑者信,神助者诚。云胡不谅,听我邈邈。前途尚远,滞洋弥月。王事有程,其奈愆期。虔诚笃敬,冀神扶持。顺彼严程,不疾而速。累荐菲薄,礼也匪渎。[②]

《祭三神文》内容说,我们一行人敬承朝鲜国王的命令,到天朝的京都去觐见帝王。由于后金军队堵塞了陆路通道,我们只好乘船来到了中国北部的大洋。不管航程有多么曲折,我们都要前往朝见天子,无愧于我们对大明王朝的忠心。上天保佑讲信用的人,神灵也会帮助有诚信的人。常说胡人(这里指后金)是不诚实、不值得体谅的人,但可以听信我们这些来自遥远之地人的声音。我们离登陆之地还有很远的距离,可我们在大洋里已经漂泊一个月了。我们担负的使命是有时间要求的,但因遭遇风浪已耽搁了许多时间。我们虔诚恭敬地祭祀"三神",希望能得到神灵的扶持,使我们时间紧迫的航程能一帆风顺,快一点到达目的地。我们多次敬献的祭品虽然微薄,但表达了我们的一片诚心。

---

① 〔韩国〕林基中编《燕行录全集》第13册,韩国首尔:东国大学校出版部,2001年,第33~34页。

② 〔韩国〕李忔《雪汀集·卷五》,《韩国文集丛刊·续》第15辑,韩国首尔:韩国民族文化推进会,2006年,第549页。

《祭三神文》中的几个词语："邈邈"，遥远。来自《楚辞·离骚》："抑志而弭节兮，神高驰之邈邈。""弥月"，满月，一个月。"愆期"，失约，误期。来自《易经·归妹》："归妹愆期，迟归有待。""严程"，时间紧迫的路程。"匪"，这里同"非"。"渎"，这里是轻慢、不敬的意思。

《祭三神文》中说到"滞洋弥月"，说在大洋里已经漂泊一个月了。朝鲜进贺、陈奏使一行是八月九日"发船开洋"，进入的大洋。九月十日曾在铁山嘴一带海域"行三神祭"，由此可以推断，这篇《祭三神文》是九月十日在铁山嘴一带海域"行三神祭"时所作。

北汛口祭三神文

自舟北转，帆疾如飞。不曰神乎？祷辄无患。抵彼觉华，此日为期。敬祈毕涉，得力在兹。共图安吉，以竟大德。聊荐菲薄，冀垂阴骘。[①]

《北汛口祭三神文》的内容说，我们的航船转向北行驶之后，一帆风顺，航速如飞。这不是很神奇吗？是我们祈祷了神灵而保佑我们一路平安。今天我们马上要进入觉华岛大洋了。我们再次恭敬地祈祷神灵在北汛口带给我们有力的顺风。神灵带给了我们安全吉祥，帮助我们完成出使使命，这样的大德我们要铭记于心。我们的祭品虽然不多且档次不高，但表达了我们的诚心，请众神降临享用，并默默地给我们赐福。

从祭文题目就可以看出，此祭文是在北汛口"行三神祭"时所作。朝鲜进贺、陈奏使一行在北汛口"行三神祭"是九月十四日，所以此祭文应是九月十四日所作。九月十四日的记载也说到"自此至觉华大海也"，这也和《北汛口祭三神文》中说到的"抵彼觉华，此日为期"相符。"觉华大海"，并不是指觉华岛周围的海域，觉华岛在辽东湾西海岸海域，而北汛口在辽东湾东海岸，相距很远。但两地隔海相望，从北汛口西行可直达觉华岛，所以朝鲜使臣觉得到了北汛口就到了"觉华大海"了。

祭大海神文

伏以盈天地间，德量斯弘。何择何让，巨细毕容。万族攸依，百川所宗。况我贱价，奉表帝庭。百口之命，一苇之航。神其保佑，歆我至诚。[②]

---

① 〔韩国〕李忔《雪汀集·卷五》，《韩国文集丛刊·续》第15辑，韩国首尔：韩国民族文化推进会，2006年，第549页。

② 〔韩国〕李忔《雪汀集·卷五》，《韩国文集丛刊·续》第15辑，韩国首尔：韩国民族文化推进会，2006年，第549页。

《祭大海神文》的内容说，大海充盈在天地之间，您的道德涵养和胸怀气量是无比宏大的。该选择什么，该出让什么，您事无巨细全部都能包容。海中的生灵都依赖您生存，陆地上的江河溪流也都被您容纳。何况我们这些平庸之人，却承担着出使的使命去帝都朝见天子。我们船上这一百多口的生命，犹如一片芦苇在大海中漂荡。我们都依赖您的保佑护航，请享用我们的祭品，接受我们的一片赤诚之心吧。

此《祭大海神文》撰写的时间不得而知，从内容看，应是开洋后不久，八月十七日或八月二十六日"行三神祭"的可能性大一些。祭祀的对象显然是大海神，也就是前面开洋时《祭大海神文》说到的能指挥海神天吴和风神风伯，让"天吴护帆，风伯清尘"的大海神，而这个大海神在当时指的就是天妃(妈祖)。

三、北汛口、山海关"祭天妃"

崇祯二年(1629)的朝鲜进贺、陈奏使一行还有几次专门祭祀天妃(妈祖)的活动，这在《雪汀先生朝天日记》中也有记载，而且李忔诗文集《雪汀集》中还保存有李忔亲自撰写的两段祭文。

《雪汀先生朝天日记》记载：

(九月)十五日丙申，晴，朝东风，夕北风。晓有东风候，与唐船一时(从北汛口)发行，行出海口，因无风下碇。晚有北风候，即挂帆还入前泊处。

十六日丁酉，晓雨朝晴，北风。夕西南风，留泊如昨。

十七日戊戌，晴，西南风，四更头，行天妃神祭。祭罢，有南风候，三船一时发行。出到海口，风似不定，下碇。……食后，风势甚猛，波浪大起，船往如飞。①

"风候"，这里指风向。朝鲜进贺、陈奏使一行九月十四日曾在北汛口举行过"行三神祭"活动，但接下来一连三天却是风向不顺，九月十五日初晓刚刚有点顺风，出了海口，或无风，或逆风，只好"挂帆还入前泊处"，又退了回来。十六日仍是逆风"西南风"。无奈之下，只好求助于当时航海人心目中最大的神灵——天妃(妈祖)，所以就有了十七日的"四更头，行天妃神祭"活动。祭祀天妃(妈祖)之后，却也巧合，迎来了极好的大顺风"风势甚猛""船往如飞"，这也再次加重了朝鲜进贺、陈奏使一行对天妃(妈祖)的迷信。

朝鲜进贺、陈奏使正使李忔亲自撰写祭文：

---

① 〔韩国〕林基中编《燕行录全集》第13册，韩国首尔：东国大学校出版部，2001年，第35～36页。

北汛口祭天妃神文

惟神，德贞生水，驱策诸神。济物曰惠，博施惟仁。曾临樯上，救护唐臣。顾余衔命，朝彼紫宸。备经险艰，阻风淹泊。敢荐菲薄，冀终利涉。①

《北汛口祭天妃神文》的内容说，您是大海中德高望重，能号令驱使海中诸神的神灵。您给予了海中万物和人类恩惠，广泛施舍的唯有仁慈。您曾亲临航船的桅杆之上，解救了在大海中遇险的出使高丽的中国官员。我们一行也是受命出使的人，准备到中国的皇宫去朝见天子。我们一路备受艰难险阻，现在又被逆风阻隔在此地。我们斗胆地准备了微薄的祭品，希望您能享用，并保佑我们顺利地到达航程的终点。

《北汛口祭天妃神文》中的几个词语："曾临樯上，救护唐臣"，来自南宋廖鹏飞所写的《圣墩祖庙重建顺济庙记》，说北宋宣和五年(1123)，"给事中路允迪使高丽，道东海。值风浪震荡，舳舻相冲者八，而覆溺者七。独公所乘舟，有女神登樯竿，为旋舞状，俄获安济"②。"唐臣"，指中国的官员。"紫宸"，唐、宋时皇宫殿名，是当时皇帝接见百官或外国使臣的内朝正殿，这里代指皇宫。"淹泊"，这里是停留、滞留的意思。

《北汛口祭天妃神文》中说天妃(妈祖)能"驱策诸神"，有权利支配其他海神，在前面《祭大海神文》中，说大海神能指挥海神"天吴"、风神"风伯"，让"天吴护帆，风伯清尘"。天妃(妈祖)和大海神都能号令、驱使海中诸神，这说明在明末朝鲜使臣心目中，天妃(妈祖)就是大海神，大海神就是天妃(妈祖)。

据嘉靖四十四年(1565)的《全辽志》卷一《图考》的《复州卫境图》显示，在长生岛(今长兴岛)西边，即北汛口一带有"娘娘庙"。乾隆年间的《四库全书·盛京通志》卷二十五《山川一·复州》记载："娘娘宫山，城西四十里，即天妃宫。"复州城西四十里，也是北汛口的位置。《四库全书·盛京通志》卷九十七《祠祀一·复州》也记载："天后庙，在城西南四十里，正殿三楹，大门三楹。"《四库全书·山东通志》卷二十《海疆志·海运附》还记载："自旅顺西一百一十里至复州天妃宫口。"这个位置，指的也是北汛口。这不仅说明，当时北汛口一带有天妃(妈祖)宫，而且是明清时期海上往来的重要驿站。这一点，清咸丰三年(1853)的《创建天后宫碑》中也有记载，说复州天后宫所在的位置，"地滨大海，虽通(奉天)省之

---

① 〔韩国〕李忔《雪汀集·卷五》，《韩国文集丛刊·续》第15辑，韩国首尔：韩国民族文化推进会，2006年，第549页。

② 蒋维锬、郑丽航辑纂《妈祖文献史料汇编·碑记卷》(第一辑)，北京：中国档案出版社，2007年，第1页。

下游,实舟行之孔道,北通牛口,西通析津,西南通利津、莱州,南通烟台、登州,而东南则茫乎其未有涯矣,(江)苏之沪,浙(江)之宁、慈,福(建)之同安、台湾,岭南之佛岗、厦门,凡商贾之有事于北者,其往来皆必经于此”①。“牛口”,牛庄口岸,指今营口市一带。“析津”,指辽代析津府辖区,今北京城西南一带,辖今天津市辖区。“利津”,山东省利津县,地处黄河口岸。复州娘娘庙地处东北地区海上往来之要冲,海上商贸往来的繁华之地,也可联想到复州娘娘庙香火的兴盛及对朝鲜使臣的影响。

关于复州娘娘庙的情况,据民国《复县志略·祠庙表第四十三》记载,复州娘娘庙建于明朝万历年间。复州娘娘庙,“占地 40 亩,宫内(妈祖)神像用檀香木雕成,造型优美,栩栩如生,并带有机关,触动木钮,神像立即舞动,两侧是侍女塑像。航海路过这里的官吏、学者、商人和船夫等,都来祈求保佑”。朝鲜进贺、陈奏使一行在北汛口举行了专门祭祀天妃(妈祖)的活动,极有可能就是在北汛口天妃(妈祖)宫举行的。

朝鲜进贺、陈奏使一行到达辽东湾西海岸后,由于后金军队十月份侵占了长城以南的遵化及山海关周边的部分地区,他们已不能经觉华岛海域登陆走陆路进入北京了,在辽东湾西海岸滞留了五个多月后,次年(崇祯三年,1630)三月,朝鲜进贺、陈奏使一行只好乘船沿海岸线过山海关海域,绕道天津进北京。

《雪汀先生朝天日记》记载:

(三月)八日戊子,晴,朝,东风大作,早发,向望海亭行娘娘庙祭。稍晚风势稍定,竢汐水出港口外停泊而宿。

九日己丑,朝,阴,东风,稍晚大风且雨,平明行开洋祭,张帆放船西南大海。②

“望海亭”,从《雪汀先生朝天日记》描述的位置看,应在山海关以南。如果联系到望海亭周边有娘娘庙,这个位置应在今山海关以南的石河口处,这里当时有天后宫,即天妃(妈祖)庙。明《嘉靖山海关志》卷七《祠祀七·神祠七之一》也记载:“天妃庙,在南海口关西。国初通海运时所建。主事祁顺记。”说山海关天妃(妈祖)庙是明初所建。“祁顺”,明朝天顺四年(1460)进士,官至江西布政使。祁顺撰写的《山海关天妃庙碑记》,载光绪《永平府志》卷三十六《建置志八·坛庙祠宇下》:

---

① 蒋维锬、郑丽航辑纂《妈祖文献史料汇编·碑记卷》(第一辑),北京:中国档案出版社,2007 年,第 356～357 页。

② 〔韩国〕林基中编《燕行录全集》第 13 册,韩国首尔:东国大学校出版部,2001 年,第 157 页。

天地间海为最钜，海之神天妃为最灵，凡薄海之邦，无不祀天妃者，由能驱变怪，息风涛，有大功于人也。山海关去城南十里许为渤海，汪洋万顷，不见涯矣。海旁旧有天妃祠，相传谓国初时海运之人有遭急变而赖神以济者，因建祠以答神贶。历岁滋久，故址为浪冲击，几不可支，而堂宇隘陋，亦渐颓毁。天顺癸未(1463)太监裴公珰以王事驻山海(关)，谂神之灵，就谒祠下，顾瞻咨嗟，语守臣及其属曰："天妃显应，功利闻天下，而庙貌若兹，非所以崇名祀也，盍撤其旧而新是图?"遂施白金三十两，以倡于众。时镇关兵部主事杨君琚暨参将吴侯得各捐资为助。凡好义者皆致财效力，以后为愧。于是市材僦工，择时兴役，崇旧基而加广焉。为祠前后各三间，坚致华敞，足历永久，其像惟天妃，因旧以加以整饬，余则皆新塑者，复绘众神于壁间，威仪跄跄，森列左右。远近来观，莫不肃然起敬，以为前所未有也。肇工于甲申年(1464)秋七月，落成于冬十月。……

由此可见当年山海关天妃庙的场景及在当地的影响。崇祯二年(1629)的朝鲜进贺、陈奏使一行见到的山海关天后宫，应是明朝天顺年间重建的，可惜的是，山海关天后宫毁于清光绪二十六年(1900)八国联军之手，德军占领山海关后，将天后宫改造为军营。第一次世界大战后，德国战败，山海关天后宫又被英军接管，作为英属印度营的营房。1958 年，山海关天后宫被拆除。今天人们见到的山海关天后宫是 1988 年在原址上重建的。

朝鲜进贺、陈奏使一行在山海关一带举行了两次祭祀活动，一次是三月八日的"向望海亭行娘娘庙祭"，一次是三月九日的"行开洋祭"。"向望海亭行娘娘庙祭"，祭祀的神灵是天妃(妈祖)，朝鲜进贺、陈奏使正使李忔还亲自撰写了《望海亭祭天妃文》。"行开洋祭"，应和在朝鲜起航时的开洋"三神祭"是一致的，祭祀的对象应是"三神"，即"大海神""龙王""风伯"，是以天妃(妈祖)为首的诸多海神。

朝鲜进贺、陈奏使正使李忔撰写的《望海亭祭天妃文》：

望海亭祭天妃文

惟神，昔在唐朝，夙着灵异。神临樯上，以济华使。今值虏警，航此玉帛。神监至诚，护我利涉。[①]

《望海亭祭天妃文》的内容是，您是神，在中国明朝之前，就显露了奇异的神

---

① 〔韩国〕李忔《雪汀集・卷五》，《韩国文集丛刊・续》第 15 辑，韩国首尔：韩国民族文化推进会，2006 年，第 549 页。

功，神奇地降临到了在海中遇险的船只桅杆上，救了出使高丽的宋朝使臣。今天因为遭遇后金军队的侵扰，我们只能乘船到天朝来敬献玉帛。希望您能体察我们的一片诚心，保护我们在大海上顺利航行。

"神临樯上，以济华使"，即前面说到的北宋宣和五年(1123)给事中路允迪出使高丽，海中遇险后脱险的事件。"虏警"，指崇祯二年(1629)十月，皇太极亲率数十万清兵绕道蒙古突破大安口，十一月初连陷遵化等地，直逼明朝京都(北京)，打响了明朝的京都(北京)保卫战。

三月初八日，朝鲜进贺、陈奏使一行乘船起航后，正使李忔还创作有诗作，记下了作者一行登望海楼娘娘庙之后拔锚起航的感受。

三月初八日，望海楼前洋乘船，发向天津

李　忔

自古东藩使，谁登望海楼。
铁山秋系缆，金嘴夜藏舟。
欲问天津路，期枭左谷头。
平生壮游愿，今日薄言酬。①

诗歌的首联"自古东藩使，谁登望海楼"说，自古以来从东方来的藩国的使者，有谁登上过望海楼娘娘庙祭祀过天妃(妈祖)呢？"望海楼"，即《雪汀先生朝天日记》中作者在三月初八日记载的"望海亭"。首联的言外之意是，朝鲜进贺、陈奏使李忔一行是第一批登上过望海楼娘娘庙祭祀天妃(妈祖)的朝鲜使团，说明了李忔一行对天妃(妈祖)神灵的迷信与尊崇。

颔联"铁山秋系缆，金嘴夜藏舟"说，我们一行人去年秋天曾在铁山嘴停泊过，我们的航船明天晚上还要到金山嘴停泊。"金山嘴"，在山海关与天津的航道之间，下面还会说到。

颈联"欲问天津路，期枭左谷头"说，要问到天津的航路怎么走，期望连夜间都能辨明方向的枭在船头上引领着我们。"枭"，猫头鹰，听觉非常灵敏，能在伸手不见五指的黑暗环境中觅食。

尾联"平生壮游愿，今日薄言酬"说，我们有着一生要壮游天下的意愿，现在有了这样一个好的机会，应该感谢上苍啊。"薄言"，谦辞，人微言轻之意。尾联与首联相扣，说应感谢天妃(妈祖)，让我们一行人在大海中壮游。全诗表达的

---

① 〔韩国〕李忔《雪汀集·卷五》，《韩国文集丛刊·续》第15辑，韩国首尔：韩国民族文化推进会，2006年，第469页。

是作者一行人对天妃(妈祖)的迷信与尊崇,尾联则是表达了作者一行人对天妃(妈祖)的感谢和新的期盼。

朝鲜进贺、陈奏使正使李忔还有一首《舟次金山嘴,次李星山韵》诗,诗中说到的"天妃庙",即望海亭娘娘庙。

舟次金山嘴,次李星山韵

李　忔

半岁淹关路,春风鬓欲丝。
停云望在眼,青草梦生池。
解缆天妃庙,乘槎谷雨时。
中流思击楫,谁任国安危。

又

溟涨天疑窄,潮生地欲开。
危樯凌涬海,惊浪吼风雷。
萧寺闻浮叶,天津试渡杯。
遥怜故乡月,照我独徘徊。①

"金山嘴",《雪汀先生朝天日记》记载:

(三月)九日己丑……张帆放船西南大海,接天无际矣。行数百里逢风雨,波浪如山,仅得停泊于近岸崖渚,地名金山嘴。②

以上记载说明,金山嘴在山海关望海亭娘娘庙南数百里处。据《雪汀先生朝天日记》记载,朝鲜进贺、陈奏使一行于三月十日四更就离开了金山嘴。所以,此诗只能是作于崇祯三年(1630)三月九日。"李星山",朝鲜进贺、陈奏使制述官。制述官主要负责使团文字方面的工作,类似今天的文字秘书。进贺、陈奏使正使李忔在北京去世后,《雪汀先生朝天日记》后半部分,即《雪汀先生朝天日记》卷三,系李星山撰写。③

《舟次金山嘴,次李星山韵》共两首。第一首首联"半岁淹关路,春风鬓欲丝",意思是说,从(去年九月)到了山海关算起,在山海关已经滞留了半年时间,

① 〔韩国〕李忔《雪汀集·卷五》,《韩国文集丛刊·续》第15辑,韩国首尔:韩国民族文化推进会,2006年,第469页。

② 〔韩国〕林基中编《燕行录全集》第13册,韩国首尔:东国大学校出版部,2001年,第157页。

③ 〔韩国〕林基中编《燕行录全集》第13册,韩国首尔:东国大学校出版部,2001年,第186页。

现在已是春风荡漾的季节了，可我们还没有到达北京，完成出使使命，郁闷忧愁之情使两鬓都增添了白发。“淹”，这是淹留、滞留的意思。“鬓欲丝”，应是借用了中国唐朝诗人许彬《题故李宾客庐山草堂》里的“愁多鬓欲丝”的意境。

颔联“停云望在眼，青草梦生池”，意思是说，望着天空中凝聚不散的云朵，想起了中国古代诗人陶渊明思念亲人的《停云》一诗，也记起了中国古人谢惠连的“池塘生春草”的传说。《停云》是东晋末年著名诗人陶渊明的一首四言古诗，是为思念亲友而作的，作者在序中说到此诗的主题是“思亲友也”。“池塘生春草”，来自《南史》卷十九《谢惠连传》：“子惠连，年十岁能属文，族兄灵运嘉赏之，云：‘每有篇章，对惠连辄得佳语。’尝于永嘉西堂思诗，竟日不就，忽梦见惠连，即得‘池塘生春草’，大以为工。常云‘此语有神功，非吾语也’。本州岛辟主簿，不就。”唐代著名诗人李白在《赠从弟南平太守之遥二首之一》中也有诗句：“梦得池塘生春草，使我长价登楼诗。”

颈联“解缆天妃庙，乘槎谷雨时”，意思是说，我们在山海关望海亭娘娘庙解缆起航的时候，正值谷雨时节。“谷雨”，中国二十四节气之一，在清明节之后。作者一行三月九日“行开洋祭”拔锚起航，应是过了清明节，还未到谷雨，作者这里说谷雨时节解缆起航，应是下一个节气是谷雨的意思。

尾联“中流思击楫，谁任国安危”，意思是说，乘坐在航船上，又想起了当年祖逖中流击楫，誓死平定中原的故事，现在中国大明王朝和朝鲜都遭到了后金军队的入侵，谁又能像当年祖逖一样中流击楫，驱逐敌寇入侵呢？“中流击楫”，载《晋书・祖逖传》：“逖将其部曲百余家渡江，中流，击楫而誓曰：‘祖逖不能清中原而复济者，有如大江！’”说祖逖手敲船桨发誓说：“祖逖此去，若不能平定中原，驱逐敌寇，则如这滔滔江水，一去不返！”

《舟次金山嘴，次李星山韵》第二首首联“溟涨天疑窄，潮生地欲开”，意思是说，茫茫的大海与天相连，给人的感觉就像天空变小了一样，大海涨潮退潮的时候，就像是大地开裂把海水吞并和吐出一样。“溟涨”，泛指大海。

颔联“危樯凌浡海，惊浪吼风雷”，意思是说，我们的航船在大海中航行，多次遭遇到惊涛骇浪和风雨雷鸣。“危樯”，船上高耸的桅杆，这里代指航船。唐代著名诗人杜甫《旅夜书怀诗》：“细草微风岸，危樯独夜舟。”

颈联“萧寺闻浮叶，天津试渡杯”，意思是说，我们曾在寺院一起听过经书，现在又要赶到天津携带着贡品去北京朝贡了。“萧寺”，寺院。唐李肇《唐国史补》卷中：“梁武帝造寺，令萧子云飞白大书‘萧’字，至今一‘萧’字存焉。”后因称佛寺为萧寺。“浮叶”，应是“佛页”之误。古代印度在纸张发明之前，曾经将经文写在树叶上。“渡杯”，即“杯渡”，亦作“杯度”，泛指僧人云游所携之物。这里应指朝鲜使臣携带的给大明皇帝的礼品。南朝梁《高僧传·神异·杯渡》记载，晋宋时僧人，不知姓名，相传其常乘一木杯渡河，因号曰“杯渡”。

尾联“遥怜故乡月，照我独徘徊”，意思是说，我徘徊在船头，怀念故乡，遥望故乡的明月。尾联也照应了第一首诗的颔联“停云望在眼，青草梦生池”，把作者以国事为重，又时时不忘故乡亲人的爱国思乡情怀糅合在了一起。

朝鲜进贺、陈奏使一行在山海关一带停留期间，正使李忔还作有《大殿春帖》一诗，说到了天妃(妈祖)。

大殿春帖

李　忔

天时推岁首，风化颂驺虞。
共喜三阳进，旋瞻万物苏。
天妃调玉屑，王母下仙区。
桂掖崇呼罢，千官醉禁壶。[①]

《大殿春帖》首联“天时推岁首，风化颂驺虞”，意思是说，计算天时首推每年的第一天，即大年初一，谈到民风民俗时都要颂赞仁兽驺虞。“驺虞”是古代传说中的仁兽，生性仁慈，连青草也不忍践踏，只有枯死了才去吃。“驺虞”最早载于《山海经·海内北经》：“林氏国有珍兽，大若虎，五彩毕具，尾长于身，名曰驺虞，乘之日行千里。”

颔联“共喜三阳进，旋瞻万物苏”，意思是说，春节是三阳开泰的日子，大家都很高兴，瞻望周边万物都开始复苏了。“三阳”，指春节，一年之始，开始了天地和美、万物生发的鸿泰景象。人们多用“三阳开泰”作为新春祝福。

颈联“天妃调玉屑，王母下仙区”，意思是说，“三阳”来临这一天，天妃(妈祖)娘娘开始忙着调制救人的仙药了，王母娘娘也降临到人间来视察了。“玉屑”，玉的碎屑，这里指仙药，或玉屑做的饭，食之可无疾。《三国志·魏书·卫觊传》：“昔汉武信求神仙之道，谓当得云表之露以餐玉屑，故立仙掌以承高露。”

尾联“桂掖崇呼罢，千官醉禁壶”，意思是说，大殿里祝福新年的欢呼声结束之后，众多的官员开始尽情畅饮，一醉方休。“桂掖”，月宫里的宫殿。这里指官员们饮酒的大殿，照应诗的题目。

崇祯三年(1630)正月初一，朝鲜进贺、陈奏使一行的活动情况，《雪汀先生

① 〔韩国〕李忔《雪汀集·卷五》，《韩国文集丛刊·续》第15辑，韩国首尔：韩国民族文化推进会，2006年，第463页。

朝天日记》中有这样的记载：

三年庚午正月初一日，辛巳，晴，晓头往参望阙礼，礼毕，阁部以下诸将官皆诣庙堂行礼，回即封门，不得岁拜，以俟来日。江差官来见，曰节日故来拜。请入叙话。……千里做客阻滞两月，又逢新春客怀，如何如何。①

“望阙”，仰望宫阙，比喻怀念天子。当时周边战事正紧，故驻守的将领“不得岁拜”，相互拜年问候。朝鲜进贺、陈奏使一行在山海关一带滞留了两个月不能进京，又逢传统的春节，其心情可想而知。但在此时，朝鲜使臣仍能想到解急救难的天妃（妈祖），也说明天妃（妈祖）在明末朝鲜使臣心目中的重要位置。

四、天津赋诗颂天妃：“庙宇起城东，天妃俨仪设”

朝鲜进贺、陈奏使李忔一行于崇祯三年（1630）三月乘船到达天津后，在天津娘娘庙也举行了祭祀天妃（妈祖）的活动，《雪汀先生朝天日记》记载：

（三月）十五日乙未，晴，东南风，未明发船。申时到泊（天津）衙门城东门外，舳舻迷津，行船甚难。止此为卸下之计。

十六日丙申，晴……下陆宿于娘娘庙后廊，馆宇甚宏矣。

十七日丁酉，晴……道流焚香上馔于天妃前，吾亦参拜烧香，观者皆喜。东西殿阁塑像，塑像皆海洋诸神云，不知其数，崇奉之严，祀事之烦，无如此庙矣。②

“道流”，道士之辈。这里指道士或道教信徒。

《雪汀先生朝天日记》的记载，既说明天津城东门外的天妃（妈祖）娘娘庙非常宏伟，也说明供奉的海神很多。天妃（妈祖）娘娘庙供奉其他的“海洋诸神”“不知其数”，说明这么多的“海洋诸神”都是在天妃娘娘的统领之下，这也与前面介绍的天妃（妈祖）娘娘“主兹四渎，而龙王佐之”的身份相符。该记载也说明，天津天妃（妈祖）娘娘庙的祭祀活动气氛庄严、仪式繁缛，是其他地方的天妃（妈祖）娘娘庙不能相比的。

天津娘娘庙，即天津天后宫，元代称天妃宫，《元史·本纪第三十》载：元泰定三年（1326）“作天妃宫于海津镇”。“海津镇”，系天津最早见诸文字的地名。《大清一统志》卷十七《天津府·祠庙》记载：“天妃宫，在天津县东门外。《元史》：‘泰定三年，作天妃宫于海津镇’。即此。”前面说到，清代康熙二十三年

① 〔韩国〕林基中编《燕行录全集》第13册，韩国首尔：东国大学校出版部，2001年，第100页。

② 〔韩国〕林基中编《燕行录全集》第13册，韩国首尔：东国大学校出版部，2001年，第159～160页。

(1684),因加封天妃(妈祖)为"护国庇民妙灵昭应仁慈天后",天妃(妈祖)改称"天后",所以,天津天妃宫也改称天津天后宫。天津天后宫是中国北方最大的妈祖庙,与福建湄洲妈祖庙、台湾北港朝天宫并称为中国三大妈姐庙。据专家考证,"天津天后宫是我国第一座由皇帝敕令兴建的妈祖官方庙宇"[①]。

天津娘娘庙原称大直沽天妃灵慈宫,始建于元朝海运的兴盛时期。据地方志记载,大直沽天妃宫建于元代延佑年间(1314—1320),被称为"天津第一庙"。《元史·志第二十七上·祭祀五》记载:"凡名山大川、忠臣义士在祀典者,所在有司主之。惟南海女神灵惠夫人,至元中,以护海运有奇应,加封天妃神号,积至十字,庙曰:'灵慈',直沽、平江、周泾、泉、福、兴化等处皆有庙,皇庆以来,岁遣使赍香遍祭。"祭文的格式和名称也由皇家统一制定:"祝文云:'维年月日,皇帝特遣某官等致祭于护国庇民广济福惠明著天妃。'"天津天妃灵慈宫排在皇家祭祀天妃(妈祖)活动的首位,除了距离元大都最近外,也可看出当时的地位和影响。大直沽天妃灵慈宫落成后不久因遭火灾被焚。之后在三叉河口以下的海河西岸另建一座天妃庙。元代泰定三年(1326)又重建大直沽天妃庙,于是有了东娘娘庙、西娘娘庙之称。据专家依据遗址考证,当时的大直沽天妃庙"天后宫坐西朝东,面对海河,占地面积5352平方米,建筑面积1655平方米。其建筑群由戏楼、幡杆、山门、牌楼、前殿、正殿、藏经阁、启圣祠,以及分列南北的钟鼓楼、配殿和张仙阁组成"[②]。明《嘉靖河间府志》卷三《建置志·古迹·静海县》记载:"天妃宫,一在大直沽,一在小直沽,永乐(1403—1424)初成祖皇帝亲驾渡此,祈福获应。宣宗(1426—1435)皇帝征乐安州,赐金幡二。正统十年(1445)漕运右参将都指挥使汤节重建。"由此也可见天津娘娘庙在明代的影响。大、小直沽均在静海县境内,2015年撤静海县,为天津市静海区。大直沽天妃庙于明万历六年(1578)重修,朝鲜进贺、陈奏使李忔一行在天津见到的"娘娘庙",应是重修后的大直沽天妃庙。重修后的大直沽天妃庙当时应悬挂有万历年间地方官员题写的匾额:万历元年(1573),"右卫指挥候选巡抚部院关中杨兆"书写的"护国保民";万历十八年(1590),"右卫指挥候选巡抚袁应兆"书写的"宇宙精灵";万历三十七年(1609),"钦差督理通惠河道部郎协李升基"书写的"资生锡类"。[③] 这些明朝地方要员颂扬天妃(妈祖)的匾额,及明朝前朝皇帝对大直沽天妃庙的重视和眷顾,也必定对远道而来的朝鲜使臣一行产生较大影响。

---

① 董季群著《天津天后宫》,天津:天津人民出版社,2012年,第10页。

② 董季群著《天津天后宫》,天津:天津人民出版社,2012年,第13页。

③ 刘福铸、蒋维锬辑纂《妈祖文献史料汇编·匾联卷·匾额编》,北京:中华档案出版社,2009年,第4~5页。

但明末朝鲜使臣见到的大直沽天妃庙，历经清末八国联军入侵，军阀混战，及民国时期的大水和地震，“文化大革命”的动乱，1976 年的大地震，使曾显赫一时的天津天后宫面目全非。20 世纪 80 年代，天津市人民政府在大直沽天妃庙原址处重建了天津天后宫，并作为天津首家遗址类博物馆“元明清天妃宫遗址博物馆”。2005 年，天津天后宫被天津市人民政府列为特殊保护等级历史风貌建筑，这不仅肯定了天津天后宫的历史地位和影响，也是对中国传统文化——妈祖文化的一种认可和传承。

朝鲜进贺、陈奏使一行在天津停留期间，正使李忔还作有五言古诗《天津歌，赴京时制》，其中就有颂扬天津娘娘庙的诗句：

天津歌，赴京时制(节选)

李　忔

庙宇起城东，天妃俨仪设。
唐朝效灵异，至今神未沬。
海若随指嗾，龙王作喉咽。
风伯暨雨师，维时顺箕毕。
龙骧几万斛，皆赖神阴骘。
军国保无虞，享祀宜豊洁。
粃粃道流辈，峨冠荐芬苾。
此实报本意，至诚非虚末。①

“庙宇起城东，天妃俨仪设”，意思是说，天津娘娘庙坐落在天津城的东边，庙里设有天妃娘娘的塑像，仪表庄重美艳。“俨仪”，庄重而美艳的仪表、容貌。“俨”，既有庄重的意思，如俨然，也有美貌艳丽的意思，如《诗经・陈风・泽陂》：“有美一人，硕大且俨。”这里二者意思皆有。

“唐朝效灵异，至今神未沬”，意思是说，天妃娘娘在明朝之前的朝代里就显示出了神奇的威力，现在仍然神力未减。“唐朝效灵异”，指的是作者前面说到的“昔在唐朝，夙着灵异。神临樯上，以济华使”，说天妃娘娘曾救了在海中遇险的出使高丽的北宋使臣给事中路允迪。“沬”通“末”，竭，终止。《楚辞・离骚》：“芳菲菲而难亏兮，芬至今犹未沬。”

“海若随指嗾，龙王作喉咽”，意思是说，东海的海神海若听从天妃娘娘的指

① 〔韩国〕李忔《雪汀集・卷五》，《韩国文集丛刊・续》第 15 辑，韩国首尔：韩国民族文化推进会，2006 年，第 474 页。

使，海龙王是天妃娘娘的传声筒，按照天妃娘娘的旨意下达各种指令。“指嗾”，指使。“作喉咽”，传声筒的意思。

“风伯暨雨师，维时顺箕毕”，意思是说，无论风神风伯还是雨神雨师，都要顺从天妃娘娘当时的指令兴风布雨。“维时”，斯时，当时。“箕毕”，箕与毕为两星宿名，据传箕星主风，毕星主雨。这里是兴风布雨的意思。

“龙骧几万斛，皆赖神阴骘”，意思是说，在大海中行驶，无论多么大的船只，都需要天妃娘娘默默地保护。“龙骧”，古代武官的名号，晋代龙骧将军王浚为伐吴曾造大船，后也借指大船，这里也指大船。宋代苏轼《大风留金山两日》诗：“龙骧万斛不敢过，渔舟一叶从掀舞。”“斛”，古代量器名，也是容量单位。《汉书·律历志》：“十升为斗，十斗为斛。”一斛原为十斗，明代时已改为一斛为五斗。“龙骧几万斛”，这里形容航船之大。

“军国保无虞，享祀宜豊洁”，意思是说，天妃娘娘也保佑着国家和军队，所以供奉给天妃娘娘的祭品要洁净、丰盛。

“兟兟道流辈，峨冠荐芬苾”，意思是说，天妃娘娘庙内有很多道士，衣冠整齐，在这里给天妃娘娘上香，香气四溢。“兟兟”，这里形容庙里的道士众多。“峨冠”，高冠，这里指道士的帽子。“芬苾”，芳香。《荀子·礼论》：“五味调香，所以养口也；椒兰芬苾，所以养鼻也。”

“此实报本意，至诚非虚末”，意思是说，我们来到天妃娘娘庙“参拜烧香”，是来表达我们内心真实的想法，表达我们对天妃娘娘庙的赤诚之心，没有任何的虚假成分。

以上节选的《天津歌，赴京时制》部分诗句，主要赞美了天妃娘娘（妈祖）默默地护佑着在大海中航行的船只，拯救了许多遇险人员的生命。《天津歌，赴京时制》还说天妃娘娘具有主宰大海的超强威力，海神海若、海龙王、风神风伯、雨神雨师等都得听从她的调遣。作者对天妃娘娘（妈祖）这样的一种认识，与作者在《祭大海神文》中说到的大海神能指挥海神、风神，使“天吴护帆，风伯清尘”是完全一致的，这也再次说明，在明末朝鲜使臣心目中，天妃（妈祖）就是大海神。《天津歌，赴京时制》同时描绘了天津天妃娘娘庙香火的兴盛，也表达了朝鲜使臣一行人对天妃娘娘（妈祖）的尊崇和虔诚。

朝鲜进贺、陈奏使正使李忔还作有一首《海上抒怀》诗，虽未说到天妃（妈祖），但诗中表达了作者出使明朝在海上航行一帆风顺，要感谢上苍的意愿，并希望能升到天上，到“织女宫”去表达自己的谢意。联系到上面作者的祭文、诗歌内容，这里的“织女宫”，也应是天妃在天上的住所。

海上书怀

李　忔

泛泛仙槎东海东，往来惟信一帆风。
身如水鸟凌千顷，心逐浮云在半空。
博望封侯何足道，君平观象亦无从。
何缘直上银河去，探得支机织女宫。[①]

《海上抒怀》首联“泛泛仙槎东海东，往来惟信一帆风”，意思是说，我们朝鲜使臣航船来自东海的东海岸，在大海上漂浮往来能够一帆风顺，靠的是对神灵的一片诚信。“仙槎”，神话中往返于海上和天河之间的木筏。这里指朝鲜使臣乘坐的船只。“泛泛”，漂浮。《诗经·小雅·采菽》：“泛泛杨舟，绋纚维之。”

颔联“身如水鸟凌千顷，心逐浮云在半空”，意思是说，我们的航船在海面上像水鸟一样凌驾于千顷碧波之上，我们的心也会随着浮云飘荡在半空，自由自在，无所牵挂。

颈联“博望封侯何足道，君平观象亦无从”，意思是说，当年出使西域的张骞被封为博望侯，不值得称道；唐代著名诗人李白赞扬的严君平能观测天象，知道天河在哪里，可我们不知道怎么去得了天河。“博望封侯”，指出使西域的西汉外交家张骞，归国后因攻打匈奴立功，被封为博望侯。“君平观象”，来自李白《古风》第十三首《古风·君平既弃世》，诗中赞扬了西汉道学家严君平超凡脱俗的人生态度和高超的占卜技艺，其中“安知天汉上，白日悬高名。海客去已久，谁人测沉冥”句，说天上仙界都知道严君平的名字，他能预测出海客去了天河。

尾联“何缘直上银河去，探得支机织女宫”，意思是说，我们怎么才能到达天上的银河，去找到有支机石的织女宫呢？言外之意，是要去感谢帮助他们在大海中能“一帆风”、平安无事的仙女。“支机”，指支机石。宋代潘自牧撰《记纂渊海》卷二：“有人寻河源，见妇人浣纱，问之，曰：‘此天河也。’乃与一，石而归。问严君平，君平曰：‘此织女支机石也。’”

本诗虽然没有说到天妃（妈祖），但作者在上面其他的诗文里，凡是谈到帮助他们一行人在大海中能一帆风顺并平安无事的，反复要感谢的主要对象就是天妃（妈祖）。作者在这首诗里，要感谢的是带来“一帆风”的天上的仙女，结合我们下面说到的同年出使明朝的崇祯二年（1629）的朝鲜赍敕使正使崔有海（号默守）的唱和诗里，就把庙岛的天妃（妈祖）宫比作了天上的“织女宫”，所以，我

---

① 〔韩国〕李忔《雪汀集·卷五》，《韩国文集丛刊·续》第15辑，韩国首尔：韩国民族文化推进会，2006年，第507页。

们可以肯定地说，作者在诗中说到的要到银河“织女宫”寻找仙女表达谢意的对象就是天妃（妈祖）。

朝鲜进贺、陈奏使李忔一行于崇祯三年（1630）三月二十四日入住北京玉河馆。到达北京后，朝鲜进贺、陈奏使正使李忔一病不起，六月初九日，病逝于北京，其他人员返程时，八月二十四日在辽东铁山嘴海域遇风，“风势极烈，层波山立”，“行李船粮，或拯或溺”，船只无法航行，只得“望鼍矶岛（砣矶岛）行船”，登陆登州，向登莱巡抚“乞讨船只、船粮”。后来在登莱巡抚的帮助下，于崇祯三年（1630）十月十八日到达朝鲜“石多山下陆”，得以返回朝鲜。①

五、庙岛颂天妃庙：“庭树香飘得月枝”

崇祯二年（1629）的朝鲜贲敕使正使崔有海一行因没有日记式的《燕行录》（《朝天录》）传世，所以，航程沿途祭祀天妃（妈祖）等诸海神的具体情况不得而知，但根据明末朝鲜使臣航海的惯例，及崔有海传世的诗歌，还是可以得知，崇祯二年（1629）的朝鲜贲敕使也举行了祭祀海神的活动，贲敕使正使崔有海和明末的其他朝鲜使臣一样，对天妃（妈祖）神灵也非常迷信并赞誉有加。

贲敕使正使崔有海传世的《默守堂集》中有《东槎录》二卷，《东槎录》卷之一，录载了出使明朝期间写的诗歌。卷之二是崔有海与明朝官员、文人之间往来的文稿。《东槎录》卷之一的第一首诗歌《致祭后登船》，记载的就是祭祀海神之后的天气情况及自己的心情。

致祭后登船

崔有海

祭罢高坛后，天心似感通。
祥星明彩动，沧海镜光空。
把酒三更月，张帆万里风。
终南何处是，迢递五云中。②

《致祭后登船》，从诗歌的题目看，结合当时出海远航前的惯例，崇祯二年（1629）的朝鲜贲敕使一行祭祀的对象显然是海神。参照前面崇祯二年（1629）的朝鲜进贺、陈奏使李忔一行起航前的祭祀情况看，祭祀的应是“三神”，即“大

① 〔韩国〕林基中编《燕行录全集》第13册，韩国首尔：东国大学校出版部，2001年，第207～208、211页。
② 〔韩国〕林基中编《燕行录全集》第17册，韩国首尔：东国大学校出版部，2001年，第534页。

海神”“龙王”“风伯”，而“大海神”指的就是天妃(妈祖)。

诗歌的首联“祭罢高坛后，天心似感通”，说在高坛上举行了祭祀活动之后，神灵已经感受到我们的诚意了，或已经接收到我们的祭品了。赍敕使一行在高坛上举行活动，无论是临时搭建的高坛，还是海边原来就有的祭祀高坛，都说明崇祯二年(1629)的朝鲜赍敕使一行的祭祀活动是隆重而又虔诚的。“天心似感通”，说明作者一行祭祀的对象，位列首位的是在大上的神灵。而在明末朝鲜使臣心目中，天妃娘娘(妈祖)就是居住在天上的，下面说到的作者一首赞美庙岛天妃庙的诗歌，也说天妃娘娘(妈祖)是来自于天上的。这也可以说明，崇祯二年(1629)的赍敕使一行起航前的祭祀对象，包括天妃娘娘(妈祖)在内，并把天妃娘娘(妈祖)放在首位。

颔联“祥星明彩动，沧海镜光空”，说夜空星光闪耀，大海风平浪静如同镜面。这里一是交代时间，说明祭祀活动是在夜间举行的；二是说明祭祀后的天气情况，照应首联“天心似感通”，把风平浪静归功于祭祀的结果。

颈联“把酒三更月，张帆万里风”，说半夜三更时，举着酒杯，将美酒奉献给神灵，并拔锚张帆乘风起航。这里也说明起航时应是顺风，感谢神灵带来的一帆风顺。“张帆万里风”，也有乘风万里的意思。

尾联“终南何处是，迢递五云中”，说哪里是帝王居住的地方呢？是在很远的五色瑞云环绕的地方。“终南”，指终南山。但作者这里借用了《诗经·秦风·终南》诗中的“终南何有”句，代指君王居住的地方。“迢递”，同“迢遰”，很远的样子，千里迢迢。“五云”，五色瑞云，多作吉祥的征兆，也借指皇帝所在地。尾联仍是感谢并祈求神灵把作者一行护送到出使的目的地——明朝帝王居住的地方。

除了这首《致祭后登船》的诗外，作者还有一首《行祭后发船》，排在《泊广鹿岛》诗之后，《三山岛》诗之前，说明崇祯二年(1629)的朝鲜赍敕使一行在广鹿岛停泊期间也举行了祭祀活动。虽说从诗歌的内容看不出祭祀的具体对象，但诗中有“日耀龙鳞翻九万，天垂鹏翼击三千。云收北塞山形壮，浪息东溟锦缆牵”的诗句[①]，下海能驱使海龙王，上天能指挥大鹏鸟，能使“云收”“浪息”的，在当时朝鲜使臣心目中唯有天妃(妈祖)，由此也可以判断，明崇祯二年(1629)的朝鲜赍敕使一行沿途祭祀的对象仍是天妃(妈祖)。

崇祯二年(1629)的朝鲜赍敕使一行返程时，在隍城岛遭遇风浪，正使崔有海与其属下卞献有一组唱和诗《皇城岛阻风》，卞献的原唱诗首联“樯影微微落

① 〔韩国〕林基中编《燕行录全集》第17册，韩国首尔：东国大学校出版部，2001年，第540页。

远波，迎神斋祭望非他”，意思是说，望着大海中远去的航船上的桅樯越来越小了，渐渐消失在远方的波涛中，我们一行在隍城岛斋戒祭祀、迎接神灵降临，没有别的奢望，只是希望一帆风顺，路途平安。《皇城岛阻风》没有说到祭祀对象，但前面介绍过，隍城岛有供奉天妃（妈祖）的庙宇，下面还要说到，隍城岛的佛教寺院海潮寺也供奉天妃（妈祖），所以，朝鲜赍敕使一行返程在隍城岛的祭祀活动，也应包括天妃（妈祖）在内，甚至主要是祭祀天妃（妈祖），或把天妃（妈祖）放在首位。

前面说到，天启六年（1626）的朝鲜冬至兼圣节使一行路经庙岛时，正使金尚宪与寓居登州的文人吴大斌有多首诗歌唱和，其中一首是《庙岛停舟》，诗歌赞颂了庙岛天妃（妈祖）庙及天妃（妈祖）。崇祯二年（1629）的朝鲜赍敕使正使崔有海也有一首《庙岛停舟》的唱和诗。

次《次晴川〈庙岛停舟〉韵》

崔有海

庙岛东瞻有小祠，明灵玄化赞天时。
星槎人载支机石，庭树香飘得月枝。
日毂上波金宛转，雪山撑地玉参差。
仙区相对倾肝胆，笛里还愁远别离。①

崔有海在自己出使明朝期间创作的诗歌结集《东槎录》中，录载了金尚宪的和答诗《次晴川〈庙岛停舟〉韵》，但没有录载吴大斌的原唱诗《庙岛停舟》。虽说崔有海在登州期间与吴大斌多有接触，《东槎录》也录载了崔有海与吴大斌之间的多首唱和诗，之所以没有录载吴大斌的《庙岛停舟》，说明崔有海没有参与吴大斌的《庙岛停舟》唱和，只是在看到金尚宪的和答诗《次晴川〈庙岛停舟〉韵》后，对金尚宪的《次晴川〈庙岛停舟〉韵》作了和答。当然，崔有海应是在吴大斌处见到的金尚宪的《次晴川〈庙岛停舟〉韵》，之所以在吴大斌与金尚宪的多首唱和诗中选中《庙岛停舟》，应是非常欣赏他们的原唱及和答，故再次作和答。

崔有海和答诗的首联“庙岛东瞻有小祠，明灵玄化赞天时”，意思是说，在庙岛的东部瞻仰过一座祠庙，它传递着圣明神灵的圣德教化，辅佐着上天的正义。“小祠”，指的就是庙岛东部的天妃庙。金尚宪的和答诗首联是“澹云轻雨小姑祠，佳菊衰兰八月时”。“小姑祠”，即天妃庙。“明灵”，圣明神灵。“玄化”，圣德教化。“赞”，赞助，辅佐。《小尔雅·广诂》：“赞，佐也。”

---

① 〔韩国〕林基中编《燕行录全集》第17册，韩国首尔：东国大学校出版部，2001年，第553页。

颔联“星槎人载支机石，庭树香飘得月枝”，意思是说，天妃庙里仙女织机的支机石是用天河里的船运过来的，天妃庙庭院里飘满香气的桂花树也是移植自天上月宫的枝条。颔联也是照应金尚宪的颔联“机石近依牛女渚，桂花低映广寒枝”，以说明庙岛天妃庙是一个仙女经常光顾的场所，这里说的仙女就是天妃（妈祖）。“星槎”，往来天上和人间的木筏、船。“支机石”，仙女（织女）放织机的石块。“星槎”“支机石”，最早的记载来西晋张华的《博物志》，南北朝时期宗懔编写的《荆楚岁时记》，其中有“张骞乘槎”的典故，说汉武帝派张骞出使西域，张骞来到黄河源头，乘竹筏来到一城，见一室内有女子织布，又见一男子牵着牛在河边饮水。张骞问：“这是什么地方?”那人说：“你可以回去问严君平。”又赠予他一块支机石让他带回。张骞归来后到蜀地询问严君平，严君平说：“某年某月，一客星侵犯牛郎、织女二星。”计其年月日，正是张骞到天河的时间。那块支机石，后来被东方朔认出。朝鲜使臣金尚宪、崔有海之所以将庙岛天妃庙与“星槎”“支机石”联系在一起，主要还是认为天妃（妈祖）就是来自上天的仙女。

颈联“日毂上波金宛转，雪山撑地玉参差”，意思是说，在庙岛观看大海日出，太阳冲出波涛，阳光照耀着海面，波纹宛如金色的绳索；潮水堆起的浪花形似雪山支撑着大地，就像白玉做成的笙箫。“日毂”，指太阳。宛转，即缠弓的绳子。《尔雅·释器》：“有缘者谓之弓。”晋代郭璞《注》：“缘者，缴缠之，即今宛转也。”郝懿行《义疏》：“宛转，绳也。”“玉参差”，镶玉的无底排箫。唐代诗人杜牧《望少华》诗之三有：“好伴羽人深洞去，月前秋听玉参差。”

尾联“仙区相对倾肝胆，笛里还愁远别离”，意思是说，在庙岛这个仙人居住的地方（指天妃庙），结识了吴大斌等登州友人可以互倾衷肠，恨不得永不分离，但我们分属两国，有重洋阻隔，终是要分离的，所以从笛声里也能听出离别的愁苦。

崔有海对金尚宪《次晴川〈庙岛停舟〉韵》的和答，表达了两个主题，一是颂扬了庙岛天妃来自上天，辅佐着上天在人间传递着圣德教化；二是歌颂了心心相通的中朝（韩）友谊，全诗也反映了明末朝鲜使臣对妈祖等中国传统文化的高度认同。

由于当时天妃（妈祖）文化在沿海地区的巨大影响力，从明代中叶开始，中国沿海地区的许多佛教寺院为争取信众，也供奉天妃（妈祖）。崇祯二年（1629）的朝鲜赍敕使正使崔有海和其属下卞献的一组唱和诗，也可以看出天妃（妈祖）文化在佛教寺院的影响。

赠海潮寺宝上人

崔有海

竹杖寻僧石路遥，莲经绮语度寒宵。
神清东岳千层雪，杯渡南溟万里涛。
钵吐片云龙听法，锡悬明月鹤盘霄。
慈悲神力应弘济，愿靖妖氛补圣朝。①

敬次《赠海潮寺宝上人》

卞 献

攀援石磴入云遥，上透玄关几度宵。
鹫岭飞来临海岸，龙宫出没隐风涛。
灯明日月流金偈，玉帝天妃降紫霄。
摧伏波旬神力在，三千世界属皇朝。②

《赠海潮寺宝上人》一诗，原唱崔有海。原唱诗首联“竹杖寻僧石路遥，莲经绮语度寒宵”，意思是说，作者一行拄着竹杖，沿着石路走了很远的路，才来到海潮寺。住持宝上人在讲经，其美妙的话语陪伴我们度过了一个寒冷的夜晚。“莲经”，佛教《妙法莲华经》的简称，这里指佛经。“绮语”，美妙的话语。苏轼《登州海市》诗：“新诗绮语亦安用？相与变灭随东风。”

原唱诗颔联“神清东岳千层雪，杯渡南溟万里涛”，意思是说，隍城岛被层层大雪覆盖，使人心神清朗。海潮寺住持宝上人就像当年的神僧杯渡一样踏着万里波涛来到了隍城岛海潮寺。“东岳”，本指东岳泰山，这里借指山东半岛，具体指隍城岛。“神清东岳”，山东半岛充满着仙家气息，这里也指隍城岛是仙岛。“杯渡”，指南北朝时期的一个僧人，常常凭借一只木制杯子渡河，所以都称他为杯渡。“南溟”，语出《庄子·逍遥游》：“南溟者，天池也。”这里指大海。

原唱诗颈联“钵吐片云龙听法，锡悬明月鹤盘霄”，意思是说，海潮寺住持宝上人讲经，就像神钵吐出的声音传到了空中，龙王也腾空驾云来听讲，其经法犹如高悬的明月，照亮夜空，连飞鹤也在月光下盘旋起舞。“钵”，洗涤或盛放东西的器具，僧人常持钵化斋，也有神话传说：高僧将钵作为法器，如《白蛇传》中的和尚法海就用钵将白蛇精压在塔下。“锡悬明月”，形容宝上人讲经，犹如高悬的明月。“锡”，指僧人出行时拄的锡杖，持的锡钵。这里指僧人或佛经的化身。

---

① 〔韩国〕林基中编《燕行录全集》第17册，韩国首尔：东国大学校出版部，2001年，第548～549页。

② 〔韩国〕林基中编《燕行录全集》第17册，韩国首尔：东国大学校出版部，2001年，第549页。

原唱诗尾联"慈悲神力应弘济，愿靖妖氛补圣朝"，意思是说，佛教的神力是普度众生、救助天下的，希望也能协助明朝清除妖孽。"靖"，这里是平定、清剿的意思。"妖氛"，这里指辽东一带兴起的后金政权，当时后金铁骑已突破长城兵临北京城下，对明朝带来极大威胁，此次朝鲜赍敕使一行出使明朝的主要使命就是和明朝商讨如何联合抗击后金的入侵。"圣朝"，指明朝。

《赠海潮寺宝上人》诗，和答卞献。和答诗首联"攀援石磴入云遥，上透玄关几度宵"，意思是说，沿着石头台阶攀登，来到了云雾缥缈的山间，山上海潮寺的宝上人在这里传播佛教不知度过了多少个夜晚了。"玄关"，本指佛教的入道之门，后来泛指厅堂的外门。这里两个意思都有。

和答诗颔联"鹫岭飞来临海岸，龙宫出没隐风涛"，意思是说，海潮寺建在隍城岛临海的海岸上，与龙宫相邻，龙王进出龙宫时稳住了这里的风浪。"鹫岭"，鹫山，在古印度，山中多鹫，或言山顶似鹫，故名。相传释迦牟尼曾在此居住说法多年。因代称佛地。这里借指佛寺。

和答诗颈联"灯明日月流金偈，玉帝天妃降紫霄"，意思是说，海潮寺佛灯如日月长明，宝上人常年在这里传播佛经，连天上的玉帝、天妃也从天上的宫殿来到了海潮寺。这也说明，海潮寺也供奉玉皇大帝和天妃(妈祖)。"金偈"，佛所说的韵语。李白《崇明寺佛顶尊胜陀罗尼幢颂》序："每口演金偈，舌摇电光。""紫霄"，指高空，或帝王之所，这里指玉帝、天妃住的天上宫殿。

佛教寺院海潮寺供奉玉帝和天妃，这在作者与崔有海的另一首唱和诗《皇城庙堂》中也有相关记载。卞献的《敬次〈皇城庙堂〉》颔联"玉皇大帝高临座。水伯波臣俯入朝"，[①]说隍城岛的庙堂上玉皇大帝高高地坐在神座之上，下面分列水伯、波臣等海中诸神，俯身进殿来朝拜他。"玉皇大帝"，道教崇奉的天界地位最高的神，为天地三界之主。"水伯"，水神。《山海经·海外东经》："朝阳之谷，神曰天吴，是为水伯。""波臣"，指水族，或水中的臣子，这里指海中的其他小神。"波臣"，出自《庄子·外物》："周顾视车辙中，有鲋鱼焉。周问之曰：'鲋鱼来，子何为者邪?'对曰：'我东海之波臣也。君岂有斗升之水而活我哉?'"。这里说的庙堂，指的是佛教寺庙，极有可能指的就是海潮寺。因崔有海在七言律诗《入皇城岛》中首联、颔联写道："岧峣孤岛画堂危，冉冉香烟礼佛时。上界笙箫仙鹤舞，孤臣忠信蛰龙知。"[②]意思是说，隍城岛有一座画着彩绘的庙堂高高耸起，冉冉上升的烟雾，说明庙中正在礼拜佛祖。天上仙界也笙箫奏鸣、仙鹤起

① 〔韩国〕林基中编《燕行录全集》第17册，韩国首尔：东国大学校出版部，2001年，第550页。
② 〔韩国〕林基中编《燕行录全集》第17册，韩国首尔：东国大学校出版部，2001年，第547页。

舞，我们这些远在海外的孤臣，对国家对神灵的忠义诚信，蛰伏在大海深处的神龙也都知道。这既说明作者一行在隍城岛看到并礼拜的庙堂是供奉佛祖的寺庙，也说明供奉佛祖的寺庙上与天上仙界相同，下与大海的龙王相知。佛教寺院供奉道教的神仙玉帝和天妃，应于金元时期道释儒三教合一的全真道兴起有关。全真道全盛时期，当时有许多"释道同奉"的庙堂。胶东半岛是全真道的发祥地，明清时期仍有很大影响，由于天妃(妈祖)在沿海地区的巨大影响力，所以不排除明末沿海地区的佛教寺院也供奉天妃(妈祖)。

和答诗尾联"摧伏波旬神力在，三千世界属皇朝"，意思是说，只要有降服魔王的神力，天下还是属于大明王朝的。"摧伏"，折伏，制服。《隋书·经籍志四》："释迦之苦行也，是诸邪道，并来嬲恼，以乱其心，而不能得。及佛道成，尽皆摧伏，并为弟子。"唐代玄奘《大唐西域记·达罗毘荼国》："如来在昔于此说法，摧伏外道，广度人天。""波旬"，佛教中的魔王，后被释迦牟尼征服。这里指侵扰大明王朝的后金政权。"三千世界"，也称大千世界，这里指明朝原有的疆土。"皇朝"，这里指大明王朝。

《赠海潮寺宝上人》唱和诗除了描绘隍城岛海潮寺所处的仙境般的环境外，也叙述了僧人宝上人讲经的影响，同时也表达了朝鲜与明朝联合抗击后金入侵的愿望。值得关注的是，僧人宝上人讲经，影响到了道教的神灵海龙王，佛教寺院的海潮寺，还供奉着玉帝和天妃。这不仅进一步影响了对天妃(妈祖)极度迷信的明末朝鲜使臣，也扩大了佛教寺院海潮寺的影响。

小结：

崇祯二年(1629)的朝鲜进贺、陈奏使一行在开洋启程前，及航程途中多次行"三神祭"，祭祀"大海神""龙王""风伯"。进贺、陈奏使一行祭祀的"大海神"，能让"天吴护帆，风伯清尘"，能指挥其他海神和风神风伯，说明其身份凌驾于"龙王""风伯"之上，本章通过明末其他朝鲜使臣祭祀天妃(妈祖)的情况及崇祯二年(1629)的朝鲜进贺、陈奏使一行接下来对天妃(妈祖)的单独祭祀，进行对比论证，认为有充足的理由可以证明，进贺、陈奏使一行祭祀的"大海神"就是天妃(妈祖)。

崇祯二年(1629)的朝鲜进贺、陈奏使一行还单独举行了多次祭祀天妃(妈祖)的活动。从本文说到的两次祭祀活动看，一次是在北汛口举行"行三神祭"之后，接下来一连三天仍是逆风不断，无法航行，无奈之下，只好单独求助于他们心目中最有神力的天妃(妈祖)了，而且"行天妃神祭"活动之后，竟巧合地迎来了极好的顺风，且"风势甚猛"，使他们"船往如飞"，也使得朝鲜进贺、陈奏使一行对天妃(妈祖)愈加迷信和敬畏。所以,当他们因明军与后金军队的战事,在山海关焦急无奈地滞留了五个多月后准备起航至天津时,首先想到是要有天妃(妈祖)的保佑,所以,先到山海关附近的望海亭"行娘娘庙祭",正使李忔还亲自作《望海亭祭天妃文》,希望天妃(妈祖)娘娘能保佑他们顺利到达天津。也正如他们所期望的,朝鲜进贺、陈奏使一行一帆风顺地到达了天津,航海途中正使李忔还饶有兴致地创作了几首诗作,抒发了沿途的观感。

正是因为崇祯二年(1629)的朝鲜进贺、陈奏使一行对天妃(妈祖)神灵的极度迷信,所以到了天津之后,一行人还专程到天津娘娘庙"参拜烧香",祭祀天妃(妈祖)。正使李忔还作有长诗《天津歌》,以颂扬天津娘娘庙和天妃(妈祖)。李忔将自己对天妃(妈祖)的认知,通过诗歌的形式表达出来:天妃(妈祖)神力超群,海神海若、海龙王,甚至风神、雨神,都听从天妃(妈祖)的调遣;凡是在大海中航行的船只,都需要天妃(妈祖)的护佑,才能保得平安;天妃(妈祖)也能护佑国家和军队。正是鉴于以上原因,祭祀天妃娘娘必须虔诚,祭品必须洁净、丰盛。崇祯二年(1629)的朝鲜进贺、陈奏使一行对天妃(妈祖)的这些认知,也为我们找到了明末朝鲜使臣对天妃(妈祖)神灵迷信和敬畏的原因。

崇祯二年(1629)的朝鲜赍敕使一行对天妃(妈祖)的认知,从他们留下的诗作中可以得出这样的结论:同明末的其他朝鲜使臣一样,对天妃(妈祖)不仅赞誉有加,也非常迷信。朝鲜赍敕使正使崔有海赋诗赞颂天妃庙传递的是圣明神灵的圣德教化,辅佐的是上天的正义;而天妃(妈祖)则是来自上天的仙女,将上天的器物带到了人间,服务于人间。崔有海与其属下卞献的唱和诗,还反映了天妃(妈祖)文化在当时的巨大影响力,连佛教寺院都供奉天妃(妈祖),传播天妃(妈祖)文化。这样一种文化现象,也对迷信天妃(妈祖)的明末朝鲜使臣产生重要影响。

第八章　崇祯三年的朝鲜使臣与妈祖

崇祯三年(1630),出使明朝的朝鲜使团,有正使郑斗源、书状官李志贱率领的进(陈)慰使团,正使高用厚、书状官罗宜素率领的进贺、冬至使团,这两个使团的起航和返程的时间应是一致的,因为双方在途中多次相遇。崇祯二年(1629)的谢恩、陈奏使团返程途中在登州时,遇到了郑斗源率领的陈慰使团和高用厚率领的进贺、冬至使团,“陈慰使郑斗源、冬至使高用厚、书状罗宜素两行俱到,先至六船,余未来者三只云”①。说明这两个使团都是刚到登州不久,准备从登州启程走陆路去北京的。下面还会说到,这两个使团在出发途中途经辽东长山岛时,还一起举行了祭祀天妃(妈祖)的活动。

朝鲜进(陈)慰使正使郑斗源,据《朝鲜李朝实录》记载,郑斗源出使明朝之前,曾任龙川府使、铁山府使,出使明朝归国后,任刑曹参判、开城留守(正二品)等职。

朝鲜进贺、冬至使正使高用厚(1577—?),字善行,号晴沙,进士,出身忠孝烈士之家。高用厚历官礼曹佐郎、兵曹正郎、南原府使、高城郡守等职。高用厚因出使明朝期间被人告发擅自动用了贡品“补参”,回国后受到惩处,甚至还连累了书状官罗宜素也被解职。但后来经查系遭人诬陷,不久又恢复了官职。

高用厚有《晴沙集》传世,其中卷一为诗歌集,明朝礼部尚书兼翰林院学士徐光启于崇祯四年(1631)春还为其作序,这时高用厚应在北京。徐光启当时已是朝中重臣,天子师,不久又为内阁次辅(相当于第一副首相)。徐光启称赞高用厚的诗文:“事依于忠孝,语出于和平,无意为诗,而诗自成焉,诗道尽矣。兹见朝鲜高使君诗,亟为申此义。……所称事依于忠孝,语出于和平者也。故其诗不为奇丽,自有真意;不为旷达,自有远思。”②第二个序系朝鲜领议政(领相,首相)金寿恒所作,金寿恒评价高用厚的诗文说:“公之著述本不多,然其诗与文,蔚有风韵,不失家庭遗则。至其造次吟咏,犹拳拳忠贞二字。”③这说明中、朝

---

① 〔韩国〕林基中编《燕行录全集》第13册,韩国首尔:东国大学校出版部,2001年,第209页。

② 〔韩国〕《晴沙集·序》,《韩国文集丛刊》第84辑,韩国首尔:韩国民族文化推进会,1990年,第135页。

③ 〔韩国〕《晴沙集·序》,《韩国文集丛刊》第84辑,韩国首尔:韩国民族文化推进会,1990年,第136页。

两国的高官都对高用厚的人品和诗文非常看重。

一、辽东长山岛上祝天妃:“济海云帆疾若飞”

由于崇祯三年(1630)的朝鲜进(陈)慰使团和进贺、冬至使团均无日记式的《燕行录》(《朝天录》)传世,所以无法得知这两个朝鲜使团航程途中祭祀天妃(妈祖)的具体情况,但朝鲜进贺、冬至使正使高用厚的《晴沙集·朝天录》中有几首航程途中写的诗歌,可以从中了解到这两个朝鲜使团航程途中也有祭祀天妃(妈祖)的活动。

遇顺风到长山岛,奉呈郑下叔

高用厚

舟舡到处不相违,济海云帆疾若飞。
竣事东归知几日,长山岛上祝天妃。①

从诗歌的内容及作者在《朝天录》诗集中排列的次序看,此诗应是作者一行出使明朝西行途中路经今大连市长海县大长山岛时所作。此诗的前一首诗题目是《椵岛,次陈慰使郑下叔斗源韵》,后一首诗题目是《长山岛,奉赠罗书状季郁》②,前面已介绍过,椵岛在大长山岛以东,属今朝鲜。“郑下叔斗源”,即朝鲜进(陈)慰使正使郑斗源。郑斗源,字下叔。“罗书状季郁”,指朝鲜冬至使书状官罗宜素。罗宜素,字季郁。

诗歌首句“舟舡到处不相违”说的是,我们朝鲜两个使团的船队,从出发以来一直就是结伴而行,一直没有分开。这也说明,崇祯三年(1630)出使明朝的朝鲜进(陈)慰使团和朝鲜冬至使团是一起出发的,沿途也是在一起的。“相违”,互相避开。《左传·成公十六年》:“有淖于前,乃皆左右相违于淖。”朝鲜进(陈)慰使团和朝鲜进贺、冬至使团离开朝鲜出发的时间应是崇祯三年(1630)七月底至八月初这段时间。《朝鲜李朝实录》记载:仁祖八年(1630)七月己卯,“进慰使郑斗源将赴京,请赍改路奏本直向登州,上从之”③。仁祖八年(1630)八月乙丑,“陈奏使书状官李志贱,称病甚,登舟还下,陈奏使以此启闻。备局回启曰:‘风涛摇荡之中,通患此疾。若以此,而许递已登船之使臣,则其势将至于终

---

① 〔韩国〕林基中编《燕行录全集》第16册,韩国首尔:东国大学校出版部,2001年,第141页。

② 〔韩国〕林基中编《燕行录全集》第16册,韩国首尔:东国大学校出版部,2001年,第141页。

③ 〔朝鲜〕《朝鲜仁祖实录》卷23,仁祖八年八月,韩国首尔:探求堂1973年影印本,第34册,第395页。

无差遣之人，后弊无穷矣。’上从之”①。

第二句“济海云帆疾若飞”说，我们两个船队在大海中航行一帆风顺，船速快得像飞一样。这一句是在交代祭祀天妃(妈祖)的原因，也是在告诉读者，是天妃(妈祖)给他们两个船队带来了这样好的天气和海况。

第三句“竣事东归知几日”说，如果一直是这样一帆风顺，那么我们完成出使使命，用不了多少时间，很快就会回来了。这里既期盼一直能有这样好的天气和海况，也期盼能顺利完成出使使命，早一点回到朝鲜复命，与亲人团聚。

最后一句“长山岛上祝天妃”说，我们两个船队能平平安安、顺顺利利地航行在一起，多亏了天妃(妈祖)的护佑和相助。我们在长山岛祭祀祝福天妃(妈祖)，既是感谢她，也希望她能继续护佑和帮助我们。这一句也明确告诉我们，崇祯三年(1630)的朝鲜进(陈)慰使团和朝鲜进贺、冬至使团一起在辽东长山岛举行了祭祀天妃(妈祖)的活动。

崇祯三年(1630)的朝鲜使团在航程途中感恩祭祀的是天妃(妈祖)，而没有说到其他神仙，这既说明在明末的朝鲜使臣中，对天妃(妈祖)的认知是一致的，这就是在航海中要祭祀的主要神灵，或排在第一位的神灵是妈祖。由此也可进一步证明本书多次提及的，明末朝鲜使臣对天妃(妈祖)是极度迷信和敬畏的。

前面说到，天启六年(1626)的朝鲜进贺、冬至、圣节使一行也在辽东长山岛举行过祭祀天妃(妈祖)的活动，正使金尚宪还作有《长山岛天妃祭文》。崇祯三年(1630)的朝鲜使团也在“长山岛上祝天妃”，这说明当时的辽东长山岛，即今大连市长海县大长山岛应有天妃(妈祖)庙，虽然今天的大长山岛耸立的海神娘娘雕像已不是当年的天妃(妈祖)了，但也应与明末盛行的天妃(妈祖)文化有着紧密的联系，很值得研究妈祖文化的学者去探究其中演变的原因。包括前面说到的当年盛行天妃(妈祖)文化，并给明末朝鲜使臣以很大影响的辽东广鹿岛，今天不仅没有了纪念天妃(妈祖)的设施和活动，有一同音的马祖庙，供奉的却是一位马姓的男神，这其中与妈祖有什么联系？又是如何演变的？都应抽丝剥茧，去探究其中的来龙去脉。

崇祯三年(1630)的两个朝鲜使团在离开今大连市长海县大长山岛西行途中，在广鹿岛海域曾遭遇了风浪，朝鲜进贺、冬至使正使高用厚有诗歌《广鹿岛。阻风赠季郁》②为证。广鹿岛在大长山岛以西，今属大连市长海县广鹿乡管辖。但两个朝鲜使团过了广鹿岛之后，或是在广鹿岛等来了利于航行的大顺风，因

① 吴晗编《朝鲜李朝实录中的中国史料》(九)，北京：中华书局，1980年，第3457页。

② 〔韩国〕林基中编《燕行录全集》第16册，韩国首尔：东国大学校出版部，2001年，第141～142页。

为在《广鹿岛。阻风赠季郁》之后的下一首诗歌《船窗有怀，谨次海昌尹相公昉初秋赠别韵》中有“扁舟西去疾如驰”的诗句，虽然诗中没有说到天妃（妈祖），但作者感谢神灵相助的意思还是表达了出来。

船窗有怀，谨次海昌尹相公昉初秋赠别韵

高用厚

沧波海路杳难筹，一苇朝天九月秋。
晓坐篷窗惆怅久，相门前夜梦中游。
扁舟西去疾如驰，沧海无涯鸟不飞。
造物见哀风浪静，篷窗闲诵相公诗。

初秋赠别

尹　昉

水驿微茫不记筹，仙槎浩扁正逢秋。
沧溟万瑞安如屋，始信人间有卧游。
风伯前驱海若驰，片帆千里疾如飞。
蓬莱阁下停舟日，细和坡翁海市诗。①

“海昌尹相公昉”，指当时朝鲜的领议政（首相）尹昉。尹昉因扶植朝鲜仁祖王上台有功，被封为“海昌府院君”。朝鲜进贺、冬至使一行临行前，正使高用厚曾到相府与领议政（领相，首相）尹昉道别，尹昉有《初秋赠别》相赠。高用厚一行在广鹿岛阻风之后，接下来竟“西去疾如驰”，其欣喜之情可想而知，自然又与神灵相助联系到了一起。作者又想到了临别之时领议政（首相）尹昉的赠诗，其中“风伯前驱海若驰”的诗句，与“西去疾如驰”相合，所以用尹昉赠别诗的韵写了《船窗有怀》。

高用厚《船窗有怀》的首联“沧波海路杳难筹，一苇朝天九月秋”，意思是说，我们是在秋天里乘坐船只去北京朝见天子的，但在大海中远航，难以把握航程的距离和所用的时间。“一苇”，本指一束苇草，后借指小船或船只。《诗经·卫风·河广》：“谁谓河广？一苇杭之。”《三国志·吴书·贺邵传》：“长江之限，不可久恃，苟我不守，一苇可航也。”

《船窗有怀》的首联与尹昉《初秋赠别》的首联“水驿微茫不记筹，仙槎浩扁正逢秋”，表达的意思是相同的。“水驿”，指船只行驶沿途的驿站，这里指朝鲜

① 〔韩国〕林基中编《燕行录全集》第16册，韩国首尔：东国大学校出版部，2001年，第142页。

使臣乘船往来中国沿途路经的港口、海岛等。“仙槎”，本指仙人乘坐的往来于天河和人间的木筏，这里指朝鲜冬至使高用厚一行乘坐的船只，也有出使天朝（指中国）乘坐仙筏的意思。“浩皛”，广阔明净，这里有祝愿、希望广阔的大海能风平浪静的意思。

《船窗有怀》颔联“晓坐篷窗惆怅久，相门前夜梦中游”，意思是说，早晨坐在船窗旁伤感了许久，因为夜里在梦中出现了到相府与领相（首相）尹昉道别的场景。“篷窗”，这里指船窗。“相门”，这里指相府，领相（首相）之家。

《初秋赠别》的颔联“沧溟万瑞安如屋，始信人间有卧游”，主要是祝福朝鲜冬至使高用厚一行能够平平安安，在大海航行时犹如坐在家里一样安稳，就像在家里躺着欣赏山水画一样舒服。“卧游”，在家里躺着欣赏山水画以替代远出游景，出自《宋书·宗炳传》：“（宗炳）老疾俱至，名山恐难遍睹，唯当澄怀观道，卧以游之，凡所游履，皆图之于室。”高用厚读到《初秋赠别》的颔联时，应是欣喜领相（首相）尹昉的祝福变成了现实，故而越发怀念自己的上司。

《船窗有怀》颈联“扁舟西去疾如驰，沧海无涯鸟不飞”，意思是说，我们一行的航船向西进发，船速很快，如同飞奔的车马，又像鸟儿飞驰一样，可在这无边无际的苍茫大海上，连只飞鸟也见不到。作者这里是有感于朝鲜领相（首相）尹昉的祝福成了现实，但也流露了远离亲人、故乡的孤独之感。

《初秋赠别》的颈联“风伯前驱海若驰，片帆千里疾如飞”，仍是对朝鲜进（陈）慰使高用厚一行的祝福，颔联祝福的是平安，而颈联祝福的是在大海航行中能得到风神风伯、海神海若的相助，一帆风顺，航速要“疾如飞”。可以看出，《船窗有怀》的颈联，是回应了《初秋赠别》的颈联，意思是说，我们得到了风神风伯、海神海若的相助，因而“西去疾如驰”。这里虽然都未说到天妃（妈祖），但我们前面说到，朝鲜冬至使高用厚一行在大海航行中最看重的神灵是天妃（妈祖），所以才能“长山岛上祝天妃”，而在明末朝鲜使臣心目中，风神风伯、海神海若都是听令于天妃（妈祖）的，所以，尽管这里没有说到天妃（妈祖），实际上颂扬、感谢的也是天妃（妈祖）。

《船窗有怀》尾联“造物见哀风浪静，篷窗闲诵相公诗”，意思是说，创造万物的神是爱怜生灵的，所以才能保护我们在大海航行时风平浪静，我在船上临窗诵读领相（首相）尹昉的《初秋赠别》诗篇，越发感到上天的仁慈。“造物”，指创造万物，也指创造万物的神力。“见哀”，指受到爱怜。“哀”，通“爱”。《汉书·游侠传·萬章》：“吾以布衣见哀于石君，石君家破，不能有以安也。”作者在这里虽然没有指明是哪位神灵给他们带来的“风浪静”，但联系《初秋赠别》诗说到的“风伯前驱海若驰，片帆千里疾如飞”，似乎是在感恩风神风伯和海神海若，但这两位神，既不是“造物”之神，也不是主宰大海万物的。在明末朝鲜使臣心目中，主宰大海万物，包括主宰风神风伯和海神海若等诸海神的是天妃（妈祖），所以作者这里要感恩的仍然是天妃（妈祖）。

《初秋赠别》的尾联“蓬莱阁下停舟日，细和坡翁海市诗”，意思是说，你们（高用厚一行）平安到达登州在蓬莱阁下水城停泊时，要欣赏蓬莱阁的苏东坡海市碑，并要细细品味诗意，同时和诗一首。“坡翁”，北宋时期著名政治家、文学家苏轼，号东坡居士，因留下了许多脍炙人口的诗词而闻名于世。苏轼曾任登州知州，并创作有《登州海市》诗，首句是“东方云海空复空，群仙出没空明中”，其中还有“自言正直动山鬼，岂知造物哀龙钟。伸眉一笑岂易得，神之报汝亦已丰”句。[①] 朝鲜领议政（首相）尹昉在这里主要还是表达要知道感恩，感谢上天护佑之意。高用厚《船窗有怀》尾联“造物见哀风浪静”，也有回应尹昉“细和坡翁海市诗”之意，说我们会感恩“造物”神为我们带来的“风浪静”的。

二、登州返航“焚香默祷”祭海神天妃

崇祯三年（1630）出使明朝的朝鲜进贺、冬至使一行临行前，朝鲜领议政（领相，首相）尹昉赠诗进贺、冬至使正使高用厚，要求高用厚“蓬莱阁下停舟日，细和坡翁海市诗”，希望朝鲜进贺、冬至使一行到达登州城游览蓬莱阁时，正使高用厚要用苏东坡（苏轼）的《登州海市》诗韵和诗一首。但高用厚的《晴沙集》中，没有高用厚一行到达登州时创作的与《登州海市》有关的诗作，但有一首返程时用《登州海市》诗韵和的诗。这可能是因为来时忙于办理入关及进北京沿途的通关文牒，在登州府办理完毕后又急于赶路，无暇游览蓬莱阁所致。从明末路经登州城的朝鲜使团经历看，多数朝鲜使团是在返程时才游览蓬莱阁，崇祯三年（1630）的进贺、冬至使高用厚一行可能也是这样，所以，来时没有“细和坡翁海市诗”。

朝鲜进贺、冬至使一行于崇祯四年（1631）夏天返程路经登州城时，正使高用厚创作了有关“细和坡翁海市诗”的诗作：

蓬莱阁见东坡《海事诗》，次韵示郑壶亭斗源

高用厚

登州城下水连空，三山遥指沧溟中。
我于去年朝帝京，令节献表乾清宫。

① 王水照选注《苏轼选集》，上海：上海古籍出版社，1984 年，第 174 页。

今来更上蓬莱阁，倚栏却惭诗不工。
洪波浩荡岛屿微，云气往往随飞龙。
蜃楼消尽碧天高，安得羽翼逢仙翁。
东坡杰句留石刻，笔夺造化争其雄。
兹游奇绝壮心目，圣恩到处还无穷。
是时当夏霁景新，海氛霞彩光融融。
谁家玉笛唤愁生，沽酒且倾琉璃钟。
扁舟那日舣东岸，归国但愿歌年丰。
四看万落炊烟平，军门夕鼓声笼铜。
焚香默祷广德王，明日挂席乘长风。①

这是高用厚一行游蓬莱阁时，高用厚依照苏东坡（苏轼）《海市诗》的诗韵写成的一首七言排律。题目中的“东坡《海事诗》”，即苏轼的《登州海市》诗。“郑壶亭斗源”，即朝鲜进（陈）慰使正使郑斗源。郑斗源，字下叔，号壶亭。前面介绍过，郑斗源与高用厚等所率进贺、冬至使团同时出使明朝，返程时也一起在登州及庙岛群岛等地逗留过。

诗的第一联“登州城下水连空，三山遥指沧溟中”，意思是说，登州城下的茫茫大海与天空相连，在登州城上遥望远方的海面就是出现三仙山的地方。“三山”，古代传说的三座神山。《史记·封禅书》记载：“蓬莱、方丈、瀛州，此三神山者，其传在勃（渤）海中，去人不远；患且至，则船风引而去。……未至，望之如云；及到，三神山反居水下。临之，风辄引去，终莫能至云。”“三神山”，其实就是海市，因古人对其无法作出科学解释，故编造出“三神山”的传说。

诗的第二联“我于去年朝帝京，令节献表乾清宫”，意思是说，我（指朝鲜进贺、冬至使正使高用厚）去年到了天朝（明朝）皇帝的居住地京都北京，在冬至佳节时去乾清宫拜见了天朝的皇帝，敬献了贺表。“令节”，佳节，此处指冬至节。中国素有“冬至大如年”之说，明朝时，朝廷每年都在冬至这一天举行隆重的祭天大典，即“冬至郊天”。冬至这一天，朝廷还要在宫中举行各藩属国和主要官员向皇帝进献贺表的仪式。“献表”，敬献贺表。“乾清宫”，故宫内廷正殿，皇帝在这里处理日常政务，批阅各种奏章，有时皇帝也在这里接见外国使节。

诗的第三联“今来更上蓬莱阁，倚栏却惭诗不工”，意思是说，自己来到了登州城，今天登上了蓬莱阁，倚扶着护栏，遵照临来中国时领相（首相）尹昉要求的

① 〔韩国〕林基中编《燕行录全集》第16册，韩国首尔：东国大学校出版部，2001年，第145～146页。

"细和坡翁海市诗"，虽说认真拜读了苏轼的《海市诗》(《登州海市》)碑文，却写不出好的诗作来。"诗不工"，诗作得不好，不精巧。

诗的第四联"洪波浩荡岛屿微，云气往往随飞龙"，意思是说，在蓬莱阁上遥望洪波浩荡的大海，只能隐隐约约见到远方的岛屿，传说中的海市已经随着云气飘散而消失了。"随飞龙"，将海市的飘散、消失，形象地比喻为随飞龙远去了。

诗的第五联"蜃楼消尽碧天高，安得羽翼逢仙翁"，意思是说，海市蜃楼飘散、消失后，只剩下碧蓝的高高天空了，多么希望自己能有一身会飞的羽翼，飞向高空去寻找海市蜃楼，并能见到神山上的仙翁。

诗的第六联"东坡杰句留石刻，笔夺造化争其雄"，意思是说，苏轼的《海市诗》(《登州海市》)诗作和《海市诗》(《登州海市》)手迹刻石，都是无可争雄的一流佳品。苏轼的《海市诗》(《登州海市》)手迹刻石，仍保存在蓬莱阁景区的卧碑亭内。出使明朝的朝鲜进贺、冬至使正使高用厚于崇祯四年(1631)夏天见到并为之敬叹的《海市诗》(《登州海市》)诗石刻，应该就是此碑。碑文后面题有"金皇统间重勒"，金皇统间，即 1141—1149 年。说明此碑是在苏轼离世后金国统治登州期间篆刻的。

诗的第七联"兹游奇绝壮心目，圣恩到处还无穷"，意思是说，我们来到这里游览观赏《海市诗》(《登州海市》)手迹刻石这人间"奇绝"，不仅大开了眼界，也感觉到了"圣恩"无处不在且代代相传。作者这里既照应前面诗的第二联说到的"我于去年朝帝京，令节献表乾清宫"，表达了作者对这次出使明朝，得到皇恩眷顾的感激之情，也是说当年的苏轼，包括苏轼《海市诗》(《登州海市》)中说到的唐代韩愈，都曾遭人诬陷而被贬官，但都又被皇帝起用，借以说明圣恩也是代代都有的。

诗的第八联"是时当夏霁景新，海氛霞彩光融融"，意思是说，现在正值夏天，雨后的空气清新，海面上的云气如同彩霞般清爽斑斓。"霁景"，雨雪之后的晴明的景色，这里指雨后的景色。"海氛"，海上的云气。

诗的九联"谁家玉笛唤愁生，沽酒且倾琉璃钟"，意思是说，不远处传来了不知哪户酒家的玉笛声，唤起了乡愁，我们到酒店买酒畅饮，以消除思乡的愁苦。"钟"，同"盅"，这里指酒杯。主要表达了作者一行急于拔锚起航回国的强烈愿望。

诗的第十联"扁舟那日舣东岸，归国但愿歌年丰"，意思是说，我们回国返航的船只已经靠到了岸边，但愿能一帆风顺平安地回到家乡，看到家乡丰收的年景，并与乡人一起欢庆。"舣"，舣舟，停船靠岸。

诗的第十一联"四看万落炊烟平，军门夕鼓声笼铜"，意思是说，在蓬莱阁上看登州城区炊烟四起，百姓安居乐业。同时还听到了从登州巡抚衙门传来的傍晚报时的鼓声，也预示着明军在这里镇守海疆。“万落”，无数村落。“夕鼓声”，傍晚报时的鼓声。“笼铜”，象声词，形容军鼓的响声。

诗的最后一联“焚香默祷广德王，明日挂席乘长风”，意思是说，我们祈祷海神，渴望明天拔锚扬帆返航时，能保佑我们一帆风顺，平安回到自己的家乡。“广德王”，东海海神的封号。作者在这里也是在照应苏轼的《海市诗》(《登州海市》)诗，苏轼在《海市诗》(《登州海市》)中说到，祈祷了广德王，结果第二天看到了海市。我们朝鲜使臣今天祈祷了广德王，希望海神能保佑我们“明日挂席乘长风”，顺利回到自己的家乡。

但需要指出的是，苏轼当年“祷于海神广德王之庙”的蓬莱阁上的海神庙，当时已改为供奉天妃(妈祖)了。我们在前面已经说到，清康熙年编纂的《古今图书集成》登州府部第二百七十八卷《汇考六・寺庙考(府志)》记载：“灵祥庙：祀海神。旧在沙门岛(庙岛)，今在(蓬莱)丹厓山。宋崇宁间赐额，元至正间加感应神妃碑额。”也就是说，至少在元代时，蓬莱阁所在的丹崖山上的海神庙就供奉天妃(妈祖)了。作者这里仍提“焚香默祷广德王”，在登州蓬莱阁焚香祭祀东海龙王，主要是对应苏轼当年《登州海市》关于祈祷广德王的记载，而并非说明崇祯三年(1630)的朝鲜两个使团从登州返航起程时祭祀的海神就是东海龙王广德王，而是应和前面说到的明末其他朝鲜使臣一样，祭祀的是天妃(妈祖)。这一点，从前面说到的崇祯三年(1630)的朝鲜两个使团“长山岛上祝天妃”也可以想象到，把天妃(妈祖)放在诸海神首位的崇祯三年(1630)的朝鲜使臣，在供奉天妃(妈祖)的登州蓬莱阁旁的海神庙举行祭祀活动，不可能不祭祀天妃(妈祖)的。所以说，崇祯三年(1630)的朝鲜两个使团在登州返航时“焚香默祷”的海神，主要是大海神天妃(妈祖)。还有一点就是，朝鲜领相(首相)尹昉赠诗谈到的“风伯前驱海若驰”，祝福崇祯三年(1630)的朝鲜使团航程途中能得到风神风伯、海神海若的相助，而东海龙王广德王的身份并不在风神风伯、海神海若之上，按当时明末朝鲜使臣的描述，他们都受天妃(妈祖)的调遣，所以崇祯三年(1630)的朝鲜使团返航祭祀的主要对象也不可能是东海龙王广德王，高用厚写作此诗说到广德王，只是为了与苏轼的《海市诗》(《登州海市》)对应。

附苏轼《登州海市》诗：

登州海市

苏　轼

余闻登州海市旧矣。父老云：“常见于春夏，今岁晚不复出矣。”予到官五日而去，以不见为恨，祷于海神广德王之庙，明日见焉，乃作此诗。

东方云海空复空，群仙出没空明中。
荡摇浮世生万象，岂有贝阙藏珠宫？
心知所见皆幻影，敢以耳目烦神工。
岁寒水冷天地闭，为我起蛰鞭鱼龙。
重楼翠阜出霜晓，异事惊倒百岁翁。
人间所得容力取，世外无物谁为雄。
率然有请不我拒，信我人厄非天穷。
潮阳太守南迁归，喜见石廪堆祝融。
自言正直动山鬼，岂知造物哀龙钟。
伸眉一笑岂易得，神之报汝亦已丰。
斜阳万里孤鸟没，但见碧海磨青铜。
新诗绮语亦安用，相与变灭随东风。①

苏轼《登州海市》中的“潮阳太守南迁归，喜见石廪堆祝融”诗句，指唐代韩愈所作的《谒衡岳庙遂宿岳寺题门楼》诗中的“石廪腾掷堆祝融”诗句。韩愈原在朝中为官，后被贬为潮州刺史，不久又回朝。“石廪”，指石廪峰。“祝融”，指祝融峰，均为衡山五峰之一。祝融峰为衡山最高峰，所以说“石廪堆祝融”。“自言正直动山鬼，岂知造物哀龙钟”诗句，意思是说，尽管因为坦诚正直得罪了小人而遭遇坎坷，但毕竟得到了老天的眷顾。“伸眉一笑岂易得，神之报汝亦已丰”诗句，意思是说，这样好的运气来之不易，应该感恩神灵的护佑。这里苏轼自比唐代韩愈，都被贬官，但都又被重新起用。《登州海市》诗，是苏轼要去京都履任新职，又意外看到了登州海市后写就的。

小结：

崇祯三年（1630）的朝鲜使团因没有每日纪实的《燕行录》（《朝天录》）传世，所以没有留下祭祀天妃（妈祖）的具体史料。但从朝鲜进贺、冬至使正使高用厚传世的仅有的与祭祀有关的几首诗歌看，崇祯三年（1630）的两个朝鲜使团在航程途中，祭祀的主要或第一对象仍然是天妃（妈祖）。《遇顺风到长山岛，奉呈郑下叔》中的“长山岛上祝天妃”诗句，虽然是唯一可以说明崇祯三年（1630）朝鲜使团祭祀天妃（妈祖）的证据，但由于除此之外也没有祭祀其他海神的史料，这就可以说明，崇祯三年（1630）的朝鲜使团沿途祭祀的海神，或只有天妃（妈祖），

① 王水照《苏轼选集》，上海：上海古籍出版社，1984 年，第 174 页。

或是以天妃(妈祖)为首。

朝鲜进贺、冬至使正使高用厚传世的诗歌《蓬莱阁见东坡〈海事诗〉,次韵示郑壶亭斗源》中,虽有“焚香默祷广德王,明日挂席乘长风”诗句,但纯粹是为了照应苏轼的《海市诗》(《登州海市》)中的“祷于海神广德王之庙”诗句,苏轼当年祈祷的“海神广德王之庙”,早在元代就成为祭祀天妃(妈祖)的灵祥庙了。所以,明末朝鲜使臣在登州返程起航祭祀的海神已是天妃(妈祖)了,崇祯三年(1630)的朝鲜使团也不会例外。

第九章　崇祯五年的朝鲜使臣与妈祖

崇祯四年(1631)朝鲜派出了冬至使团,正使是金蓍国。但由于当年的冬至使团及金蓍国本人没有出使明朝沿途记载的《燕行录》(《朝天录》)等文字传世,所以无法得知使团一行航程途中祭祀天妃(妈祖)的情况。

崇祯五年(1632),朝鲜派出了出使明朝的冬至兼圣节、千秋使和谢恩兼奏请使两个使团。

第一个使团是朝鲜冬至兼圣节、千秋使正使李善行,书状官李庆相一行。《朝鲜李朝实录》记载,崇祯五年(1632)六月,朝鲜遣"冬至兼圣节千秋使李善行如京师"①。"京师",指明朝京都北京。由于没有李善行一行出使明朝的《燕行录》(《朝天录》)传世,所以也无法得知崇祯五年(1632)的朝鲜冬至兼圣节千秋使团沿途祭祀天妃(妈祖)的情况。

另一个使团是朝鲜谢恩兼奏请使正使洪宝、副使李安讷、书状官洪镐一行。正使洪宝(1585—1643),出使明朝前为朝鲜全州府尹,出使明朝期间身份是议政府左参赞(正二品),归国后加崇政大夫(从一品),刑曹判书。后改汉城府判尹等职。副使李安讷(1571—1637),号东岳,进士出身,有《东岳集》传世。《东岳集》中的《朝天后录》,收录了作者崇祯五年(1632)出使明朝期间创作的诗歌。出使明朝前,李安讷官拜刑曹参判,归国后,任礼曹判书(正二品)兼艺文馆提学。书状官洪镐(1586—1646),号无住,又号东洛,有《无住逸稿》传世,出使明朝期间著有《朝天日记》及《祭大海神文》,保存在《无住逸稿》中。出使明朝归国后,洪镐历官司宪府掌令、承政院右承旨(正三品)兼经筵参赞官、春秋馆修撰官等。

一、石多山起航祭天妃为首的"三神"

据崇祯五年(1632)的朝鲜谢恩兼奏请使书状官洪镐所著《朝天日记》记载,鲜谢恩兼奏请使一行于"六月初一日辞朝","择吉十六日"从平壤附近的石多山

① 吴晗编《朝鲜李朝实录中的中国史料》(九),北京:中华书局,1980年,第3491页。

开洋起航。[①] 开洋起航前，举行了开洋祭：

(七月)十六日四更，正、副使预令修治旧坛于泊船海岸，具乌纱帽黑表团领，率一行若干员设祭。大海神、龙王神、小星神于坛上。其祭大海文曰：

朝宗所归，载崇祭秩。恪奉玄黄，航彼溟渤。
忠信是仗，明神是祷。式昭灵贶，开波启道。
往来利涉，始终阴骘。祗荐牲醴，冀蒙昭格。

其祭龙王文曰：

洋海之大，灵神攸宅。来船去舫，并荷神锡。
护职筐篚，冥佑是冀。驱除蛟鳄，屏逐鲸鲵。
超越淼茫，不日千里。敢奠菲薄。庶几歆止。

其祭小星文曰：

包匦土宜，指于帝乡。吉日良辰，征帆是扬。
假我便风，惟神所司。饬尔飞廉，长嘘顺吹。
俾遄登岸，肃进享仪。弘济不爽，敢用虔祈。[②]

……

文皆制述官李长培之所制也。

平明查点一行员役……各船(共六船)打角、医员、写字官、厨子、炮射手、梢工、格军员役通共二百六十四人。夜分告开洋。[③]

从以上记载可以看出，朝鲜谢恩使兼奏请使一行起航前举行的开洋祭，非常庄严、隆重。开洋祭举行之前先“修治旧坛”，将原有的祭坛修饰一新，并斋戒沐浴(下面副使李安讷的记载说到)，穿戴上官场上朝才着装的“乌纱帽黑表团领”，并“率一行若干员设祭”，使团的大小官员全体参与了祭祀仪式。由此也可见，崇祯五年(1632)的朝鲜使臣对开洋祭的重视程度。

开洋祭祭祀的神灵是“大海神、龙王神、小星神”，这与崇祯二年(1629)的朝鲜进贺、陈奏使一行举行的开洋祭祭祀的神灵基本相同，也是“三神”。明末朝鲜使臣祭祀“三神”，应该说从天启四年(1624)就开始了，而且在祭祀“三神”的活动中，大海神天妃(妈祖)必须放在首位。这一点，从天启四年(1624)至崇祯五年(1632)的朝鲜使团都这样做了，不同的是，“三神”的神灵不尽相同。天启四年(1624)的“三神”是“天妃(妈祖)”“龙王”“小圣”，“小圣者，即龙王半子”。

---

① 〔韩国〕林基中编《燕行录全集》第17册，韩国首尔：东国大学校出版部，2001年，第472、473、476页。
② 〔韩国〕林基中编《燕行录全集》第17册，韩国首尔：东国大学校出版部，2001年，第474～475页。
③ 〔韩国〕林基中编《燕行录全集》第17册，韩国首尔：东国大学校出版部，2001年，第476～477页。

崇祯二年(1629)的“三神”是“大海神”“龙王”“风伯”。“大海神”，指的都是天妃(妈祖)；“风伯”，即风神。崇祯五年(1632)的“三神”是“大海神”“龙王”“小星神”，“小星神”中包括“风伯”在内。相同的是，“大海神”天妃(妈祖)排在首位，排在第二位的是“龙王”。不同的是，第三位的名称略有变化。天启四年(1624)的“三神”中的第三位是“小圣”，“小圣”是“龙王半子”，即龙王的女婿，或干儿子一类，属于龙王家族，没有风神风伯。可能是后来的朝鲜使臣觉得风神在航程中的作用太大了，所以，崇祯二年(1629)的朝鲜使团就把第三位改为风神风伯了。又可能后边的朝鲜使团觉得除了风神风伯还有其他的海神也在航程中起作用，所以，崇祯五年(1632)朝鲜谢恩兼奏请使又将第三位改为“小星神”。从朝鲜谢恩使兼奏请使书状官洪镐所著《朝天日记》中祭祀“小星神”的祭文内容看，“小星神”能“假我便风”，能“饬尔飞廉”，“小星神”至少应包括风神在内，这样既突出了风神风伯，又给其他小神留了位置。但不管怎样变动，“三神”中排在首位的还是“大海神”天妃(妈祖)，因为“大海神”天妃(妈祖)能支配龙王等其他神灵。

《朝天日记》中开洋祭大海神祭文内容说，到天朝京都去朝见天子，是我们朝鲜应尊崇的秩规。我们恪守奉祀天地之神的传统，乘船来到您管辖的大海。我们依仗着对您的忠诚信实，所以才敢于在这里祭祀祈祷。希望您能广开恩德，推开波浪开辟一条利于航行的航道。我们能够往来于大洋并顺利地航行，必须始终得到您的保佑才行。我们在这里举行盛大的祭祀仪式，给您准备了祭品，希望您能前来享用并赐福给我们。

祭大海神祭文中的几个词语：“朝宗”，本指诸侯春、夏季朝见天子。《周礼·春官·大宗伯》：“春见曰朝，夏见曰宗，秋见曰觐，冬见曰遇。”后泛指臣下朝见帝王。因当时朝鲜是明朝的附属国，这里指朝鲜使臣朝见明朝帝王。“玄黄”，这里指天地，或天地之神。“式昭”，用以光大。《后汉书·张衡传》：“立功立事，式昭德音。”李贤注：“式，用也；昭，明也。”“灵贶”，神灵赐福。“牲醴”，指祭祀用的牲畜和甜酒。“昭格”，这里是降临吉祥、赐福的意思。

开洋祭龙王神祭文内容说，茫茫的大海，是您的住所。无论在大海中航行的船只，还是按照船的模型建造的房屋，都是来自您的赏赐。我们希望得到您的护佑，保护我们给天朝帝王带的朝贡礼品。希望您能驱除兴风作浪的鲛鱼和鳄鱼，把那些阻挡我们航路的大鲸鲵也都赶跑。希望能使我们有比一日千里还快的船速，跨越一望无际的茫茫大海。我们凭着对您的一片赤诚之心，才敢用微薄的礼品祭奠您，希望您能享用。

祭龙王神祭文中的几个词语：“攸”，处所。《诗经·大雅·韩奕》：“为韩姞相攸。”韩姞,人名。“并”,皆是,都是。“锡”,这里是赏赐的意思。“筐篚”,本意指盛物竹器,方曰筐,圆曰篚。这里借指礼品,包括上贡给帝王的礼品,及帝王赏赐的礼品。唐代杜甫《自京赴奉先县咏怀五百字》:“圣人筐篚恩,实愿邦国活。”

开洋祭小星神祭文内容说,我们带着朝鲜的土特产作为贡品,要到天朝的京都北京去。我们选择了七月十六日这个吉日良辰,就要拔锚起航了。希望能借给我们便于航行的顺风,这只有您能做得到。希望您能命令手下的风伯,不停地吹送顺风。希望您能帮助我们能快速登岸,也敬请您来到我们的祭祀仪式现场享用祭品。希望您广赐恩德来帮助我们这些没什么大过错的人,所以我们也才敢设祭虔诚地向您祈祷。

祭小星神祭文中的几个词语:“包匦”,裹束而置匣中,这里指贡品。晋左思《吴都赋》:“职贡纳其包匦。”“土宜”,本指各地不同的土壤,对于不同的生物各有所宜。这里指作礼品用的土产,即土仪。“饬”,同“敕”,告诫,命令。“飞廉”,中国古代传说中的星宿之一,楚地奉为风神。《楚辞·离骚》:“前望舒使先驱兮,后飞廉使奔属。”王逸注:“飞廉,风伯也。”“遄”,快,迅速。“亨仪”,祭祀的仪式。“不爽”,指不差;没有差错。语出《诗经·小雅·蓼萧》:“其德不爽,寿考不忘。”

洪镐所著《朝天日记》中对开洋祭的祭文作有这样的说明:“文皆制述官李长培之所制也。”这说明,祭祀大海神、龙王神、小星神的三篇祭文都是崇祯五年(1632)的朝鲜谢恩兼奏请使制述官李长培所撰。“制述官”,前面说到,即朝鲜使团负责文字撰写的官员,类似今天办公室负责文字工作的秘书。制述官李长培对“大海神”是何路神仙,有什么样的神力都交代得不是很清楚,只是说“大海神”管辖着大海,能使朝鲜使臣的船只“往来利涉,始终阴骘”,自始至终得到护佑。这说明“大海神”的地位高于“龙王神”,我们在前面已多次说到,明末朝鲜使臣说到的“大海神”,指的就是天妃(妈祖)。

朝鲜谢恩兼奏请使书状官洪镐的《无住先生逸稿》卷之三《祭文》中,录载了洪镐撰写的一篇《祭大海神文》,其中对大海神功能的描述,与前面的朝鲜使臣对大海神,即天妃(妈祖)的描述基本一致:

祭大海神文

(壬申朝天时)

中国一大岛,昔余闻诸蒙庄。六合之内与外兮,浑浑汪汪,极其底而不泄,语其际则无强。周而复始,上通天潢,是真宰之使然,其必有夫主张。青丘为国,粤自伊唐。上下数千年间,恪守侯度兮或梯或航。逮至我朝兮,拱北之诚,有加于前古。指辽蓟为玉帛冠盖之路兮，岁以为常。何西北贼酋之猾夏，敢蹂躏山海之东而陆梁。新罗固难乎越百济而朝仙李，兹仗舟楫而达帝庭者，于今十霜。况吾君忠孝之可以动天地感鬼神，有控于大邦兮。下价命之是，第念此行之万全，亶不外乎风不烈雨不淫而波不扬，愿令阳侯而先导兮。利涉乎艰险，奉勅而言旋。有同周家之越裳，都荷神功，俾也可忘。薄备牲币，文不成章，诚则至矣，稽首焚香。①

作者《祭大海神文》的题目后自注："壬申朝天时。""壬申"，这里指崇祯五年(1632)。

《祭大海神文》的内容说，我之前读诸子百家庄子的书，说中国远古的时候是一个大岛，天地之内和天地之外到处都是混浊而茫茫的大水，水深而不泄，说是有边际，实际随意流淌而没有边际。周而复始，上通天河，之所以这样，是上天的安排。我们朝鲜作为一个国家，从远古时期就开始有了。几千年来，我们都恪守作为附属国应有的责任和义务，或从陆路，或经水路到天朝(指中国)来朝贡。古代朝鲜传到今天，我们对天朝的忠诚，超过前面的任何一个朝代。朝鲜使臣乘坐车马从辽蓟(指今辽宁、河北省东北部等地)进入天朝的京都，都已经习惯了。奈何西北部的少数民族部落经常反叛，在中华大地横行无阻，进而影响到了东部沿海一带。中国的唐朝时期，我们朝鲜半岛东南部的新罗国越过百济国去给李唐王朝朝贡，是乘船通过海路到达唐朝的都城，其艰难程度可想而知。我们朝鲜仁祖王朝通过海路朝贡也已经十年了，我们仁祖国王对天朝的忠孝之心可以感天地泣鬼神的，是应该告知天朝帝王的。我们这次听命于朝鲜国王出使天朝，惦念此行能万无一失安全顺利的，实在是希望在航程中没有猛烈的大风，没有持续不断的大雨，更没有大浪。希望您能命令波涛之神阳侯给我们在前面开路，排除航程中的艰险而顺利航行，使我们能完成出使使命凯旋。就如同周朝初期远方的"越裳"人出使周朝，依仗的都是神的相助，这是不可能忘记的。我们准备了微薄的、不成敬意的祭品，写的祭文也水平不高，但我们的诚心到了，在这里给您行跪拜礼，焚香祭祀了。

《祭大海神文》涉及的几个词语："蒙庄"，指战国时期著名思想家、哲学家庄周，也称庄子。唐代著名文学家刘禹锡《伤往赋》："彼蒙庄兮何人！予独累叹而长吟。"这里的"蒙庄"，说的就是庄子。庄子名篇《逍遥游》说到了中国的北海之大："北冥有鱼，其名为鲲，鲲之大，不知其几千里也。""六合"，指天、地及东、南、

---

① 〔韩国〕洪镐《无住先生逸稿·卷三》，《韩国文集丛刊》续第22辑，韩国首尔：韩国民族文化推进会，2006年，第469页。

西、北，后借指天下、天地。出自《庄子·齐物论》："六合之外，圣人存而不论；六合之内，圣人论而不存。""无强"，不强制，顺乎自然。无疆，"天潢"，这里指天河。"真宰"，指上天。上天为万物的主宰，故称"真宰"。《庄子·齐物论》："若有真宰，而特不得其眹。""青丘"，也写作"青邱"，这里指朝鲜半岛。《史记正义》引东汉服虔曰："青邱国在海东三百里。"《通志·天文略》记："青邱，七黑星在轸东南，主东方三韩之国。""伊唐"这里指远古时期。《三国志》卷二十五："昔在伊唐，世值阳九厄运之会，洪水滔天，使鲧治之。""侯度"，为君之法度。《诗经·大雅·抑》："质尔人民，谨尔侯度，用戒不虞。""冠盖"，古代官吏的帽子和车盖，多借指官吏。这里指朝鲜使臣。"猾夏"，华夏。"陆梁"，嚣张，猖獗，横行无阻。"仙李"，指唐王朝。"新罗"，指朝鲜半岛的新罗国。新罗国建国于朝鲜半岛东南部，今韩国东部，唐高宗时期，在唐军的帮助下，击败了西部的百济国和北部的高丽国，统一了朝鲜半岛。"百济"，百济国，建国于今韩国西部，唐高宗时期被东部的新罗国所灭。"十霜"，十年。这里指朝鲜使臣从天启元年(1621)开始经海路出使明朝，已经走了 10 年了。唐朝文学家贾岛《渡桑干》："客舍并州已十霜，归心日夜忆咸阳。无端更渡桑乾水，却望并州是故乡。""控于大邦"，告知于大国。出自《诗经·鄘风·载驰》："控于大邦，谁因谁极。""亶"，实在，诚然。"阳侯"，传说中的波涛之神。《战国策·韩策二》："塞漏舟而轻阳侯之波，则舟覆矣。""奉勑"，亦作"奉敕"，奉皇帝的命令。这里指完成出使使命。"周家之越裳"，指西周初期中国南方的"越裳"部落派人出使周朝。《周易集解》卷十："周公修文德，越裳献雉。""俾也可忘"，不可能忘记，出自《诗·邶风·日月》。

崇祯五年(1632)的朝鲜谢恩兼奏请使书状官洪镐在《祭大海神文》中，认为"大海神"能使"风不烈雨不淫而波不扬"，能"令阳侯而先导兮"，也就是说，"大海神"能调遣风神、雨神、水神，包括能命令兴风作浪的波涛之神"阳侯"。而具有这些神力的，在明末朝鲜使臣的心目中唯有天妃(妈祖)。这一点，我们在前面分析崇祯二年(1629)的朝鲜进贺、陈奏使一行在开洋前行祭的"大海神"中有着详尽的论述，这里不再赘述。可以肯定地说，崇祯五年(1632)的朝鲜谢恩兼奏请使一行在开洋前行祭的"大海神"，包括后边还要说到的，崇祯五年(1632)的朝鲜谢恩兼奏请使一行在航程途中多次祭祀的"大海神"，指的就是天妃(妈祖)。崇祯五年(1632)的朝鲜谢恩兼奏请使一行在开洋祭和航程途中的祭祀活动，祭祀的多是"三神"，即"大海神、龙王神、小星神"。"三神"中，把"大海神"，即天妃(妈祖)放在了首位，应是天启四年(1624)以来，明末朝鲜使臣举行祭祀活动约定俗成的规矩。我们下面还会说到，崇祯九年(1636)的朝鲜使臣举行祭祀活动，祭祀的是"五神"，仍然是把天妃(妈祖)排在首位。天妃(妈祖)高于其他海神，并有能力支配其他与大海航行有关的神灵，包括海龙王、风神、雷神、雨神、波神等，已成为明末朝鲜使臣的共识，所以才使得明末朝鲜使臣对天妃（妈祖）越来越迷信。

明末经海路出使明朝的朝鲜使臣在拔锚起航前祭祀大海神天妃（妈祖）等，已是必做的活动，崇祯五年（1632）的朝鲜谢恩兼奏请使副使李安讷在《朝天后录》中也有记载：

> 七月十六日壬子，晨起，与上使，书状官暨一行员役行三神祭。平壤石多山下海岸高冈之上，除地为坛，乃大海、龙王、小星三神设祭之所也。赴京使臣乘舟下海之日，例必躬行祀事，洁诚祈祷云。
>
> 鸡鸣沐浴整簪绅，共扫山坛拜海神。
> 雷雨龙王腾跃异，飙风箕伯簸扬频。
> 焚香祝史祈冥骘，捧币齐官荐洁禋。
> 行见鲸波清似镜，樯乌无恙入丹宸。[①]

李安讷在《朝天后录》的记载说明，自明末天启元年（1621）开通中朝官方往来的航路以来，出使明朝的朝鲜使臣在“乘舟下海之日”，都要“躬行祀事，洁诚祈祷”，举行隆重的祭祀海神的活动。李安讷在“乘舟下海之日”创作的七律诗，还形象地描绘了当日祭祀活动的现状及作者的感受。

七律诗的首联“鸡鸣沐浴整簪绅，共扫山坛拜海神”，意思是说，天还没亮的鸡鸣时分，参加祭祀的使团人员已沐浴完毕并穿戴整齐，来祭坛祭祀海神。“簪绅”，即冠簪和绅带，多指古代官吏的服饰。

颔联“雷雨龙王腾跃异，飙风箕伯簸扬频”，意思是说，雷神、雨神、龙王都欢欣雀跃，但形态各异。风神也高兴地频繁地扬起和风。“飙风”，本指暴风，这里形容风神高兴地起舞。“箕伯”，风伯，风神。《周礼・大宗伯》：“以燎祀司中、司命、风师、雨师。”郑玄注：“风师，箕也。”“簸扬”，原意是扬去谷物中的糠秕杂物。《诗经・小雅・大东》：“维南有箕，不可以簸扬。”这里是飞扬的意思。

颈联“焚香祝史祈冥骘，捧币齐官荐洁禋”，意思是说，主持祭祀的官员焚香祈祷，祈求神灵保护我们在航海中的安全，携带祭品的官员奉上了表达诚心的洁净祭品。“祝史”，本是祝官、史官的合称，也指司祭祀之官。这里应指主持祭祀的朝鲜谢恩兼奏请使正使洪宝。“冥骘”，阴骘，佑护。《尚书・周书・洪范》：“惟天阴骘下民，相协厥居。”“洁禋”，指表达诚心的洁净祭品。

---

① 〔韩国〕林基中编《燕行录全集》第15册，韩国首尔：东国大学校出版部，2001年，第261～262页。

尾联“行见鲸波清似镜，樯乌无恙入丹宸”，意思是说，本是波涛汹涌的海面，现在却是风平浪静犹如镜面，航船也完好无损地进入大洋，向着天朝京都的方向驶去。“鲸波”，惊涛骇浪。“樯乌”，桅杆上的乌形风向仪，这里指航船。“丹宸”，宫殿，朝廷，这里指朝鲜使臣要去的明朝皇宫。

二、航程途中“屡设祭三神”

崇祯五年(1632)的朝鲜谢恩兼奏请使一行，不仅在起航前举行了隆重的开洋祭，祭祀“大海、龙王、小星三神”，而且航程途中也多次举行祭“三神”活动，祭祀以大海神天妃(妈祖)为首的“三神”，这在副使李安讷的《朝天后录》和书状官洪镐的《朝天日记》中都有记载。

李安讷在《朝天后录》八月初十日的记载中说道：“船人好祈祷。每朝祭海神”[①]，这说明，除了朝鲜使团统一组织的祭祀活动外，船夫们每天还有自己的“祭海神”活动。八月十四日的记载说道：“连日大吹，舟逆不得行。同来各船，屡设祭三神。”[②]这说明航程途中遭遇风浪时，各船还经常自行组织“祭三神”的活动。八月十四日的记载还说道：“参赞、掌令，皆好祈祷，屡设神祭。”[③]这也再次说明，朝鲜使团的主要官员都迷信以妈祖为首的海上“三神”。“参赞”，指崇祯五年(1632)的朝鲜谢恩兼奏请使正使洪宝，洪宝出使明朝的身份是朝鲜议政府(当时朝鲜的最高行政机构，类似今天的首相府)左参赞。“掌令”，指朝鲜谢恩兼奏请使书状官洪镐，洪镐出使明朝的身份是朝鲜司宪府掌令。《朝天后录》附录《东岳先生李公行状》也记载：“同行使臣，逐日祭神，祈祷甚渎。”[④]“渎”，这里是烦琐、不厌其烦的意思。“东岳先生李公”，指崇祯五年(1632)，朝鲜谢恩使兼奏请使副使李安讷，号东岳。这都说明，崇祯五年(1632)的朝鲜谢恩兼奏请使一行航程途中除了“屡设神祭”，多次举行正式隆重的祭祀仪式外，还每日都单独举动祭拜活动。

崇祯五年(1632)的朝鲜谢恩兼奏请使一行航程途中举行的祭祀活动，书状官洪镐在《朝天日记》中还有具体记载：

---

① 〔韩国〕林基中编《燕行录全集》第15册，韩国首尔：东国大学校出版部，2001年，第277页。

② 〔韩国〕林基中编《燕行录全集》第15册，韩国首尔：东国大学校出版部，2001年，第278页。

③ 〔韩国〕林基中编《燕行录全集》第15册，韩国首尔：东国大学校出版部，2001年，第286页。

④ 〔韩国〕《东岳先生续集附录》，《韩国文集丛刊》第78辑，韩国首尔：韩国民族文化推进会，2006年，第562页。

(七月二十)五日辛酉,风微而暂顺,遂发船。或举帆或橹役,终日扶摇。申时湾泊车牛岛,行百五十余里也。将昏西北风大作,副船拔碇,曳索交第五船,仍得定碇。第五船又拔碇而艰难救止。

(二十)六日壬戌晴,北风仍留。正、副使及臣各具牲币祭文,祭三神与船神,各于其所坐之船,而文则烦不敢录焉。①

同前面说到的一样,明末朝鲜使团航程途中的祭祀活动,多是在遭遇了风浪之后,特别是在连续多日仍无法正常行驶的情况下,只能祈求于神灵开恩,为他们带来好的天气和风向。崇祯五年(1632)的朝鲜谢恩兼奏请使一行在朝鲜车牛岛的"祭三神与船神",也是因为遭遇了"西北风大作",而且第二天"北风仍留",所以才在各自所乘的船上举行了祭祀活动。祭祀的对象仍是"三神",祭文仍是开洋祭所用的祭文。从朝鲜起航地石多山到车牛岛的航程,如遇顺风,一天可达,可从七月十六日起航以来,用了十天时间,在万般无奈之下,又遭逆风,在当时的情况下,人们只能把希望寄托在神灵上。"车牛岛",在石多山西北方向,西北风是正逆风。"副船",副使李安讷乘坐的船。

车牛岛遭遇逆风的情况,副使李安讷在《朝天后录》中记载得也具体:

七月二十六日壬戌,阻风留车牛岛三日。岛属平安道铁山府,乃我国地尽之处。西则大海,北则岛屿,皆是辽东地也。

海阔东韩地尽头,铁山孤岛号车牛。
阳侯似识狐丘意,故遣西风逗客舟。②

车牛岛,遇西北风不止

十日才通一日程,西风却趁北风生。
惯经平地行多阻,篷屋偏耽午睡清。

自石多山西至椵岛,水程三百里。自椵岛西至车牛岛,水程一百四十里。若遇顺风,一日可到。而余以七月十六日,始发石多山。西北风起。舟不得行。二十五日,始次车牛岛,在舟中乃十日也。③

副使李安讷记载的两首诗作,更清楚地交代了崇祯五年(1632)的朝鲜谢恩兼奏请使一行在车牛岛祭祀"三神"的背景:"若遇顺风,一日可到"的航程,却

① 〔韩国〕林基中编《燕行录全集》第 17 册,韩国首尔:东国大学校出版部,2001 年,第 478~479 页。
② 〔韩国〕林基中编《燕行录全集》第 15 册,韩国首尔:东国大学校出版部,2001 年,第 267 页。
③ 〔韩国〕林基中编《燕行录全集》第 15 册,韩国首尔:东国大学校出版部,2001 年,第 267 页。

“在舟中乃十日也”，且又遇逆风，“西风却趁北风生”。“阳侯”，前面说到多次，即能兴风作浪的水神。“狐丘”，故土。南宋诗人刘过《谒江华曾百里》诗：“狐丘未死归心切，未有相如驷马车。”成语狐死首丘，传说狐狸将死时，头必朝向出生的山丘。比喻不忘故土。“阳侯似识狐丘意，故遣西风逗客舟”，作者这里主要表达了在风浪面前听天由命的心态。

崇祯五年(1632)的朝鲜谢恩兼奏请使一行在航程中逆风不断，沿途祈祷不停，年过六十的副使李安讷甚至对屡屡得不到灵验的祭祀活动产生了质疑。李安讷在《朝天后录》中记载：“八月初一日丙寅，避风，留泊鹿岛。”“八月初二日，朝举帆将发，风逆仍留。”“八月初四日己巳，大风雷雨，留石城岛。”“八月初六日辛未，避风，留长山岛。”“八月初八日癸酉，阻风，仍留长山岛。”“留泊长山岛，北风连日不止。”[①]从起航以来一直遭遇逆风，遇逆风必祈祷，成了明末朝鲜使团的常态。李安讷在八月初十日的诗作中写道：“船人好祈祷。每朝祭海神，尚无灵验。”“人生各有命，不必祭波神。”[②]虽说李安讷对祭祀活动提出了不同看法，但在下面的航程中仍是祭祀不停(这在下面会说到)，由此也可见，当时人们面对逆风恶浪的无奈及以天妃(妈祖)为首的海神所具有的强大影响力。

崇祯五年(1632)的朝鲜谢恩兼奏请使一行于八月十四日在今大连市长海县大长山岛再次举行集体的祭祀活动，书状官洪镐在《朝天日记》中记载：

(八月)十四日，己卯晴，正、副使虔诚躬祭。臣则重得寒疾，使洪仁杰代行焉。[③]

“正、副使虔诚躬祭”，书状官因病重不能参加，但仍派与自己同船的官员“洪仁杰代行”，说明这是一次非常重要的集体祭祀活动。“洪仁杰”，《朝天日记》介绍是：“军官，前县监洪仁杰。”[④]之所以再次举行集体的祭祀活动，也是因为遭遇了多日的逆风，副使李安讷在《朝天后录》中也有记载：

八月十一日丙子，午骤雨，云雾晦冥，雷霆大作，极可畏。俄而雨止，天无点云，海山如洗。喜甚口号，时留长山岛

龙公不解客心催，更遣行船滞曲隈。
霹雳一声驱雨过，波涛三面蹴天回。
云容雾气须臾灭，海色山光表里开。

① 〔韩国〕林基中编《燕行录全集》第15册，韩国首尔：东国大学校出版部，2001年，第270～276页。
② 〔韩国〕林基中编《燕行录全集》第15册，韩国首尔：东国大学校出版部，2001年，第277页。
③ 〔韩国〕林基中编《燕行录全集》第17册，韩国首尔：东国大学校出版部，2001年，第486页。
④ 〔韩国〕林基中编《燕行录全集》第17册，韩国首尔：东国大学校出版部，2001年，第476页。

安得长风起东北，短帆斜挂着蓬莱。

登州城中有蓬莱县，本汉东莱郡。城北山上，又有蓬莱阁。[①]

八月十四日己卯，夜坐对月，戏占一律。阻风长山岛，时已十日。广鹿岛在于西南间，东南东北风，可以张帆进抵。而西北西南风，连日大吹，舟逆不得行。同来各船，屡设祭三神。祷祝无验，故篇末云。

东南风去西南止，西北风留东北行。
行止去留吾有待，东西南北汝谁令。
縻舟七日又三日，咏月四更仍五更。
侗子祝神徒自苦，听天宁识壮夫情。[②]

从《朝天后录》八月十四日的记载可以得知，崇祯五年(1632)的朝鲜谢恩兼奏请使一行"阻风长山岛，时已十日"，且逆风"连日大吹，舟逆不得行"，在八月十三日还遭遇了"极可畏"的"骤雨"和"雷霆"。在这种无奈和恐惧之中，"同来各船，屡设祭三神"，无论是集体的祭祀活动，还是各船自行组织的祭拜，均"祷祝无验"，祈求神灵也不奏效，逆风仍吹不止，作者(指副使李安讷)对这样"屡设祭三神"也产生了质疑，认为倒不如听天由命。

"龙公"，这里指龙王，或海神。"曲隈"，曲折隐蔽之处，这里指船只避风之处。"天回"，天旋，天转，这里也有大风大浪使人天旋地转的意思。"侗"通"僮"，幼童。"侗子"，这里指参加祭祀活动未成年的男性。

副使李安讷在《朝天后录》中说到的"同来各船，屡设祭三神"，各船自行组织"祭三神"的情况，书状官洪镐在《朝天日记》中也有记载：

(八月十)七日壬午晴。平明董橹出港，将近龙塘，则正船及第四、第五(船)亦随后出港。未及臣船十余里矣，忽有一道盲风，自北而至，乌云拨墨，雨脚攒抢。景象惨烈，恍惚难状。舟人奔走叫号，急将腰桅落帆头蓬减席。风头卷海，骇浪山立。怒吼之声，壮于地塌。一船之人，能趁速备患，故得保无虞。遂回船，顺风行几一舍余，雨止云散，风势陡减，乃挂席复路。天即开霁，过三䃀岛、海城岛而遥望之，则第二、第六船已泊于平岛矣。欲趁未暮，同泊平岛。而风势转逆，不得前进，下碇于平岛东港外。则第一、第四船先后下碇于三䃀岛之北，第五船则不见形样矣。即具牲币祭神，如车牛长山焉。厥后闻之则第一船祭于

① 〔韩国〕林基中编《燕行录全集》第15册，韩国首尔：东国大学校出版部，2001年，第277～278页。
② 〔韩国〕林基中编《燕行录全集》第15册，韩国首尔：东国大学校出版部，2001年，第278～279页。

三山，第二船祭平岛云。[①]

《朝天日记》八月十七日的记载说明，当航程中遇到逆风巨浪时，即使各船之间失去了联络，也会独自举行祭祀海神的活动。作者（指书状官洪镐）乘坐的第三船“下碇于平岛东港外”“即具牲币祭神”，正使正使洪宝乘坐的“第一船祭于三山（岛）”，副使李安讷乘坐的“第二船祭平岛”。这就是说，在遇到恶劣的海况情况下，祭祀“三神”已成为明末朝鲜使臣的常态，即使没有统一的安排，各船也会自行组织。前面说到过，副使李安讷对祭祀海神“祷祝无验”，甚至作诗对祭祀活动产生了质疑，但即使这样，仍照常举行祭祀活动。“即具牲币祭神”中的“即”字，不仅说明各船祭祀海神是必做的，更说明是首要的，停泊后的第一件事就是祭祀“三神”。前面介绍过，“平岛”“三山岛”，均是今大连市管辖的海岛。

九月四日，书状官洪镐在《朝天日记》中记载的也是类似的情况：

（九月）四日己亥晴，黎明风顺，即挂帆顺潮，遥望南汛口而前行。则诸船分泊于港口内外，而一只船摇橹而前来，近则乃第六船也，问之则晦日之行。正、副使虑臣船不得脱险，使第六船于双岛楮岛等处，寻问臣之消息者也。闻晦日之风，正（使）船头桅龙索断绝，第六船龙索三断，第五船再断，第四船一断。副（使）船则水涨底板几至没膝，填塞之际，用尽衣袽云。鸣炮举旗，示以直向北汛之状。张帆而进，黄昏下碇于北汛口港外。盖当初与诸船约，共到北汛待顺风，直到觉华（岛）故也。自旅顺至双岛二百里，自双岛至北汛口四百里。

五日庚子晴，夜四更，（译官）金后觉自第六船来传正、副使之书，明烛而折看之：风势若顺，俺等当自南汛口发。君亦从所泊处放船云。即促祭神如前，挂帆而西则天欲曙矣。自卯辰风力甚紧，船往如箭。[②]

《朝天日记》九月四日的记载说明，崇祯五年（1632）的朝鲜谢恩兼奏请使一行“晦日”曾遭遇风浪。“晦日”，这里指八月三十日，这一天的海况，《朝天日记》中也有记载：“风势陡怒，大浪如山卷海而来，掀荡冲激，柁尾忽折。舟忽回头不进，舟中人举皆昏晕而倒。”[③]八月三十日的风浪将各船的桅杆龙索几乎全部损坏，副使的船还进了水，几乎没了膝盖，各船也再次失去了联络，直到九月初五日才联系上。正是在这样的背景之下，“即促祭神如前”，再次像前面做的那样祭祀“三神”。“衣袽”，指烂衣服或破旧棉絮。

---

① 〔韩国〕林基中编《燕行录全集》第17册，韩国首尔：东国大学校出版部，2001年，第489～490页。
② 〔韩国〕林基中编《燕行录全集》第17册，韩国首尔：东国大学校出版部，2001年，第496～498页。
③ 〔韩国〕林基中编《燕行录全集》第17册，韩国首尔：东国大学校出版部，2001年，第496页。

八月三十日遭遇风浪的情况，副使李安讷在《朝天后录》中也有记载：

八月三十日乙未，朝遇西南风。午过双岛，夕次南汛口。是日海中，风浪极险。自羊头凹，西北至双岛，水程二十五里。自双岛，西北至南汛口。水程四百余里。

别岛秋毫小，戕风起海滨。
目中皆黑水，头上但苍旻。
巨浪崩腾急，孤舟出没频。
梢工例歌笑，到此泣祈神。①

《朝天后录》的记载，特别是诗歌中形象地描述了八月三十日的“风浪极险”的景象，天气晦暗，深蓝的海水成了黑茫茫的一片；巨浪滔天，一次又一次把舟船吞没。“苍旻”，即苍天。即使在这样的危急时刻，仍有“梢工例歌笑”，笑对风浪。但使团的官员们遇到这种情况，只能哭着祈求“三神”了，这也说明，在八月三十日遭遇风浪的当天，朝鲜谢恩兼奏请使一行就有祭祀以“大海神”天妃（妈祖）为首的“三神”活动。

小结：

崇祯五年（1632）的朝鲜谢恩兼奏请使一行出使明朝的开洋祭及航海途中的祭祀活动，祭祀的神灵多为“大海神、龙王神、小星神”三神，“大海神”天妃（妈祖）排在首位。本章也特别说到“大海神”能调遣风神、雨神、水神，能命令波涛之神“阳侯”为朝鲜使团开辟安全航道。

崇祯五年（1632）的朝鲜谢恩兼奏请使一行不仅于七月十六日启航前举行了隆重的祭祀“三神”的开洋祭，而且航程途中也多次举行主要官员均参与的集体祭祀活动。如七月二十六日在车牛岛遭遇逆风，“西北风大作”，正使洪宝、副使李安讷、书状官洪镐均在“其所坐之船”“各具牲币祭文，祭三神”。八月十四日“阻风长山岛”，再次举行了集体祭祀活动，正使洪宝、副使李安讷“虔诚躬祭”，书状官洪镐因“重得寒疾，使洪仁杰代行焉”，说明这也是一次高规格的集体祭祀活动。除了集体祭祀活动之外，更多的是各船自行组织的祭祀活动，“同来各船，屡设祭三神”，有的船只甚至每天都做祈祷，“逐日祭神，祈祷甚渎”。当然，朝鲜谢恩兼奏请使一行这种“祈祷甚渎”，主要还是使团的主要官员对以天妃（妈祖）为首的“三神”的迷信，副使李安讷就说过：“参赞（指正使洪宝）、掌令

① 〔韩国〕林基中编《燕行录全集》第15册，韩国首尔：东国大学校出版部，2001年，第293页。

(指书状官洪镐),皆好祈祷,屡设神祭。”

可崇祯五年(1632)的朝鲜谢恩兼奏请使一行没有前面几次朝鲜使团那样好的运气,遭遇逆风时,祭祀了天妃(妈祖)等神灵后会迎来利于航行的顺风和海况,他们却“每朝祭海神,尚无灵验”“屡设祭三神,祷祝无验”。副使李安讷甚至对祭祀活动产生了质疑,赋诗表达自己的不满:“人生各有名,不必祭波神。”但即使这样,包括副使李安讷在内的朝鲜谢恩兼奏请使一行仍照旧祭祀不误,还是“虔诚躬祭”。由此可见,以天妃(妈祖)为首的海神文化对明末朝鲜使臣产生了越来越大的影响,崇祯五年(1632)的朝鲜谢恩兼奏请使一行对天妃(妈祖)的迷信和敬畏,已远超前面的朝鲜使臣,他们在“祷祝无验”的情况下,仍“屡设祭三神”,频繁地祭祀以大海神天妃(妈祖)为首的“三神”,就是有力的说明。

第十章　崇祯九年的朝鲜使臣与妈祖

崇祯六年(1633),朝鲜进贺、冬至、圣节兼奏请使团出使明朝,正使韩仁及副使金荣祖、书状官沈之溟;崇祯七年(1634),朝鲜冬至使团出使明朝,正使宋锡庆、副使洪命亨、书状官元海一;崇祯八年(1635),朝鲜冬至使团出使明朝,正使崔惠吉、书状官朴守文。以上三年出使明朝的朝鲜使团,均是乘船走海路往返于中朝两地,因没有《燕行录》及相关的祭祀海神的记录传世,所以无法得知这些朝鲜使团沿途祭祀天妃(妈祖)的情况。但从上面说到的明末朝鲜使团祭祀海神的情况,及下面崇祯九年(1636)朝鲜使团祭祀天妃(妈祖)的记载,这期间的朝鲜使团必定在航海沿途也有过祭祀天妃(妈祖)的活动。

崇祯九年(1636),朝鲜向明朝派出了最后一批使团,即朝鲜进贺、冬至、谢恩使团,正使金堉、书状官李晚荣。金堉(1580—1658),字伯厚,号潜谷、晦静堂,朝鲜李朝中期政治家。据传世的《领议政潜谷金公墓志铭》记载,崇祯九年(1636),金堉出使明朝前曾任朝鲜安边府使,"秩满,附西差冬至使,丙子六月也。公曰:'事不辞难,臣职也。'陛辞奉表而行。七月,起柁石多山,为文祭海神"。来年(崇祯十年,1637)春完成使命离开北京前,"闻虏劫我城下盟,率一行出馆门外东向痛哭。提督主事啧啧不已,帝命趣参将领兵二千护送。公于是行,前后呈文者十数,无一语不恻怛至诚。故华人无不耸听动心,都督,监军至以玉带文锦奉谢国王云"①。出使明朝回国后,金堉官至朝鲜领议政(首相)。李晚荣历官朝鲜司宪府掌令、承政院副承旨、全州府尹(从二品)、平安监司等职。李晚荣去世后,朝鲜王室为其撰写的祭文中说道:"三入燕京,一则航海。奔走四方,夙夜匪懈。居外常多,在内无几。"②"匪懈",不懈怠。说李晚荣曾三次出使中国,为发展中朝(韩)关系做出了努力。朝鲜兵曹判书李尚真写的挽章中也说道:"燕京行色六千里,黄甲当年第一人。曾仗威风雄北塞,更宣仁化

---

① 〔韩国〕赵䌹《龙洲先生遗稿》卷之十四《领议政潜谷金公墓志铭》,《韩国文集丛刊》第 90 辑,韩国首尔:韩国民族文化推进会,2006 年,第 256 页。

② 〔韩国〕《雪海遗稿》卷二《附录》,《韩国文集丛刊》续第 30 辑,韩国首尔:韩国民族文化推进会,2006 年,第 68 页。

抚西民。”[①]“兵曹判书”，职权相当于明朝的兵部尚书。“黄甲”，指进士。朝鲜司宪府大司宪闵鼎重在挽章中还说道：“劳勚平生最，清贫一世知。善人人共惜，何独哭吾私。”[②]“司宪府”，论时政及纠察百官的部门，大司宪是其最高长官。朝鲜权威官员给予李晚荣盖棺定论的评价，足见其在当时的影响。传世的金堉《朝京日录》《朝天录》、李晚荣《崇祯丙子朝天录》均说到了航海沿途举行祭祀的活动，正使金堉的《朝京日录》记载得更详细些，而且多次说到了祭祀天妃（妈祖）。

一、石多山祭天妃为首的“五神”：“惟我天妃，万舶为母”

崇祯九年（1636）七月十六日，朝鲜进贺、冬至、谢恩使团一行乘船起航前，在朝鲜石多山海边举行了起航前的祭祀活动。正使金堉的《朝京日录》记载：

七月十六日，晴。晓，祭海神于海边坛上，书状亚献，译官韩瑗终献，刘义立读祝。祭后，乘船，风势甚顺。[③]

《朝京日录》的记载说明，起航前祭祀活动非常隆重、虔诚。不仅正使金堉亲自献祭，而且书状官李晚荣再献，使团译官韩瑗三献，使团写字官刘义立宣读祭文。“亚献”“终献”，古代祭祀要献酒（也称献爵）三次，第一次称“初献（初献爵）”，第二次称“亚献（亚献爵）”，第三次称“终献（终献爵）”。“读祝”，指祭祀时宣读祭文。刘义立系崇祯九年（1636）朝鲜冬至、谢恩使团“写字官”。[④]

《朝京日录》七月十六日的记载，虽然没有说到石多山开洋祭具体的祭祀对象，但在正使金堉撰写的《石多山开洋祭文》中，明确说到了祭祀对象是“五位（海）神”，而且在航程沿途的祭祀活动中，也多次说到了祭祀“五神”。崇祯九年（1636）的朝鲜冬至、谢恩使团一行祭祀的“五神”中，包括天妃（妈祖）在内，而且把天妃（妈祖）排在了祭祀的“五神”之首。

石多山开洋祭文

丙子七月十六日

万方拱北，臣事君之至诚。百川朝东，海为物而最巨。苟顺于理，何虑其

---

① 〔韩国〕《雪海遗稿》卷二《附录》，《韩国文集丛刊》续第30辑，韩国首尔：韩国民族文化推进会，2006年，第68页。

② 〔韩国〕《雪海遗稿》卷二《附录》，《韩国文集丛刊》续第30辑，韩国首尔：韩国民族文化推进会，2006年，第69页。

③ 〔韩国〕林基中编《燕行录全集》第16册，韩国首尔：东国大学校出版部，2001年，第158页。

④ 〔韩国〕林基中编《燕行录全集》第16册，韩国首尔：东国大学校出版部，2001年，第155页。

危。伏念愚蒙，幸逢明圣，传家诗礼，期不坠于训辞。许国驱驰，誓无改于夷险。今擎地产之币，远入天子之庭。惟木道之通行，在水神之扶护。秋七月既望，敢拟苏子仙游。波三年不扬，只恃周王圣化。谨具薄奠，恭伸贱诚天妃之神。惟我天妃，在帝左右，德着慈仁，万舶为母。斋心洁虑，荐之牲酒，冀垂矜怜，终始灵佑。大海尊神，镇彼溟渤，宇量弘广，包涵庶物。虔诚熏沐，祈尔景福。感则必应，兹惟降格。王居水府，其德正中，约束蛟鲸，收戢雷风。浩浩荡荡，一视同仁，敬共威灵，式陈明禋。我去我来，实赖风伯，不疾不徐，有顺无逆，如鸟斯飞，一瞬千里。惠以吹嘘，歆兹享祀。嘒彼精光，临之在上，昭回扬彩，率土所仰。参助造化，功无与让。俯鉴微悃，尚或来飨。伏愿开洋之后，祥飙送帆，瑞日明海，破宗悫之浪，快豁心胸。乘张骞之槎，早上星汉。逐令四船。人众均蒙，五位神功。①

《石多山开洋祭文》的内容说，四面八方的附属国都派使臣到明朝京都北京，以表达对臣服天朝的赤诚之心。中国大陆的江河都流向了东边的大海，大海也成了世间最为广阔的地方。我们不应该畏惧大海，但由于我们朝鲜之前愚昧、不开化，幸亏有了圣明的国君，学习传播中国的儒家经典，期望朝鲜跟上时代，不至于落伍。我们为了国家的进步而驰骋大海，航程无论是平坦还是艰险都阻挡不了我们出使的决心。我们携带着朝鲜的土特产作为贡品，到距离遥远的天朝宫殿去朝贡。由于陆路阻隔，水路成了唯一的通道，这就需要水神的保护才能到达。今天是七月十六日，我们之所以不像当年苏轼一样不敢过仙游潭，是因为有了神灵的护佑。周成王时，海上三年不翻腾狂风巨浪，这是因为当时有圣人治国。我们准备了不足称道的祭品，恭敬地奉献给天妃之神，以表达我们的诚意。只有天妃（妈祖）您常伴在天帝的左右，传递着上天的恩德和仁慈，像母亲一样呵护着在大海中航行的千千万万的船只。我们对您的忠心没有任何杂念，我们奉献给您的祭品，希望您能怜悯我们，前来享用，并在航程中自始至终地护佑着我们。东海的海神海若，镇守着溟海和渤海，这片北方的大海容量之大且广阔无边，包涵和养育了万物。我们恭敬而有诚意地斋戒沐浴，向您祈祷希望能降福给我们。您只有来到这里才能感受到我们的一片诚意，也才能实现我们的祈求。龙王爷，您的王宫就在大海里边，您的威德也在其中，您能约束蛟龙、鲸鱼和海中的其他生灵，让它们不兴起雷雨，不掀起巨浪。您的威德浩浩荡荡，一视同仁，我们敬献给您的洁净祭品，也希望您能来享用。我们在大

① 〔韩国〕林基中编《燕行录全集》第16册，韩国首尔：东国大学校出版部，2001年，第263～264页。

海往来的航程，都要依靠风神风伯，我们希望能有序、平稳、安全地行驶航船，只有顺风没有逆风，也希望能像大鹏鸟展翅飞翔，瞬间到达千里外的目的地。请接受我们的请求，来享用奉献给您的祭品吧。闪着光亮的小星神啊，你们也都在天上，你们的光芒使夜空闪烁着光彩，也是大地上的生灵所仰望的。你们也参与了世间的造化，给予人间的恩德也是无法衡量的。所以，希望你们能下来察看一下我们这些平凡之人，也能享用我们奉献给您的祭品。我们在这里举行隆重的开洋祭，是希望各位神灵能送来祥风，使我们一帆风顺；吉祥的阳光普照大海，使我们像中国南北朝时期的宗悫一样，乘长风破万里浪，在大海中潇洒自如；我们也希望像传说的中国汉代张骞乘坐木船到达天河一样，早一点到达我们出使的天朝京都北京。祭祀完毕，即号令我们的四艘船拔锚起航。希望我们使团的全部人员，均能蒙受到五位神灵的恩德。

《石多山开洋祭文》说到的几个词语："拱北"，面向北方拱手以表敬意，也指众星环卫北极星。这里指面向明朝京都北京表达朝鲜使臣的忠诚敬仰之意。"传家诗礼"，即诗礼传家，以儒家经典及其道德规范世代相传。"训辞"，训教之言，这里有因愚昧落伍而接受训斥、指教的意思。"夷险"，平坦与险阻。"木道"，水道，木船航行之道。"既望"，指农历的每月十六日。"望日"，指农历每月十五。"苏子仙游"，指苏轼不敢过仙游潭的典故。《宋史・列传第二百三十・章惇传》记载，章惇任商洛令时，"与苏轼游南山，抵仙游潭，潭下临绝壁万仞，横木其上，惇揖轼书壁，轼惧不敢书。惇平步过之，垂索挽树，摄衣而下，以漆墨濡笔大书石壁曰：'苏轼、章惇来'"。"波三年不扬，只恃周王圣化"，西汉时期韩婴撰《诗外传・卷五》记载，周成王时，周公摄政，越裳国来朝，周公询问为何要来中国朝拜？其使臣说："吾受命国之黄发曰：久矣，天之不迅风疾雨也，海不波溢也，三年于兹矣。意者中国殆有圣人，盍往朝之，于是来也。"意思是说，三年来天上不刮大风，不下暴雨，海上不翻腾狂浪，这是因为中国有圣人治国，所以来中国朝拜进贡。"大海尊神"，即海神，作者在下面《觉华岛开洋祭文》祭"五神"中称为"海若尊神"。"海若"，古代传说中的东海的海神。《庄子・秋水》："于是焉河伯始旋其面目，望洋向若而叹。"《觉华岛开洋祭文》所祭"五神"依次是："天妃圣母""海若尊神""龙王""风伯""小星"。① "溟渤"，溟海和渤海。"溟海"，传说中的北方大海。《列子・汤问》："终北之北有溟海者，天池也。""景福"，大福，《诗经・小雅・小明》："神之听之，介尔景福。""明禋"，洁敬，这里指诚挚地献享洁净的祭品。"吹嘘"，这里是汲引，引导的意思。杜甫《赠献纳使起居田舍人

① 〔韩国〕林基中编《燕行录全集》第16册，韩国首尔：东国大学校出版部，2001年，第326页。

澄》诗："扬雄更有《河东赋》，唯待吹嘘送上天。""嘒彼"，小星，这里指其他的各路小神仙。《诗经·召南·小星》："嘒彼小星，三五在东。肃肃宵征，夙夜在公。""昭回"，星辰之光的回转。《诗经·大雅·云汉》："倬彼云汉，昭回于天。""宗悫"，南北朝时期南朝宋将领，从小就有远大的志向。《宋书·宗悫传》记载："悫年少时，炳(宗悫的叔父宗炳)问其志，悫曰：'愿乘长风破万里浪。'""张骞之槎"，前面已经说到，指传说汉武帝时张骞乘坐木船到了天河。

前面说到的明末朝鲜使团的开洋祭及航海沿途的祭祀活动，多是祭祀的"三神"。虽说"三神"所指不尽相同，但我们在前面的分析中说到，朝鲜使团祭祀的"三神"，天妃(妈祖)均排在首位，龙王排在第二位，有所不同是第三位，或为小星神，或为风神风伯。第三位是"小星神"时，风神风伯则包括在"小星神"之内。但崇祯九年(1636)的朝鲜使团祭祀的却是"五神"：天妃圣母、海神海若、龙王、风神风伯、小星神。除增加了海神海若并把其排在第二位，列龙王之前外，还把风神风伯、小星神分列，风神风伯排在了小星神之前。崇祯九年(1636)朝鲜进贺、冬至、谢恩使团之所以再次把天妃(妈祖)列在了诸神之首，《石多山开洋祭文》中也做了交代，是因为"惟我天妃，在帝左右，德着慈仁，万舶为母"。因为天妃侍奉在天帝的左右，是大德和仁慈的化身，主宰着所有在大海中航行的船舶的安危。

明末朝鲜使团从什么时间起改为祭祀"五神"，笔者没有查到相关资料，但祭祀"五神"在崇祯五年(1632)之后是无疑的，因崇祯五年(1632)及之前朝鲜使团祭祀的都是"三神"。至于为什么在崇祯五年(1632)之后改为祭祀"五神"，有可能是为了突出海神海若和风神风伯。崇祯五年(1632)及之前朝鲜使团祭祀"三神"的祭文中，有的也说到过海神，但是海神在大海神天妃(妈祖)的统领之下，受天妃(妈祖)的调遣。其地位本在龙王之上，祭祀"三神"时却没有海神。祭祀"五神"，并把海神海若排在龙王之前，不仅使其地位得到认可，还可单独享受祭祀。风神风伯本在"三神"中单独享受祭祀，但后来与小星神同列，可其在航海中的地位又远远大于其他小神，所以再次单独列项，以视对风神风伯的重视。这只是笔者的一种推测，以期得到指正。

二、车牛岛再祭"五神"："因谢为祈，斋心设祭"

崇祯九年(1636)的朝鲜进贺、冬至、谢恩使一行，七月二十六日在鸭绿江口车牛岛海域，再次举行了祭祀"五神"活动，正使金堉在《朝京日录》中记载：

(七月)二十四日，晴。……夕到车牛岛，去皮岛(椴岛)五十里。夜向晓，北风起，移船住岛东牛毛渊。

二十五日，晴。潮退沙浅，风势不顺，仍留。

二十六日，阴，东风大吹。四更，祭于五神及船神。祭后，月出已高，近五更初矣，挂帆行船。风势甚顺，终日不止。巳时，过鹿岛。酉时，过石城岛。二更初，到长山岛。舟人以为今日所径，几千余里，海行以来。无如今日之利涉。金判书，清阴，自车牛岛，仅至石城岛云。以余思之，车牛去鹿岛三百里，鹿岛去石城岛四百余里，石城去长山岛又百余里，盖八百余里也。落帆之后，风定雨作，达夜不歇。鹿岛，属镇江。石城，属盖州。长山以西至旅顺口，属金州云。①

朝鲜进贺、冬至、谢恩使一行在车牛岛停留期间连续遭遇两天逆风，第三天(二十六日)来了利于航行的大顺风，“东风大吹”。这一点，书状官李晚荣在《崇祯丙子朝天录》中也有记载：“二十五日，风逆不得行船。”“二十六日丑时，东风正好。”②正是这样一个背景，进贺、冬至、谢恩使一行“祭于五神及船神”，应是感谢以天妃圣母(妈祖)为首的众神带来的好风向。“丑时”，十二时辰的第二个时辰，指下半夜1时至3时。

《朝京日录》七月二十六日的记载，主要记叙了祭祀以天妃圣母(妈祖)为首的“五神”后所带来的神奇效应。作者一行从四更开始祭祀，祭后不到五更即“挂帆行船”“风势甚顺，终日不止”。当天从车牛岛起航，“过鹿岛”“过石城岛”“二更初，到长山岛”。“二更初”，应是晚上7时多，不到8时。也就说，只一天多的时间就航行了如此多的里程，所以“舟人以为今日所径，几千余里，海行以来。无如今日之利涉”。虽然作者接着纠正了不是“几千余里”，而是航行了“八百余里也”，但这也够快的了。天启六年(1626)的进贺、冬至、圣节使金尚宪一行，当天只能到达石城岛，而作者一行却越过了石城岛，到达了长山岛。作者还特别交代了“落帆之后，风定雨作，达夜不歇”，船靠港停泊，这时没有顺风了，风停雨至，而且下了一整夜，好像顺风就是专给进贺、冬至、谢恩使一行行船准备的。

“金判书”，即前面说到的天启六年(1626)的朝鲜进贺、冬至、圣节使正使金尚宪，字叔度，号清阴，当时的官职是朝鲜吏曹判书，后升任朝鲜左议政(第一副首相)。

“长山岛”，前面说到，指今辽宁省大连市长海县大长山岛镇大长山岛。《朝

---

① 〔韩国〕林基中编《燕行录全集》第16册，韩国首尔：东国大学校出版部，2001年，第162～163页。

② 〔韩国〕林基中编《燕行录续集》第107册，韩国首尔：尚书院，2008年，第19、20页。

京日录》记载的使船人说，从车牛岛至长山岛“几千余里”。明末朝鲜使臣多次记载了途经的里程，都不尽相同，如天启元年（1621）的朝鲜谢恩使书状官安璥在《驾海朝天录》的《路程里数记》中记载：“自车牛岛至薪岛百里许，自薪岛至鹿岛五百里许，自鹿岛至石城岛五百里许，自石城岛至长山岛三百里许。”[①]按此计算，从车牛岛至长山岛应是至少一千四百多里。天启四年的冬至使书状官金德承在《天槎大观》的《前后航海路程》中记载：车牛岛至“鹿岛五百里，自此属辽界。石城岛六百里，长山岛三百里”[②]。按此计算，虽说从车牛岛至长山岛也是一千四百余里，但各岛相距的里程却不同。安璥的《驾海朝天录》记载的车牛岛至鹿岛是六百多里，而金德承《天槎大观》记载的“车牛岛至鹿岛五百里”。《驾海朝天录》记载的“自鹿岛至石城岛五百里许”，而《天槎大观》记载的鹿岛至石城岛“六百里”。通过上述记载，我们也就不奇怪了，为什么坐在同一艘船的人，有的人会认为航行了“几千余里”，而有的人认为不足千里，只有“八百余里”。因当时距离的远近都是凭借感觉或经验。使船人说的“几千余里”，肯定有夸张的成分，但也是突出了祭祀以天妃（妈祖）为首的“五神”后所带来的神奇效应。

正使金堉传世的《潜谷遗稿》卷九《祭文》中还有《车牛岛祭海文》，也反映了当时的情况：

车牛岛祭海文

安行到此，莫非神惠。默感冥佑，致远何泥。因谢为祈，斋心设祭。愿借便风，毋使留滞。[③]

《车牛岛祭海文》的内容说，我们朝鲜进贺、冬至、谢恩使一行安全到达此地，难道不是神灵给予的恩惠吗？感恩以天妃圣母（妈祖）为首的众神在默默地护佑着我们，再远的航程也不会有什么阻挡。为了感谢众神的眷顾，所以在这里举行了祈祷活动，我们沐浴斋戒并设置了祭品。只是希望借助顺风拔锚航行，不要把我们滞留在这里。“泥”，这里是阻塞、阻滞的意思。《论语·子张》：“虽小道，必有可观者焉，致远恐泥。”

《车牛岛祭海文》，在作者结集的《朝天录》诗歌集中也收录了，内容一字未

① 〔韩国〕林基中编《燕行录续集》第104册，韩国首尔：尚书院，2008年，第376页。

② 〔韩国〕林基中编《燕行录续集》第106册，韩国首尔：尚书院，2008年，第117页。

③ 〔韩国〕《潜谷遗稿》卷九《祭文》，《韩国文集丛刊》第86辑，韩国首尔：韩国民族文化推进会，2006年，第185页。

变，只是题目为《车牛岛祈风祭文》[①]，在题目下，作者还标注："二十六日"，说明此文系七月二十六日而作，这与前面的记载也吻合。

三、南汛口两祭"五神"："惠我便风，一日过海"

崇祯九年(1636)的朝鲜进贺、冬至、谢恩使一行，在辽东半岛西海岸南汛口，举行了两次祭祀以天妃圣母(妈祖)为首的"五神"活动。

正使金堉在《朝京日录》中记载：

(八月)初八日，晴。朝，北风起，发船出浦。诸船以为风势不好，留而不出。出浦之后，东南风吹，扬帆而行。诸船皆随而发。过旅顺口、铁山嘴。黄昏，到双岛。

初九日，雨。未末，到泊南汛口。

初十日，四更，祭谢五神。一阵雨过，东北风大吹。[②]

朝鲜进贺、冬至、谢恩使一行船队，于八月初八日从平岛发船，很顺利地驶过风浪较大、风险较大的铁山嘴海域，初九日下午日落前后到达南汛口，初十日四更时分(夜里1时至3时)就举行了"祭谢五神"活动。之所以"祭谢五神"，应是朝鲜冬至、谢恩使一行船队很安全地通过了事故频发的铁山嘴海域，前面几次朝鲜使臣的船队遇险，多发生在铁山嘴海域。不仅如此，船队一行由西向北航行，又来了东南风，正使金堉乘坐的船只率先"扬帆而行"，其余"诸船皆随而发"。过铁山嘴海域既没遇风险，又一帆风顺，前面在车牛岛遇顺风"因谢为祈，斋心设祭"，在作者一行看来，这次得到的神助要大于前面，故要再次"祭谢五神"。正使金堉一行并非为了起早赶路而这么早举行祭祀活动，他们在南汛口还有会见明军将领等一系列公务活动，但如此起早隆重地举行"祭谢五神"的活动，由此也可见崇祯九年(1636)的朝鲜冬至、谢恩使团对以天妃圣母(妈祖)为首的"五神"的迷信和敬畏。

朝鲜进贺、冬至、谢恩使一行安全顺利通过铁山嘴海域时，正使金堉还创作了诗歌，以表达自己当时的喜悦之情，书状官李晚荣还作了和答诗：

---

① 〔韩国〕林基中编《燕行录全集》第16册，韩国首尔：东国大学校出版部，2001年，第270页。

② 〔韩国〕林基中编《燕行录全集》第16册，韩国首尔：东国大学校出版部，2001年，第167、168页。

过铁山嘴(初八日)

金 堉

山从直北走南来，束作千峰立海隈。
觉华外洋通旅顺，皇城孤岛接登莱。
潮头险若瞿塘峡，石嘴危于滟滪堆。
幸得便风安稳过，舟人相顾笑容开。①

次潜谷铁山嘴诗韵

李晚荣

何神鞭石会稽来，置在天东海北隈。
却讶鹍头当滟滪，还疑鳌背戴蓬莱。
千层峭壁森成列，万顷云涛蹴作堆。
艰险备尝心自壮，笑麾三老片帆开。②

正使金堉《过铁山嘴》首联“山从直北走南来，束作千峰立海隈”，意思是说，铁山嘴在路经海域的北边，像捆住的一组山峰立在大海之边。

颔联“觉华外洋通旅顺，皇城孤岛接登莱”，意思是说，铁山嘴西边连接觉华岛的外洋，东边直通旅顺口，南边是隍城岛，大海与登州、莱州陆地相接。“觉华”，指觉华岛，靠近辽东湾西岸，是明末朝鲜使臣走海路从山海关入关的必经之路。“旅顺”，指旅顺口，自古以来就是辽东地区重要的海上交通枢纽和港口，今属大连旅顺口区。“皇城”，指庙岛群岛的隍城岛，与铁山嘴隔海相望。“登莱”，指当时的登州府、莱州府，辖区包括今潍坊市区在内的山东半岛东部地区，这里应指山东半岛。

颈联“潮头险若瞿塘峡，石嘴危于滟滪堆”，意思是说，使船人过铁山嘴潮头，其风险犹如驶过奔涌咆哮的长江瞿塘峡一样危险，而且铁山嘴海域石嘴一带的风险要远远高于瞿塘峡滟滪堆。“瞿塘峡”，长江三峡之一，两岸如削，岩壁高耸，由于有着三峡中最窄的一段江面，所以江水最为汹涌，也是古代长江中船只最容易出事故的地段。“滟滪堆”，位于瞿塘峡入口处江中的一块巨石，是古来船工望而生畏之处，也是事故多发地段。苏轼《滟滪堆赋》:“世以瞿塘峡口滟滪堆为天下之至险，凡覆舟者，皆归咎于此石”。作者将铁山嘴与瞿塘峡相比，

① 〔韩国〕林基中编《燕行录全集》第16册，韩国首尔：东国大学校出版部，2001年，第278～279页。

② 〔韩国〕《雪海遗稿》卷一《诗》，《韩国文集丛刊》续第30辑，韩国首尔：韩国民族文化推进会，2006年，第29页。

并认为过铁山嘴的危险程度要高于瞿塘峡，也是为下面的尾联做铺垫，以说明作者一行安全顺利通过铁山嘴而“笑容开”的原因。

尾联“幸得便风安稳过，舟人相顾笑容开”，意思是说，我们有幸得到了神助，给我们送来了适宜航行的风向，使我们安安稳稳顺利地通过了铁山嘴，船上的我们高兴地相互庆贺，每个人都露出了发自内心的笑容。尾联也告诉我们，朝鲜冬至、谢恩使一行为什么刚过铁山嘴海域，到了南汛口就要举行祭祀“五神”的活动，在铁山嘴海域“幸得便风安稳过”，是其主要原因。在作者一行看来，没有神助，他们就很难通过铁山嘴。这一观点，作者在返航要路经铁山嘴时，在《铁山嘴祈风祭文》[1]中就说道：“前有铁山，古难其嘴。便风稳送，惠我终始。”这方面的具体内容，下面还会做详细解读。

书状官李晚荣在和答诗《次潜谷铁山嘴诗韵》中表达相同的喜悦心情，首联“何神鞭石会稽来，置在天东海北隈”，意思是说，是哪里的神仙把会稽山一部分山峰搬动了，放置在天朝的东边、大海北边的海边呢。“会稽”，指会稽山，相传是大禹封禅之地，也是大禹陵寝所在地。秦始皇统一中国后不久，即“上会稽，祭大禹”。

颔联“却讶鹢头当滟滪，还疑鳌背戴蓬莱”，意思是说，行船的人到了铁山嘴却惊讶，怎么像是瞿塘峡口的滟滪堆呢，有的甚至怀疑铁山嘴是大鳌背着蓬莱仙山呢。“鹢头”，这里指船。古代船头上常画着鹢。“鹢”，古书上记载的一种似鹭的水鸟。“鳌”，同“鼇”，传说中的海中巨鳖。《玉篇》传曰：“有神灵之鼇，背负蓬莱之山，在海中。”

颈联“千层峭壁森成列，万顷云涛蹴作堆”，意思是说，铁山嘴上的石峰峭壁如同森林的树木一行排列着，海面万顷波涛汹涌澎湃，如同瞿塘峡滟滪堆激起的巨浪。

尾联“艰险备尝心自壮，笑麾三老片帆开”，意思是说，过了铁山嘴这个艰难风险之地后，我们也就更有自信了，所以，上了年纪的正使金堉高兴地指挥船队乘风张帆前行。“三老”，一指三绺髭须。出自《世说新语・巧艺第二十一》：“顾长康画裴叔则，颊上益三毛。”也指发、眉、须。出自苏轼《十八大阿罗汉赞・第七迦理迦尊者》：“佛子三毛，发眉与须。既去其二，则有余因。”这里应指正使金堉，因当时金堉已 57 岁，肯定是有较长胡须之人。

在南汛口，正使金堉还亲自撰写了《南汛口谢神祭文》：

---

① 〔韩国〕《潜谷遗稿》卷九《祭文》，《韩国文集丛刊》第 86 辑，韩国首尔：韩国民族文化推进会，2006 年，第 185 页。

南汛口谢神祭文(八月初十日)

日踔千里，敢不知赐。前洋利涉，亦神是恃。略陈牲币，深愧未备。物虽云薄，其诚则至。①

八月初十日的《南汛口谢神祭文》内容说，我们一天的航程超过了千里，哪敢不设祭谢恩呢？前程的大洋要顺利通过，仍需要依靠众位神主的扶持才行。我们这里略备祭品，非常愧疚祭品的档次不高，品种也不齐备。祭品虽然菲薄，但却表达了我们对各位众神的赤诚。

《南汛口谢神祭文》虽然没有说明祭祀的是哪位神灵，但作者在《朝京日录》八月初十日的记载中已经交代得很清楚了，是"祭谢五神"，即答谢以天妃圣母(妈祖)为首的"五神"。这不仅与八月初十日的时间吻合，祭文的内容"日踔千里，敢不知赐"，也与"祭谢五神"吻合。"日踔千里"，这里只是形容从平岛到南汛口这一段航程航速之快，并不是说这段航程相距千里。天启四年的进贺、冬至使书状官金德承在《天槎大观》的《前后航海路程》中记载："自平岛分路，至旅顺口四十里，铁山觜四十里，羊岛八十里，双岛四十里，南汛口五百里。"②也就说，自平岛至南汛口只有七百里，我们在前面说到，这只是个约数，实际距离应远远少于这个数字。

朝鲜进贺、冬至、谢恩使一行于八月初九日到达南汛口之后，八月初十日"祭谢五神"时，即"东北风大吹"，来了逆风(下一航程去北汛口，在南汛口之北)，之后又遭遇多日逆风，正使金堉在《朝京日录》中记载："十一日，大风，如昨。十二日，晴，北风。十三日，晴，西风大吹。"③也就是说，从八月初十日算起，一连四天都是逆风。随后因明军都督率船路经南汛口，朝鲜进贺、冬至、谢恩使金堉与明军都督有些往来，又耽搁了几天。《朝京日录》中也有记载："十四日，晴。唐船二十余只来泊汛中。(明军)陈都督领兵一万，将赴三叉河，因往宁远云。(明军)参将楚继功送鸡，酒，香，茶，扇。封以纸，席，笔，墨，鱼物。回谢。""十五日丙戌，晴。(明军)参将贾士奇来见，与书状往谢。""十六日，晴，西南风大吹。与书状往见都督，行见官礼。都督令脱冠带以便服，鼎坐稳话。茶罢，设馔行酒。三爵之后，屡辞不止，改盏而饮。几至十余巡，又设午饭。极其款厚而送之，楚参将邀至其船，亦设茶酒馔品。""十七日，晴，西南风吹。晓，雷雨一阵而过。……问安于都督。次昨日赠扇之韵，书于漆别扇送之。都督大喜，令诸

① 〔韩国〕林基中编《燕行录全集》第16册，韩国首尔：东国大学校出版部，2001年，第280页。
② 〔韩国〕林基中编《燕行录续集》第106册，韩国首尔：尚书院，2008年，第119页。
③ 〔韩国〕林基中编《燕行录全集》第16册，韩国首尔：东国大学校出版部，2001年，第168页。

将传观。赐全译百钱以送。”[①]与明军将领往来的这几日，倒是有两次利于航行的西南风，但明军的盛情款待及朝鲜使臣金堉一行的礼貌性回访，错过了顺风航行的时机。可结束与明军将领的往来准备拔锚起航时，逆风又来了。“十八日，晴，北风吹。与书状下岸，坐于岩下，少憩。”“十九日，晴，北风大吹，雁阵乱飞。”“二十日，晴。”[②]一连两日都是逆风，十九日的北风之大，连高空的雁阵都吹散。“二十日”，虽然没提是什么风向，显然也不利于航行。

八月十九日“北风大吹”的情况，正使金堉还赋诗表达了自己焦虑的心情：

题岩石　十九日

金　堉

北风吹不尽，南风何太迟。
淹留旬已浃，岩下坐题诗。[③]

“旬已浃”，指“浃旬”，即一旬，十天。

朝鲜进贺、冬至、谢恩使一行在南汛口遭遇逆风的情况，书状官李晚荣在诗歌中也有描述：

南汛口阻风，吟成观涛篇，呈潜谷

李晚荣

北风吹大海，海涛日夕涌。
轩然宇宙动，轰𨍏声堆垄。
括地势弥壮，穷天阔无壅。
疾急恣转腾，气欲吞山冢。
潜龙缩牙角，或跃自惊恐。
狂鲸与骇鳄，委靡莫能踊。
奔扬捣空虚，逆折或冲拥。
相投激跳沫，散掷大小珙。
前趋时屈曲，后来夸独耸。
低昂牙排搒，起伏较轻重。
鸿沟战未已，项王溃汉甬。
抑若西河卒，长驱不旋踵。

① 〔韩国〕林基中编《燕行录全集》第16册，韩国首尔：东国大学校出版部，2001年，第168～170页。
② 〔韩国〕林基中编《燕行录全集》第16册，韩国首尔：东国大学校出版部，2001年，第171～172页。
③ 〔韩国〕林基中编《燕行录全集》第16册，韩国首尔：东国大学校出版部，2001年，第287页。

伊余忝王命，包茅万里奉。
弭帆南汛港，三日如桎拳。
弘舸受荡薄，飘若风中氄。
三毛回首望，神魂亦已悚。
平生乐天命，定力谢疏冗。
方当险阨地，肯或同阘㔍。
驰心向紫极，北首双手拱。
高吟倚危棹，自笑肝胆勇。①

诗歌描绘了朝鲜进贺、冬至、谢恩使一行在南汛口遭遇了特大北风，浪涛的声响如同雷声"轰辐"，而浪头之高就要吞没山顶（山冢）。诗歌作者还展开丰富的想象：连"潜龙"都被这浪涛吓得躲到了衣柜底下，连"狂鲸与骇鳄"这些在大海中兴风作浪的巨无霸也萎靡不振，不敢动弹了。诗歌也具体描写了朝鲜进贺、冬至、谢恩使一行船只停泊在港湾，三天来，也如同受刑的犯人一样捆绑在岸边，照旧受到冲击碰撞。尽管都是比较大的船只，但在海面上，仍然像鸟兽身上的细毛（氄）脱落后那样随风飘荡。作者这样描绘，也为朝鲜进贺、冬至、谢恩使一行祭祀祈风做了注脚。

《南汛口阻风，吟成观涛篇，呈潜谷》中的几个词语："潜谷"，指朝鲜进贺、冬至、谢恩使正使金堉。"轰辐"，象声词，形容车声、雷声等。"山冢"，这里指山顶。《诗经·小雅·十月之交》："百川沸腾，山冢崒崩。""牙角"，本指明代家具的一个部件，这里指桌椅等家具。"空虚"，这里指天空。唐代赵璜《曲江上巳》诗："欲问神仙在何处，紫云楼阁向空虚。""大小珙"，大大小小的玉石，这里形容大浪卷起的大大小小的浪花。"排挜"，挤压。唐代韩愈《辛卯年雪》诗："崩腾相排挜，龙凤交横飞。""项王溃汉甬"，指楚汉相争，项羽在汉甬溃败汉王刘邦的故事。《史记·项羽本纪》载："汉之三年，项王数侵夺汉甬道，汉王食乏，恐，请和，割荥阳以西为汉。"这里用楚汉相争时的惨烈战况比喻狂风巨浪。"旋踵"，掉转脚跟，形容时间短促。南朝梁沉约《七贤论》："受祸之速，过于旋踵。"这里既形容风浪来得急促，也就是说，在逆风恶浪面前，人的安危只系于一瞬间。"伊余"，这里指朝鲜进贺、冬至、谢恩使一行。"苞茅"，本指中国南方的一种茅草，又叫菁茅，楚国在立国之初，周天子让楚人上缴的贡品中就有这种茅草，主要用于酿酒祭祀。今韩国江陵一带端午祭祀仍可见苞茅祭酒的遗风。这里指朝鲜

① 〔韩国〕《雪海遗稿》卷一《诗》，《韩国文集丛刊》续第30辑，韩国首尔：韩国民族文化推进会，2006年，第12页。

使臣携带给明朝皇帝的贡品。“弭帆”，这里是船只停泊的意思。“弭”，平息，停止。“帆”，《说文》：马疾走也。徐铉注：“舟船之帆本用此字，今别作帆。”“挃摮”，形容船只如同人受刑罚一样，捆绑在岸边，又被风浪冲击地相互碰撞。“荡薄”，激荡。唐代韩愈《海水》诗：“风波一荡薄，鱼鸟不可依。”“三毛”，前面说到，指有胡须之人，这里应指有胡须的老人。“疏冗”，粗率懒散。这里为自谦之词，说自己听天由命，对自己的生死安危不太在乎。“阘㲓”，这里为自谦之词，说自己是地位低下、卑贱的不肖子孙。“阘”，本义为楼上小户，这里是地位低下、卑贱的意思。“㲓”，生僻字，读 rǒng，不肖。“紫极”，星名，多借指帝王的宫殿。

朝鲜进贺、冬至、谢恩使一行因在南汛口会见明军陈都督等活动耽搁了数日，又值风向不顺，故八月二十一日才起航。起航前，再次举行了祭祀“五神”的活动，金堉在《朝京日录》中记载：

> 八月二十一日，阴，东风。四更，将祭五神，出而观之，则北风微吹，月星明概，心以为祭，亦无应矣。祭罢回见，则旗脚西转，东风忽起，天亦阴晦，令篙工发船。篙工以为此风不长，行船无益。余以为虽出汛口而复还，亦无所妨，遂令举帆。潮水方急，船行甚迟。平明，始到海口。风势转紧，放船而行。向夕，风转而南，船去如飞。二更，过觉华岛，到泊宁远前洋。二船先泊，三、四船继来，此海大约八百余里矣。①

正使金堉仍亲自撰写了祭文：

南汛口祈风祭文（八月二十一日）

> 收帆浃旬，尚滞洋中。事神未诚，徒切责躬。神其垂恕，勿以为罪。惠我便风，一日过海。②

《南汛口祈风祭文》内容说，我们在这里已经停泊十天了，可船只仍滞留在海中不能航行。之所以没有得到众神的眷顾，是因为我们对各位神灵的诚心还未尽到，我们真切地反躬自责。请求众神宽恕我们，不要责罚我们。祈求众神能赐给我们好的风向，使我们一天就能渡过大海，到达彼岸。

正使金堉撰撰写的祭文《南汛口祈风祭文》，虽说是“祈风”，但不是单独写给风神风伯的，而是写给以天妃圣母（妈祖）为首的“五神”的，这在《朝京日录》八月二十一日的记载中已经交代得很清楚了：“八月二十一日……将祭五神。”时间也与作者在祭文中标注的“八月二十一日”相吻合。

---

① 〔韩国〕林基中编《燕行录全集》第 16 册，韩国首尔：东国大学校出版部，2001 年，第 172～173 页。

② 〔韩国〕林基中编《燕行录全集》第 16 册，韩国首尔：东国大学校出版部，2001 年，第 291 页。

《朝京日录》八月二十一日的记载，显然同前面七月二十六日的记载一样，都是想告诉人们，祭祀了以天妃（妈祖）为首的“五神”后，就会有利于航行的风势到来，可以使“船去如飞”，顺利抵达下一个目的地。作者一行从南汛口起航时，虽说开始风向不是很顺，“船行甚迟”，但很快“风转而南”，当天晚间就“过觉华岛，到泊宁远前洋”。作者估算当天航行“大约八百余里矣”。从南汛口到宁远卫前洋这一段航程，天启四年的冬至使书状官金德承在《天槎大观》的《前后航海路程》中的记载是：南汛口至“北汛口一百七十里”，北汛口至“觉华岛一千里”，觉华岛至“宁远卫十里”，全程将近一千里二百里。[①]《南汛口祈风祭文》表达了作者一行，从八初十日到八月二十一日这十多天在南汛口候风期间焦灼的心情，及企盼得到神助，“惠我便风，一日过海”的愿望。作者八月二十一日的记载，也是交代了作者在《南汛口祈风祭文》表达的企盼实现了，是突出“心以为祭”，只要心诚，以天妃（妈祖）为首的“五神”就会恩赐于你。

朝鲜进贺、冬至、谢恩使金堉一行的船队在宁远卫海域停泊了较长时间，至十月初二日才乘船登陆，经山海关进入北京。之所以停泊时间较长，一是因为清军与明军在锦州周边作战，局势不稳；二是因为正使金堉病重不能理事，待周边局势稍稳，及金堉病愈才登陆进京。朝鲜冬至、谢恩使一行登陆之前，十月初二日“夕，潮回风顺，挂席过海。船上，祭神。黄昏，下陆”[②]。这里虽然没有说明祭祀的是哪路神灵，但纵观前面记载，祭祀的仍然是以天妃（妈祖）为首的“五神”，这里既有感谢来路以天妃（妈祖）为首的“五神”带来的多次好的风势，也有专门感谢登陆前“潮回风顺”的意思。同时企盼回程时能再次得到以天妃（妈祖）为首的“五神”的护佑，这从正使金堉亲自撰写的《宁远卫下陆祭文》也可以得到答案：

宁远卫下陆祭文（十月初二日）

千里一日，孰谓海阔。欲报之德，感铭于骨。今将登陆，礼宜告祭。归路利涉，亦仰神惠。[③]

“宁远卫”，在今辽宁省兴城市古城。“欲报之德，感铭于骨”，是感谢来时航程中顺风顺水，运气极佳。“归路利涉，亦仰神惠”，是希望回国的航程中仍然能得到以天妃（妈祖）为首的“五神”的眷顾，顺风顺水，平平安安。

---

① 〔韩国〕林基中编《燕行录续集》第106册，韩国首尔：尚书院，2008年，第119页。
② 〔韩国〕林基中编《燕行录全集》第16册，韩国首尔：东国大学校出版部，2001年，第180页。
③ 〔韩国〕林基中编《燕行录全集》第16册，韩国首尔：东国大学校出版部，2001年，第292页。

四、觉华岛返程祭天妃为首的“五神”：“天妃圣母，慈爱之仁”

崇祯九年(1636)的朝鲜进贺、冬至、谢恩使一行在北京完成出使任务之后，于崇祯十年(1637)四月二十二日离京返程，闰四月二十二日到达来时停泊的船所，并“移泊觉华岛浦口”①。闰四月二十三日启程返航时，朝鲜冬至、谢恩使一行在觉华岛举行了祭祀以天妃(妈祖)为首的“五神”活动。正使金堉在《朝京日录》中记载：

崇祯十年(1637)闰四月二十三日，阴风，晨祭五神、船神。②

“觉华岛”，又称菊花岛。因岛上盛开野菊花，经当时的有关部门批准于民国十一年(1922)将觉华岛改称为菊花岛，2009年12月经有关部门批准，再次易名为觉华岛。辽代曾在觉华岛建有大龙宫寺，为辽金时期北方重要的佛教圣地，明代为船上运输与海防重地。天启六年(1626)隆冬趁海面冰封之际，努尔哈赤令后金骑兵袭击觉华岛，岛上数千明军和数千商民被后金军杀戮；岛上粮料和船只也被后金军焚烧。后因驻椵岛的明军将领毛文龙率军袭击后金后方，迫使后金军队回师沈阳，觉华岛被明军收复。

崇祯九年(1636)的朝鲜进贺、冬至、谢恩使一行从觉华岛返航时，正使金堉亲自作《觉华岛开洋祭文》：

觉华岛开洋祭文(丁丑闰四月二十三日)

受命西来，已经万寿、千秋之节。竣事东去，又作三山、双岛之行。为众命以清斋，仰群灵而渎告：伏惟天妃圣母，既着慈爱之仁；海若尊神，又含宽容之德；腾九万以利见济险，惟仰于龙王；击三千而如飞助顺，实赖于风伯；矧兹小星之垂佑，亦曰大功之能全。何畏彼偃溟之鲸，孰侮予横海之鹘。四月维夏，方切欲东之心。北风其凉，愿遂图南之志。伏愿诸圣俯鉴微忱，指示可生之途，俾免仓卒之患。平生忠信，尚或无愧于神明。此日艰危，庶几不忘于报效。③

《觉华岛开洋祭文》内容说，我们已在北京祝贺了皇帝的万寿节和皇后的千秋节，完成了出使天朝的使命，就要东去回国了。现在奉天朝皇帝的旨意从西边赶过来，又要乘船渡海路经三山岛、双岛这些岛屿了。我们为了大家的生命

① 〔韩国〕林基中编《燕行录全集》第16册，韩国首尔：东国大学校出版部，2001年，第234～235页。
② 〔韩国〕林基中编《燕行录全集》第16册，韩国首尔：东国大学校出版部，2001年，第235页。
③ 〔韩国〕林基中编《燕行录全集》第16册，韩国首尔：东国大学校出版部，2001年，第326～327页。

沐浴斋戒，仰望着各位神灵而祷告。我们在这里跪拜祈求的天妃圣母，慈祥而仁爱；海神海若，也有这包容海中万物的度量和品德；能飞上九万里高空，看到海面并能下来救险的，要仰仗龙王了；能波浪推动三千里，使航船一帆风顺的，就要依赖风神风伯了；还需要仰仗各位小神的保佑，才能使我们大功告成，全体人员都安全地回到故国。只要有了"五神"的护佑，就不会畏惧在大海中驰骋的大鲸鱼了，也不怕横在我们船头阻挡我们前行的凶猛的鹘鸟了。四月已是初夏的时节，请接受我们一行向东行驶急切回国的诚心实意的恳求。渡过觉华岛大洋到了对岸，请赐予我们凉爽的北风，以满足我们向南航行的愿望。企望各位神灵能向下看到我们这些臣子的诚意，给我们指示一条安全通行的航路，以使我们在航程中免于出现意想不到的祸患。我们一行人均忠诚信实，做过的事情无愧于神明，今日我们就要拔锚起航踏上艰危的航程了，我们不会忘记报效你们给予我们的大恩大德的。

崇祯九年(1636)的朝鲜进贺、冬至、谢恩使正使金堉在《觉华岛开洋祭文》中，再次把天妃圣母(妈祖)列于"五神"之首，排在了海神海若、龙王、风神风伯、小星(诸小神)之前，之所以这样排列，因为作者来时在《石多山开洋祭文》中已经交代得很清楚了："惟我天妃，在帝左右，德着慈仁，万舶为母。"

《觉华岛开洋祭文》中的几个词语："万寿、千秋之节"，万寿节，这里指明崇祯帝的生日和崇祯帝的周皇后的生日。崇祯的生日是农历十二月二十四日，周皇后的生日是农历三月十八日，这期间，朝鲜进贺、冬至、谢恩使一行在北京。"三山，双岛"，指朝鲜使臣返程途中路经的三山岛、双岛。"三山岛"，前面说到，位于辽东半岛大连湾口，由大山岛、二山岛和小山岛组成，今属大连市中山区管辖。"双岛"，位于辽宁省大连市金州区西南海中，二岛南北对峙，故名"双岛"。但也有学者认为，"三山、双岛"指"觉华岛及其附近地区。三山喻指道教传说中的海上三座仙山——方壶(方丈)、蓬壶(蓬莱)和瀛壶(瀛洲)。双岛则指觉华岛和桃花岛。明世宗嘉靖十六年(1537)重修《辽东志》称觉华岛在'城东南二十里海中'，桃花岛'在海岸城东十五里，登莱海运船湾泊于此'"[①]。《宁远州志·舆地志》记载："觉花(觉华)、桃花二岛，望之咫尺，而杭无一苇，森若蓬瀛。"将觉华岛和桃花岛比作传说中海上的两座仙山——蓬莱、瀛洲。"清斋"，指素食，这里指举行祭祀前洁身静心以示对神灵的敬重。"腾九万"，指"扶摇而上者九万里"，腾空九万里。"击三千"，指"水击三千里"，水花波及三千里。二者皆出自庄子《逍遥游》："鹏之徙于南冥也，水击三千里，抟扶摇而上者九万里。""偃溟之

① 尤李《朝鲜使臣眼中的觉华岛形象》，《东北史地》，2016年第1期，第81页。

鲸"，出自杜甫《自京赴奉先咏怀五百字》："胡为慕大鲸，辄拟偃溟渤"，意思是说，我为什么羡慕大鲸，总想在大海里纵横驰骋呢？"横海之鹘"，出自宋代苏轼《荔支叹》："飞车跨山鹘横海，风枝露叶如新采"，说唐玄宗为取悦杨贵妃，派快马从南方飞递荔枝至西安，荔枝运到皇宫时，竟如新采摘的一样。"鹘"，又叫隼，一种凶猛的禽鸟，古时常刻在船上，此处借指快船。"四月维夏"，四月是初夏的时节。语出《诗经・小雅・四月》："四月维夏，六月徂署。""方切"，正直而恳切。《后汉书・党锢传序》："永昌太守曹鸾上书，大讼党人，言甚方切。""仓卒"，即仓促，匆忙急迫。

《觉华岛开洋祭文》，在作者结集的《朝天录》诗歌集中也收录了，内容一致，只是题目为《回还时觉华岛开洋祭文》①。在题目下，作者标注："丁丑闰四月二十三日"，与《觉华岛开洋祭文》题目下的标注一致。"丁丑"，指崇祯十年(1637)，这一年为丁丑年。说明此文系崇祯十年(1637)四月二十三日而作，这与正使金堉在《朝京日录》中的记载也相吻合。

五、返航途中多次祭"五神"："便风稳送，惠我终始"

崇祯九年(1636)的朝鲜进贺、冬至、谢恩使一行在返航途中，还举行了多次祭祀以天妃(妈祖)为首的"五神"活动。

崇祯十年(1637)闰四月二十三日，朝鲜进贺、冬至、谢恩使一行在觉华岛"晨祭五神、船神"之后，因风向不顺，只能在觉华岛候风，闰四月二十六日傍晚才拔锚起航，正使金堉在《朝京日录》中记载：

(闰四月)二十六日……昏，西风起，挂帆出浦，同张游击达夜而行。

二十七日，晓，大雾，西风转紧。早朝，望见南汛诸山，终日横帆。酉时，到泊北汛口北赤岸湾。四船及唐船，落后。

二十八日，朝晴，晚阴，夕雷雨。早潮移船，住立石湾。水中怪石，离立如人，或丛如聚首者，几数十余，围抱如屏，甚奇异。四船及唐船二只追到。

二十九日，晓，雷雨因阴，夕大雨，夜深而止。横帆夕到南汛北湾，去赤岸百余里。

五月初一，朝阴雾洒雨。卯时，晴。五更，祭五神。平明，北风起，遂行到铁山嘴，遇雨，四船齐立。二更，书状船暗暗举碇先走，三，四船随之。上船不得已

① 〔韩国〕林基中编《燕行录全集》第16册，韩国首尔：东国大学校出版部，2001年，第326页。

追起，达夜而行。

初二日，晴，东北风大吹。平明，到平岛。[①]

“横帆”，主要是利用船只后方来的风，也就是顺风。横帆也可以驶侧风。从上述记载看，二十六日夜至二十七日因是西风向东行驶，“终日横帆”，利用的是顺风。二十九日“横帆夕到南汛北湾”，是从“北汛口”发船的，向南行驶，只有北风才是顺风，作者虽没说到风向，但第二天，即五月初一“祭五神”后，“平明，北风起”，显然二十九日没有北风，所以，二十九日“横帆夕到南汛北湾”，应是利用的侧风。“张游击”，明军武官。明代“游击”，系镇戍军中官员，职级次于参将。“唐船”，这里指“张游击”率领的巡航船只。

五月初一日，朝鲜进贺、冬至、谢恩使一行的“祭五神”活动，正使金堉再次亲自作祭文：

南汛口祈风祭文（五月初一日）

横帆过海，岂容人力。还到汛口，惟神之德。前有铁山，古难其嘴。便风稳送，惠我终始。[②]

《南汛口祈风祭文》内容说，我们张开横帆乘着顺风快速行驶，这不是依靠人力所能办到的。我们很顺利地到达了北汛口、南汛口，这是你们这些神仙所赐给我们的恩德。前面就是铁山嘴了，自古以来就是海难事故多发的地段。希望各位神灵能赐给我们好风，使我们稳稳当当地渡过铁山嘴，祈求各位神灵自始至终地护佑着我们。

《南汛口祈风祭文》，在《潜谷先生遗稿》卷九《祭文》中又名《铁山嘴祈风祭文》。[③] 从金堉的《朝京日录》记载中可以看出，祭祀了以天妃（妈祖）为首的“五神”之后，又带来了利于航行的北风。因从南汛口到（大连）铁山嘴的航程，是向南行驶的，北风是顺风，利于航行。“北风起，遂行到铁山嘴，”也表达了作者的欣喜之情。金堉一行“达夜而行”，第二天顺利地抵达“平岛”，也实现了作者在南汛口祈风祭文中的愿望：“前有铁山，古难其嘴。便风稳送，惠我终始。”前面说到，大连铁山嘴海域是海难多发之地，“古难其嘴”，也是作者所担忧的。作者一行顺利安全地抵达了铁山嘴，多次祭祀“五神”后的巧合，必然使朝鲜使臣愈加对以天妃（妈祖）为首的“五神”迷信和敬畏。

---

① 〔韩国〕林基中编《燕行录全集》第16册，韩国首尔：东国大学校出版部，2001年，第237～240页。

② 〔韩国〕林基中编《燕行录全集》第16册，韩国首尔：东国大学校出版部，2001年，第327页。

③ 〔韩国〕《潜谷遗稿》卷九《祭文》，《韩国文集丛刊》第86辑，韩国首尔：韩国民族文化推进会，2006年，第185页。

崇祯九年(1636)的朝鲜进贺、冬至、谢恩使一行返回朝鲜登陆前，又举行了一次祭祀以天妃(妈祖)为首的“五神”活动。正使金堉在《朝京日录》中记载：

五月十二日，朝阴晚晴。早起，行下陆祭，烧五神位版。夕宿甑山县。[①]

正使金堉亲自作《石多山下陆祭文》：

石多山下陆祭文(五月十二日)

贯月寻源，杳杳乘槎之汉节。期年至国，迟迟锡车之越裳。兹非人力之能周，实是神功之所卫。一行五千里，幸免颠危艰苦之虞。四船二百人，皆无零落散亡之叹。干戈塞路，全性命于往来。玉帛盈庭，尽礼仪于终始。思冥佑而知感，仰盛德而何忘。黍稷非馨，竭微诚而自致。牲币不腆，愧行橐之俱空。伏愿灵神，俯垂明鉴。歆此小牢之享，谅我众人之忱。诚则动，感则通，岂幽明之有间。祭必福，祈必遂，期报赛于无疆。[②]

《石多山下陆祭文》内容说，我们出使中国的朝鲜使臣乘坐的航船在茫茫大海中航行，如同古书记载的“贯月槎”“浮绕四海”，在天上环游一样。我们用了一年的时间回到了我们的国家，我们乘坐着国王赐予的航船、车马在大海中、陆地上都走了很长时间。我们能安全地回到故土，单靠人力是难以实现的，主要是因为有了各位神仙的保护和相助。我们一行往返五千余里，没有遭遇到翻船的危险和很多的艰难困苦。我们一行四艘船二百余人都安全地回来了，没有散落丢失所带来的离别和伤心的感叹。虽说一路上还有战乱不时阻塞了我们前行的道路，但我们都活着回来了。我们的祭品布满了房间，礼仪周全，同出发时的仪式一样。我们思念各位神灵默默地一路上保护着我们，仰视着你们的大恩大德，永远也不会忘记。虽然祭品都是些普通粮食制作的，并不名贵，但我们尽力地表达了诚意。我们的祭品之所以不丰厚，不珍贵，是因为我们归来时行囊已经空了，只能拿出这些了。祈求神灵下来察看一下，看看我们是不是真心。我们只能供奉这些档次不高的祭品供你们享用，希望能体谅我们一行众人的真情实意。只要我们心是诚的，就应该感动神灵，只有神灵受到感动，就会接受我们的祭品，这岂是人和神仙之间的间隔能阻挡得了的。只要是真诚地祭祀，就会得到福报，祈求的愿望也会实现，期望永远得到您的保佑，赐福。

从《石多山下陆祭文》的内容可以看出，正使金堉一行登陆前祭祀的主要目的，是感谢以天妃(妈祖)为首的“五神”“神功之所卫”，使作者一行“四船二百

① 〔韩国〕林基中编《燕行录全集》第16册，韩国首尔：东国大学校出版部，2001年，第249页。
② 〔韩国〕林基中编《燕行录全集》第16册，韩国首尔：东国大学校出版部，2001年，第327～328页。

人"，"一行五千里，幸免颠危艰苦之虞"，"皆无零落散亡之叹"。虽然沿途战乱不断，"干戈塞路"，但使团全体人员"全性命于往来"，安全回到了自己的国家。祭文的内容还交代了作者一行之所以走完了航程，在登陆前还要组织祭祀活动，是因为"思冥佑而知感，仰盛德而何忘"，人要知道感恩，不能忘记以天妃（妈祖）为首的"五神"给全体人员带来的大恩大德。祭文还特别强调了"尽礼仪于终始"，同出发时的祭祀仪式一样。我们前面介绍过，朝鲜冬至、谢恩使一行在石多山起航前的开洋祭非常隆重、虔诚。不仅正使金堉亲自献祭，而且书状官李晚荣再献，使团译官韩瑗三献。这也说明，崇祯九年（1636）朝鲜使臣祭祀"五神"活动，既不是临时抱佛脚，有了逆风恶浪才想到祈求神灵，更不是走形式，摆样子，应付和欺骗"五神"，而是从心里迷信和敬畏以天妃（妈祖）为首的"五神"，所以才有了"尽礼仪于终始"的"祭五神"活动。

《石多山下陆祭文》中的几个词语："贯月寻源，杳杳乘槎"，典出东晋王嘉《拾遗记》："尧登位三十年，有巨槎浮于西海，槎上有光，夜明昼灭，海人望其光，乍大乍小，若星月之出入矣。槎常浮绕四海，十二年一周天，周而复始，名日贯月槎，亦谓挂星槎。""乘槎"，乘船。"汉节"，本指中国汉朝的使节，这里借指出使中国的朝鲜使臣一行。"锡车"，指朝鲜国王赐给的出使中国期间所乘的车马、航船等，这里应指出使中国。"迟迟锡车之越裳"，意思是说，就像当年越裳出使周朝，需要走很长时间。"迟迟"，《诗经・小雅・采薇》："行道迟迟，载渴载饥。"《毛传》："迟迟，长远也。""冥佑"，也写作冥祐，即神灵的护佑。"不腆"，不丰厚。语出《国语・鲁语上》："不腆先君之币器，敢告滞积，以纾执事。""小牢"，即"少牢"。古代祭礼，牛、羊、豕俱用叫太牢，只用羊、豕二牲叫少牢。这里的意思指祭祀的贡品档次低。

小结：

崇祯九年（1636）出使明朝的朝鲜进贺、冬至、谢恩使一行，在朝鲜石多山起航前的开洋祭，祭祀的是"五神"，即"天妃圣母（妈祖）""海若尊神""龙王""风伯""小星"。而之前经海路出使明朝的朝鲜使臣祭祀的是"三神"，虽然多了两路神仙，但我们在前面的分析中已说到，多出的两路神仙，实际也包括在之前祭祀的"三神"之中。我们需要强调的是，明末朝鲜使臣无论祭祀的是"三神"还是"五神"，排在第一位的都是"天妃（妈祖）"。崇祯九年（1636）的朝鲜使臣在开洋祭的《石多山开洋祭文》中还特别指出："惟我天妃，在帝左右。德着慈仁，万舶为母。斋心洁虑，荐之牲酒。冀垂矜怜，终始灵佑。"交代了把"天妃（妈祖）"排在首位的原因，这就是只有天妃（妈祖）能代表上帝，能传递上天的恩德，能自始至终主宰着在大海航行中所有船只及人员的命运。《石多山开洋祭文》不仅突出了天妃(妈祖)在"五神"中的统帅地位,也可看出崇祯九年(1636)的朝鲜使臣对天妃(妈祖)神灵更加迷信和敬畏。

崇祯九年(1636)的朝鲜进贺、冬至、谢恩使一行在鸭绿江口车牛岛再次举行了祭祀"五神"活动,是因为在航程途中连续遭遇两天逆风之后,第三天迎来了利于航行的特大顺风,为感谢"五神"而举行了祭祀活动。祭祀之后,带来了终日不止、"风势甚顺"的风向,这样的巧合,更加重了崇祯九年(1636)的朝鲜进贺、冬至、谢恩使一行对天妃(妈祖)的迷信和敬畏。

进贺、冬至、谢恩使一行在辽东半岛南汛口有两次祭祀以天妃(妈祖)为首的众海神活动,第一次是答谢,祭文的题目是《南汛口谢神祭文》,因为进贺、冬至、谢恩使一行很顺利地通过了海难事故多发地铁山嘴海域。第二次是因为到达南汛口又遇到了一连几日的逆风,"北风吹大海,海涛日夕涌",正使金堉再次亲自作祭文《南汛口祈风祭文》,祈求天妃(妈祖)"惠我便风,一日过海"。

朝鲜进贺、冬至、谢恩使一行起航前有"开洋祭",航程途中有"谢神祭""祈风祭",登陆前有"下陆祭",完成使命返程起航时仍有"开洋祭"。崇祯九年(1636)的朝鲜进贺、冬至、谢恩使一行多次突出和神化天妃(妈祖),也说明了妈祖文化在明末朝鲜使臣中的影响越来越突出。

崇祯九年(1636)的朝鲜进贺、冬至、谢恩使一行的航海经历说明,明末朝鲜使臣对以天妃(妈祖)为首的众神的祭祀不仅越来越规范,往返都举行开洋祭与下陆祭,航程途中遇到好的风向有谢神祭,遭遇逆风有祈风祭,而且祭祀的形式也趋于隆重、统一,如起航的石多山开洋祭,正使亲自献祭,书状官再献,使团译官三献,回到朝鲜的下陆祭"尽礼仪于终始"。崇祯九年(1636)的朝鲜进贺、冬至、谢恩使一行不仅多次举行了祭祀以天妃(妈祖)为首的"五神"活动,沿途祭祀的次数明显多于前面的朝鲜使团,而且都是正使金堉亲自撰写祭文,有韩国史料评价金堉撰写的这些祭文说:"其曰过海祭神文十数章,致词精白,一于诚意,有可以感动神人者。"①这都说明了崇祯九年(1636)的朝鲜使臣对天妃(妈祖)神灵愈加迷信和敬畏,妈祖文化在朝鲜有了越来越大的影响。

崇祯九年(1636),后金改国号"大清",同时大举入侵朝鲜,朝鲜都城汉城被围,出使明朝的使团无法成行,崇祯十年(1637)三月,"世子被擒,国王出降"②,朝鲜归顺大清,被迫断绝了与明朝的官方往来。不久明朝也灭亡。虽说清朝后

---

① 〔韩国〕《潜谷遗稿·序》,《韩国文集丛刊》第86辑,韩国首尔:韩国民族文化推进会,2006年,第3页。

② 《明史·朝鲜列传》,北京:中华书局,2000年,第5562页。

来也定都北京，但由于朝鲜与北京往来的陆路通道完全在清朝的控制之下，而且走陆路也没有海上的风险，所以清朝时期，朝鲜与清朝的官方往来都走陆路，经辽东半岛过山海关去北京。由于不走海路，也很难再见到妈祖文化对朝鲜使臣影响的记载，所以说，妈祖文化对朝鲜使臣的影响，明末时期是一个高峰，也是最能见证妈祖文化对朝鲜半岛影响的重要节点。研究这一段历史，不仅能说明妈祖文化对朝鲜半岛所带来的重要影响，也能见证妈祖文化在促进中朝文化交流，增进中朝传统友谊中所发挥的重要作用。

综述:明末朝鲜使臣对天妃(妈祖)的迷信和敬畏

自明末天启元年(1621)中朝(韩)官方海上往来航路开通以来,至崇祯九年(1636)朝鲜最后一批使团出使明朝,朝鲜派往明朝的使臣都是经海路,或沿辽东沿海经庙岛群岛由登州(今山东蓬莱)入关,或过旅顺铁山嘴经辽西觉华岛(菊花岛)附近登陆,经山海关进入北京。有的朝鲜使团还从山海关附近海域乘船沿海岸线南下,绕道天津进入北京。经海路出使明朝的朝鲜使臣留下的多篇与天妃(妈祖)有关的日记、诗歌、祭文等,不仅是妈祖文化影响朝鲜半岛的重要见证,也是明末中朝(韩)海上丝绸之路文化交流的重要史料。

一、明末朝鲜使臣祭祀天妃(妈祖)历年情况比较

在可查到的史料中,明末天启、崇祯年间出使明朝的朝鲜使团均举行过祭祀天妃(妈祖)的活动,通过对历年的朝鲜使臣祭祀天妃(妈祖)的情况比较来看,明末朝鲜使臣对祭祀天妃(妈祖)的重视程度越来越大,祭祀的活动次数也越来越多,这也说明,妈祖文化对明末朝鲜使臣的影响力在不断加大,进而也强化了对朝鲜半岛的影响。

(1)天启元年(1621),朝鲜派出了陈慰、谢恩两个使团同行出使明朝,这也是明末朝鲜派出的第一批经海路出使明朝的使团。朝鲜使团返程时,经登州乘船回国,十月初十日在庙岛群岛停泊时,因庙岛有天妃(妈祖)庙,使团一行在天妃(妈祖)庙举行了祭祀天妃的活动:“庙堂作祭文,烧香祈风。”祭文中还说道:“故国遥在于日域。苟非感应之助,谁得利涉之便?……丹心之至诚共监。欲免鱼腹之灾,愿借鸿毛之顺。”(该综述中的引文,凡未注明出处的,皆在前面注明过)希望天妃(妈祖)能帮助朝鲜使臣一行回到朝鲜,能给朝鲜使臣的船队带来利于航行的顺风,航程中既无灾难发生,又能一帆风顺。可以看出,天启元年(1621)的朝鲜使团返程途中在庙岛天妃(妈祖)庙所举行的祭祀天妃(妈祖)活动,更像是入乡随俗,到庙里烧烧香,祭拜一下,算是对当地妈祖文化的一种认可和尊重,还说不上对妈祖文化有多么重视,更谈不上对妈祖神灵的迷信和敬畏。

(2)天启三年(1623),出使明朝的朝鲜奏闻、请封使和朝鲜进贺、冬至、圣节

兼谢恩使两个使团,均在庙岛举行过祭祀天妃(妈祖)的活动。

天启三年(1623)六月,出使明朝的朝鲜奏闻、请封使一行路经庙岛,瞻仰了庙岛天妃(妈祖)庙。来年(1624)三月二十六日,返程路经庙岛时,则举行了祭祀天妃(妈祖)的活动,朝鲜奏闻、请封使书状官李民宬就说道:"是日,早祭于庙岛圣母之神,故记之。""庙岛圣母之神",即庙岛天妃(妈祖)庙供奉的天妃(妈祖)神像。李民宬在一首长诗里也说到过庙岛祭祀圣母天妃之事:"日卯时在丑,停舟庙岛前。稽首祈圣母,焚香捐钱币。"这说明天启三年(1623)的朝鲜奏闻、请封使一行在庙岛天妃(妈祖)庙举行祭祀活动,并向天妃(妈祖)庙捐赠了香火钱。这是在夜深人静之时,拔锚起航前的一次由主要官员参与的隆重的祭祀活动。

天启三年(1623)九月,出使明朝的朝鲜进贺、冬至、圣节兼谢恩使团在庙岛停泊时就举行了祭祀天妃(妈祖)的活动,正使赵濈在《燕行录》中记载:"二十六日,辰时到庙岛。一、四两船昨日已先到泊。岛上有娘娘庙,故号为庙岛。娘娘乃女号之尊名。昔者,有一女子死为海神,能号令四海之神、河伯、江神,故自前敕封娘娘圣女庙。……到此,即令船人沐浴,炊饭做饼且兼果实以祭之。"正使赵濈"令船人沐浴"祭祀天妃(妈祖),虔诚而隆重,说明天启三年(1623)的进贺、冬至、圣节兼谢恩使一行非常重视这一次祭祀活动。来年(1624)三月,朝鲜进贺、冬至使一行返程途中路经庙岛时,再次举行了祭祀天妃(妈祖)的活动:"(三月)二十五日,己卯。晓洒雨、海雾。卯时,乘船行大海神祭,各船各自祭之。"正使赵濈在《燕行酬唱录》中,将祭文冠以《庙岛娘娘庙文》,说明作者祭祀的大海神就是天妃(妈祖)。《庙岛娘娘庙文》还说道:"来渡沧溟,已受神护,去涉海渤,翼蒙神佑",说朝鲜进贺、冬至、圣节兼谢恩使一行来时远渡沧海,得到了大海神天妃(妈祖)的护佑;现在又要漂洋过海,希望大海神天妃(妈祖)再一次保佑我们。朝鲜奏闻、请封使一行和朝鲜进贺、冬至、圣节兼谢恩使一行从庙岛是同时出发返程的,沿途两个朝鲜使团也举行了祭祀天妃(妈祖)的活动,过了旅顺口在向东航行途中,赵濈在一首诗歌中还说道:"圣母深恩扶护至,一生铭感更谁加",说圣母(妈祖)对我们有大恩,航程沿途保护我们到了极致,我们会感恩一生永远不会忘记的。这也说明,天启三年(1623)的朝鲜使团返航途中举行了多次祭祀天妃(妈祖)的活动。

同天启元年(1621)的两个朝鲜使团比较,天启三年(1623)的两个朝鲜使团不仅返程路经庙岛时均举行了祭祀天妃(妈祖)的活动,而且当年的第二个朝鲜使团,即进贺、冬至、圣节兼谢恩使团,出使明朝路经庙岛时也举行了祭祀天妃(妈祖)的活动,而且祭祀的仪式也是严肃、隆重的,之所以这样做,应是受到了庙岛当地的影响,"船行者,必洁诚为祭"。返程时的祭文也由正使赵濈亲自拟定。虽说天启三年(1623)的朝鲜进贺、冬至、圣节兼谢恩使团也只在有天妃(妈祖)庙的庙岛举行了祭祀活动,但说明对天妃(妈祖)的重视程度较前有了很大提高。

(3)从传世的朝鲜谢恩、奏请使一行祭祀海神的情况看,天启四年(1624)朝鲜使团出使明朝期间举行了多次祭祀天妃(妈祖)的活动。

天启四年(1624)的朝鲜谢恩、奏请使一行于八月十九日路经广鹿岛(今大连市长海县广鹿岛)时,听从当地僧人的建议,"备酒牲香币,祭三神"。祭祀天妃(妈祖)、龙王、小圣"三神"时,还把天妃(妈祖)放到了首位,因为"天妃者,玉皇之女,主兹四渎。而龙王佐之。小圣者,即龙王半子"。龙王和海中的其他小圣,不过是天妃(妈祖)的助手而已。为了表示对天妃(妈祖)的敬畏,"上使制文",正使亲自撰写祭文,使团的正使、副使、书状官三位高官"共祗事于岸上净处",选择洁净之处一起举行了祭祀以天妃(妈祖)为首的"三神"活动。这说明,天启四年(1624)的朝鲜谢恩、奏请使一行在广鹿岛的祭祀活动隆重而又虔诚。

朝鲜谢恩、奏请使一行往返庙岛时,均举行了祭祀天妃(妈祖)的活动,来时天启四年(1624)八月二十二日,"午正,蓦入珍珠门,移泊庙岛前港。……薄暮,移舟神女庙前,为文祭谢海神"。之所以在庙岛天妃(妈祖)庙举行祭祀活动,就是为了祭祀以天妃(妈祖)为首的海神。祭文中还说道:"累濒颠危,五日广鹿;一踔庙岛,实神阴骘。荷德罔极,敢阙诚悫? 小谢大恩,荐此菲薄。"说朝鲜谢恩、奏请使一行在广鹿岛遭遇风浪,祭祀了以天妃(妈祖)为首的"三神"后,迎来了大顺风,这是天妃娘娘(妈祖)为首的海神所带来的,所以,要在庙岛天妃(妈祖)庙表达感激之情和献祭之意,虽说祭品的档次不高,但奉献的是朝鲜使臣的一片忠心。谢恩、奏请使一行来年(天启五年,1625)三月返程时,一是,二十二日夜里在庙岛附近的珍珠门"祭大海诸神","大海诸神",即以天妃(妈祖)为首的诸神。祭文中说道:"苟无阴骘,焉能利涉? 百口安全,其盛矣德!"说假如没有天妃(妈祖)等神灵默默地护佑,哪能顺利渡过大海? 保全了上百人的平安,这是多大的功德呀! 二是,三月二十三日"早朝进天妃(妈祖)庙焚香。岛人云:是日即圣母诞辰,故上使特举祀事祭风"。在离开庙岛回国途中,朝鲜谢恩、奏请使一行还有几次祭祀海神的活动,祭祀的都是以天妃(妈祖)为首的诸海神。

朝鲜谢恩、奏请使一行同前面的朝鲜使团比较,不仅在有天妃(妈祖)庙的庙岛举行了祭祀活动,而且在来庙岛之前的广鹿岛就举行了祭祀以天妃(妈祖)为首的祭"三神"活动。返程途中也有类似的活动,而且祭祀仪式隆重、规范。之所以较之前重视祭祀天妃(妈祖)的活动,这与天启四年(1624)的朝鲜谢恩、奏请使一行航海经历有关,这在下面还会有专题论述。应该说,天启四年(1624)是一个重要节点,从天启四年(1624)开始,朝鲜使臣不仅在路经有天妃(妈祖)庙的地方祭祀天妃(妈祖),而且开洋祭和航海途中的祭祀活动中,均把天妃(妈祖)作为祭祀的主要或首位神灵祭祀。

(4)从天启五年(1625)开始,出使明朝的朝鲜使团开始重视往返途中的开洋祭了,而且航海途中,遇到逆风即向海神祈风,遇到顺风还祭祀谢海神,祭祀的诸海神中,天妃(妈祖)必排在首位,有时还单独祭祀天妃(妈祖)。

天启五年(1625)的朝鲜进贺、冬至使一行于八月二十五日在朝鲜宣沙浦举行了开洋祭,祭祀"大海之神",即以天妃(妈祖)为首的大海诸神。由于航海途中屡遭逆风恶浪,甚至险遭不测,所以进贺、冬至使一行在隍城岛也祭祀了海神,而且还留下了海神派了两条大鱼把进贺、冬至使一行乘坐的船只护送到了安全地带的传说:"两大鳅挟舟而行,近陆乃逝,咸以为神助。"因在隍城岛祭祀海神之后,航海途中再没有逆风恶浪,而且迎来了利于航行的大顺风,所以到了庙岛之后,进贺、冬至使正使全湜赋诗谢圣母:"危途有生道,益觉圣恩深。""圣恩"这里指的是圣母天妃(妈祖)的恩德,感恩天妃(妈祖)帮助他们脱离了险境,并送来利于航行的顺风。虽然天启五年(1625)的朝鲜进贺、冬至使一行的祭祀活动,只说到祭"大海之神",但从天启四年(1624)开始,朝鲜使臣祭祀的海神主要是以天妃(妈祖)为首的海神,祭祀的海神无论是"三神",还是"五神",大海神天妃(妈祖)都是排在首位。

(5)同天启五年(1625)的朝鲜使臣一样,天启六年(1626)出使明朝的朝鲜使臣也非常重视起航前的祭祀海神活动,而且航海途中多次举行了祭祀天妃(妈祖)诸海神的活动。

天启六年(1626)的朝鲜进贺、冬至、圣节使一行在朝鲜宣沙浦起航的开洋祭就祭祀了天妃(妈祖),正使金尚宪还亲自作有《祭海神文》,在祭文中希望"天妃降灵",并让"鲸鲵屏息,蛟鳄遁形,风伯叶顺",这与天启三年(1623)朝鲜进贺、冬至、圣节兼谢恩使说到的天妃(妈祖)"能号令四海之神、河伯、江神"相一致。朝鲜进贺、冬至、圣节使一行途中经过长山岛(今大连市长海县大长山岛)时,还举行了一次专门祭祀天妃(妈祖)的活动,正使金尚宪亲自撰写了《长山岛天妃祭文》,祭文中歌颂天妃(妈祖)"以太阴之元精,主纯阳之大界。显圣久称于历代,膺宠遂隆于昌辰"。说天妃(妈祖)娘娘用天地之精气,来主持人间的事情,多个朝代以来就显圣于人间,并且被历代皇帝恩宠受命而兴隆于盛世。正使金尚宪还亲自作有歌颂天妃(妈祖)的《祭天妃迎送曲》,其中赞美天妃(妈祖)"忽降临兮娉娉婷婷,翼百神兮从万灵。……巨鳅舞兮神鳌抃,河伯前驱,阳侯后殿。收烟雾兮伏波涛，飒凄凄兮回清飙”，说美貌的天妃（妈祖）忽然从天而降，辅佐她的各路神灵也都跟从在她的身后。巨鳅和神鳌在海中跳着欢乐的舞蹈，水神河伯在前面开路，海神阳侯在后边护卫。天妃（妈祖）指挥众神将海面上迷雾驱散，将大海中的巨浪平息。空中凄冷的逆风雨也没有了，取而代之的是清爽的大顺风。这样的描写，也与前面说到的天启四年（1624）的朝鲜谢恩、奏请使说到的“天妃者，玉皇之女，主兹四渎”身份相一致。朝鲜进贺、冬至、圣节使一行路经庙岛时，也举行了瞻仰天妃（妈祖）的活动，并留有歌颂庙岛天妃（妈祖）庙道士的诗篇：《咏天妃观道士》。天启六年（1626）的朝鲜进贺、冬至、圣节使一行从登州返航起程前，也举行了祭祀以天妃（妈祖）为首的海神活动，正使金尚宪仍亲自作祭文《祭海神文》，祭文中说：“昔之来也，神既惠之。今之归也，神其卒之。”说我们出使明朝来的时候，天妃（妈祖）等神灵一路在保护我们，现在我们要乘船回国了，希望能继续给予我们关照。

与前面的明末朝鲜使臣相比，天启六年（1626）的朝鲜使臣更加重视天妃（妈祖）在航海中的作用，不仅起航的开洋祭祭祀天妃（妈祖），而且在航程途中也有专门的祭祀天妃（妈祖）活动，返航时也举行了起航的开洋祭，且每次祭祀活动的祭文，也都是由正使亲自撰写。正使金尚宪还创作了多篇歌颂天妃（妈祖）的诗篇，除《祭天妃迎送曲》《咏天妃观道士》外，还有与寓居登州文人的唱和诗《次庙岛停舟》等，这都说明，天启六年（1626）的朝鲜使团更加迷信天妃（妈祖）在航海中的作用，所以祭祀天妃（妈祖）的次数增多了，对祭祀天妃（妈祖）的重视程度较之前有了明显的提高。

（6）崇祯元年（1628），朝鲜进贺、冬至、圣节使一行，在朝鲜石多山海域起航前举行了祭祀海神活动，书状官申悦道作有《祭大海神文》，这里的“大海神”，指的就是以天妃（妈祖）为首的诸海神，祭文中说道：“涓吉卜行，鹢首西指。诞告开洋，愿垂阴骘。百神娱嬉，众祥萃集。箕伯函风，阳侯闪戢。扬帆一日，万里瞬息。执壤王廷，利涉溟渤。”说我们占卜了今天这样吉祥的日子起航，是要乘船西行去中国了。我们在举行祭祀活动，是宣告开洋起航了，希望大海众神能默默地保佑我们。希望天妃（妈祖）能让大海中的其他神仙都欢快起来，把众神的吉祥汇集在一起。让风神把恶风收入匣中，让水神也躲闪一旁，别掀起巨浪。祈求能一帆风顺，瞬间万里，顺利地渡过大洋，将所携带的贡品送达天朝宫廷。进贺、冬至、圣节使一行在行进途中也多次举行祭祀活动，如在三山岛海域因多次遭遇风浪，曾举行了两次祭祀海神的活动，书状官申悦道作有《祭三山岛神文》，祭祀的海神与航前开洋祭的《祭大海神文》一致，祭祀也是以天妃（妈祖）为首的诸海神，祭文中说道：“伏愿明神，诞垂阴骘。屏息秘怪，遁藏蛟鳄。借我风便，不日利涉。”祈求大海神天妃（妈祖）能来到此地护佑我们，屏蔽那些藏在暗处的神秘海怪，赶跑那些兴风作浪的蛟龙、鳄鱼等海霸。希望给我们带来好的风向，每天都一帆风顺。崇祯元年（1628）的朝鲜进贺、冬至、圣节使一行路经庙岛时，因“凡舟行过是庙者，有祷颇着灵异”，显然是受到了前几次朝鲜使臣的影响，也举行了祭祀天妃（妈祖）的活动，书状官申悦道还写有《祭天妃神文》，祭文中说道：“瞻灵庙兮熏沐。馨余酒兮洁余羞，荐玉盘兮侑以文。”说进贺、冬至、圣节使一行熏香沐浴，瞻仰有灵气的天妃庙。敬献给天妃的美酒还散发着香气，祭品干净圣洁，用玉盘盛着并配上虔诚的祭文。朝鲜进贺、冬至、圣节使一行从登州乘船返程起航前，“晓祭海神，未时乘顺风发船”，举行了返航开洋祭，虽然这里没有说明祭祀的海神是哪路神灵，但由于进贺、冬至、圣节使一行来时和归去祭祀的神灵都是一致的，而且在祭文中也交代得非常清楚：“归来报祀兮益虔”，祭祀的都是以天妃（妈祖）为首的诸海神，更何况返航开洋祭是在妈祖文化非常盛行的，海神庙供奉天妃（妈祖）的登州举行的。所以说，返航开洋祭祭祀的海神也是以天妃（妈祖）为首的诸海神。

从以上可以看出，崇祯元年（1628）的朝鲜进贺、冬至、圣节使一行祭祀海神的情况，基本等同于天启六年（1626）的朝鲜进贺、冬至、圣节使一行，既有起航的开洋祭，也有返航的开洋祭，航海途中也多次祭祀天妃（妈祖）等海神，故由此判断，天启七年（1627）的朝鲜使团和崇祯元年（1628）的其他朝鲜使团，也应和天启六年（1626）的进贺、冬至、圣节使及崇祯元年（1628）的进贺、冬至、圣节使一样，除往返的开洋祭之外，航海途中也必有祭祀天妃（妈祖）等海神的活动。这也说明，自天启六年（1626）之后，经海路出使明朝的朝鲜使臣对以天妃（妈祖）为首的诸海神的祭祀活动不仅次数增多了，而且也有了固定的模式，这就是起航、返航都有开洋祭，途中遇有逆风则祈风，有了顺风则答谢。这样一种航海途中多次祭祀以天妃（妈祖）为首的诸海神，或多次单独祭祀天妃（妈祖）的情况，在这之后的朝鲜使团的航行中更加明显。

（7）从崇祯二年（1629）的朝鲜谢恩、陈奏使一行祭祀包括天妃（妈祖）在内的诸海神的情况看，崇祯二年（1629）的朝鲜使团更加迷信和敬畏天妃（妈祖）。

崇祯二年（1629）的朝鲜谢恩、陈奏使一行于八月八日在朝鲜大同江入海口，“行大海神、龙王、风伯三神祭于山上”，正使李忔还亲自撰写了起航前的《祭大海神文》祈求大海神天妃（妈祖），能令“天吴护帆，风伯清尘”，希望天妃（妈祖）下令让海神天吴保护航船，让风神风伯清除沿途的逆风。不仅如此，谢恩、陈奏使一行在航海途中还举行了多次祭祀以天妃（妈祖）为首的活动，如八月十七日在朝鲜大界岛海域，“晓，行三神祭于船上”。八月二十六日，在辽东广鹿岛一带海域，“晓，行三神祭于各船，辰时移船出泊深处，以待风发”。九月三日，在平岛(今大连市甘井子区小平岛)一带海域，“晓，行三神祭于船上”。九月十日，辽东半岛最南端的铁山嘴一带海域，“四更头起，行三神祭”。九月十四日，过了大连铁山岛之后，在向铁山嘴北边的北汛口行驶中，“晓，行三神祭于船上”。崇祯二年(1629)的朝鲜进贺、陈奏使一行还有几次专门祭祀天妃(妈祖)的活动，九月十七日在北汛口，“行天妃神祭”。崇祯三年(1630)三月八日，在山海关，“向望海亭行娘娘庙祭”。正使李忔还亲自撰写了《北汛口祭天妃神文》《望海亭祭天妃文》，在《北汛口祭天妃神文》中还说道：“曾临樯上，救护唐臣”，说天妃(妈祖)曾亲临航船的桅杆之上，解救了北宋时期在大海中遇险的出使高丽的官员。三月十七日，在天津娘娘庙天妃(妈祖)神像前，进贺、陈奏使一行不仅“参拜烧香”，正使李忔还创作有赞颂天津娘娘庙的诗篇：“庙宇起城东，天妃俨仪设。唐朝效灵异，至今神未沬。海若随指嗾，龙王作喉咽。风伯暨雨师，维时顺箕毕。龙骧几万斛，皆赖神阴骘。”意思是说，天津娘娘庙里的天妃娘娘塑像，仪表庄重美艳。天妃娘娘虽说很早就显示了神奇的威力，但至今仍然神力未减。海神海若需听从天妃娘娘的指挥，海龙王也是按照天妃娘娘的旨意下达各种指令。无论风神风伯还是雨神雨师，都要顺从天妃娘娘当时的指令兴风布雨。在大海中行驶，无论多么大的船只，都需要天妃娘娘默默地保护。朝鲜谢恩、陈奏使正使李忔撰写的祭文及赞美天妃(妈祖)的诗篇说明，天妃(妈祖)能够统领指挥海中其他海神，包括龙王、风神、雨神等，所以崇祯二年(1629)的朝鲜使团要频繁地举行祭祀天妃(妈祖)的活动。

由于崇祯二年(1629)的进贺、陈奏使一行到达北京后，正使李忔一病不起，并于崇祯三年(1630)六月初九日病逝于北京，其他人员没有记载返程回国期间航海途中祭祀海神的情况，但仅从进贺、陈奏使一行来时的祭祀海神情况看，无论是祭祀天妃(妈祖)为首的“三神”，还是单独祭祀天妃(妈祖)，次数都明显超过前面的朝鲜使团，而且每次的祭文也都是由正使亲自撰写。这说明，崇祯二年(1629)的朝鲜使团更加重视天妃(妈祖)在航海中的作用，对天妃(妈祖)的迷信和敬畏也远超前面的朝鲜使团，从而也反映了妈祖文化在较短的时间内影响力就有显著提升。

崇祯二年(1629)的朝鲜赍敕使一行虽然没有《燕行录》(《朝天录》)传世，无法得知航程沿途祭祀天妃(妈祖)的具体情况，但根据正使崔有海传世的诗歌，也可以得知，朝鲜赍敕使一行也举行了祭祀海神的活动。《东槎录》卷之一收录了崔有海出使明朝期间写的诗歌，其中第一首《致祭后登船》的首联“祭罢高坛后，天心似感通”，就说明了赍敕使一行朝鲜起航前也举行了开洋祭，而且仪式非常隆重、虔诚。赍敕使一行到达庙岛后,正使崔有海也作有赞扬天妃(妈祖)的诗歌,称颂庙岛天妃庙:"庙岛东瞻有小祠,明灵玄化赞天时。"说庙岛天妃庙传递着圣德教化,辅佐着上天的正义。由此可以想到,崇祯二年(1629)的朝鲜赍敕使一行应与进贺、陈奏使一样,对天妃(妈祖)非常迷信和敬畏。

(8)崇祯三年(1630),朝鲜出使明朝的有进慰使和进贺、冬至使两个使团,两个使团基本是同行同归的,航海途中也常常停泊在同一港湾。但由于两个使团均无日记式的《燕行录》(《朝天录》)传世,所以无法得知祭祀海神的具体情况,但冬至使正使高用厚有几首航海途中创作的诗歌留世,可以从中了解到这两个朝鲜使团也有祭祀天妃(妈祖)的活动。

崇祯三年(1630)的进贺、冬至使正使高用厚在写给陈慰使正使郑斗源(字下叔)的诗歌《遇顺风到长山岛,奉呈郑下叔》中就有这样的诗句:"长山岛上祝天妃",这说明两个使团至少在航海途中途经今辽东大长山岛时举行了祭祀天妃(妈祖)的活动。仅凭几首诗歌,无法和他们前后的朝鲜使团的祭祀情况进行比较,但从前面崇祯二年(1629)的朝鲜使团,和后边崇祯五年(1632)、崇祯九年(1636)朝鲜使团祭祀天妃(妈祖)的情况对比可知,朝鲜使团只能是越来越重视对天妃(妈祖),或以天妃(妈祖)为首的众海神的祭祀活动。

(9)崇祯五年(1632)的朝鲜谢恩兼奏请使一行,启航前于七月十六日在平壤附近的石多山举行了隆重的开洋祭,祭"大海神、龙王神、小星神于坛上",祭祀以天妃(妈祖)为首的"三神"诸海神。"大海神",这里指的是天妃(妈祖)。《祭大海神文》还说道:"第念此行之万全,亶不外乎风不烈雨不淫而波不扬,愿令阳侯而先导兮。利涉乎艰险,奉勑而言旋。"祈求天妃(妈祖)保护朝鲜谢恩兼奏请使一行能万无一失、安全顺利,在航程中没有逆风恶浪和淫雨。希望天妃(妈祖)能令水神阳侯为他们开路,排除航程中的险阻,帮助他们完成使命凯旋。航海途中,朝鲜谢恩兼奏请使一行也多次举行由主要官员参与的集体祭祀活动。如八月十四日在今大连市长海县大长山岛举行的集体祭祀活动,正使洪宝、副使李安讷"虔诚躬祭",书状官洪镐因"重得寒疾,使洪仁杰代行焉"。除了集体的祭祀活动之外,崇祯五年(1632)的朝鲜谢恩兼奏请使一行更多的是各船自行组织的祭祀活动,副使李安讷在记载中就说道:"同来各船,屡设祭三神","船人好祈祷,每朝祭海神","同行使臣,逐日祭神,祈祷甚渎"。无论"祭三神",还是"祭海神",当时都包括天妃(妈祖)在内,而且是以天妃(妈祖)为首位。朝鲜谢恩兼奏请使一行各船"屡设祭三神"的情况,八月十七日,书状官洪镐在《朝天日记》记载:"风势转逆,不得前进,下碇于平岛东港外。则第一、第四船先后下碇于三碟岛之北,第五船则不见形样矣。即具牲币祭神,如车牛长山焉。厥后闻之则第一船祭于三山(岛),第二船祭平岛云。”八月三十日,因遭遇风浪,副使李安讷在《朝天后录》记载:“到此泣祈神。”九月四日,书状官洪镐在《朝天日记》也有类似记载:“祭神如前”,再次像前面八月十七日那样各船祭祀“三神”。朝鲜谢恩兼奏请使一行这种“祈祷甚渎”,指的还是使团的主要官员,副使李安讷就指出过:“参赞(指正使洪宝)、掌令(指书状官洪镐),皆好祈祷,屡设神祭。”使团的主要官员信奉妈祖,影响的不仅是所属的使团人员,对后来的朝鲜使臣及朝鲜半岛的其他人员都会带来较大的影响。

同前面的明末朝鲜使臣相比,崇祯五年(1632)的朝鲜谢恩兼奏请使一行“每朝祭海神”“屡设祭三神”,这说明,崇祯五年(1632)的朝鲜使臣更加迷信和敬畏天妃(妈祖),也说明,以天妃(妈祖)为首的海神文化在朝鲜半岛有着越来越大的影响。

(10)崇祯九年(1636),朝鲜向明朝派出了最后一批使团,即朝鲜进贺、冬至、谢恩使团。朝鲜进贺、冬至、谢恩使一行于七月十六日起航前,在朝鲜石多山海边举行了开洋祭,祭祀以“天妃圣母(妈祖)”为首的“五神”:“天妃圣母”“海若尊神”“龙王”“风伯”“小星”,而且祭祀活动非常隆重、虔诚,不仅正使金堉亲自献祭,而且书状官李晚荣再献,使团译官韩瑗三献,使团写字官刘义立宣读祭文。祭文也是正使金堉亲自撰写的,其中说道:“惟我天妃,在帝左右。德着慈仁,万舶为母。”说明了把“天妃(妈祖)”排在“五神”首位的原因,这就是只有天妃(妈祖)能代表上帝,能传递上天的恩德,能自始至终主宰着在大海航行中所有船只及人员的命运。进贺、冬至、谢恩使金堉一行在航海途中还多次举行了祭祀以“天妃圣母(妈祖)”为首的“五神”活动。如七月二十六日,在鸭绿江口车牛岛海域,“四更,祭于五神”,正使金堉亲自撰写祭文《车牛岛祭海文》,其中说道:“默感冥佑,致远何泥。”感恩以天妃圣母(妈祖)为首的“五神”在默默地护佑着朝鲜使臣一行,再远的航程也不会有什么阻挡。在辽东半岛西海岸南汛口,举行了两次祭祀以天妃圣母(妈祖)为首的“五神”活动,第一次是八月十日“祭谢五神”,正使金堉还亲自撰写了《南汛口谢神祭文》,其中说道:“日踔千里,敢不知赐。前洋利涉,亦神是恃”,感谢天妃圣母(妈祖)为首的“五神”使他们很顺利地通过了事故频发的铁山嘴海域,祈求在后面的航程中能继续保佑他们。第二次是八月二十一日,进贺、冬至、谢恩使一行准备离开南汛口时为祈求好的风向而“祭五神”,正使金堉亲自撰写了《南汛口祈风祭文》。进贺、冬至、谢恩使一行到达辽东湾西岸登陆前也举行了“祭五神”活动,金堉亲自撰写了《宁远卫下陆祭文》,感谢来时以天妃圣母(妈祖)为首的众海神一路护佑,期望“归路利涉,亦仰神惠”,仍能得到眷顾,一帆风顺。朝鲜进贺、冬至、谢恩使一行于崇祯十年

(1637)闰四月二十三日在觉华岛启程返航时,“晨祭五神”,正使金堉亲自作《觉华岛开洋祭文》,文中歌颂妈祖“天妃圣母,既着慈爱之仁”。返航途中,朝鲜进贺、冬至、谢恩使金堉一行仍举行了祭祀以天妃(妈祖)为首的“五神”活动。如五月初一日在南汛口“祭五神”,正使金堉亲自作《南汛口祈风祭文》,其中说道:“前有铁山,古难其嘴,便风稳送,惠我终始”,希望以天妃圣母(妈祖)为首的众海神能保佑他们稳稳当当地再次渡过铁山嘴海域。金堉一行船队到达朝鲜登陆前,还举行了隆重的祭祀以天妃(妈祖)为首的“五神”活动,“行下陆祭,烧五神位版”。正使金堉亲自作《石多山下陆祭文》,文中“思冥佑而知感,仰盛德而何忘”,除感恩“五神”外,还说到“尽礼仪于终始”,以说明无论航海途中还是下陆祭,祭祀仪式同出发时一样的虔诚、隆重。

崇祯九年(1636)的朝鲜使团与前面的朝鲜使团比较,祭祀天妃(妈祖)或以天妃(妈祖)为首的海神的仪式更严肃、庄重,祭文不仅由正使亲自撰写,而且献祭要三献,由使团的正使带头,主要官员参与。不仅开洋祭这样,其他正式的祭祀活动,也是一个模式,一样的隆重,“尽礼仪于终始”。崇祯九年(1636)的朝鲜使团还多次突出和神化天妃圣母(妈祖),这说明明末朝鲜使臣越来越迷信和敬畏天妃(妈祖),妈祖文化在朝鲜半岛的影响也越来越突出。

通过以上比较,我们就可以清楚地看出,从天启元年(1621)经海路出使明朝的第一批朝鲜使团,到崇祯九年(1636)的最后一批使团,他们祭祀天妃(妈祖)的情况及受到妈祖文化影响的程度,差别是很大的。从开始的仅仅是入乡随俗,认同中国的妈祖文化,到极度迷信和敬畏天妃(妈祖),只有短短的十几年时间,这说明,妈祖文化在较短的时间内,对在海上航行或作业的人群产生较大影响。

二、航程经历对明末朝鲜使臣的影响

通过前面的比较可以看出,妈祖文化对明末朝鲜使臣产生了很大影响,而且这种影响是逐年加大的。明末朝鲜使臣之所以在较短的时间内对天妃(妈祖)极度的迷信和敬畏,应与他们的航海经历有关。

(1)天启元年(1621)的两个朝鲜使团,是明末首次经海路出使明朝的,因来时在辽东半岛旅顺口海域遭遇风浪,“船皆相击,尽为沉败,人死者甚多”,使团的主要官员“仅以身免。相携登岸,船随覆”,部分人员脱险后,辗转颠簸从登州登陆。返程时为保平安,使团人员于十月初十日路经庙岛时按当地风俗在天妃庙“烧香祈风”,祭祀了天妃(妈祖),希望返航途中“免鱼腹之灾,愿借鸿毛之顺”，别再发生海难，祈愿一帆风顺。十月初十祭祀天妃（妈祖）之后，第二天拂晓，即十月十一日拔锚起航时，“晓出真珠门，顺风发船，疾往如箭”，一行船队驶出庙岛附近珍珠门后，即迎来了顺风，一帆风顺，船如飞箭。这样一种风向的巧合，是因为当时人们还不具备对天气海况的科学认识，只能想到是神灵的护佑，是祭祀了天妃（妈祖）的结果。天启元年（1621）的朝鲜使臣一行，虽说在后来回国的航程中也遇到了一些风浪，但总的说还是很顺利安全地抵达了朝鲜。来时在旅顺口海域遭遇风浪，返程时在庙岛天妃庙祭祀天妃（妈祖）之后所到来的幸运，必定都会反馈给朝鲜王室，进而影响到后来的朝鲜使臣。后来的朝鲜使团路经庙岛必到天妃庙祭祀天妃（妈祖），应与天启元年（1621）的朝鲜使团的航海经历有很大关系。

（2）天启三年（1623）的进贺、冬至使一行，之所以来时路经庙岛时，就到天妃（妈祖）庙举行了隆重的祭祀仪式，是因为听说“船行者，必洁诚为祭，多蒙神庇。故后世乃以为庙尊祀之矣”，所以，才有了“即令船人沐浴，炊饭做饼且兼果实以祭之”的祭祀天妃（妈祖）活动。“船行者，必洁诚为祭，多蒙神庇”，这一消息来源，除了来自前不久的朝鲜使团，即天启元年（1621）朝鲜使团在庙岛天妃庙“烧香祈风”之后，第二天拂晓就迎来了利于航行的大顺风，“顺风发船，疾往如箭”的信息外，还有可能就是到了庙岛当地，闻知了更多的洁诚祭祀天妃（妈祖）之后“多蒙神庇”的传说。明初朝鲜使团路经庙岛祭祀天妃（妈祖）的一些传说，也应是传播给明末朝鲜使团的主要内容，如明初建文二年（1400）十二月二十七日，朝鲜使臣李詹一行乘船从朝鲜抵达登州海口庙岛海湾时，遭遇极寒天气，冰封海口，船不能行。李詹在《观光录》中有这样的记载：“行舟至登州海口，俄而冰合不果行。舟人皆危惧，与朴评理望天妣于乔房，香火以祷，掷环珓袭吉。夜半潮退，忽焉冰解。迟明乘三板登岸，乃知感应神妙如此。”①“天妣”，即天妃（妈祖）。“乔房”，船甲板之上最高位置的房间。“环珓”，用以占卜的器具。“袭吉”，重复得到吉兆。“三板”，即舢板，靠摇橹前行的小船。明初朝鲜使臣李詹一行在向天妃（妈祖）烧香祈祷之后，海冰忽然全部消解，非常高兴，认为这是祭祀天妃（妈祖），神灵感应的结果。这样一些故事，特别是朝鲜使臣亲身经历的故事，都会对后来的朝鲜使臣产生重要影响。

由于来时受到庙岛妈祖文化的影响，在登州府驻地蓬莱水城登陆后，蓬莱阁附近的海神庙供奉的也是天妃（妈祖），所以天启三年（1623）的两个朝鲜使团来年三月二十五日在登州汇合返航时，即举行了祭祀天妃（妈祖）的开洋祭，二

① 〔韩国〕林基中编《燕行录续集》第101册，韩国首尔：尚书院，2008年，第15页。

十六日路经庙岛时又祭祀了天妃(妈祖),“晓头行祭”之后,发船后一帆风顺,“风势或顺或横,而绝无波浪矣”,即使有横风,也是风平浪静。而且“朝过皇(隍)城岛”,并很顺利地通过海难事故多发的铁山嘴海域,“达夜行船”,二十七日“晓近平岛”。庙岛距隍城岛约 50 千米,隍城岛距老铁山角 40 多千米,老铁山角距平岛也有几十千米之遥,说明航速之快。朝鲜使臣这样的描述,无非是想告诉人们:“晓头行祭”,祭祀天妃(妈祖)之后,才有了这样的结果。虽然这只是巧合,但当时对朝鲜使臣的影响却是对天妃(妈祖)神灵更加迷信,所以也才有了进贺、冬至、圣节兼谢恩使正使赵濈歌颂和感恩天妃(妈祖)的诗句:“圣母深恩扶护至,一生铭感更谁加。”天启三年(1623)的两个朝鲜使团在返程途中,在隍城岛、三山岛均有祭祀海神天妃(妈祖)的活动,这都与他们的航程经历有关,而且这样一些经历,也必然对后来的经海路出使明朝的朝鲜使臣产生影响。

(3)天启四年(1624)朝鲜谢恩、奏请使一行的航海经历,更能说明妈祖文化给他们带来的重大影响。

八月四日,朝鲜谢恩、奏请使一行刚开洋起航,即遭遇大风浪,“才脱浦口,风雨大作”,一连多日,风浪不止,只好多次停靠岛屿避风。八月十五日路经广鹿岛时,更是“骤雨撒菽,凶飓簸溟。轩然大波,雪矗雾涌。鱼龙掀舞,鲸鳄喧豗。诸舡相荡,不得暂定”。因遭遇风浪,使团一行只能在岛旁留泊,到了八月十九日,“逆风犹壮”,仍无法航行。朝鲜使臣正万分焦虑时,有一僧人前来拜访,正使李德泂“问祭海事何如,僧曰:‘祭海,莫重于天妃娘娘之神,次龙王之神,又次小圣之神。’上使曰:‘所谓三神何神?’对曰:‘天妃者,玉皇之女,主兹四渎,而龙王佐之。小圣者,即龙王半子。三神喜则诸事吉,怒则凶。故凡行于海者,欲其喜而不欲怒。致敬尽礼。’上、副使即依其言,具红段小轴,以泥金书神号,定其位次,藏于椟,置诸座隅。备酒牲香币,祭三神。上使制文告之”。正使李德泂还亲自撰写了祭文。八月十九日祭祀了以天妃(妈祖)娘娘为首位的诸神之后,神奇的效应来了,八月二十日,“东风卷送,海气清朗。舡人咸曰:‘使臣之诚,格神矣。’……诸舡举帆,迅疾如飞。一瞥之间,已踔数百里”。“东风卷送,海气清朗”,是朝鲜使团西行出使明朝最好的海况。这样的好海况一连持续几日。八月二十二日,“四更风气甚适,一时举帆,舟行甚迅。旅顺口、皇(隍)城岛、铁山嘴、鼍(砣)矶岛皆瞥眼过之,恍然若御灵飚而翀天门。盖自遇神僧之后,风便甚利,一帆万里,无有艰险”。所以,谢恩、奏请使一行到了庙岛后,因庙岛有天妃(妈祖)庙,即举行了隆重的祭祀天妃(妈祖)的活动:“焚香沈币,为文而谢海神曰:‘……鲸涛喧豗,中作霹雳,苟无顺风,何以利涉?累濒颠危,五日广鹿,一踔庙岛,实神阴骘。’”朝鲜使臣把这一切归功于虔诚地祭祀天妃(妈祖)

娘娘的结果。这样的巧合，在当时人们还不具备对天气海况科学认识的情况下，无疑使朝鲜使臣对天妃（妈祖）更加迷信和敬畏。

天启四年(1624)的朝鲜谢恩、奏请使一行因为来时的这样一段航海经历，所以来年（天启五年，1625）三月十九日从登州口岸返航启程前，举行了“祭天妃、风神、龙王、小圣”的活动，再次把“天妃”，即妈祖，排在了首位。在祭文中也说到了在广鹿岛祭祀以天妃（妈祖）为首的“三神”所带来的神奇效应：“惟神是赖。利我之攸涉兮，厥绩最大。”二十二日路经庙岛海域时，因为“逆风犹壮，不得发船”，谢恩、奏请使一行只好“祭大海诸神”，祭祀以天妃（妈祖）为首的“三神”。二十三日还登陆庙岛，再次“进天妃庙焚香……上使特举祀事祭风。祭罢，微风自南，张帆向鼍（砣）矶岛”。祭祀完天妃（妈祖），即来了向北行驶的顺风，“微风自南”。这样一些巧合，在路经铁山嘴海域时又出现了。三月二十四日，谢恩、奏请使一行在砣矶岛海域遭遇“逆风且不止”，只好再“熏沐祈风”，祈求以天妃（妈祖）为首位的诸海神能够眷顾这些为国尽忠的朝鲜使臣，赐给祥风，使“千里沧溟，一棹可济”。祭祀之后，第二天（三月二十五日）就来了顺风，“南风渐起，船往颇疾，欲止不得，因透入铁山嘴前洋”。大顺风将谢恩、奏请使一行快速地送到铁山嘴海域。可到了铁山嘴前洋，“南风忽止，进退无据”，“奔波骇浪，撼地掀天。舟中人环顾丧魂，自分必死，饮泣相对而已”。万分危急之时，谢恩、奏请使一行又“熏沐斋肃祭海神”，神奇效应再次来了，“香火才收，旗角忽转”，“顺风也。即为举帆，船往如箭，黎明抵平岛”。三月二十六日仍“潮蹴风烈，迅疾如飞”。明末朝鲜使臣的这样一些航海经历，无疑再次加重了朝鲜使臣对天妃（妈祖）的迷信和敬畏。所以，朝鲜谢恩、奏请使一行回到朝鲜登陆之前，正使李德泂带领一行人“具香币，祭大海诸神而谢之”，祭文中还说道：“苟非神明之所扶，焉得利涉于揭来”，没有海中神灵的扶助，就不可能平安地远涉重洋，回到家乡。

天启四年(1624)朝鲜谢恩、奏请使一行的海航经历，对之后的明末朝鲜使臣产生很大影响，无论航海开洋祭还是航海途中的祭祀活动，或祭祀以天妃（妈祖）为首的诸神，或单独祭祀天妃（妈祖），均虔诚祭之，而且祭祀的次数越来越多。

(4)天启五年(1625)的朝鲜进贺、冬至使一行在朝鲜宣沙浦起航时，本是不利于航行的“阴风”天气，可祭祀了以天妃（妈祖）为首的大海诸神之后，“祭后风势即止”，正式起航时，“风势颇顺”，正使全湜还兴奋地赋诗，描述当天一帆风顺的情景：“扁舟一过万重山”，赞颂祭祀“大海之神”所带来的效果。也就是说，进贺、冬至使一行在起航时遇上这样的巧合，为他们接受和迷信妈祖文化，在往返的航程中祭祀以天妃（妈祖）为首的大海诸神做了恰当的注脚。

(5)天启六年(1626)的朝鲜进贺、冬至、圣节使一行在朝鲜宣沙浦起航前也举行了祭祀以天妃(妈祖)为首的海神活动,希望"主兹四渎"的"天妃降灵",让"鲸鲵屏息,蛟鳄遁形。风伯叶顺"。开洋祭祭祀海神,认为天妃(妈祖)能驾驭、支配其他海神,显然是受了天启四年(1624)朝鲜谢恩、奏请使一行的影响。

天启六年(1626)的朝鲜进贺、冬至、圣节使一行自身的海航经历,也加重了他们对天妃(妈祖)的迷信。

进贺、冬至、圣节使一行向西行进至辽东长山岛海域时,遇到了猛烈的逆风,"倒海西风吹未休",逆风一连三日,仍未有停歇的迹象。正使金尚宪只好亲自撰写《长山岛天妃祭文》,率领一班人举行了祭祀天妃(妈祖)的活动,希望天妃(妈祖)能帮助进贺、冬至、圣节使一行"乘风破浪",完成出使使命。祭祀天妃(妈祖)之后,利于航行的好风向来了,兴奋的金尚宪随即创作了歌颂天妃(妈祖)的诗文《祭天妃迎送曲》,其中说道:"扫阴翳以戒程兮,爰载余之青旌。指渤澥而飞艎兮,余将朝乎帝之乡。"说天妃(妈祖)扫清了大海中的阴霾,使得我们的航船能够拔锚起航,我们的大船向着渤海飞速驶去,要到皇帝住的地方朝见帝王。诗中还写道:"河伯前驱,阳侯后殿。收烟雾兮伏波涛,飒凄凄兮回清飙。"说水神河伯在前面开路,海神阳侯在后边护卫。天妃(妈祖)将迷雾驱散,将巨浪平息,逆风苦雨没有了,取而代之的是清爽的大顺风。作者这样的一些描述,除表达了当时的喜悦之情外,更多的是想表达进贺、冬至、圣节使一行对天妃(妈祖)的感恩,对妈祖精神的歌颂,所以才有了长诗的最后一句:"神之德兮何酬?咏万祀兮歌千秋",要世世代代地供奉天妃(妈祖),歌颂天妃(妈祖)的千秋功德。由此也可看出,这样一段辽东长山岛阻风、祈风的经历,妈祖文化带给了朝鲜进贺、冬至、圣节使一行以很大影响。所以进贺、冬至、圣节使一行到达有天妃庙的庙岛后,不仅举行了祭祀天妃(妈祖)的活动,正使金尚宪还留下《八月十五日。登庙岛城楼翫月,次春城韵》《咏天妃观道士》《次〈庙岛停舟〉》等多首歌颂天妃庙和天妃(妈祖)的诗篇。进贺、冬至、圣节使一行从登州口岸返航回国时,又举行了祭祀以天妃(妈祖)为首的海神活动,正使金尚宪再次亲自撰写《祭海神文》,不能不说都与他们的航海经历所带来的对天妃(妈祖)的迷信和敬畏有关。

(6)崇祯元年(1628)的朝鲜进贺、冬至、圣节使一行,受天启四年(1624)以来朝鲜使臣的影响,在朝鲜石多山起航前也举行了祭祀以"大海神"天妃(妈祖)为首的活动,"诞告开洋"。航程途中因遭遇风浪,"西风暴作,舟楫掀荡,人皆失色",在辽东三山岛又举行了两次祭祀活动。出使明朝的朝鲜使团一遇到逆风恶浪,即祭祀以天妃(妈祖)为首的诸海神,几乎成了天启四年(1624)以来的惯例。祭祀之后，若是凑巧来了顺风，则认为是神灵所致；没有效应，逆风恶浪停不下来，则认为是没有感动神灵，会继续祈祷，相信逆风恶浪总会有消停的时候，也相信会最终感动神灵。祭祀海神无论灵验不灵验，都会一次次加重对以天妃(妈祖)为首的诸海神的迷信。所以，崇祯元年(1628)的进贺、冬至、圣节使一行路经庙岛时，不仅瞻仰了庙岛天妃庙，而且还举行了祭祀天妃(妈祖)的活动，因为他们坚信"凡舟行过是庙者，有祷颇着灵异"。这样的记载，虽与天启三年(1623)朝鲜进贺、冬至使记载的"船行者，必洁诚为祭，多蒙神庇"一致，但经过天启四年(1624)以来朝鲜使臣的航海经历，他们对天妃(妈祖)更加迷信和敬畏。来年(崇祯二年，1629)闰四月初六日，进贺、冬至、圣节使一行从登州口岸返航时，也举行了祭祀天妃(妈祖)等诸海神的开洋祭，也就顺理成章了。

(7)崇祯二年(1629)朝鲜进贺、陈奏使一行在航海途中之所以频繁地祭祀以天妃(妈祖)为首的"三神"，也与他们的航海经历有关。

进贺、陈奏使一行于八月八日在朝鲜大同江口举行了祭祀以天妃(妈祖)为首的"三神"，希望天妃(妈祖)能令"天吴护帆，风伯清尘"，让海神天吴保护进贺、陈奏使一行的航船，让风神风伯清除沿途的逆风恶浪。开洋祭之后，当日"无风"。第二天，即八月九日，则"东南风甚顺，寅时发船开洋"，凌晨拔锚起航，"终夕得顺风行船，可八百余里云"，整天都是顺风，一天行驶了"八百余里"。朝鲜使臣之所以这样记载，显然是在告诉我们，是祭祀了以天妃(妈祖)为首的"三神"后，才有了这样好的风向，好的结果，这无疑加大了他们对以天妃(妈祖)为首的"三神"的迷信，这为他们航海途中屡"行三神祭"提供了依据。

受开洋祭的影响，进贺、陈奏使一行仅从鸭绿江口至大连铁山嘴这一段海域，就举行了五次行祭以天妃(妈祖)为首的"三神"的活动。八月十六日，进贺、陈奏使一行在鸭绿江口的大界岛海域遭遇逆风，"晓值风逆雨下""北风夜来猛吹"，八月十七日"晓，行三神祭于船上"。第二天八月十八日，"初更发船，暂住洋中待风之际，东风大起，即发鹿岛，达夜行船"。向西行驶，"东风大起"，是大好顺风。开洋祭之后，在大界岛海域祭祀以天妃(妈祖)为首的"三神"，风向又是这样的巧合，在无法做出科学解释的年代，加重了人们对神灵的迷信。八月二十三日，进贺、陈奏使一行在辽东广鹿岛海又遇逆风，"大风忽起"，甚至有"两船漂泊岸边，几危仅免。午后风势尤紧，达夜不止，各船遑遑不得接目"。至二十五日，仍"风征不得发"，焦虑万分之时，于二十六日"行三神祭于各船"，祈求以天妃(妈祖)为首的"三神"，像前几次那样行祭之后带来好的天气和风向。九月三日在辽东平岛一带海域，因为一连几日遭遇了风浪而祈求顺风，"晓行三神祭于船上"。九月初七日至初九日在铁山嘴一带海域，也是因为一连几日遭遇了风浪，“风乱不得安船”“北风达夜，其势极烈”，九月初十日，“行三神祭。设帐于海边……而神不助顺，奈何奈何！”正使李忔道出了祭祀后仍无顺风的无奈。虽说并不是每次祭祀都能如愿，但并不影响朝鲜使臣一行对天妃(妈祖)的迷信和虔诚。如九月十三日，过了铁山嘴沿海岸线向北行进途中“南风终日，四更头南风大吹。……午后风猛，船如飞”。“此日行四百余里，得此正风行船，惟是日也，多幸多幸”。九月十四日，在辽东半岛西海岸北汛口海域，“晓，行三神祭于船”。从以上可以看出，朝鲜进贺、陈奏使一行在航海途中之所以频繁地“行三神祭”，主要是因为对逆风恶浪的恐惧和无奈，及对以天妃(妈祖)为首的“三神”的迷信。当逆风恶浪来临时，祈求天妃(妈祖)为首的诸海神能保佑他们脱离危险，并送来利于航向的顺风；当顺风来临之时，首先想到的是感恩“三神”。每一次祭祀，无论能不能如愿，加重的都是对天妃(妈祖)的迷信和敬畏，在接下来的航程中，进贺、陈奏使一行有几次专门祭祀天妃(妈祖)的活动，应是很好的说明。

朝鲜进贺、陈奏使一行九月十四日在北汛口“行三神祭”之后，并没有如愿，接下来一连三天仍是逆风不断。无奈之下，只好单独求助于天妃(妈祖)，十七日“四更头，行天妃神祭”，正使李忔还亲自撰《北汛口祭天妃神文》，祈求天妃(妈祖)“驱策诸神”，带来顺风。“祭罢，有南风候，三船一时发行”“风势甚猛”“船往如飞”。祭祀天妃(妈祖)之后，迎来了极好的利于航行的大顺风，“船往如飞”，既是写祭祀天妃(妈祖)带来的结果，也是进贺、陈奏使一行心情的表达。这样单独祭祀天妃(妈祖)的活动，也再次加重了朝鲜进贺、陈奏使一行对天妃(妈祖)的迷信和敬畏。所以，进贺、陈奏使一行渡过辽东湾之后，在山海关一带“向望海亭行娘娘庙祭”，再次单独祭祀天妃(妈祖)，正使李忔再次亲自撰写祭文《望海亭祭天妃文》。朝鲜进贺、陈奏使一行于崇祯三年(1630)三月乘船到达天津后，在天津娘娘庙也“参拜烧香”，表达了朝鲜使臣对天妃(妈祖)感谢和尊崇之意。正使李忔还作颂扬天津娘娘庙和天妃(妈祖)的长诗《天津歌》，其中“唐朝效灵异，至今神未沫”“龙骧几万斛，皆赖神阴骘”等诗句，都可说明，航海经历进一步加重了崇祯二年(1629)朝鲜进贺、陈奏使一行对天妃(妈祖)的迷信和敬畏。

(8)崇祯三年(1630)的朝鲜使团虽然没有传世的航海途中祭祀天妃(妈祖)等海神的具体记载，但通过当年朝鲜冬至使正使高用厚传世的诗歌看，崇祯三年(1630)的朝鲜进贺、冬至使一行也受到了妈祖文化的深刻影响。进贺、冬至使一行在途经辽东大长山岛时，高用厚在创作的诗歌中有“济海云帆疾若飞”“长山岛上祝天妃”等诗句，说明冬至使一行在航行中一帆风顺，船速飞快，所以到了大长山岛时要祭祀天妃(妈祖),表达作者一行的感激之意。这也可说明,天妃(妈祖)在崇祯三年(1630)的朝鲜使臣心目中同样有着至高无上的地位。所以,一旦航途顺利了,首先想到的是天妃(妈祖)所赐予的,首先要做的也是祭祀天妃(妈祖),感恩天妃(妈祖)。

(9)崇祯五年(1632)的朝鲜使臣的航海经历,从另一个方面也可以看出妈祖文化的深刻影响。

崇祯五年(1632)的朝鲜谢恩兼奏请使一行,不仅启航前于七月十六日在朝鲜石多山举行了隆重的开洋祭,祭祀以天妃(妈祖)为首的"三神",而且航程途中也多次举行主要官员均参与的集体祭祀活动。除了集体的祭祀活动之外,更多的是各船自行组织的祭祀活动,"同来各船,屡设祭三神",有的船只甚至每天都做祈祷,"船人好祈祷。每朝祭海神""同行使臣,逐日祭神,祈祷甚渎"。这说明,崇祯五年(1632)的朝鲜使臣更加迷信和敬畏天妃(妈祖),但这样一种迷信和敬畏,不是自身的航海经历所带来的,而应是主要来自之前的朝鲜使臣的影响。

前面说到,朝鲜使臣在航海途中遇逆风恶浪必祈祷,祈求以天妃(妈祖)为首的诸海神能制止住逆风恶浪,并送来好的风向和天气。崇祯五年(1632)的朝鲜谢恩兼奏请使一行之所以在航海途中"屡设祭三神",屡屡遭逆风不能前行是其主要原因,如开洋起航不久,从朝鲜起航地石多山到车牛岛顺风的航程,"若遇顺风,一日可到",可从七月十六日起航以来,"二十五日,始次车牛岛,在舟中乃十日也"。一天可达的航程用了十天时间,在万般无奈之下,二十五日又遭遇了逆风,"西北风大作"。在当时的情况下,只能把希望寄托在神灵上,于是有了二十六日的"正、副使及臣各具牲币祭文,祭三神与船神"。谢恩兼奏请使一行在辽东大长山岛再次遭遇多日逆风,"阻风长山岛,时已十日",且逆风"连日大吹,舟逆不得行",在八月十三日还遭遇了"极可畏"的"骤雨,云雾晦冥,雷霆大作",在这种无奈和恐惧之中,"同来各船,屡设祭三神",但即使"逐日祭神",却"祷祝无验",逆风仍吹不止。随行的谢恩兼奏请使副使李安讷甚至对这样的"屡设祭三神"产生了质疑,赋诗表达自己的不满:"人生各有名,不必祭波神。"但即使这样,在下面的航程中仍是祭祀不停,包括副使李安讷在内的朝鲜谢恩兼奏请使一行仍祭祀不误,"虔诚躬祭"。八月十七日,谢恩兼奏请使一行在三山岛(今大连市所属海岛)一带海域又遇骤雨逆风,"乌云拨墨,雨脚攒抢。景象惨烈,恍惚难状","风头卷海,骇浪山立。怒吼之声,壮于地塌",各船"即具牲币祭神",正使洪宝乘坐的"第一船祭于三山(岛)",副使李安讷乘坐的"第二船祭平岛",书状官洪镐乘坐的第三船祭于"平岛东港外"。还有八月三十日,谢恩兼奏请使一行再次遭遇狂风恶浪,"风势陡怒,大浪如山卷海而来,掀荡冲激,柁尾忽折。舟忽回头不进,舟中人举皆昏晕而倒”。风浪将各船的桅杆龙索几乎全部损坏,副使李安讷乘坐的第二船还进了水,“水涨底板几至没膝,填塞之际,用尽衣袽”。但即使在祭祀以天妃(妈祖)为首的海神“祷祝无验”的背景之下,仍“即促祭神如前”,并不影响他们的祭祀活动,副使李安讷在诗歌中也说道:“到此泣祈神。”由此可见,天妃(妈祖)为首的海神文化对明末朝鲜使臣产生了越来越大的影响。

(10)崇祯九年(1636)的朝鲜进贺、冬至、谢恩使一行,是朝鲜向明朝派出的最后一批使团,航海途中集体祭祀天妃(妈祖)的次数不仅明显多于前面的朝鲜使团,而且每次祭祀的仪式都很隆重,“尽礼仪于终始”,祭文也都是由正使金堉亲自撰写。之所以有这样隆重、高调的祭祀活动,除了受到前任朝鲜使臣的航海经历影响外,朝鲜冬至、谢恩使一行自身的航海经历也使得他们对天妃(妈祖)神灵愈加迷信和敬畏。

七月十六日,进贺、冬至、谢恩使团一行在朝鲜石多山海边举行了祭祀以天妃(妈祖)为首的海神开洋祭,祭文中强调:“惟我天妃,在帝左右,德着慈仁,万舶为母。”祭祀之后,就迎来了顺风:“祭后,乘船,风势甚顺。”第一次祭祀就有了这么好的结果,也为下面的航程中频繁祭祀的活动找到了理由。七月二十四日、二十五日,进贺、冬至、谢恩使团一行在朝鲜车牛岛遭遇两天逆风,“风逆不得行船”,二十六日风向转了,“东风正好”,正使金堉带领一班人“因谢为祈,斋心设祭”,因为感谢而设祭,答谢以天妃(妈祖)为首的海神带来了顺风。祭祀之后,“风势甚顺,终日不止”,当天从车牛岛起航,“过鹿岛”“过石城岛”“二更初,到长山岛”,连常年使船人都非常惊奇,“舟人以为今日所径,几千余里(正使金堉纠正为当日‘八百余里也’),海行以来。无如今日之利涉”。祭祀之后带来的终日不止的“风势甚顺”的风向,加重了朝鲜进贺、冬至、谢恩使一行对天妃(妈祖)的迷信和敬畏。

崇祯九年(1636)的朝鲜进贺、冬至、谢恩使一行在辽东半岛南汛口举行了两次祭祀“五神”活动,两次祭祀活动的原因,从正使金堉亲自撰写的祭文题目中就可以看出。第一次的祭文是《南汛口谢神祭文》,第二次是《南汛口祈风祭文》,也就是说,在南汛口第一次祭祀“五神”,是答谢感恩,第二次是祈求好的风向。第一次的祭祀活动,之所以要“祭谢五神”,是因为朝鲜进贺、冬至、谢恩使一行很顺利地通过了海难事故多发地铁山嘴。而且从平岛到南汛口这一段航程,“日踔千里,敢不知赐”,这样快的航速,哪敢不祭祀答谢“五神”呢?正使金堉在航程中的这样一些认识,只能使朝鲜进贺、冬至、谢恩使一行在下面的航程中更加依赖“五神”,并进一步加深对以“天妃(妈祖)”为首的“五神”的迷信和敬畏。《南汛口谢神祭文》中的“前洋利涉，亦神是恃”，就是正使金堉一行思想的真实流露，要顺利地在大洋中行驶，唯有依赖“五神”。第二次的祭祀活动，之所以要“祈风”，《南汛口祈风祭文》中也讲得很清楚，是因为“收帆浃旬，尚滞洋中”，朝鲜进贺、冬至、谢恩使一行因遭遇逆风，在南汛口已经停泊了十天，其焦虑心情可想而知，所以祈求神灵“惠我便风，一日过海”。逆风过后必有顺风，虽说祭祀之后，风向没有马上转向，但毕竟逆风北风停了，“东风忽起”，虽是侧风，但可行船，开始“船行甚迟”，但很快“风转而南”，来了向北行驶的顺风南风，当天航行“大约八百余里矣”。这样一些航海经历，也只能进一步使得朝鲜进贺、冬至、谢恩使一行加深对以“天妃（妈祖）”为首的“五神”的迷信和敬畏。

崇祯九年（1636）的朝鲜进贺、冬至、谢恩使一行来时起航前有“开洋祭”，航程途中有“谢神祭”“祈风祭”，而且每次祭祀后都带来神奇效应，所以来时登陆前又有了“下陆祭”，正使金堉还亲自撰写《宁远卫下陆祭文》，“下陆祭”的内容是感谢以天妃（妈祖）为首的众海神给予的眷顾：“千里一日，孰谓海阔。欲报之德，感铭于骨。今将登陆，礼宜告祭。归路利涉，亦仰神惠”，同时希望回国的航程中仍能得到天妃（妈祖）等的恩惠，一路顺风。进贺、冬至、谢恩使一行第二年返航时，也有返程起航时的“开洋祭”，正使金堉亲自作《觉华岛开洋祭文》。返航路经南汛口准备过铁山嘴海域时，为祈求顺利通过铁山嘴海域，进贺、冬至、谢恩使一行再次在南汛口举行祭祀仪式，正使金堉再亲自作《南汛口祈风祭文》，希望保佑他们一行“便风稳送，惠我终始”。祭祀之后，再次如愿，迎来了向南行驶的顺风，“北风起，遂行到铁山嘴”“达夜而行”，第二天顺利抵达“平岛”。有了这样一些航海经历，进贺、冬至、谢恩使一行回到朝鲜石多山登陆前，举行了隆重的祭祀活动，正使金堉仍亲自作祭文《石多山下陆祭文》，答谢以天妃（妈祖）为首的众海神，使进贺、冬至、谢恩使一行“幸免颠危艰苦之虞”“皆无零落散亡之叹”，顺利安全地回到自己的国家。

崇祯九年（1636）的朝鲜进贺、冬至、谢恩使一行之所以多次举行祭祀以天妃（妈祖）为首的众海神活动，不仅往返都举行开洋祭、下陆祭，航程途中遇到好的风向就有谢神祭，遭遇逆风就有祈风祭，而且祭祀的形式也趋于隆重、统一，正使亲自献祭，书状官再献，使团译官三献，“尽礼仪于终始”，应该也与他们的航海经历有关。虽说每次祭祀之后带来的巧合可能与神灵无关，但这无疑进一步加深了明末朝鲜使臣对天妃（妈祖）的迷信和敬畏，也加大了妈祖文化对朝鲜半岛的影响。如果不是因为崇祯九年（1636）清军入侵朝鲜，朝鲜被迫断绝了与明朝的官方往来，妈祖文化对朝鲜半岛的影响还会进一步加大。

三、妈祖文化与明末中朝(韩)文化交流

妈祖文化是中国海洋文化的重要组成部分,反映的是中国沿海地区的民间信仰和海洋仙道文化。妈祖文化起源于福建省的莆田一带,随着海运事业的发展而传遍中国沿海各地,进而传到了东南亚、东亚的一些国家的沿海地区。元朝时,妈祖文化随着漕运的盛行,迅速在中国北方沿海传播开来,至少在元末明初,妈祖文化在朝鲜半岛就有了影响。经海路出使中国的高丽、朝鲜使臣及随行人员,应是将妈祖文化带入朝鲜半岛的主要人员。正如韩国学者朴现圭教授指出的:"韩国人接触妈祖的历史已经相当长了。从妈祖信仰的发展史来看,它与韩中两国使臣往来有着密切的关系。"[①]"高丽和明朝两国之间建交后,开通了连接登州和辽东半岛的海上交通。当时,沙门岛(庙岛)是渡渤海湾时,往来南北的船舶在停靠并祭拜妈祖的地方。郑梦周、李崇仁、权近、朴宜中等高丽使臣们前来沙门岛(庙岛)天妃庙,祈愿航海的安全,并留下了述说妈祖信仰灵验的作品。高丽使臣们虽然是站在同船者的立场参加了致祭仪式,向天妃庙祈求航海的安全,但很难说他们后来也一直信奉了妈祖信仰。"[②]明初,出使明朝的使臣,如郑梦周、权近、李稷等路经庙岛群岛时就留下了多首咏天妃(妈祖)的诗篇,笔者曾在《明代朝鲜使臣笔下的庙岛群岛》(人民出版社,2014 年)一书中做过解读[③],以说明明初的高丽、朝鲜使臣对妈祖文化有着高度的认同。但明初的高丽、朝鲜使臣还谈不上对妈祖文化的迷信,从前面的分析我们可以看出,妈祖文化对朝鲜使臣产生巨大影响的,还是在明末时期。

(1)明末经海路出使明朝的朝鲜使团,虽然只是从天启元年(1621)到崇祯九年(1636)这短短的十多年时间,而且有的年份还没有史料传世,但仅从传世的与妈祖文化有关的日记、祭文、诗歌等,就可以清楚地看出,朝鲜使臣从开始的仅仅是认同妈祖文化,入乡随俗到路经的天妃庙祭祀天妃(妈祖),到后来的对天妃(妈祖)极度的迷信和敬畏,利用各种机会和场合虔诚而隆重地祭祀天妃(妈祖),不仅说明了妈祖文化对朝鲜使臣有着巨大的影响力,同时也见证了妈祖文化在明末的中朝(韩)文化交流中占有重要位置。

明末经海路出使明朝的朝鲜使臣,多是当时在朝鲜有影响的文人出身的官

---

① 朴现圭《韩国的妈祖信仰现状》,《莆田学院学报》,2016 年 2 月,第 23 卷第 1 期,第 1 页。

② 朴现圭《高丽时代妈祖接触考》,《鲁东大学学报》,2009 年第 2 期,第 30 页。

③ 刘晓东、马述明、祁山《明代朝鲜使臣笔下的庙岛群岛》,北京:人民出版社,2014 年,第 79～95 页。

员，不少人当时就有着较高的身份，或归国后成了朝中重臣，如天启三年(1623)的朝鲜奏闻(请封)使正使李庆全是以左议政(第一副首相)身份出使的明朝；天启四年(1624)的朝鲜谢恩、奏请使正使李德泂，归国后官至右议政(副首相)；天启六年(1626)朝鲜进贺圣节使正使金尚宪归国后官至朝鲜左议政(第一副首相)，进贺、冬至使正使南以雄归国后也官至左议政(第一副首相)；崇祯九年(1636)的朝鲜进贺、冬至、谢恩使团正使金堉，归国后官至朝鲜领议政(首相)。他们留下的与妈祖文化有关的日记、祭文、诗歌等，包括其中表达的对天妃(妈祖)的迷信和敬畏，无疑都为妈祖文化在朝鲜半岛的传播起到了重要的促进作用。

我们在前面的介绍中还多次说到，航程途中受妈祖文化影响最大最直接的还有随行的船夫、水手们。朝鲜使臣对妈祖文化的迷信，也巩固和加大了他们的妈祖信仰。他们归国后，多从事的仍然是与大海、船只打交道的行业，必然也是在朝鲜半岛传播妈祖文化的主要力量。韩国学者朴现圭教授撰文指出："在平安道西海岸地区曾有 5 处，在仁川地区有 1 处(妈祖庙)"，"位于平安道西海岸一带的妈祖庙，似与西海岸船夫们的活动有着密切的关联。……在'丙子胡乱'之前的 17 世纪前半期，在平安道西海岸曾出现过妈祖信仰活动。当时前往明朝的海路使行船舶出航地按照时期不同，会有所变化，但基本上还是在安州的清川江、郭山的宣沙浦、甑山的石多山、平壤的大同江等 4 个地方。这些地区全部位于平安道西海岸地区。参加对明海路使行的使臣们包括平安道的宣沙浦和石多山在内的，还有辽东南端、渤海湾北端和南端、河北和山东等地都留下了有关妈祖信仰的作品。那时使行船的船夫们也和使臣们一起直接体验了妈祖信仰，所以在当时应已把妈祖信仰当作自己的信仰了。船夫们回平安道后向他们周围的人传播妈祖信仰，或说起自己的亲身体验。有可能是后来随着接受妈祖信仰的当地人逐渐增多而兴建了妈祖庙。"①"丙子胡乱"，指的是崇祯九年(1636)清军大举入侵朝鲜，这一年是丙子年。上述韩国学者的分析和结论，虽说还需要第一手更有说服力的史料支撑，但这样的分析不能说没有道理。清初时期，朝鲜半岛建立的许多妈祖庙，应该说，主要还不是清朝皇帝尊崇妈祖的原因。清初时期，虽然朝鲜被迫归顺了清朝，但当时无论朝鲜王室，还是普通百姓，因壬辰战争期间，明王朝将日本侵略者赶出了朝鲜半岛，挽救了朝鲜，仍念念不忘对明朝的感恩之情。崇祯十年(1637)，朝鲜仁祖大王在给清王朝皇太极的国书中就说道："曾在壬辰之难，小邦朝夕且亡，神宗皇帝动天下之兵，拯济生灵于水火之中，小邦之人，至今铭镂心骨。宁获过于大国，不忍负皇朝，此无他，

① 朴现圭《韩国的妈祖信仰现状》，《莆田学院学报》，2016 年 2 月，第 23 卷第 1 期，第 7 页。

其树恩厚而感人深也。”[①]所以,这期间妈祖庙在朝鲜西海岸的出现,出使明朝的朝鲜使臣及随行人员的影响应是主要原因。

(2)明末朝鲜使臣撰写和创作的与妈祖文化有关的日记、祭文、诗歌等,都是明末中朝(韩)文化交流的重要载体和见证。作为文艺作品流传的与妈祖文化有关的诗歌,在中朝(韩)文化交流中有着更广、更大的影响力。

前面说到的天启三年(1623)的朝鲜奏闻、请封使正使李庆全在隍城岛创作的六言诗《黄城洋遇疾风,祷神即遂》;天启三年(1623)的朝鲜进贺、冬至、圣节兼谢恩使正使赵濈与朝鲜奏闻、请封使书状官李民宬的唱和诗《舟中录似敬亭》《次赵侍郎平岛寄韵三首》;天启四年(1624)的朝鲜谢恩、奏请使正使李德泂的诗歌《三月二十一日》,副使吴䎘的《泊庙岛》;天启五年(1625)的朝鲜进贺、冬至使正使全湜的《庙岛偶吟》;天启六年(1626)的朝鲜进贺、冬至、圣节使正使金尚宪创作的《祭天妃迎送曲》《咏天妃观道士》,及与寓居登州的文人吴大斌的唱和诗《次〈庙岛停舟〉》等;崇祯二年(1629)的朝鲜进贺、陈奏使正使李忔《舟次金山嘴,次李星山韵》《天津歌》《海上抒怀》等;崇祯二年(1629)的朝鲜赍敕使正使崔有海的《致祭后登船》《次晴川〈庙岛停舟〉韵》《赠海潮寺宝上人》,及随行官员卞献的《敬次〈赠海潮寺宝上人〉》;崇祯三年(1630)的朝鲜进贺、冬至使正使高用厚的《遇顺风到长山岛,奉呈郑下叔》《蓬莱阁见东坡〈海事诗〉,次韵示郑壶亭斗源》;崇祯五年(1632)的朝鲜谢恩兼奏请使副使李安讷的《共扫山坛拜海神》《到此泣祈神》(原诗皆无题,题目系本书作者所加)等;崇祯九年(1636)朝鲜进贺、冬至、谢恩使正使金堉的《过铁山嘴》《次潜谷铁山嘴诗韵》,书状官李晚荣的《南汛口阻风,吟成观涛篇,呈潜谷》等。以上诗篇多是歌颂妈祖文化的,对妈祖文化在朝鲜半岛传播起到了积极的作用。这些诗篇,既反映了这一时期妈祖文化对朝鲜半岛深入而广泛的影响,也是研究妈祖文化影响朝鲜半岛的珍贵史料,是明末中朝(韩)海上文化交流的历史见证。

(3)明末朝鲜使臣咏天妃(妈祖)的诗歌,也在明末清初的中朝文人中产生了广泛的影响,为中朝(韩)文人间的诗歌文化交流做出了贡献。

天启六年(1626)的朝鲜进贺、冬至、圣节使一行途中经过长山岛(今大连市长海县大长山岛)时,正使金尚宪创作了歌颂天妃(妈祖)的《祭天妃迎送曲》;途经庙岛时,金尚宪创作了称颂庙岛天妃(妈祖)庙的《咏天妃观道士》;途经庙岛和登州时,金尚宪与寓居登州的文人吴大斌还有多组唱和诗,其中《次〈庙岛停舟〉》,也赞颂了庙岛天妃庙和天妃(妈祖)。朝鲜进贺、冬至圣节使一行到达北

---

① 吴晗《朝鲜李朝实录中的中国史料》(九),北京:中华书局,1980年,第3582页。

京后，天启七年（1627）年岁春，金尚宪将这些诗歌，包括出使明朝沿途写的其他诗歌一并结集在《朝天录》中，并请明朝礼部左侍郎兼翰林院侍读学士李康先为《朝天录》作序。李康先在序言中说道："其所著朝天录，阅之，识趣高迈，襟怀寥廓。有工部之深思而不湮于排郁，有谪仙之潇洒而不流于狂肆，有五柳之澹荡而不沦于寂寞。至其音律之铿锵，对偶之金石，大有声振林木，响遏行云之致。"[①]李康先把金尚宪的诗作与杜甫、李白、陶渊明相媲美，虽有夸耀奉承之嫌，但也可说明金尚宪诗作有较高的艺术感染力，否则不会得到进士出身的，担任过国子监祭酒，又是皇帝身边要员的李康先的赞许。除李康先外，进士出身的太仆寺卿，以都御史（正二品）身份任浙江巡抚，官至工部尚书的济南府邹平人张延登也为《朝天录》作序，其中赞誉说："读叔度诗，见其事有所感，情有所会。神与景合，气从意畅。亢不伤调，抑不病格。有优柔之韵，无衰飒之音。"[②]这都可见，金尚宪结集在《朝天录》中的诗作在明朝官员中有着较大的影响。《朝天录》中的诗作当然也包括上述赞颂天妃（妈祖）的诗歌在内，而且这些诗歌也是《朝天录》中收集的诗歌中的佼佼者。

清初著名诗人，号称一代文坛泰斗的王士祯（王渔洋）在《池北偶谈》中称金尚宪"《朝天录》一卷，诗多佳句"[③]。王士禛（王渔洋）在他著名的论诗《戏仿元遗山论诗绝句三十二首》中说到了金尚宪咏赞庙岛天妃（妈祖）庙的《次〈庙岛停舟〉》诗，并称赞其中的诗句说："'澹云微雨小姑祠，菊秀兰衰八月时。'记得朝鲜使臣语，果然东国解声诗。"前面说到，"小姑祠"，指的是庙岛天妃（妈祖）庙。"东国"，指当时的朝鲜。这说明，金尚宪歌颂庙岛天妃（妈祖）庙的诗作，也得到了中国诗坛名人们的赞誉。王士祯也曾是康熙朝中的主要官员，历任国子监祭酒、左都御史，刑部尚书等要职。中国高官和文化名人对朝鲜使臣金尚宪的诗作，其中包括歌颂庙岛天妃（妈祖）的诗作高度关注和赞许，也必定推动妈祖文化在中朝（韩）两地的传播和交流。

（4）天启六年（1626）的朝鲜进贺、冬至、圣节使正使金尚宪途经庙岛和登州时，与寓居登州的江浙文人吴大斌（号晴川）有多次多首诗歌唱和。第一次，吴大斌赠予金尚宪原唱诗两首：《月夜闻笛》《自嘲》，金尚宪和答《次吴晴川绝句二首》[④]。金尚宪除了回赠吴大斌两首诗外，因吴大斌"携酒来访"，酒席间又赠诗

---

① 〔韩国〕《朝天录》序，《韩国文集丛刊》第77辑，韩国首尔：韩国民族文化推进会，1996年，第3页。
② 〔韩国〕《朝天录》序，《韩国文集丛刊》第77辑，韩国首尔：韩国民族文化推进会，1996年，第6页。
③ ［清］王士祯撰，勒斯仁点校《池北偶谈》卷十五，北京：中华书局，1982年，第360页。
④ 〔韩国〕林基中编《燕行录全集》第13册，韩国首尔：东国大学校出版部，2001年，第280页。

一首《吴晴川携酒来访,招伶人侑觞,晴川酒酣闻歌,泣下沾襟,即席口占以赠》[①],主要内容是记叙与吴大斌相谈甚欢,感情融洽,以至于"酒酣闻歌,泣下沾襟"。第二次,吴大斌赠予金尚宪原唱诗三首《庙岛停舟》《辽阳出师》《水城夜景》,金尚宪和答《次吴大斌韵三首》。[②] 金尚宪的《次〈庙岛停舟〉韵》诗,是第二次和答的吴大斌的《庙岛停舟》诗。除唱和外,金尚宪在《朝天录》中还刊录了两组与吴大斌有关的诗,一组是应吴大斌要求写的《吴晴川恳求"除"字韵,次韵二首》[③],另一组是从登州返航回国与吴大斌作别时写的《发登州留别吴晴川》[④]。诗的内容,一是赞颂吴大斌的才华和气节,二是表达与吴大斌的惜惜离别,难分难舍之情:"把君之袂执君手,为君沽酒向君寿",把离别之时难舍难分的兄弟般的情谊写得真实动情。金尚宪与吴大斌的诗歌唱和,为明末中朝(韩)诗歌交流留下了优美的篇章,既表达了明末中朝(韩)文人对中国传统文化,包括妈祖文化的广泛认同,也表达了相互尊重和仰慕之情,传承了中朝(韩)间的传统友谊。

吴大斌的有关情况,主要来自明末朝鲜使臣的记载。天启三年(1623)朝鲜奏闻、请封使书状官李民宬在《癸亥朝天录》中记载:"吴公,号晴川,越州山阴人,故游击宗道之族父也。宗道东征时,以都司来驻我国。宣庙见其揭帖,亟加称赏,命承文院汇集前后之揭缮写以进。后终于镇江尤吉。晴川来从镇江,今寓登州之开元寺。……重厚温雅,且有诗声,见重于士大夫。"[⑤]说吴大斌的族侄吴宗道在万历年间抗倭援朝的"壬辰战争"中曾驻防朝鲜。吴宗道在朝鲜发布的文告,还受到了朝鲜国王李昖(庙号宣祖)的赞赏。吴大斌处理完丧事后,来到登州,寓居开元寺。同时也赞扬吴大斌很有文采,其创作的诗歌在当地很有影响,"见重于士大夫"。因吴大斌曾随吴宗道驻防过朝鲜,故多次主动拜访路经登州的朝鲜使臣,与朝鲜使臣结下了深厚的友谊,还留下了多人多次的诗歌唱和。所以明末朝鲜使臣的笔下也多有记载。如天启三年(1623)的朝鲜冬至使正使赵濈在《燕行录》中记载:"吴大斌自辽避寓到此,构诗持赠。"[⑥]天启四年(1624),朝鲜谢恩、奏请使书状官洪翼汉在《花浦朝天航海录》中记载:"大斌……年七十余,皓发丹辅,烨如神人,清谈雅论,爽人耳目,貌如其心。"金尚宪在《朝天录》中对吴大斌也有介绍,称赞吴大斌是忧国忧民而有才华的爱国文

① 〔韩国〕林基中编《燕行录全集》第13册,韩国首尔:东国大学校出版部,2001年,第283~284页。
② 〔韩国〕林基中编《燕行录全集》第13册,韩国首尔:东国大学校出版部,2001年,第284~285页。
③ 〔韩国〕林基中编《燕行录全集》第13册,韩国首尔:东国大学校出版部,2001年,第287页。
④ 〔韩国〕林基中编《燕行录全集》第13册,韩国首尔:东国大学校出版部,2001年,第289~290页。
⑤ 〔韩国〕林基中编《燕行录全集》第14册,韩国首尔:东国大学校出版部,2001年,第328~329页。
⑥ 〔韩国〕林基中编《燕行录全集》第12册,韩国首尔:韩国东国大学校出版部,2001年,第287页。

人，并高度赞誉吴大斌所作的《辽海遗踪》一文，“献平辽之雅，配诗人之美。丹青竹帛，永图不朽”[①]，称其既显示了其忧国忧民的爱国情怀，也阐述了其收复辽东失地的决心和可行计策，“可以为大夫”，应该被举荐入朝为官辅佐帝王。这都可见吴大斌在朝鲜使臣中的地位和影响。虽说当时吴大斌穷困窘迫，不得不“构诗乞米”，但仍然博得了朝鲜使臣的尊重和好感，并由此产生了多首反映明末中朝（韩）文化交流和友好往来的优美诗篇，其中颂扬妈祖文化的《庙岛停舟》唱和诗也随着这种友好交往传播开来。

（5）崇祯二年（1629）的朝鲜赍敕使一行在登州停留期间，正使崔有海与吴大斌也有多次多首诗歌唱和，崔有海也和答了吴大斌的《庙岛停舟》：《次晴川〈庙岛停舟〉韵》，颂扬了庙岛天妃（妈祖）庙和天妃（妈祖），说天妃（妈祖）庙的灵气来自上天，天妃（妈祖）传递着上天的正义。崔有海更有多首描述与吴大斌友谊的诗作，如《次赠吴晴川》《吴晴川来访，送酒，因谢二首》《次吴晴川八首》《谢吴晴川雪上来访二首》《谢晴川送南果》《次晴川黄佃韵》《次谢来顾惠笋》等[②]，诗的内容都表达了二人的真情交往和深厚友情。

崔有海也是当时朝鲜有影响的诗人，进士出身。崇祯二年（1629），明朝兵部尚书兼右副都御史，兼督登莱等军务的袁崇焕要求朝鲜派兵协助明军攻打辽东的后金，朝鲜国王派遣崔有海一行出使明朝洽谈双方合作之事。崔有海一行渡海登陆登州后，“既至，袁公已谗死矣。日与登州人士吴大斌等唱和”。听说袁崇焕已被处死（当时袁崇焕被监禁），崔有海一行只好在登州待命，听候朝鲜国王新的指令。崔有海一行在登州停留了三四个月之久，与登州地方官员、各界人士及驻庙岛群岛的明军官员有着广泛的接触，留下了多首诗歌唱和及多首表达中朝（韩）友谊的诗篇。崔有海将出使明朝创作的诗歌，包括与他人的唱和诗，均收录在《东槎录》中。

崔有海出使明朝期间创作的诗歌，当时就得到了驻登州的地方官员和登州文人的高度评价。进士出身的南京刑部郎中，登州籍官员王述善评价崔有海的诗作：“得睹崔先生作，从容大雅，属国木天之选，真真不枉。生不敢有境外之交，惟服膺无已而已。”[③]“属国木天”，说崔有海是朝鲜选拔的优秀人才。“属国”，指朝鲜。“木天”，指翰林院。原兵部主事，驻守登州的明军参谋程僖也赋诗称赞崔有海的诗作：“词坛声价传闻远，藩臬宏猷播颂高。”[④]说崔有海的诗歌

① 〔韩国〕林基中编《燕行录全集》第 13 册，韩国首尔：韩国东国大学校出版部，2001 年，第 283 页。
② 〔韩国〕林基中编《燕行录全集》第 17 册，韩国首尔：韩国东国大学校出版部，2001 年，第 555～593 页。
③ 〔韩国〕林基中编《燕行录全集》第 17 册，韩国首尔：东国大学校出版部，2001 年，第 571 页。
④ 〔韩国〕林基中编《燕行录全集》第 17 册，韩国首尔：东国大学校出版部，2001 年，第 575 页。

很有影响,得到了沿途地方高官的高度赞誉。"藩臬",指藩司和臬司,明代的地方大员布政使和按察使的并称。崔有海除与寓居登州的江浙文人吴大斌有多次多首唱和诗外,还与在登州的朝中官员钦差司农大夫宋献,南京刑部郎中、登州籍官员王述善,前任登莱总兵、仍以总兵衔督查沿海防务杨国栋,登莱总兵、金陵(南京)人张可大,张可大之弟张可度,原兵部主事、驻守登州的明军参谋程僖,原辽东军监军、登州籍进士梁之垣,开封府推官、登州蓬莱进士张瑶,驻登州的地方官员、举人张联台,登州蓬莱籍解元李元善,登州蓬莱举人刘性成,登州秀才陶学瞻等有诗歌往来。崔有海与登州的各界人士有诗歌唱和,既说明崔有海的诗歌得到了广泛的认可,也说明作为朝鲜使臣的崔有海与沿途的各阶层人士都建立了深厚的友谊。

崇祯二年(1629)的朝鲜赍敕使一行回国后,崔有海出使明朝期间诗歌集《东槎录》,也在朝鲜国内受到了很高的评价,有着广泛的影响。已是朝中重臣的金尚宪这样评价《东槎录》:"海上辛苦之迹,东牟游览之胜,宛然复在。目前尤不能时刻释手也。……诗力豪横,书词辟阖。"[①]说《东槎录》再现了作者一行海上航行的艰辛和在登州揽胜的情景,并称赞崔有海的诗歌豪放有力,文辞富于变化。东牟,即登州。朝鲜吏曹判书、大提学李明汉评价《东槎录》:"藻词清拔,格力雄俊。虽闇索皮相者,皆知为大方家自得之语。"[②]说崔有海的诗词清秀脱俗,才智超群,即使草草地浏览一下,就知道是出自诗词大家的笔下。官拜朝鲜五卫都总府都总管的申翊圣还这样评价《东槎录》:"细毡广厦,朝夕纳诲,皆可诵也。则大容之道进于技耶,大容之技进于道耶。"[③]说无论是朝鲜的平民百姓还是官员,都非常喜欢朗诵崔有海(大容)的诗歌,都能从诗歌中受到教诲。崔有海出使明朝期间创作的诗歌得到朝鲜高官和文人如此高的评价,可见其当时在朝鲜的影响之大。《东槎录》中赞誉天妃(妈祖)及与妈祖文化有关的诗作,如《次晴川〈庙岛停舟〉韵》《赠海潮寺宝上人》《致祭后登船》等,也必然在朝鲜半岛传播开来。

(6)除前面说到的天启六年(1626)的朝鲜进贺、冬至、圣节使正使金尚宪、崇祯二年(1629)的朝鲜赍敕使正使崔有海外,还有其他使臣创作了赞誉天妃(妈祖)的诗篇,不少人也是在当时有影响的诗人。

天启三年(1623)的朝鲜奏闻、请封使书状官李民宬,就是当时著名的诗人。

---

① 〔韩国〕林基中编《燕行录全集》第17册,韩国首尔:东国大学校出版部,2001年,第667~668页。

② 〔韩国〕林基中编《燕行录全集》第17册,韩国首尔:东国大学校出版部,2001年,第669页。

③ 〔韩国〕林基中编《燕行录全集》第17册,韩国首尔:东国大学校出版部,2001年,第667页。

李民宬出使明朝期间,“中朝学士大夫间,与之唱和诗什,敬爱之殊甚,称李谪仙。此公之名不朽也”。与李民宬同朝为官的司宪府掌令,崇祯元年(1628)出使明朝的冬至兼圣节使书状官申悦道也说:“公之再赴燕京也,水陆往还累万余里,所过沿途奇胜异躅,恣意搜探,间与学士大夫迭相唱酬。格力苍健,华人爱而敬之,至称李谪仙,公之名盖已闻于天下矣。”①司宪府负责纠察朝廷官员,类似于中国明朝的都察院,今天的最高检察院。申悦道因秉公执法,曾“四为掌令也”②,他对李民宬诗作的评价,应是不虚的。这说明,李民宬的文采和诗作在当时有很大的影响。与李民宬同时期的著名文人、诗人,状元及第的郑斗卿也称赞李民宬出使明朝期间所创作的诗歌:“其材富博,其气雄浑。其诗体各异,有似少陵者,有似昌黎者,有似唐宋诸名家者。体虽不同,皆不失大家数,公真大家哉。文与词赋亦然。”③以上说明,李民宬出使明朝期间所创作的诗歌,在当时中朝(韩)两国都有较大影响,其中颂扬天妃(妈祖)的诗作也必然随之传播开来。

崇祯三年(1630)的朝鲜进贺、冬至使正使高用厚将自己出使明朝期间所作的诗歌结集在《晴沙集》中,为《晴沙集》写序的两位人士都是当时很有影响的高官,一位是时任明朝礼部尚书兼翰林院学士徐光启,徐光启当时已是朝中重臣,天子师,著名政治家,不久又为内阁次辅(相当于第一副首相)。另一位是朝鲜议政府领议政兼领经筵、弘文馆、艺文馆、春秋馆、观象监事金寿恒。“领议政”,即首相。徐光启称赞高用厚的诗文:“事依于忠孝,语出于和平,无意为诗,而诗自成焉,诗道尽矣。兹见朝鲜高使君诗,亟为申此义。……所称事依于忠孝,语出于和平者也。故其诗不为奇丽,自有真意;不为旷达,自有远思。”④金寿恒评价高用厚的诗文说:“公之著述本不多,然其诗与文,蔚有风韵,不失家庭遗则。至其造次吟咏,犹拳拳忠贞二字。”⑤中朝两位高官如此称颂高用厚出使明朝期间所作的诗歌,其中颂扬天妃(妈祖)的诗作也必定在朝鲜半岛得以广泛流传。

创作赞誉天妃(妈祖)诗篇的明末朝鲜使臣,有些虽然不是著名诗人,但由于他们在当时的朝鲜有一定影响,其诗作也必定会得到广泛传播,对妈祖文化在朝鲜半岛的传播都起到了推动作用。

---

① 〔韩国〕《敬亭集·附录》,《韩国文集丛刊》第76辑,韩国首尔:韩国民族文化推进会,1990年,第417页。

② 〔韩国〕《懒斋集·卷九·墓志》,《韩国文集丛刊续》第24辑,韩国首尔:韩国民族文化推进会,1990年,第146页。

③ 〔韩国〕《敬亭集·序》,《韩国文集丛刊》第76辑,韩国首尔:韩国民族文化推进会,1996年,第207页。

④ 〔韩国〕《晴沙集·序》,《韩国文集丛刊》第84辑,韩国首尔:韩国民族文化推进会,1996年,第135页。

⑤ 〔韩国〕《晴沙集·序》,《韩国文集丛刊》第84辑,韩国首尔:韩国民族文化推进会,1996年,第136页。

天启三年(1623)的朝鲜奏闻、请封使正使李庆全,历官朝鲜刑曹判书(职权同刑部尚书)、判中枢兼同知春秋等职,出使明朝时的身份是左议政(第一副首相)。

天启四年(1624)的朝鲜谢恩、奏请使正使李德泂,历官朝鲜京畿巡按御史、左承旨、黄海监司、忠清监司、三宰、右议政(副首相),是当时朝中很有威望的朝臣,史评:"公庄重有德量,廉公笃厚,谦退不争。至于临大事,正大义,坚严。"①说李德泂宽容厚道,忠孝仁义,仗义执言,刚正不阿,足见李德泂的人格魅力,及在朝中的影响。李德泂去世后,朝鲜国王仁祖大王"赙祭如礼,赠领议政(首相)"。

天启四年(1624)的朝鲜谢恩、奏请使副使吴䎘,"年十九中进士","为槐山郡守,岁大饥,公悉心周赈……未满百日,政声已着"。出使明朝期间,吴䎘撰写的给明朝的陈奏,"天朝诸公莫不首肯赞叹,事竟准请。仁祖嘉之,赐土田,减获,以酬其功"②。说明吴䎘当时也是朝鲜有影响的官员,而且还极具文学才华,其诗文在中国很受欢迎,并因出使明朝的出色表现而得到朝鲜国王的嘉奖。

天启五年(1625)的朝鲜进贺、冬至使正使全湜,进士出身,科举考试第一。历官朝鲜通政大夫、兵曹参议、左承旨、知中枢府事(正二品)兼同知经延春秋馆事,因在任时政绩突出,去世后,被赠左议政(第一副首相,正一品)。全湜的学问及诗文在当时也有一定影响,与全湜同朝为官的朝鲜通政大夫前行承政院同副承旨李汇宁这样评价全湜的诗文:"典雅淳古,真有德者之言。……吾党之士,慕先生而学先生。"③可见全湜的诗文在当时朝鲜的影响。

崇祯二年(1629)的朝鲜进贺、陈奏使正使李忔,进士出身,因书法精湛,还得到朝鲜国王赞赏,"甚加睿奖",其文采也得到朝臣赏识,被推荐"拜翰林",后历官朝鲜承文院博士、成均馆典籍、工曹正郎、司宪府持平、龙川郡守、黄海道都事、长湍府使、骊州牧(因功升嘉善大夫从二品)、兵曹参判、淮阳府使等职。任淮阳府使时,"以除贫民之役。邑民爱之。立石以颂之"。崇祯二年(1629)七月,升同知中枢府事出使明朝。因当时明朝关闭了登州口岸,朝鲜使臣只能经觉华岛从山海关入关,"海道险远。人皆惮行",但当时"多病"的李忔欣然从命。家人因担心"行期甚促而宿疾复作,家人子弟,请据实乞免。公不可曰:'人臣岂择险夷,况我立朝四十年,受国恩荣,图报万一,此正其时也。'辞气毅然。闻者愧服"。"八月乘船于大同江。出急水门。夜半风浪大起。碇绝船漂。舟人皆

① 〔韩国〕《记言·别集》卷二十三,《韩国文集丛刊》第 99 辑,韩国首尔:韩国民族文化推进会,1996 年,第 283 页。

② 〔韩国〕《韩国历代人名事典》第 14 卷,韩国首尔:韩国世宗大王纪念事业会,2010 年,第 96 页。

③ 〔韩国〕《沙西先生文集》序,《韩国文集丛刊》第 67 辑,韩国首尔:韩国民族文化推进会,1996 年,第 25 页。

惧。公殊不失措。”在北京圆满完成出使使命后，李忔因劳累过度病逝北京。得知这一消息后，明朝皇帝“遣官谕祭，光禄官办祭，鸿胪官六员赞礼。铺黄土设龙亭黄伞，略仿皇上亲临之仪。且陈乐器于庭，祭品亦丰，行三酌礼”。此事使朝鲜朝野大为感动：“持蒙皇上恩荣，龙亭黄伞，晻映天日。鸿胪光禄，奔走奠酹。金牌煌煌，道路感涕。虽使中朝尊贵得此，亦足以夸耀于千载，况于海外陪臣。……此非独公之一身，凡我东偏之人，皆得与其荣光矣。”李忔的灵柩回到朝鲜后，朝鲜国王“追赠资宪大夫吏曹判书……又遣礼官临吊赐祭”，后又“加赠崇政大夫议政府左赞成（从一品）”①。可以想象到，李忔在当时的知名度之大。

崇祯五年（1632）的朝鲜谢恩兼奏请使副使李安讷，据韩国史料记载：“十八（岁），魁进士初试，连中汉试，声名大振。”历官朝鲜端川郡守、洪州牧使、东莱府使、庆州府尹、承政院同副承旨、江华府尹、礼曹判书兼艺文馆提学、刑曹判书等职，去世后，朝鲜国王“赠崇禄大夫议政府左赞成（从一品），兼知经筵春秋馆成均馆事弘文馆大提学、艺文馆大提学。遣官致祭”。史评“公资禀雄伟，识度高迈，自少忼慨有大志。尝曰：‘丈夫得志则经济一世，失志则渔钓一壑。’……及从州郡着绩。用以至大使，屡当艰巨。率以办称为廉吏材臣，然其所至，纠违锄梗，动被中伤，辄自引去。故终未极将相大位，其不遇于世，大率以此故也”②。这说明，李安讷有称道的人品和将相之才，也是当时很有影响力的官员。

崇祯九年（1636）朝鲜进贺、冬至、谢恩使正使金堉，也是进士出身，官至朝鲜领议政（首相），其职务本身就有很大的影响力，而且史评也是以正面形象示人，说金堉为相后，仍“冬不御裘，食无兼味。虽在耆耋，鸡鸣而起，日有课读。周人之急，甚己之私”。即使病重临终之时，“诸公问疾来，必整冠危坐，劳苦如平日”。金堉也很有文采，“公为文章，自结发淹贯经史，晚好洛建诸老书。凡告君之辞明白平正，必以仁义为主。骚赋与诗亦皆有致。……且于六韬兵略星经地志五行之书，无不通焉。尝论西洋历法，上自洛下闳，下至唐宋元改历事如指掌。……所著诗文约十卷，有集杜诗，有感兴诗。皇明纪略，类苑丛宝，种德新编，海东名臣录，己卯录，松都志刊行于世”③。这样一个有官品和才华的贤相，其影响力可想而知。

---

① 〔韩国〕宋时烈《宋子大全・卷二百十・雪汀李公行状》，《韩国文集丛刊》第 115 辑，韩国首尔：韩国民族文化推进会，2006 年，第 95 页。

② 〔韩国〕李植《东岳先生李公行状》《东岳集・东岳先生续集附录》，《韩国文集丛刊》第 78 辑，韩国首尔：韩国民族文化推进会，2006 年，第 562 页。

③ 〔韩国〕赵絅《龙洲先生遗稿》卷十四《领议政潜谷金公墓志铭》，《韩国文集丛刊》第 90 辑，韩国首尔：韩国民族文化推进会，2006 年，第 256 页。

崇祯九年(1636)朝鲜进贺、冬至、谢恩使书状官李晚荣，进士第一(状元)出身，也是当时朝鲜十分清正廉洁的官员。李晚荣曾三次出使中国，“三入燕京，一则航海。奔走四方，夙夜匪懈”，为巩固和发展中朝(韩)传统友好关系做出了努力。[①] 李晚荣去世后，朝鲜主管纠察百官的最高官员、司宪府大司宪闵鼎重在挽章中说道：“劳勩平生最，清贫一世知。善人人共惜，何独哭吾私。”[②]朝鲜兵曹判书李尚真写的挽章中也说道：“平生苦节清名在，唯向千秋万世馨。”[③]刑曹判书南龙翼也说道：“平生自可看清操，气力还难恃渥颜。”[④]礼曹判书郑知和也赞誉说：“清冰苦蘗居家日，大纛高牙出塞辰。北阃至今遗泽在，追思尚有泣边民。”[⑤]说李晚荣担任地方官员时，得到了百姓的拥戴。吏曹判书李庆亿的挽章中则说道：“三朝才杰擅时誉，盘错恢恢刃有余。忠信平生频叱驭，澄清一路早登车。”[⑥]左参赞(正二品)赵珩也说道：“酋酋符彩动簪绅，争说当朝第一人。名重薇垣增直气，官高卿列任长贫。”[⑦]这说明李晚荣既是甘受清贫的廉洁官员，也很有能力和才华，受到了当朝主要官员的赞誉。

这样一些在当时朝鲜很有正面形象的出使明朝的朝鲜使臣，也是沟通中朝(韩)文化交流的重要使者，他们颂扬妈祖文化的诗作，包括自身的航海经历，祭祀天妃(妈祖)的祭文等，都会在中朝间得到很好的宣传，无疑也为妈祖文化在朝鲜半岛的传播起到了重要的促进作用。通过明末朝鲜使臣颂扬妈祖文化的诗文，不仅可以窥视明末中朝(韩)间紧密的文化联系，而且这些保留下来的珍贵诗文，也是妈祖文化影响朝鲜半岛和中朝(韩)人民世代友好的历史见证，是中朝(韩)文学交流史上极其宝贵的遗产。这也是本书整理和研究这些史料的出发点和归宿。

---

① 〔韩国〕《雪海遗稿》卷二《附录》，《韩国文集丛刊》续第30辑，韩国首尔：韩国民族文化推进会，2006年，第68页。

② 〔韩国〕《雪海遗稿》卷二《附录》，《韩国文集丛刊》续第30辑，韩国首尔：韩国民族文化推进会，2006年，第69页。

③ 〔韩国〕《雪海遗稿》卷二《附录》，《韩国文集丛刊》续第30辑，韩国首尔：韩国民族文化推进会，2006年，第68页。

④ 〔韩国〕《雪海遗稿》卷二《附录》，《韩国文集丛刊》续第30辑，韩国首尔：韩国民族文化推进会，2006年，第69页。

⑤ 〔韩国〕《雪海遗稿》卷二《附录》，《韩国文集丛刊》续第30辑，韩国首尔：韩国民族文化推进会，2006年，第69页。

⑥ 〔韩国〕《雪海遗稿》卷二《附录》，《韩国文集丛刊》续第30辑，韩国首尔：韩国民族文化推进会，2006年，第69页。

⑦ 〔韩国〕《雪海遗稿》卷二《附录》，《韩国文集丛刊》续第30辑，韩国首尔：韩国民族文化推进会，2006年，第69页。

附录：洪翼汉《花浦先生朝天航海录》摘录

编者注：天启四年(1624)八月初四日，出使明朝的朝鲜谢恩、奏请使团一行乘船进入大海，途经辽东半岛沿海、庙岛群岛，于八月二十三日从登州(今山东蓬莱市)登陆，经山东境内去北京，返程时也经登州，于来年(1625)三月从登州乘船，沿原航程回国。朝鲜使团书状官洪翼汉(号花浦)在《花浦朝天航海录》中记载了沿途祭祀妈祖的一些活动情况，摘录如下。摘录的内容，与祭祀妈祖直接有关的，书稿多做了采用，摘录的内容还包括一些背景方面的内容及其他相关内容，可以从中更好地了解妈祖文化对明末朝鲜使臣影响的程度及其原因。

以下摘录主要依据韩国著名学者林基中编纂的《燕行录全集》(韩国东国大学校出版部，2001 年)第 17 册《花浦先生朝天航海录》中的内容，出发航程中的内容来自第 111～134 页；返航途中的内容来自第 294～306 页。

八月初四日，丙戌，乃开洋简辰也。职到浦三日疾病，所啜食，日不过数匕。而舟人以观象监吉期来告，弗获已扶曳病躯。卯时，与正使李德泂，副使吴䎘，领率译官知事表廷老，同知全悌佑，佥知秦仁男，吏文学官李元亨，上通事黄孝诚、朴仁厚，押物官玄礼祥，写字官玄得洪，干粮掌务林致龙，李应翼等四十余人，乘各舡。篙师一时发棹歌，举帆，鼓角亦甚凄切。诸邑守令及大小人员，俱送行于浦口，至有掩涕者。解缆转远，而抬眸林麓之际，戛然歌吹之声，远飘洲渚之间。认是诸守宰张乐作欢，欲慰远游之怀也。诸船才脱浦口，风雨大作，遂下碇留宿港中。

八月初五日，丁亥，晴。风尚恶，不得发。遥望南岸，有一白头翁，放声大哭。自远而渐近，讯其所以，则厥子为格军，故追送者也。万里沧溟，父子惜别之状，惨不忍见。午后风暂定，移泊木美岛港。至夜二更，顺潮而向椴岛。夜黑如漆，时见村灯点点，问知列浦汉人侨居矣。到椴岛后港，下碇。

八月初六日，戊子。晓色阴翳，海风喧豗，狞雷猝发，猛雨如注，瘴云四集，黑浪倒立。一叶出没荡漾，几至覆溺者数矣。舡中人呕泄僵卧，篙师以为，前古所未有之风涛云。幸我不生水疾,岸巾长啸,倚舷临之。崩涛骇浪,雪涌云翻,互相吞吐,真壮观也。

日将午,风暂歇。舟人以为,依泊椵岛东港深岸,万全计也。即举碇回棹,则鹢头齐仰,鸱尾并张。与副使举手相揖,语不可了。忽有冲风击薄,副舡樯倾,惊波蹴送,瞥眼间漂走苍洋。一行人环观,怖悸而已。于是,与上使舡及诸译舡,共泊内港。

是夕具牲酒,备礼祭海神。其辞曰:

肃承命以航海,载畏天之大义。咸棹夫之奏功,指登莱之万里。冀诸神之明灵,早鉴余之精衷。责屏翳以虔职,噫利涉之帆风。惟我朝之列圣,允世笃其忠贞。逮新服之正位,益拱北之殚诚。皇曰俞而用亶,霈隆恩于鲽域。收朝野之舞蹈,答乾坤之弘德。疾羯奴之梗辽,遭木道而奉使。顾陪臣之忝叨,敢辱命以自惰。执玉帛而冯虚,勤日夜之忧惧。爰清净而斋素,具酒食之既洁。躬祗事以荐诚,庶来歆而阴骘。

祭罢,夜将半矣。

八月初七日,己丑。日亭午,副使自外洋拿舟而来曰:昨日风漂,几滨于危,幸而得舣泊于炭岛云。俄有一叶舟泛泛而至,即铁山太守安子渊,自蛇浦来送行也。留宿椵岛后港。

八月初八日,庚寅。……都督使门子请宴,馔品极丰,优戏具呈,盖示其接遇之厚也。……宴罢,辞归舡所。

八月初九日,辛卯。朝小雨,无风,未得开洋。……午后,因潮退放舡,至椵岛前港。西风渐起,舟荡不定,仍下碇留宿。

八月初十日,壬辰,晴。西北风犹昨,打橹,移泊蛇浦前洋。午后,风涛舂撞,舟点洋中,终日动摇。舟中人,多呕泄水疾者。

八月十一日,癸巳,晴。始开洋。五更头,竿羽微吹,好风自东。篙师相叫,一时举帆。时副舡裨将柳敬友有争先之意,低声收碇,暗中潜过。误为我舡维所碍,舣不得进,堇以得脱,可笑。到晓,长风驾浪,棹夫奏功,直指大洋。波铺远锦,舡让襞箭,一瞬千里。四顾无边,而点点孤屿,时复可数,车牛岛,竹岛,大小獐子岛,薪岛以后,非我国地。我舡最捷疾,诸舡皆落后。

未申时，独过鹿岛。风力渐缓，抵黄鹘岛前洋下碇。是日行六百余里。呼黄帽，敲火炊食。食顷，金乌西匿，玉兔东升，红波白浪，透映数千里，非人间所曾赏。披襟岸巾，倚樯纵观，晴空爽气，挟我神骨。上下天水，一碧万顷，怳若身在银河界水精宫。惜乎！秦皇、汉武，欲做此不得，空抱恨于骊山暮雨茂陵秋草也。

夜二更，橹声自远渐近，问则上使舡也。对泊同宿，余舡皆不及来。

八月十二日，甲午，晴。侵晨，张帆，向石城岛。忽有黑气自西北洋中涌起者，不知其几丈，沧波浴日，雨脚交横。舟人云：龙腾上天。瞪目审视，蜿蜒鳞甲，照耀相闪，头角已入云中，但见腰尾矣。未及石城岛三十里许，顺风斗息，将欲下碇。望见西北，云雨晦冥，且有风候，恐进退无据，则事将不测，使舟人穿橹，躬自董督。申时，走入石城岛前洋，背后诸舡，惟上舡尾来。……去夕行祈风祭，香火才收，旗脚辄转，议欲放舡。则篙师以为，硕云犹亘西方，且有炮车之候，若出大洋，猝值盲风，可惧。固止之，不得已留泊。是日行五百余里。噫！无地万余里茫洋接天，所以寄命者，惟一叶舟。而一日中，或风或雨，乍安乍危，几至颠没者，十常八九。苟非知命之君子，焉得不忧悸乎。一心存诚敬，古人岂欺我哉。

初更，副舡以下，打橹得达。

八月十三日，乙未，晴。晓天无梦，开户视之，纤云四卷，玉宇气晶。诘朝，向长山岛。行才半。逆风大起，急趣黄帽，落帆下碇。海色深黑，瞿然不可窥。舟人言：系锚之绳，几数百丈云。风涛雪浪，汹涌澎湃。蛟螭鲸鳄，露角振鬣。喷波作雾，嘘气为云。时露全体，穹窿然状若丘陵。古人云，鱼能吞舟，其是之云乎。上、副舡以下诸舡，俱不知去处。通宵耿想，不能释虑。到夜，凶飙怒水，不至大作。是日行五百余里。

八月十四日，丙申，晴。早朝，得顺风，几至广鹿岛。逆风辄作，回棹旋舻，走入长山岛北港口。诸舡已到泊矣，是日行二百余里。港口有二岩，铁立千寻，屹屹相对，呀然若门。白沙沧洲，青峦翠硖，环拥如画。与上、副使偕下岸，设幞鼎坐，各陈辛苦之状，颇可慰豁。自椴岛开洋后，凡四个日，始得会面，真所谓死生契阔，不可期也，而相对如梦寐者也。携筇散步，时见人迹印于平沙上。峡里疑有仙庄逸居，跟寻度岸。转入小洞，则矮屋依草，弊庐傍林，牛羊溢巷，鸡犬盈街。迎人问语，可知其辽左避虏流民也。惊怪致诘，具道奉使朝天之意。相顾感叹,即报知于守备矣。问其人曰:“你居海中久,能候风否?”答曰:“吾能矣。”然则何时有顺风,职等受国王命,航海有日,十生九死。屈指前程,尚未半,未知那时,得达登州,良深忧恼。岛人曰:“毋忧也。古人云:平生仗忠信,今日任风波。公等当于不多日内,达登州。且明日必有东南风。”问答良久,与上、副使,归舡对泊。是夜海无浪痕,月色如昼。

八月十五日,丁酉,晴。早食后,果有东南风。解缆,即向广鹿岛。行才半洋,逆风且作,落帆打橹,入广鹿岛前洋下碇。是日行三百余里。申时,余乘六舡,移泊近渚,与玄礼祥及舌人申继黯等下岸。周观岛上村落,则饼肆酒旗,带关通阛。……有顷,阴云西起,天色惨惨。骤雨撒菽,凶飓簸溟。轩然大波,雪矗雾涌。鱼龙掀舞,鲸鳄喧豗。诸舡相荡,不得暂定。其中最滨危者,副使舡,点在浦唇洋头,受风甚多。凡三次冒波,舡中水至没胫,方物尽湿。裨将柳敬友抱樯掐膺,罔知所为,几欲断维而去。俄然风定,遂得免覆。当其荡潏之际,唐舡一只,不知其自何方漂来。为风涛所覆,傍观者损神夺魄。余偶舍洋舡,移踏扁舟,蓦入峡里深港。得免其荡潏,是亦数也。

八月十六日,戊戌,阴。晓来,风浪暂息,玄礼祥等还自岛人居,各陈通宵相念之怀。仍道主人待遇礼甚厚。……薄晚,风浪且起,炮车犹壮。各舡急移深港口,波涛颇险恶,犹幸其少安,因留泊。

八月十七日,己亥,晴。篙师以为:薄晚,风且大起。曳缆深入岸头,系舟。两日风浪,各舡人无不呕泄成疾,而上、副使尤甚,专废啜食,故舁入岛居。赁屋调摄,比屋皆窄陋,腥膻之气袭人,闻可欧觳。……副使以其舡殊未轻快,且累为风浪所伤,更治第六舡,换坐。是夕,始寄宿岛居,赖得安寝矣。

八月十八日,庚子,晴。逆风犹壮,留岛中。……是夜长风驾浪,撼岸簸丘,魂梦亦不得安矣。

八月十九日,辛丑,晴。逆风犹壮……午有缁髡(指和尚),手持一卷来示,乃毛督府募令陀那,而即吾东浮屠者,所谓劝善文也,新创神宇于岛中云,而固请舍施。因令祈海甚恳,不获已各出斗米遗之。兹岂求福田利益哉。上使仍问祭海事何如,僧曰:“祭海,莫重于天妃娘娘之神,次龙王之神,又次小圣之神。”上使曰:“所谓三神何神?”对曰:“天妃者,玉皇之女,主兹四渎,而龙王佐之。小圣者，即龙王半子。三神喜则诸事吉，怒则凶。故凡行于海者，欲其喜而不欲怒。致敬尽礼。”上、副使即依其言，具红段小轴，以泥金书神号，定其位次，藏于椟，置诸座隅。备酒牲香币，祭三神。上使制文告之曰：

泊舟孤岛，已经累日。惊浪拍天，片帆出没。性命如线，莫保朝夕。海路已半，虽荷神骘。前途尚远，溟渤中截。风靳顺便，木道斯阻。百口滨危，王事迟暮。肆切闷迫，仰扣神明。神庶下鉴，谅此微诚。舟行绝岛，凡具未备。酒沽于帘，牲易于肆。物虽菲薄，诚则备至。勿嫌累渎，亟彰盛德。千里皇城（指隍城岛），一苇瞬息。

五更头，吾三人共祗事于岸上净处。

八月二十日，壬寅，晴。晓头，祭罢，各归侨处。白雾漫空，灵籁送响。徘徊檐庑，不复就枕。有顷，东风卷送，海气清朗。舡人咸曰：“使臣之诚，格神矣。”……诸舡举帆，迅疾如飞。一瞥之间，已踔数百里。抬眸谛视，窅难指矣。惟我所往舡，高撑岸上。晚潮迟涨，黏不得下港。潮上舡腹始浮，急手挂席。乍脱浦口，风力远蹴。三山忽后，平岛却前。日已高舂，沙禽就栖，遂与诸舡对泊。是日行六百余里。

八月二十一日，癸，晴。自晓头。狞风撼海。移入深港中。下锚。岛北连陆。林壑盘纡。即是金州地界。……夜。朗月流光。海天寥廓。州渚寂然。只见波心星宿翻芒而已。

八月二十二日，甲辰，晴。四更头，金风吹梦，病骨惊寒。揽衣起视，洪波清晏，纤月微升，东船西舫，悄无声息，冲空灏气，爽透胸襟。招黄帽吹角放炮则俱无应声。呼而问之，上二船去已久矣。同舟齐愤，急手劈碇，一声欸乃，大帆穷杆，兔脱港口，龙跃洋中。转头旅顺，瞥眼皇城，白月才沉，红旭欲腾。洎明环视，诸船尽后矣。飞波蹴送，疾风驾来。点点诸岛，乍前忽后。凡所经过，殊不暇目撩耳谋。而广鹿以后，海色或紫或黄、或黝黑或深青，使舟人约绳以百余尺终不可测。岛屿或尖如剑，或削如铁柱，或环如屏障，或呀如门巷。而龙吟蛟舞、鼍作鲸戏，幽怪殊状，有万不同。

正午，蓦入珍珠门，移泊庙岛前港。篙师咸贺曰：“小的等老惯海事，未有如今日之快也。”申初，诸船相继，而惟第四船去处矣。薄暮，移舟神女庙前，为文祭谢海神曰：“伏以下国鲰生，窾启浅识。叨承使命，远仗舟楫。鲸涛喧豗，中作霹雳。苟无顺风，何以利涉？累濒颠危，五日广鹿；一踔庙岛，实神阴骘。荷德罔极，敢阙诚悫？小谢大恩，荐此菲薄。于情不物，庶几歆格。”

是夕，风定波恬，乘舟之后，始得安寝。是日，行千余里。

八月二十三日，乙巳，晴。早，潮上与诸船同举帆薄，晚泊登州水门外。登州古嵎夷国也，地势极东，后崖薄海，豊屋崇墉，扞地擎天，实为雄藩巨镇。潮退水浅，北风甚壮。船腹拍石，板缝橹开，水穿通中，食顷半舷，方物几尽浥。舟中人极力戽水，衣袽救之，仅得下岸。……及暮，第四船赶来，问落后之由，则抵皇城岛洋中猝值烈飓，失落鸱尾不得制船，仍为暗礁所碍，板裂水入，并力戽水，换以别柁，仅免淹死云。

黄昏入寓居市中私家，使申继黯等会计路费，分送两使行厨。

朝鲜谢恩、奏请使团一行来年(1625)返程时从登州乘船返航：

三月十七日，乙丑，晴。……夕，登蓬莱阁祀圣母庙。

三月十八日，丙寅，晴。……职等以行李之忙，请免宴。军门以为是皇上恩眷朝家，大礼不可擅废云。

三月十九日，丁卯，晴。鸡初鸣，与上、副使往船所祭天妃、风神、龙王、小圣讫，因祭故使臣右参赞柳涧、参判朴彝叔、正言郑应斗。

三月二十日，戊辰，晴。子夜，往船所，行开洋祭于船，神文曰：

昔余之东来兮，惟神是赖。利我之攸涉兮，厥绩最大。今余之东归兮，神亦在于兹。候我之行兮，告余以吉期。神乎神乎！余且于焉是依。帆樯兮如云，鹢头兮欲飞，神之临兮洋洋，溯流光兮戒饬。前鱼龙使先驱，后冯夷使分属，令我一踔兮。复命吾王，是神之阴骘，令我一踔兮。反面老母，是神之冥德。神乎神乎！保我兮护我。驱厉气兮海之左，望于神者深矣，盍终始乎其佑。齐黄帽而击汰，更告余之衷情。牲牷非腯，黍稷非馨，神其吐之，荐余明诚。

祭罢，时尚早，待明入城，谢宴于军门。巳时乘船，午初发行，泊庙岛。前洋无风浪也，屿有堡，堡有千总，常舣战舰数十余只，把截港口矣。

三月二十一日，己巳。自半夜大雾蔽海，咫尺不见。日方午始收。督舟人穿橹出珍珠门。将向鼍矶岛，猝为逆风所蹴，旋舻走入珍珠门，与上、副船留泊。

三月二十二日，庚午。大雾障港口。日晚，风起雾消，海碧如铜，逆风犹壮，不得发船。留泊珍珠门。是夜，祭大海诸神，其文曰：

粤在前年，我来自东。片帆如鸿，杳茫之中。苟无阴骘，焉能利涉？百口安全，其盛矣德！由登(州)抵京，可竣王事。深思前后，无非神赐。复路回棹，旧日庙下。洋洋僾僾，如在上者。盍恒厥德，以永终始？重念贱价，海隅孤蒙。离家去国，万里中原。光阴几何，叶脱花繁。高堂鹤发，朝暮倚门。膝下稚儿，唤爷多时。彼此相悬，消息俱疑。求诸神道，岂远人情？怜我怀亲，鉴我微诚。护我舰行，便我帆风。一踔沧溟，旋泊箕封。祗荐香火，菲薄不丰。神乎顾我，恕我匔匔。

三月二十三日，辛未。早朝进天妃庙焚香。岛人云：是日即圣母诞辰，故上使特举祀事祭风。祭罢，微风自南，张帆向鼍矶岛。行未半，洋风转从东，船头回旋向珍珠门。食倾，风转从南，船头又回鼍矶岛。乍南乍东，风势不便，洄沿无定，微雨交洒，舟大橹小，不得运动，遂下碇洋中。二船亦尾来对浮。独上船多格军穿橹，蓦入瘴雾中，迷不知所之。日将夕，南风乍至，督舟人举帆引橹。夜二更，仅得入鼍矶岛前洋。舟人力疲手挽，困卧不能起。上船已在这里鼎足下猫(锚)。

三月二十四日，壬申。毒雾自夜彻朝，四塞蓬囱(窗)，透湿衣被，蒸泄肢体，萎备(惫)终日，伏枕枪头，逆风且不止，故留泊。夕，熏沐祈风，其辞曰：

海行须舟，舟必以风。随向各便，或西或东。来者之得，去人所逆。众皆可挽，日亦不足。故神阴骘，盖因天时。此留彼迓，互相护持。庸凡自愊，君子克明。顾念陪臣，竣事帝京。旋舻理楫，故国归津。五日鼍矶，仅脱珠门。树羽飞候，惟兑若坤。帆樯如织，神岂偏哉。我思归处，人亦求来。青君恪职，震巽方开。曰某曰某，利涉孔皆。理宜回沇，其次吾侪。神庶鉴于，谋及白帝。亟赐祥飙，协成顺势。则张云帆，载叩轻枻。御气凭虚，任意为计。千里沧溟，一棹可济。苟获于此，何德如之。敬共牲币，敢请行期。

三月二十五日，癸酉，晴。朝，便风自西来。督舟人举碇挂席，使通告于上船，累乎不应。潜收猫(锚)索，怪甚发去。未半，风力辄息。上、二船引橹走入皇城岛，独我船落后。洄沿之际，南风渐起，船往颇疾，欲止不得，因透入铁山嘴前洋。南风忽止，进退无据。于是督舟人引橹，则骇汗如流，劳火生吻。困，莫能运动。不得已，欲下猫(锚)。约绳以数百余把，系石垂之，终不可测。收猫

(锚)弛,听其所之。穷溟环混,莫晓攸向,四顾无一点岛屿。而蛟螭鲸鳄,振鬣扬鬐,吹气作势,或壮如山岳,或声如怒豕。穹窿赑屃,有万不同,奔波骇浪,撼地掀天。舟中人环顾丧魂,自分必死,泣血相对而已。余怡然自遣,宽譬于众曰:"汝等勿怖。死,命也。"众欷歔不能语。日才高舂,海气蒸鬱,一板之外,不复识别。惟闻水怪相戏之声喧豗不止矣。所可幸者,犹无恶风。到子夜,不能就寐。熏沐斋肃祭海神,其文曰:

伏以贱价行李,浮寄海中。险而不怼,事君之忠。笑履海波,一心于公。萍踪荡漾,焉往无天。白首恒戴,性命所悬。本月戊辰,始自登旋。三日珠门,二夜鼍矶。□重飚微,穿橹引攸。穷溟窅茫,黄帽何力?进寸退尺,奋飞无翼。同行尽后,奚狁劳役?薄暮傍挠,上下涵碧。蛟螭振鬣,鲸鳄鼓唇。境非人世,谁念孤臣?鱼虾为侣,鸥鸟为邻。另使阴德,推望于神。矧兹颛蒙,堂有老亲。膝下离久,天属情何?暮倚门边,鹤发婆娑。言思及此,雪涕涟洏。箧里斑衣,归舞何时?神乎鉴衷,亟赐便风。使舟如马,送帆如鸿。复命覲母,则莫大恩。至诚所发,宁撣礼烦。敢荐菲薄,毋曰不钦。更恕舟悃,庶几来歆。

因祭柳、朴、郑三灵,其文曰:

诸公俱以大夫之贤者,卓荦先辈粤在天启年初,使乎谋对,诵诗三百,克竣王事。而退惟时,虏梗于辽,木道始通于沧海。忠能独贤,险而何怼?一叶微茫,溟渤所汇。岂意炮车之作,恶臭厥载,明日不归,白云苍梧,死亦国耳。魂应有知于海隅,仍使节之联翩,认三灵之护持。自公之去,今七岁,人人皆得以全归,所以谓之'忠鬼'。亮造化之良能遡故国之归津,更祇事于英灵。某叨忝下介之列官,以书状为名,既蒙冥佑,准勅帝京。一年芳草,千里行云。怀亲曷极?恋阙徒勤。想龙颜兮负扆,梦鹤发兮倚门。飞不可以奋翼,鼎象符于乘舟,冀神明之莅此。谋协臧于阳侠,忠信一心,岂间死生而异同?鞭蛟鳄而帖服,借西来之便风即布帆,无恙归兮实赖诸公,神庶几照临余衷歆兹饭筒。

祭罢,俱以祭物投诸海中。香火才收,旗角忽转。将晓,风力渐紧。急促舟人放船,则篙师等以为:昏暝如漆,不知所向何方。若此大风所驾误为暗礁所碍,则必破碎沦没。将若之何?余以为:我国在东,灯前按定南针,顺风也。即为举帆,船往如箭,黎明抵平岛。以上、副船落后,下碇待之。

三月二十六日,甲戌。朝雾昏瞀,海气湿蛰。腥臊相熏,洲岛不可分。日将午,上、副使二舡相继而来。解缆放舡,齐艕击汰。潮蹴风烈,迅疾如飞。日晡时,到长山岛留泊。

三月二十七日，乙亥，晴。朝，三舡共向石城岛。行才十里许，海气忽蒸，瘴雾四塞。数步之内，仅分人颜色。仍与上舡相，独与副舡到石城岛后洋。逆风送潮，进不得寸，遂留锚。夜半，雨下如注，雷电相随。鱼龙助势，气像可愕。舟人恐恶风且作，移棹近岛依泊。吹角悬灯，令副舡相识而来。于是，二舡举火相应，极力引橹，质明入内港同泊。

三月二十八日，丙子，晴。逆风犹吹，留石城岛。与副使会，说上舡相失之故，副使亦以为樵汲之故，尚留长山岛，候风耳。

三月二十九日，丁丑，晴。海雾尽消，北风大起。舟人放舡，行才十余里，逆风忽作，回棹还入石城内港。岛上有龙王堂，致祭祈风。其辞曰：

伏以一介行李，受神之赐，多矣。繇登抵石，其几百里。珠港鼍矶，解我久舣。皇城铁嘴，济我滨死。半夜祥飙，饱帆而至。跂予故国，前洋渐迩。较诸来路，杭可一苇。感佩无涯，情意何似。伏乞神明，再斯顾视。德毋二三，惠克终始。更借顺便，于我舟子。得陇望蜀，神无乃鄙。非不知足，固当然理。地本区别，宁久于此。苟能耆力，不过移晷。神庶几改，余望不已。倘乘长风，吾行也偲。

四月初一日，戊寅，晴。晓头，长风借便，海波清晏。自石城岛放舡，直向椵岛。帆影如鸿，透入洋中，一碧万顷。如平浦绿绣。问篙师，则风自海底来者，波荡不平，风自地首来者，波伏不兴云。日未午，到恭岛。望见车牛岛故国接界，舟人举手指点，可知为某州某县之地。列立群山，缭绕句连，不可一一尽记。而郭山、凌汉山、宣川木美岛，铁山、龙骨山，最着于前。苍翠高耸，齐呈喜色。薄暮，过椵岛，转入宣川堂后港口留泊。待上使舡来，是具香币，祭大海诸神而谢之。其辞曰：

惟登之东，我鲜之西耳，其间相距，不知其几千万里。巨浸茫洋，粘天无壁兮。蛟螭鲸鳄贔屃，作势于波涛里。舟行于此者，往往而破碎沦没兮。十常八九，听之者凋朱颜，莅之者堪白首。苟非神明之所扶，焉得利涉于揭来。自去秋迄今春兮，百口免于罹灾。矧职之生还故国，复见老母兮。益感佩于衷曲，神之功德，大海酌而难名兮。奚有于菲薄，顾于诚不于物兮，神庶几来歆假。

祭罢，彻馂飨舟人。仍以祭器及一行所余粮馔，没数分给。

四月初二日，己卯，晴。早朝，上使船入椵岛港口。辰正，诸船一时到宣沙浦。万死余生，重踏故国地，斯亦幸耳。

参考文献

[1]〔韩国〕林基中编《燕行录全集》，韩国东国大学出版部，2001 年。

[2]〔韩国〕林基中编《燕行录续集》，韩国尚书院，2008 年。

[3]〔韩国〕《韩国历代人名事典》，韩国世宗大王纪念事业会，2010 年。

[4]〔韩国〕《朝鲜王朝实录·光海君日记》，韩国探求堂(影印本)，1973 年。

[5]〔韩国〕《朝鲜王朝实录·仁祖大王实录》，韩国探求堂(影印本)，1973 年。

[6]〔韩国〕《承政院日記》，韩国国史编纂委员会，1961—1977 年。

[7]〔韩国〕《陶隐集》，《韩国文集丛刊》第 6 辑，韩国民族文化推进会，1990 年。

[8]〔韩国〕《亨斋诗集》，《韩国文集丛刊》第 7 辑，韩国民族文化推进会，1990 年。

[9]〔韩国〕《苔川集》，《韩国文集丛刊》第 21 辑，韩国民族文化推进会，1988 年。

[10]〔韩国〕《沙西先生文集》，《韩国文集丛刊》第 67 辑，韩国民族文化推进会，1991 年。

[11]〔韩国〕《石楼遗稿文集》，《韩国文集丛刊》第 73 辑，韩国民族文化推进会，1991 年。

[12]〔韩国〕《敬亭集》，《韩国文集丛刊》第 76 辑，韩国民族文化推进会，1991 年。

[13]〔韩国〕《东岳集》，《韩国文集丛刊》第 78 辑，韩国民族文化推进会，1991 年。

[14]〔韩国〕《晴沙集》，《韩国文集丛刊》第 84 辑，韩国民族文化推进会，1992 年。

[15]〔韩国〕《潜谷遗稿》，《韩国文集丛刊》第 86 辑，韩国民族文化推进会，1992 年。

[16]〔韩国〕《龙洲先生遗稿》，《韩国文集丛刊》第 90 辑，韩国民族文化推进会，1992 年。

[17]〔韩国〕《天坡集》，《韩国文集丛刊》第 95 辑，韩国民族文化推进会，1992 年。

[18]〔韩国〕《记言》，《韩国文集丛刊》第 99 辑，韩国民族文化推进会，1992 年。

[19]〔韩国〕《宋子大全》，《韩国文集丛刊》第 115 辑，韩国民族文化推进会，1993 年。

[20]〔韩国〕《雪汀集》，《韩国文集丛刊·续》第 15 辑，韩国民族文化推进会，2006 年。

[21]〔韩国〕《无住先生逸稿》,《韩国文集丛刊·续》第 22 辑,韩国民族文化推进会,2006 年。
[22]〔韩国〕《懒斋集》,《韩国文集丛刊·续》第 24 辑,韩国民族文化推进会,2006 年。
[23]〔韩国〕《雪海遗稿》,《韩国文集丛刊·续》第 30 辑,韩国民族文化推进会,2006 年。
[24]〔韩国〕赵冕熙编辑《燕行酬唱录》,韩国棣友企划社,2002 年。
[25]〔韩国〕李詹《双梅堂先生文集》,韩国民昌文化社,1999 年。
[26]〔韩国〕圃隐学会《圃隐先生遗迹大观》,韩国迎日郑氏圃隐公派宗约院,2012 年。
[27]〔高丽〕金富轼著,孙文范等校勘《三国史记》,吉林文史出版社,2003 年。
[28]〔高丽〕一然著,孙文范等校勘《三国遗事》,吉林文史出版社,2003 年。
[29]〔朝鲜〕郑麟趾《高丽史》,西南大学出版社、人民出版社,2014 年。
[30][明]《朝鲜史略》,《文渊阁四库全书》,上海古籍出版社,1987 年。
[31][明]吴明鸿编,祁庆富校注《朝鲜诗选校注》,辽宁民族出版社,1999 年。
[32][清]朱彝尊编《明诗综·高丽》,中华书局,2007 年。
[33][清]钱谦益《列朝诗集小传》,上海古籍出版社,2008 年。
[34] 吴晗编《朝鲜李朝实录中的中国史料》,中华书局,1980 年。
[35]《新唐书·东夷列传》,中华书局,2000 年。
[36]《元史》,中华书局,2000 年。
[37][明]《明实录》,台湾中研院历史语言研究所(影印本),1962 年。
[38] 李国祥等《明实录类纂·涉外史料卷》,武汉出版社,1991 年。
[39] 李国祥等《明实录类纂·山东史料卷》,武汉出版社,1994 年。
[40][元]于钦《齐乘》,《文渊阁四库全书》,上海古籍出版社,1987 年。
[41][明]《嘉靖山东通志》,上海古籍书店,1990 年。
[42][明]《嘉靖全辽志》,辽宁省图书馆藏本。
[43][清]《盛京通志》,《文渊阁四库全书》,上海古籍出版社,1987 年。
[44][清]《山东通志》,《文渊阁四库全书》,上海古籍出版社,1987 年。
[45][明]《明一统志·辽东都指挥使司》,《文渊阁四库全书》,上海古籍出版社,1987 年。
[46][明]《明一统志·登州府》,《文渊阁四库全书》,上海古籍出版社,1987 年。
[47][明]《明一统志·永平府》,《文渊阁四库全书》,上海古籍出版社,1987 年。
[48][清]《大清一统志·奉天府》,《文渊阁四库全书》,上海古籍出版社,1987 年。

[49] [清]《大清一统志·登州府》,《文渊阁四库全书》,上海古籍出版社,1987年。
[50] [清]《大清一统志·锦州府》,《文渊阁四库全书》,上海古籍出版社,1987年。
[51] [清]《大清一统志·永平府》,《文渊阁四库全书》,上海古籍出版社,1987年。
[52] [清]《大清一统志·天津府》,《文渊阁四库全书》,上海古籍出版社,1987年。
[53] [清]《光绪增修登州府志》,《中国地方志集成》,江苏古籍出版社、上海书店、巴蜀书社,2004年。
[54] [清]《道光重修蓬莱县志》,《中国地方志集成》,江苏古籍出版社、上海书店、巴蜀书社,2004年。
[55] [清]《光绪蓬莱县续志》,《中国地方志集成》,江苏古籍出版社、上海书店、巴蜀书社,2004年。
[56]《民国海城县志》,《中国地方志集成》,江苏古籍出版社、上海书店、巴蜀书社,2004年。
[57]《民国锦西县志》,《中国地方志集成》,江苏古籍出版社、上海书店、巴蜀书社,2004年。
[58]《民国庄河县志》,《中国地方志集成》,江苏古籍出版社、上海书店、巴蜀书社,2004年。
[59]《长岛县志》,山东人民出版社,1990年。
[60] [元]马端临《文献通考》,中华书局,1986年。
[61] [清]王士祯《池北偶谈》,《文渊阁四库全书》,上海古籍出版社,1987年。
[62] [清]王士祯《精华录》,《文渊阁四库全书》,上海古籍出版社,1987年。
[63] [清]《日下旧闻考》,《文渊阁四库全书》,上海古籍出版社,1987年。
[64] 蒋维锬、郑丽航辑纂《妈祖文献史料汇编》(第一辑),中国档案出版社,2007年。
[65] 王水照《苏轼选集》,上海古籍出版社,1984年。
[66] 刘福铸、蒋维锬辑纂《妈祖文献史料汇编·匾联卷·对联编》,中华档案出版社,2009年。
[67] 郑丽航辑纂《妈祖文献史料汇编·方志卷·下编》,海风出版社,2011年。
[68] 孙晓天《辽宁地区妈祖文化调查研究》,中央民族大学出版社,2011年。
[69] 董季群《天津天后宫》,天津人民出版社,2012年。
[70] 〔韩国〕朴现圭《高丽时代妈祖接触考》,《鲁东大学学报》,2009年第2期。
[71] 〔韩国〕朴现圭《韩国的妈祖信仰现状》,《莆田学院学报》,2016年第23卷第1期。
[72] 尤李《朝鲜使臣眼中的觉华岛形象》,《东北史地》,2016年第1期。

[73] 耿昇、刘凤鸣《登州与海上丝绸之路——登州与海上丝绸之路国际学术研讨会论文集》,人民出版社,2009 年。
[74] 刘凤鸣《山东半岛与古代中韩关系》,中华书局,2010 年。
[75] 刘晓东、马述明、祁山《明代朝鲜使臣笔下的庙岛群岛》,人民出版社,2014 年。
[76] 田明宝《烟台区域文化通览·长岛卷》,人民出版社,2016 年。

后 记

《妈祖文化与明末朝鲜使臣》一书就要与读者见面了，它的出版凝结了太多人的心血。

2014 年 9 月，我们合著的《明代朝鲜使臣笔下的庙岛群岛》一书在人民出版社出版，因为该书记载了明代朝鲜使臣在庙岛天妃（妈祖）庙祭祀的情况及赞颂天妃（妈祖）的诗篇，人民出版社的责任编辑翟金明希望我们能把“妈祖文化对明代朝鲜使臣的影响”这一课题做大。受翟金明编辑的鼓励，我们开始了这一课题的研究。由于妈祖文化影响的主要是经海路出使明朝的朝鲜使臣，而经海路出使明朝的朝鲜使臣主要是在明初的洪武、建文年间和明末的天启、崇祯年间。由于明初存世的史料极少，且难以看出妈祖文化的影响程度，而明末则有许多传世的资料，可以从中看出妈祖文化是怎样逐步影响朝鲜使臣的，所以我们就选择了这样一个主题，只进行了“妈祖文化对明末朝鲜使臣的影响”的研究。由于刘晓东忙于教学工作，我手头上还有其他的一些研究课题，我们只好边收集资料，边挤时间撰写，直到 2017 年底才完成《妈祖文化与明末朝鲜使臣》一书的初稿。

2017 年 12 月，我携带本课题研究成果之一《明末朝鲜使臣笔下的天妃》一文，参加了在福建湄洲岛召开的由中国社科院历史所、中华全国台湾同胞联谊会、福建省妈祖文化研究会、莆田学院妈祖文化研究院等单位联合主办的第三届国际妈祖文化学术研讨会，会上还举行了论文评选，我们的论文获“优秀论文奖”，并被选登在《妈祖文化研究》期刊 2018 年第 1 期。2018 年 2 月，中华妈祖文化交流协会、中国民俗学会、中国中外关系史学会等单位主办第二届全球妈祖文化征文大赛，我们申报的本课题研究成果《妈祖文化对明末朝鲜使臣的影响》论文获“优秀奖”。这说明，这一研究课题，也得到了研究妈祖文化的专家们的认可。

2018 年上半年，我将书稿的提纲和部分章节分别传给了中国社会科学院历史所博士生导师、中国中外关系史学会会长万明研究员和历史所博士生导师、文化史研究室主任孙晓研究员，请他们给书稿提一些意见，两位专家均对书稿给予了很高的评价（具体评价见该书《序言》）。针对两位知名专家给予的意见，我们又将书稿做了几次认真的修改，以不辜负两位专家的厚望。

2019 年初春，书稿送中国海洋大学出版社时，我联系了在海洋文化研究领域知名度很高的中国海洋大学海洋文化研究所所长、中韩海洋文化研究中心主任、国家“985”基地学科负责人、博士生导师曲金良教授，恳请他为该书作序。曲教授出于我们之间多年的友情，以及对研究海洋文化学者的偏爱，欣然应允，为该书写了近三千字的序言，也对书稿给予了很高的评价。

中国海洋大学出版社的编辑老师也为该书的出版付出了辛勤的劳作，没有他们的热情和极其认真负责的态度，该书不会如期奉献给各位读者。

借该书出版之际，对为该书出版给予帮助和关心的万明研究员、孙晓研究员、曲金良教授、翟金明编辑、纪丽真主任，还有一直帮助和关心我们的鲁东大学的各位领导和同仁们表示衷心的谢意！

祁　山

于己亥夏至写于烟台芝罘